Sebastià Serrano

ELS SECRETS DE LA FELICITAT

ara LLIBRES

Primera edició: novembre de 2006

© d'aquesta edició
ARA LLIBRES, S.L.
Corders 22-28
08911 Badalona
Tel. 93 389 94 70
www.arallibres.com

Disseny de coberta: Neli Ferrer
Fotocomposició: Víctor Igual, S.L.

Impressió: Liberdúplex, S.L.
Pol. Ind. Torrentfondo, Ctra. BV-2249, km 7.4,
08791 Sant Llorenç d'Hortons

ISBN: 84-96201-89-9
DIPÒSIT LEGAL: B-48.925-2006

ÍNDEX

A la meva filla Laia, experta en l'elaboració de plans per al benestar personal

PARAULES, RIALLES I CARÍCIES

Darwin, al seu llibre *L'expressió de les emocions en l'home i els animals,* comenta que un dia va preguntar a un nen d'uns cinc anys què era per a ell ser feliç, i la criatura li etzibà, sense pensar-s'ho dues vegades: «Parlar, riure i fer petons». Quina resposta més ben donada! Sovint m'he entretingut a reflexionar sobre les activitats comunicatives que fascinarien els nostres primers avantpassats homínids, que sadollarien els delers de la Lucy i els seus amics i amigues. De seguida criden l'atenció aquestes tres: el gust enlluernador per les vocalitzacions, la gairebé hipnotitzadora atracció per mirar-se mútuament a la cara i el magnetisme afectiu subjacent en tocar-se. Serien plaers molt grans, unes delícies que la selecció natural hauria triat amb molta cura. Serien a la base del benestar i la felicitat. I veurem que encara avui hi són.

Com a primats —i mamífers— hem estat sempre grans vocalitzadors, amb passió per obrir la boca i emetre sons i sorolls, no endebades vam dominar la foscor de les coves i la nit en explorar a còpia de sons els únics nínxols ecològics que deixaven lliures les fal·leres predadores dels grans rèptils. La xiscladissa de les criatures primats, ja siguin gibons, ximpanzés o humans, pot arribar a ser eixordadora: en el plor, en el balboteig o en la cridòria del joc, una activitat molt lligada a la vocalització desplegada en forma de riure. A més a més, el riure té un altre vessant que el lliga del tot a l'expressió de la cara mitjançant un programa motor pel qual el cervell controla els músculs de la cara, al mateix temps que els de la gola i l'aparell respiratori. Aquí radica una de les causes de la fascinació pel riure, que és previ, filogenèticament i ontogenètica, a la parla.

Tant és així que no em sembla gens agosarat pensar que la vocalització va dur al riure, en ser capaç de redirigir el ritual defensiu d'ensenyar les dents cap a la geografia sencera de la cara com a espai emocional, i per tant comunicatiu, de primer ordre. Capaç, a l'ensems, de potenciar l'establiment, mitjançant innovacions adaptatives, d'algoritmes afavoridors d'una imitació creativa que ajudaria primer a caminar i després a córrer pel camí cap al llenguatge en el moment en què certes construccions vocals haguessin aixecat el vol cap a la categoria de representacions simbòliques.

Pel que fa a la tercera de les fascinacions dels homínids, la del contacte físic —la de l'«ara et toco jo, ara em toques tu»—, té els antecedents encara més llunyans, que ens durien a temps molt anteriors als del gran regal de les emocions. Això sí, foren aquestes les que impulsaren la reconfiguració dels programes comunicatius tàctils i donaren sentit a llepar, al contacte boca a boca, a l'activitat de fregar i acariciar amb el cos. El desenvolupament de les extremitats superiors en braços i mans cada cop més destres conferí un altre univers d'expressió al tacte, amb una varietat gairebé il·limitada de tocaments, fregues i abraçades. Per això, aquells avantpassats i aquelles avantpassades nostres devien gaudir d'allò més mentre vocalitzaven i feien el salt cap al símbol, mentre es miraven a la cara tot rient i es feien petons i abraçades. Tant és així que la natura va voler estimular aquestes activitats amb un increment cada vegada més gran del premi del plaer, del benestar i de la felicitat. I encara més, procurà de lligar aquestes sensacions de gaudi, d'una manera tan especial que encara no ha estat descrita del tot, al més complex dels sistemes de comunicació de l'individu, el sistema immunitari, per tal que, cada cop més, aquests estats de satisfacció afavorissin la supervivència dels individus i en ells la de l'espècie. Encara avui les estratègies comunicatives són les millors estratègies de confort, de supervivència i de felicitat que coneix la naturalesa humana.

Hem vist que, en un estadi avançat de l'evolució i per afavorir l'adaptació a nous canvis que haurien incrementat el grau de complexitat —i d'incertesa— de la vida, la vareta màgica de la natura va fer emergir un element nou —un vertader regal— en la configuració del cervell animal: el regal de les emocions. I vet aquí que el primer regal, el dels afectes, enganxà primer a la mare i a la fillada, i més endavant fonamentà la relació, la companyonia, l'amistat i els refinaments amorosos, emocions que esdevenen les agulles i els fils per teixir aquestes estructures que anomenem «famílies, grups socials, comunitats o nacions». Quan parlem de cohesió social, de solidaritat o d'identitat col·lectiva, ens referim a les conseqüències de les hereves d'aquelles emocions primerenques.

El preciós regal de la por —sí, de la por— permetria detectar i valorar els signes del perill a fi de donar-hi resposta de la manera més eficient. Coneixerien fins a quin punt valdria la pena d'arriscar-se i començarien a interioritzar la relació entre els costos i els beneficis. La natura oferí aquest regal de les emocions als mamífers, que amb el temps desenvoluparien un fenomen tan especial com el de les ressonàncies emotives, una mena de simfonia d'intercanvi mutu, de retroalimentació prodigiosa i d'adaptació interna en la qual dos individus harmonitzen cadascun amb l'estat emotiu de l'altre. En la ressonància hi ha les primeres traces de l'empatia i de la teoria de la ment de l'altre. Del que no hi ha cap mena de dubte és de l'emoció com una funció biològica afavoridora de l'adaptació al nínxol socioecològic, és a dir, a l'entorn i a les relacions.

És aquesta ressonància la que fa que mirar la cara i els ulls i el somriure d'una altra persona pugui ser una experiència tan gratificant. Quan aconseguim retenir només uns quants segons la mirada de l'altre, dos sistemes nerviosos, dues identitats, dues ments assoleixen una unió palpable i, d'alguna manera, íntima. Les connexions cerebrals es multipliquen i algunes toquen els centres del plaer per encendre espurnes de felicitat. ¿Mai no heu pensat que aquestes mirades no deixen de ser microestats de felicitat? Cadascuna d'aquestes mirades neutralitza tota una munió de punts d'incertesa que podien neguitejar la ment de les persones en comunió. I això fins al punt que la manca d'aquestes ressonàncies, la carència d'aquestes comunicacions emotives, resulta veritablement angoixant per a les persones.

Necessitem aquestes emocions com el pa que mengem, perquè són el bon coixí per adaptar-nos a camins que cada cop més són el resultat d'un augment —avui certament espectacular— del grau d'incertesa que caracteritza l'increment de complexitat de les organitzacions generades pels humans. Ara com ara, el bon estat general de la nostra vida depèn, i molt, de la informació processada a través del món de les emocions. Si som capaços de controlar i gestionar bé aquesta informació, podrem intervenir amb molt d'èxit sobre la nostra vida personal i disfrutar d'extensos, i intensos, espais de felicitat.

Entrats ja al segle XXI, al tercer mil·lenni, a tothom li fa l'efecte que tot va molt de pressa, que tot canvia contínuament i que vivim d'una manera molt i molt accelerada, de vegades massa. Canvis tecnològics, televisor, ordinador, telefonia mòbil; canvis en l'organització de les institucions, de la família, de l'empresa, dels centres de salut o d'ensenyament, i canvis socials com mai no s'havien vist fins fa unes quantes dècades. ¿Què està passant? ¿On som? ¿Cap on anem? ¿Quin sentit té tot plegat? ¿Com ens afecta aquesta acceleració? Deixeu-me dir que estem vivint tot un canvi de civilització i que, molt probablement, és el canvi més espectacular experimentat en el darrer quart de milió d'anys. Aquesta nova civilització ja té nom: civilització del coneixement, que correspon a la societat de la informació, de la comunicació i del coneixement. ¿Quines raons ens fan pensar en aquest canvi tan espectacular? I, ¿quines conseqüències té i tindrà per a la vida, la ment i el benestar de les persones?

Procurarem de debò contestar no només a aquestes preguntes, sinó altres que sorgiran pel camí del nostre relat i que ens tocaran de ben a prop. Ja podem avançar que la major part de qüestions importants que ens afecten ara mateix tenen la seva resposta en el cervell. Durant la darrera quinzena d'anys hem assistit a una vertadera eclosió de descobriments científics entorn del cervell que ens han de dur no només a reconsiderar sinó a reconfigurar la forma en què pensem sobre nosaltres mateixos, les nostres relacions amb les altres persones i amb el medi ambient, els nostres fills i les nostres filles, la nostra societat i la nostra identitat. Un dels meus motius de felicitat radica en el fet, justament, que per fi la ciència pot començar a dirigir la seva mirada cap a les preguntes més antigues que de ben segur s'hauran fet els nostres avantpassats i les nostres avantpassades, entre les quals n'hi ha tot un reguitzell que tenen a veure amb el benestar i la felicitat.

El relat que trobareu si decidiu fer el camí d'aquest llibre començarà en un punt dolç: com arribem a configurar un fet tan important per a nosaltres com el de les nostres relacions. La natura va jugar molt fort a favor de les relacions estables, fins a imprimir en el cervell i en el genoma una mena de fam per les relacions fortes, pels lligams estrets, per organitzar bé la proximitat fins a transformar-la en intimitat, que ha arribat de manera abassegadora fins a nosaltres. I, de fet, som on som perquè ens hem aprofitat bé de la força de les relacions i dels lligams. El bastiment de la xarxa de relacions demanava l'emergència de destreses no només pel que fa a com establir aquestes relacions, sinó també a com mantenir-les, ja que bona part del seu poder depenia de l'estabilitat. El millor dels olis per dur a terme suaument i eficaç aquesta tasca seria el dels rituals, que ajudarien de debò tant a enfortir les relacions, a generar xarxa i a apaivagar la incertesa com a fer les primeres passes que haurien de permetre iniciar el gran viatge cap a la cultura a través de l'abstracció, la comunicació simbòlica i el llenguatge.

El llenguatge va donar una forta embranzida a l'evolució. La més gran. Tant és així que, quan els cervells interioritzaren de debò les gramàtiques, un lèxic numerable passat pel sedàs d'una sintaxi generadora, i per tant creativa, va permetre de tocar el cel de la innumerabilitat de les idees, i d'aquesta nova eina ja se'n podia esperar qualsevol cosa. El poder seria il·limitat i, amb el temps, la nostra espècie aconseguí de millorar la qualitat de vida d'una bona part de la seva població, gràcies a descobriments i invents que aprofitaven els avantatges successius del processament de la informació en forma de coneixements, que ben gestionats ens han dut on som.

Una gestió adequada del coneixement ha permès allunyar la mort d'una part del nostre món. La tuberculosi, la sífilis o tota una munió de malalties producte d'infeccions, sovint devastadores plagues de naturalesa bíblica, omplien de neguit el cor d'homes i dones molt més que no ho fan avui el càncer o les depressions. Només sobrevivien gràcies a l'ajut d'uns forts lligams i d'un sistema de creences aparellat amb un de rituals que cohesionava i donava sentit, amb migrades probabilitats per a la majoria de canalla i amb les dones ben enganxades en tasques reproductives durant una bona part de la seva vida. La informació i el coneixement ens han permès assolir uns nivells de benestar impensables només fa poc més de mitja dotzena de generacions.

I vet aquí que en unes vint-i-cinc mil generacions el llenguatge ha canviat la fesomia de la Terra. Primer, en domesticar la informació mateixa a fi de conservar-ne la màxima quantitat possible, la necessària per resultar adaptativa, i més endavant, les plantes, els animals i l'energia. I ja a tocar de nosaltres, aconseguí la fita de domesticar el potencial mateix del raonament, la seva maquinària i, fins i tot, el misteri més preuat, el cor mateix de la vida: la capacitat reproductora. De bon començament, els canvis eren molt lents i les adaptacions, de llarga durada, però, en els darrers segles —més encara, en les darreres dècades—, la rapidesa amb què circula una quantitat ingent d'informació ha conduït a una seqüenciació dels canvis que adquireix, per moments, una velocitat difícil de gestionar. A les darreries del segon mil·lenni esclaten les barreres de l'espai i del temps, i la informació, a l'instant, es pot presentar en qualsevol lloc des de qualsevol altre. La globalització ha arribat juntament amb molta més incertesa.

L'increment espectacular de la informació processada, amb el seu correlat de canvis continuats, fins al punt de tenir sovint la sensació d'estar instal·lats en el canvi mateix, ens fa sentir el neguit de l'augment galopant d'una incertesa que no té aturador. Tant és així, que la nostra societat de la informació l'haurem d'acabar qualificant com a societat de la incertesa, en el si de la qual l'objectiu fonamental hauria de ser arribar a descobrir i a formular les regles que governen aquesta incertesa per tal de domesticar-la mitjançant una gestió adequada. Ho veiem difícil, ja que les mateixes regles són incertes i a l'hora de formular-les hauríem d'ultrapassar els límits de la nostra racionalitat. Ens hem d'acostumar a conviure amb el canvi constant, i això no és fàcil.

A mitjan segle passat encara pensaven en un temps lineal i confiaven en el poder de la raó amb vista a predir el futur pel qual fer circular les vides de les persones. Avui, sembla que la discontinuïtat i la incertesa s'han instal·lat a la nostra vora i comencen a afectar les bases, la plataforma, del nostre desenvolupament primerenc. Recordem-ho, al principi foren les relacions que el cervell emotiu tenyí de tots els colors a fi de cohesionar, donar estabilitat, formar grup, societat, i així empènyer l'evolució. Ara, les relacions, a casa, a la feina, al carrer, sembla que s'estan reconfigurant i es parla de transformacions importants en la vida laboral i en la vida familiar. El llarg termini ja és molt curt i les regles que governen la proximitat o la intimitat s'estan esberlant. Va costar milers i milers de generacions teixir l'estabilitat de relacions que avui veiem esfilagarsar-se. I els relats de les vides de les persones ja deixen de ser complexos per esdevenir hipercomplexos.

Certament, el neguit, el desassossec, l'ansietat o l'angoixa són més i més presents a la vida de les persones d'avui i des de més aviat. I és realment inquietant la seva incidència, cada vegada més gran, en la canalla i en la joventut. El consum d'ansiolítics i d'antidepressius s'ha disparat en les nostres societats occidentals, i les diferents institucions internacionals relacionades amb la salut ens presenten les malalties mentals, especialment les depressions, com una vertadera epidèmia en l'horitzó cada cop més proper del 2020. En els col·lectius de professionals de serveis de sanitat, socials i educatius s'han encès totes les alarmes davant del setge de la síndrome de Burnout o d'esgotament professional —habitualment traduït per «professional cremat»—, manifestació d'allò que en termes generals en diem «estrès professional».

Al llarg del llibre ens referirem a aquestes situacions com el resultat de la manca d'harmonia entre el cervell més antic, l'emocional, i el més recent, l'encarregat de processar la major part de la informació de caràcter simbòlic. Veurem que l'antiga arquitectura emocional del nostre cervell no l'hem de considerar pas, gens ni mica —tal com s'ha fet durant força temps—, com un pesat llast de naturalesa animal. Ben al contrari, pensem que el cervell emotiu fou dissenyat per neutralitzar la incertesa relacionada amb la informació. Sí, una emoció no és més que una resposta del cos a una informació. Ja és hora de revisitar les relacions entre el cervell emocional, més antic, i el de la consciència i el processament de la informació simbòlica. I és hora també de revisitar les especials relacions entre el cos i la ment.

Si abans ens hem referit a com el benestar i la felicitat tenen a veure amb el cervell i a com els neguits i les depressions també, al llarg d'aquest relat donarem un cop d'ull a aquells coneixements dels quals no disposàvem fa poc més d'una dècada, especialment de neurociència, però també de teoria de la comunicació, de ciència de la ment, de genètica, d'intel·ligència artificial o de psicologia evolucionista. Formularé, també, una idea que fa temps que em volta pel cap i que he expressat en alguns fòrums relacionats amb el món de la sanitat: el concepte de *dieta comunicativa*. Contínuament parlem dels perills del tabac, de l'obesitat i, fins i tot, de regular les cadiretes i el cinturó de seguretat, al cotxe, per a les criatures, però que poc que sentim a parlar de l'estabilitat i la qualitat de l'afecte que reben en la seva vida diària. ¿Ens hem parat a pensar en la qualitat dels nostres afectes? La major part dels problemes que ens afecten són crits desesperats del cos, que des de les finestres interiors del cervell veu com estan sota mínims els nivells de l'afecte, de l'amor, de la compassió o de la curiositat.

¿D'ON VENIM? LA FORÇA DELS AFECTES

Que la vida és canvi és una gran veritat. Tots i totes ho hem pogut verificar. De fet, és el principi que impregna les bases de l'estructura de la vida. Aquest canvi està totalment relacionat amb un altre element que ho organitza i ho configura tot, el de la transmissió de la informació, la comunicació. La comunicació és l'espurna generadora del canvi. La vida va unida a la comunicació, que n'impregna tots els nivells, des de la neurona fins a la nació i la humanitat sencera. Les cèl·lules, per exemple, van boges per enviar-se missatges les unes a les altres, per «contar-se històries» codificades en el meravellós llenguatge de la química. I bé, ens preguntarem, ¿quin objectiu té tanta «conversa»? ¿Quina conseqüència útil té aquesta mena de festival de la comunicació i què pretén aconseguir? Ras i curt, la supervivència. Aquells i aquelles que transmeten i interpreten millor la informació que circula pel seu entorn viuen més temps, viuen millor i, encara més, viuen en els seus descendents. Per tant, la inversió en comunicació haurà estat la millor de les inversions fetes al llarg de la història de la vida.

Ara, per començar el nostre viatge, reflexionarem una mica sobre quins factors de la primerenca vida homínida feren invertir tant i tant en comunicació, i quins aspectes de la seva organització social dugueren a encendre les espurnes del simbolisme que acabarien fent emergir la flama del llenguatge. Estem convençuts que els primers sistemes simbòlics dels nostres avantpassats eren mitjans de comunicació fràgils, difícils d'aprendre, força ineficaços, poc flexibles i aplicats a dominis de comunicació ben limitats i, això sí, complementats per repertoris vocals d'alt valor emotiu i per una munió de manifestacions expressives no verbals de naturalesa gestual produïdes amb una cara cada cop més guarnida d'habilitats comunicatives i amb unes mans capaces d'un gran refinament amb el tacte.

Els avantpassats primats havien jugat fort a favor de la comunicació pel fet que, probablement per reduir incertesa en forma de riscos, havien decidit de viure en grups, i així vivim des de molt lluny en el temps com a resultat d'una estratègia del tot reeixida de defensa mútua. La socialització es troba al cor mateix de l'èxit primat i n'és la principal estratègia evolutiva, la nostra marca de família. Per això, ben aviat practicàrem una mena de sociabilitat basada en l'enfortiment de llaços establerts entre els membres del grup, que molt sovint tenen en el parentiu una plataforma generadora d'organització. Una bona part de la nostra història primat deu haver estat teixida amb les agulles de les relacions de parentiu, i la força que ens ha dut a explorar una vida com la humana ha estat, sense cap mena de dubte, en la xarxa de relacions, cada cop més complexa, ja que l'anaven realimentant les diferents collites d'habilitats comunicatives desplegades en l'espai de les interaccions.

Viure en grup també ha tingut —i té— els seus costos, ja que genera incertesa sigui amb relació a la transgressió d'espai, de temps o d'accés a les menges, a la informació o als plaers del sexe. Per això, sovint, en el si de qualsevol grup arrela una força centrífuga que condueix els membres, encara que sigui de tant en tant, a la recerca de la pau i la serenor de l'estar sol. Maldem i ens enforcem per trobar el punt dolç del balanceig entre les dues forces que ens empenyen: les centrípetes, derivades de la por de la predació, generadores dels sentiments de sociabilitat que ens fan cercar companyia, i les centrífugues, forjades per la coexistència, la cohabitació i la multitud o gentada, que ens llançarien cap als espais més lliures de soroll de la solitud.

Tanmateix, per a nosaltres els primats, la sociabilitat ha estat la nostra força. Per cohesionar i fornir d'estabilitat el grup caldria desenvolupar mecanismes per al seu manteniment. Així, emergeixen seguicis de coalicions i aliances entre parelles, mares i filles, parents o col·lectius, a fi de trobar el suport necessari contra els possibles entrebancs a la supervivència. Sovint em fa l'efecte que la regla d'or del nostre comportament primat tendeix a ser: «si tu m'ajudes, jo t'ajudo», regla que la més elemental teoria dels jocs ens presenta sempre com una estratègia guanyadora en el joc de les interaccions entre els membres de grups on tothom es coneix. Aquestes aliances troben un oli generador en les diferents pràctiques de contacte físic, des de l'alletament i diferents tècniques afavorides del nodriment fins a altres tactes i contactes fets amb l'excusa de la neteja, el caliu dels parents o l'enfrescament del joc, i els uns i els altres s'enganxen en l'activitat més social, la de tocar-se mútuament. La major part de les espècies de primats dediquem entre el cinc i el vint per cent del nostre temps a desenvolupar pràctiques relacionades amb el tacte. Val a dir que hi ha molt més que nodriment o higiene en la pràctica de sovintejar el tacte i el contacte: hi ha una aposta molt forta a favor de l'afecte, de l'amistat, de la fidelitat, de la lleialtat i de la generació d'espais de felicitat.

Tactes i contactes són a la llarga el fil generador dels lligams que hauran de teixir la xarxa de les relacions de grup a través de l'espai de les interaccions i que manifestarem tots plegats en les variades conductes d'aparellament, d'agrupament familiar, d'associació o de coalició. Els ximpanzés bonobos, per exemple, es toquen constantment, s'acaronen, es besen als llavis, es raspallen, s'acaricien, s'engresquen, es miren a la cara i als ulls, somriuen i van damunt davall en el joc, i fins i tot els mascles es toquen el penis entre ells com a forma ritual de reconciliació; això sí, tot plegat amanit amb un munt de formes de vocalització que traspuen contundents gotes d'emoció. No ens ha de resultar agosarat afirmar que en la subtilitat i en la complexitat de moltes d'aquestes interaccions radica el secret de la qualitat de vida, del benestar, que governa les societats d'aquestes espècies nostres.

En aquestes formes de comunicació hi ha la clau del procés que dóna a les societats primats la cohesió i el sentit de pertinença, i que pot arribar a generar autèntics compromisos. Invertim molt de temps i esforç a establir relacions i a mantenirles, i no tindria cap sentit una inversió tan gran si els beneficis fossin sempre migrats. A l'hora de la veritat què hi ha de millor que allò de «si tu em mires, jo et miro», «tu em somrius, jo et somric», «tu em vocalitzes, em parles, jo et vocalitzo, et parlo», «tu em toques, jo et toco», «tu m'estimes, jo t'estimo»; són experiències que esdevenen extraordinàriament plaents. Deixar anar els dits i les mans i els braços per la geografia del cos en un contacte consentit ple de mirades i de sons diversos teixeix i enforteix els llaços, els lligams, alhora que relaxa i redueix el grau d'ansietat i d'estrès. La veu, l'expressió de la cara o el tacte són plens de delicadeses que poden dur fàcilment del benestar a la felicitat. Amb la veu, els ulls, la cara i les fregues, carícies i abraçades es poden generar les millors teràpies. Teràpies suaus practicables en el món del treball a fi d'estimular el to general del cos. Una petita frega, en el moment i lloc adequats, pot canviar la fesomia del nostre paisatge corporal. De l'exterior i de l'interior.

Les emocions, la proximitat i els comportaments tàctils associats van contribuir molt a enfortir uns lligams que veurien incrementada la seva força amb el desplegament de les habilitats simbòliques. De totes maneres, des d'un punt de vista tant neurològic com semiòtic, aquestes habilitats simbòliques no només representen una millora considerable de la comunicació, sinó que més aviat configuren un canvi radical en les estratègics comunicatives. Se'ns fa difícil de comprendre les circumstàncies que disparen de manera tan clara les pressions de selecció a favor d'un canvi tan radical en les estratègies comunicatives. Una aproximació la podríem fer a partir de constatar que la femella primat es juga molt més en els negocis reproductius que el mascle, i aquesta posició asimètrica entre mascles i femelles, a la llarga, haurà de tendir a facilitar l'evolució de complexos i sofisticats mecanismes de processament de la informació relacionada amb l'aparellament. Vet aquí com els mascles farien —i fan— mans i mànigues per intentar lliurar aquella informació que els afavoriria, i les femelles maldarien per rebre'n d'aquella que servís per fonamentar la capacitat d'escollir el millor entre els mascles. Ells i elles es veurien implicats i implicades en els fascinants negocis de la seducció, que conduirà la locomotora de l'evolució homínida cap a la nostra espècie.

En les espècies homínides, mascles i femelles han de tenir cura, durant temps, de la descendència per donar-li afecte, aliment i protecció, i per això el seu interès reproductiu comú els farà tendir a formar parelles amb lligams forjats en la proximitat i el contacte i alimentats per l'acció d'un aparell emotiu d'allò més adaptatiu que molt sovint arriba a tenir un caràcter gairebé d'exclusivitat. Aquesta comunicació que facilita i enforteix els lligams esdevé complexa i més elaborada, ja que el cost potencial dels càlculs afectius malgirbats pot arribar a ser molt alt en termes reproductius. Hi ha tota la pressió del món a favor d'enfortir els lligams i, si és possible, de conjuminar la condició física més adient per obtenir i defensar els recursos amb habilitats més relacionades amb el fet de fer créixer en tots els sentits la mainada, com pot ser la fidelitat.

És ben veritat, però, que els interessos de la parella no acaben de ser simètrics i, fins i tot, un mascle pot pensar a millorar la seva aposta reproductiva si aconsegueix d'enganyar un altre mascle a fi que criï com a propis aquells fills que no sap pas que no ha engendrat. I una femella encara podria pensar a maximitzar els seus recursos genètics si facilitava les coses per copular amb algun altre mascle, que sempre podria guardar en el rebost afectiu, a la reserva, en un món ple d'esculls on la major part de mascles no arribaven a vells. En segons quines circumstàncies, veritablement, per a una femella tenir un mascle de reserva guardat al rebost dels afectes podria ser el millor pla de pensions. Fixem-nos com ens anem endinsant en la complexitat de les relacions i com, sobretot elles, fan una forta inversió en tot allò que afavoreixi l'establiment de lligams. És clar que els lligams no eren, aleshores, ni ho són ara, cap assegurança. Tot això ens ha de fer pensar en la manera com, a partir d'un moment, la selecció treballà per adaptar l'aparellament a un espai de relacions que cada vegada era més complex. Sembla que l'evolució hauria d'afavorir el desplegament de mecanismes destinats —en la mesura del possible— a evitar que una femella o un mascle homínid — sobretot una femella— encallessin en enganxar-se a una parella poc de fiar o poc fidel. En aquest sentit ens expliquen ben bé per què cal una negociació informativa amb uns rituals associats que sovint demanen autèntics refinaments en la seva realització.

Vet aquí com, en una cruïlla del camí de l'evolució, els vents de la reproducció homínida semblen bufar inexorablement cap a la monogàmia —encara que no fos per sempre— com a estratègia adaptativa. El seu èxit dependria, en gran part, de l'existència d'una certa seguretat per endavant a l'hora de segellar la relació. La relació model, aquella que faria forat en l'organització dels algoritmes subjacents a la forja de les xarxes neuronals, era la relació a llarg termini. Amb tot això volem dir que el procés d'aparellament ha guanyat tant en complexitat que demana tot un ritual i un temps d'aproximació i de coneixement, de negociació informativa, o bé, al mateix temps, una xarxa de relacions de parentiu o d'afinitat força establerta a fi de donar garanties i segellar bé els lligams. L'elecció de parella —o l'assignació o la designació— implicaria el desplegament d'una gran varietat de comportaments comunicatius i de mecanismes psicològics que són a la base mateixa de moltes de les nostres habilitats comunicatives.

Les estratègies d'aparellament desplegarien processos que implicarien un complex sistema de coalicions entre mascles i femelles, amb l'objectiu de cooperar per a la major glòria del tabernacle genètic comú. És ben veritat que la natura hi ha invertit molt, en el negoci comunicatiu relacionat amb la continuïtat de la vida, la més gran de les seves inversions. I per això no ens ha d'estranyar gens que el toc de la química de l'amor arribés a esdevenir el poderós mecanisme encarregat de generar la màgia de l'atracció entre mascles i femelles —amb varietats diverses—, seguida de la passió per enfortir fins a lligar la relació i continuar amb l'afecte especial nodridor de la voluntat de romandre plegats, com a mínim, el temps necessari per assegurar en la fillada la continuïtat de l'espècie.

Ja veiem que, a l'hora d'establir i d'enfortir les relacions, la naturalesa no hi ha estalviat despeses, i la varietat dels productes fabricats ens mostra que en el seu «laboratori» d'innovació i desenvolupament realitzà la feina d'una manera fascinant per aconseguir per a cada forma de lligam, de l'amor a l'amistat, un rerefons químic ben especial que l'estimula. I vet aquí que, si produïm aquestes substàncies i en tenim també els receptors, no és gens agosarat afirmar que la naturalesa ens ha programat, i ben bé, per al benestar i la felicitat, i aquests estats d'ànim generals tenen molt a veure amb l'estat de les nostres relacions, que són cada cop més variades, ja que amb el temps la xarxa s'ha exponencialitzat, ha introduït complexitat i molta incertesa, i això pot generar també estrès, i molt, tal com veurem més endavant.

La negociació social de les activitats reproductores hauria de posar a prova l'abast de les habilitats comunicatives, i en el context de la negociació d'aparellament, amb una voluntat subjacent d'elecció reproductiva dels homínids, hi ha el segell de la nostra manera de comunicar. Cap canvi en el programa d'enginyeria social no hauria estat tan poderós i tan peculiar com aquest en la història de la comunicació animal i, convertit en un atractor comunicatiu, l'evolució s'hauria encarregat de perfeccionar i llançar fins a nosaltres mitjançant una forma tan nova de comunicació que duria a diferenciar entre aparellament i matrimoni. Aquest darrer és més que un arranjament reproductiu, ja que implica deures i obligacions que lliguen els grups familiars als quals pertanyen els individus aparellats. En realitat, el matrimoni implica grups consolidats, un sistema de relacions, una xarxa, un conjunt de drets i deures reproductius que demanen un circuit per on circuli informació emmagatzemada en format simbòlic, ja sigui de naturalesa encara no verbal, quasi verbal o verbal o, ben segur, mixta, amb un repartiment de papers.

En aquest context de complexitat creixent, els cervells creixen de manera galopant i, per tant, les criatures neixen més primerenques. De més a més, la infantesa serà llarga, i costarà déu i ajut pujar una mainada que, mentrestant, cal que descobreixi les pautes de supervivència en aquest món cada cop més complex. Haurà d'aprendre on trobar les pedres adequades per fer eines i com colpejar-les; li caldrà observar i aprendre quan i on crien les femelles animals, on ponen els ous les aus, quins animals condueixen els grups; haurà de saber com canvien els vents i les estacions i quines relacions mantenen amb les pluges; caldrà que s'acostumi a seguir les traces d'un rastre, a acorralar i atacar una presa, a esquarterar-la i dividir-la en trossos; haurà de diferenciar les herbes mengívoles de les que no ho són i saber aprofitar bé les herbes remeieres en casos de malures, congestions, o, simplement, per a usos estimulants; caldrà que aprengui a encendre el foc i a conservar-lo, i a organitzar l'espai segons usos i funcions. Hauran d'aprendre també a establir relacions, a ajudar els més petits i els avis, a saber quin és el protocol que marca el to de les relacions al si del grup, i quins són els jocs, els costums i els rituals que fan del grup una comunitat. Tanta feina i durant tant de temps com el d'una criatura *habilis* o *ergaster* demana la presència d'un sistema de representacions que ofereixi una cobertura simbòlica a unes habilitats comunicatives que el control de les emocions havia posat en condicions d'esperar un nou ordre organitzatiu, el nou ordre comunicatiu del llenguatge.

EL DESIG DE COMUNICAR FA CRÉIXER EL CERVELL: DELS RITUALS AL LLENGUATGE I SOBRE L'HARMONIA ENTRE RAÓ I EMOCIONS

L'emergència de noves habilitats comunicatives consistents en l'ús de representacions simbòliques engegà un procés del qual avui vivim les darreres conseqüències. La informació aixecà el vol i començà un nou relat en el camí de la història de la vida. El creixement del cervell, sobretot de les estructures prefrontals, hauria multiplicat les capacitats d'aprenentatge i hauria facilitat la interiorització d'un conjunt cada cop més gran d'associacions entre signes i objectes a còpia de repeticions, i després, en l'indret més enlluernador i apassionant del viatge epistemològic cap al llenguatge, hauria permès de complementar les relacions entre signes i objectes amb les relacions més sofisticades entre signes a fi de teixir allò que anomenem «un sistema». Aquella semàntica incipient i ben estructurada per una sintaxi generadora de mons seria capaç de potenciar, pel principi de creativitat, el nombre de representacions de manera il·limitada.

Em fa goig de lligar aquesta emergència de la comunicació simbòlica amb el desplegament de processos complexos de ritualització. De fet, el ritual és encara un component decisiu en l'educació simbòlica en les societats modernes, perquè és un ajut inestimable en la llarga marxa que va del concret a l'abstracte. Veig en l'activitat ritual la clau de volta del procés d'entrada en els nous espais de la comunicació simbòlica. En totes les societats humanes, la major part de les activitats rituals —processos estandarditzats de comportaments socials— estan al servei d'idees simbòliques complexes. De manera ben voluntària, les institucions o les persones les empren per la seva contundència a l'hora de pretendre definir relacions socials abstractes i inculcar certs hàbits de pensament i d'acció. De fet, la millor manera d'introduir una regulació de les relacions socials consisteix a canalitzar els espais de la comunicació a través de processos de ritualització.

Un bon sistema de rituals contribueix a desactivar l'agressivitat i a neutralitzar la incertesa, alhora que facilita la unitat del grup, la seva cohesió, i marca la diferència amb altres grups socials. Hem de dir que els rituals demanen signes clarament perceptibles i interpretables, unívocs, rigorosament codificats i amb una certa dosi de redundància per facilitar-ne la comprensió. Una barreja de signes verbals i no verbals sembla l'espai semiòtic ideal per esdevenir la plataforma adequada que durà a la comunicació simbòlica. Vocalitzacions, veus, signes verbals, gestos, postures, usos específics dels espais i dels temps... adquiriran valor de *pertinença,* indicatiu de formar part del grup; de *reconeixement*, per fer veure a l'interactuant que tenim en compte la seva presència i acceptem de bon grat —o no— de mantenir-hi relacions i ho manifestem amb somriures, vocalitzacions, salutacions, petons, contactes corporals diversos: de mans, de braços, d'ulls, de cara...; d'*obertura* o de *clausura* de la comunicació o de bona recepció del missatge; signes de *deferència,* de consideració, d'acceptació d'estatus, manifestats també a través de vocalitzacions, paraules, gestos, canvis de postura, inclinacions, aixecar-se, mantenir de la distància, etc.

En els rituals, les vocalitzacions, el cos sencer i el seu moviment i les seves postures, les expressions manifestades a través de canvis en la configuració de les seves parts, els diferents paisatges corporals i les distàncies i el temps i molts objectes, acabarien adquirint un suplement informatiu que duria cap a la turbulència simbòlica generadora del nou ordre comunicatiu: l'ordre simbòlic. La funció del ritual és facilitar l'atansament i la interacció —si s'escau— amb el mínim de riscos per a la imatge dels interactuants. Per això, l'accés, la separació, els oferiments i les súpliques, els encàrrecs o els serveis, les invitacions, les presentacions i els comiats, les prometences i els compromisos, l'obertura i el tancament de l'acte comunicatiu, són moments ritualitzats. Vet aquí com el ritual introdueix una regulació dels intercanvis en sotmetre'ls a certs principis d'equilibri. Hi ha unes regles que governen les interaccions, de manera que incomplir-ne una és una falta de correcció i pot arribar a tenir un caràcter ofensiu. L'obligació de l'intercanvi, i del manteniment dels principis de reciprocitat i cooperació, assegura un equilibri en les relacions socials, assegura una pau social.

Dit tot això, no resultarà gens estrany suposar que la regulació de les relacions reproductives esmentades abans demanaria un procés de construcció fortament ritualitzat. De més a més, la suposada ritualització permetria assegurar que tots els membres del grup no només tenien coneixença del contracte establert, sinó que comprenien les conseqüències, en el comportament, que se'n derivaven, per a tots, amb vista al futur. El ritual fixa, defineix els papers, les funcions i les relacions, i forneix un marc de referència per al futur. Fixem-nos en un fet: el ritual suposa —en realitat la defineix— una segona estructura, la simbòlica, que hi és més aviat implicada que mostrada. Així, els papers socials i la xarxa de relacions són redefinits i el grup esdevé estructurat després de certs rituals. Vet aquí com un home es transforma en espòs i una dona en esposa, i un altre, o una altra, en sogre, sogra, guerrer, donzella o xaman, on tots tenen assignats papers simbòlics, i no pas, per exemple, papers reproductius. Amb el temps, aquest procés ritual per a la construcció de relacions simbòliques guanyà en complexitat i l'intercanvi d'objectes, l'ús de vocalitzacions i d'expressions verbals, de gestos, tactes, contactes i postures, reberen el toc de la gràcia simbòlica i esdevingueren signes capaços de teixir veritables estructures o sistemes.

Tot aquest procés hauria aconseguit de situar la sintaxi, implícita ja en els processos de simbolització associats als rituals pel fet de potenciar les relacions entre els elements, com a principi generador capaç de disparar la creativitat. Certament, els processos de ritualització preparen la sintaxi i, en ser interioritzats, ajuden a dissenyar en el si del cervell connexions i xarxes amb el poder dels algoritmes. Els cervells cada cop estaran més preparats per al reconeixement de seqüències, fins a disposar de mecanismes reconeixedors i, després, poderosos algoritmes de generació. Aquí hi ha el secret del poder dels llenguatges. De més a més, el fet de lligar el desplegament de la comunicació simbòlica i de l'emergència del llenguatge a determinats processos de ritualització té el gran avantatge d'oferir una bona resposta a l'hora de donar compte del problema de l'adquisició d'aquestes habilitats comunicatives.

Els rituals, tal com passa amb els jocs, permeten una interiorització fàcil de les regles que en governen la producció. La reiteració continuada facilita molt l'adquisició dels coneixements implícits, cosa que encara avui ajuda molt els infants a desenvolupar la seva expertesa comunicativa i lingüística, si bé és veritat que disposen de l'enginy computacional necessari per, arribat el moment, produir expressions comunicatives i verbals que no havien vist ni sentit mai. Aquest enginy, alguna mena d'algoritme de reconeixement i generador de seqüències, en un indret ben especial del llarg camí homínid, devia rebre el regal de l'aixopluc biològic necessari —el toc de màgia de les connexions neuronals—, i devia esdevenir una innovació tal a la natura que acabà fent de la comunicació simbòlica a través del llenguatge l'estratègia de supervivència més adaptativa. Fins al punt que, del paradís en què ens introduí el llenguatge, ja no ens en podrà treure mai ningú.

El fil de les explicacions d'aquestes pàgines vol reflectir, encara que sigui per sobre, el procés que va impulsar la comunicació verbal com una estratègia de supervivència més i més reeixida, pel fet que possibilità una activitat comunicativa cada vegada més eficient. En els darrers dos milions i mig d'anys de selecció sostinguda en un nínxol socioecològic sense precedents i amb un aparell comunicatiu i cognitiu sense parió, l'evolució ha pres una volada tal que, des del punt de vista comunicatiu, ja en podem esperar qualsevol cosa. I tot plegat s'inicia, ja ho hem vist més amunt, per la necessitat de fonamentar les relacions. L'objectiu primer eren unes relacions estables basades en un sistema emotiu cada cop més ben configurat, a fi d'aconseguir una millor adaptació al medi. L'estrella eren les relacions home-dona i els guanys aconseguits en lligar i relligar les relacions home-dona havien gaudit del suport ben especial de l'explosió de les turbulències afectives pròpies dels enamoraments i, encara més, del disseny cada cop més atractiu dels paisatges corporals de tots dos.

Els vells esquemes mamífers i primats d'unes relacions, entre mascles i femelles, basades en una pòlissa de paternitat assegurada en la competició entre mascles i en una receptivitat sexual fàcil de controlar pel fet de posar-ho tot a la vista, qui sap si no es començaren a esmunyir en amagar, les femelles homínides, l'ovulació i convertir-la en el secret més ben guardat, alhora que esborraven les fronteres de la receptivitat sexual per posar a punt un altre espai de relacions. En aquest context, els pits carnosos, vius, pendulants i tothora agafadors de les dones engegaren la maquinària dels desitjos i ajudaren a covar la nova química, la de l'amor, capaç, a més, d'instituir el reguitzell de premis més preuats en l'univers dels plaers: el rosari dels orgasmes, que esdevé tan adaptatiu que acaba per desplegar-se en tota la condició femenina. La ventada de l'evolució devia anar a favor d'aquells i d'aquelles que, engrescats pels atractius dels contactes i dels tactes, s'enganxaren en relacions de llarga durada, i així esqueraren i veieren créixer millor la fillada.

L'emergència de la comunicació simbòlica i del llenguatge, en el si de l'espai comunicatiu homínid, exigia uns canvis en el cervell que fossin capaços de fornir els humans del suport biològic necessari per superar uns llindars tan crítics com els de l'adquisició i la memorització dels signes. El processament de la informació simbòlica seria un punt de discontinuïtat ben notable en el camí de l'evolució. La gènesi i l'esclat de les capacitats per a aquest processament fan l'efecte de ser les llavors de la gran aventura comunicativa que ens va permetre d'entrar en el paradís de la cultura. Calia posar el cervell a punt per al desplegament del gran projecte del llenguatge. Per això, els cervells humans no només són cervells més grans que els dels grans simis, sinó que també mostren alteracions ben significatives tant de la proporció com de les relacions entre les seves parts.

És ben lògic d'esperar que aquests canvis, quantitatius i qualitatius, en proporció i relacions, reflecteixin el suport biològic necessari per desplegar les capacitats cognitives, que no eren usuals, necessàries per a l'aprenentatge i per a la interacció simbòlica, lingüística. Així, una escorça prefrontal desproporcionalment engrandida i uns canvis considerables en el grau, la categoria i la quantitat de les connexions, especialment entre els espais prefrontals, els límbics i els corticals relacionats amb el processament de la informació sensorial, em sembla del tot enraonat de considerar-los com el rerefons d'ordre biològic imposat per la comunicació simbòlica i el llenguatge.

De l'escorça prefrontal, la que ha crescut més en el viatge cap a l'ésser humà, n'hem de dir que comença a desenvolupar-se tard, tant filogenèticament com ontogenètica, i que és un veritable centre de connexions cap a tot arreu, ja sigui en direcció a estructures subcorticals i límbiques, ja sigui cap a altres àrees de la neoescorça. Rep, coordina i controla informació relativa als estats interns i al món exterior. No resulta pas gens forassenyat considerar l'espai prefrontal com l'autèntic departament de comunicació, amb tasques directives i executives, d'aquesta meravellosa empresa que és el cervell humà. Les àrees prefrontals semblen haver aixecat el vol amb el desplegament de funcions com el processament de la informació lingüística o la planificació de comportaments complexos.

El nostre caràcter i, d'una manera més particular, el nostre estat d'ànim depenen, i molt, de la configuració de la nostra estructura prefrontal, de la seva neurofisiologia, de la seva neuroanatomia i de la seva neuroquímica, tal com veurem, ja que entre les seves funcions ha d'harmonitzar els lligams entre la raó i l'emoció. Aquestes estructures ben bé han configurat el nou ordre del cervell en el camí de l'evolució. Els espais prefrontals, si bé no tenen cap funció ni sensorial ni motora —el cervell primat ja desenvolupa bé aquestes funcions—, mantenen un munt de relacions —amb una realimentació modèlica— tant amb diferents espais límbics, com l'hipocamp o l'amígdala, com amb la neoescorça. És així que qualsevol espurna de disfunció pot provocar deficiències —sovint lleugeres— en diferents àmbits del comportament humà. Així, per exemple, hi ha evidències empíriques quant als efectes sobre la memòria de treball o la capacitat de mantenir l'atenció, ambdues ben relacionades amb la comunicació simbòlica i el llenguatge. En aquest cas, l'espurna de la lesió hauria fet blanc en alguna de les connexions amb els espais límbics que governen la memòria i l'atenció, com l'hipocamp, per exemple.

Allò que anomenem «consciència o sensibilitat moral» també està relacionat amb l'escorça prefrontal, així com la major part de les competències que tenen a veure amb la interacció social. L'empatia, l'estat de ressonància o sincronització emotiva amb l'altra persona, té a veure amb l'àrea ventromediana i les seves connexions amb els espais límbics de l'hipocamp i l'amígdala. El desig, per exemple, que precedeix el plaer demana una zona prefrontal en condicions, i val a dir que la tristesa, la desesperança i la desmotivació prèvies a l'estat d'ànim depressiu tenen el seu correlat ben configurat en les estructures prefrontals. Una sostinguda visió negativa de la realitat i d'un mateix es pot relacionar amb alguna alteració de l'àrea orbitofrontal —l'escorça prefrontal situada tot just damunt de les òrbites oculars i veïna de la ventromediana—, que juntament amb l'hipocamp i l'amígdala constitueixen la regió cerebral vinculada a la valoració del món i de nosaltres mateixos. El fascinant niu de l'autoestima.

No és gens estrany que aquesta regió sigui la més alterada en els episodis de depressió, tal com indiquen els estudis d'anatomia cerebral fets amb persones depressives. Ja només la tristesa sostinguda ofereix, en els escàners cerebrals, una bona mostra de la poca activitat en aquestes zones, així com un grau remarcable de feblesa neuronal, de desconnexions i de desorganització, és a dir, de molt poca fluïdesa en la comunicació cel·lular que es fa a través de la serotonina i de la norepinefrina, substàncies químiques missatgeres involucrades en la regulació de l'estat d'ànim.

També la malaltia d'Alzheimer provoca grans trastorns en l'escorça prefrontal i en les seves connexions límbiques, molt especialment l'hipocamp. En cas d'Alzheimer, les alteracions són considerables, les pèrdues neuronals, grans, i el procés de desenvolupament de la malaltia, ara per ara, irreversible. La depressió, en la seva forma més corrent, com a trastorn de la valoració emocional de l'experiència personal, manifestada a través d'una tristesa sostinguda, desesperança, falta d'energia, apatia o manca de concentració, té com a conseqüència una pèrdua neuronal, una minva de volum en certes zones, molt remarcable en el cas de l'hipocamp. Cal afirmar, però, que restaurada la situació, passat l'episodi depressiu, els processos de neurogènesi corresponents restitueixen la massa cerebral fins a deixar-la en l'estat previ a l'episodi.

També el disfuncionament bipolar, l'obsessió o l'esquizofrènia tenen molt a veure amb alteracions de la comunicació neuronal al si de les estructures prefrontals i les seves connexions. Sovint no em puc estar de pensar que si l'emergència de la comunicació simbòlica i el desplegament del llenguatge exigiren un considerable engrandiment del cervell, molt especialment en les àrees prefrontals i d'associació, vet aquí que no ha de resultar gens forassenyat pensar que el peatge que hem hagut de pagar per parlar —a banda de la mort sobtada en el cas de les criatures— el paguem en forma de malalties mentals. Alguna, com l'Alzheimer, qui sap si no ben lligada a la reconfiguració cerebral relacionada amb la necessitat de processar informació arribada a través de la comunicació simbòlica, bàsicament del llenguatge.

A més, la literatura clínica d'aquests darrers anys ens ha fornit tot un rosari de casos problemàtics relacionats amb lesions prefrontals: les dificultats d'adaptació als canvis de context, les fòbies, les imprecisions i els embolics a l'hora de fer plans o d'organitzar espontàniament les seqüències d'actes que configuren una conducta una mica complexa o de realitzar accions que demanen la perspectiva d'uns altres ulls. Diverses dificultats a l'hora d'aprofitar de manera harmoniosa —tal com fem habitualment en les nostres interaccions— la informació que ens retroalimenta o a l'hora de canviar de marc de referència o per destriar en un aclucar d'ulls, de manera intuïtiva, entre alternatives diverses, tenen relació amb danys a les zones prefrontals. Allò que anomenem «intuïció» correspon a preses de decisió gairebé immediates i demana una zona prefrontal i de connexions amb l'hipocamp i l'amígdala molt ben fornida.

La grandària de les estructures prefrontals del nostre cervell l'hem de correlacionar amb el desenvolupament de la comunicació simbòlica, del llenguatge i, en fi, de la consciència. Hem pogut veure que la interacció simbòlica demana uns fins mecanismes d'adquisició d'informació, d'aprenentatge, i no cal dir que aquests estan relacionats tant amb la memòria de treball com amb els dispositius fixadors de l'atenció, tots dos en l'òrbita prefrontal i lligats al conjunt de circuits límbics que alimenten l'olla de les emocions. De totes maneres, també és ben veritat que la manera com l'escorça parietal processa la informació tàctil —en informar sobre la temperatura, el moviment, la pressió o el grau d'humitat o de lluïssor d'un cos—, com l'escorça temporal processa la informació sonora o com la visual processa la que ens arriba a través dels ulls, està molt més tenyida pel color de l'activitat prefrontal que no pas en cap altra espècie primat. ¿És el «toc» de la consciència? Només afirmem que l'activitat prefrontal ho harmonitza tot i que la seva presència —i el seu engrandiment— obrí una dimensió nova en l'activitat cerebral.

No vull pas deixar d'assenyalar que les tasques assignades a les zones prefrontals estan totes molt implicades en intervencions sobre els fluxos d'informació que mai no arriben directament de l'exterior, sinó d'altres zones del cervell tant corticals com subcorticals. Si se'm permet, diria que els espais prefrontals governen els mecanismes de desautomatització. Amb això volem dir que contenen no només centres i mecanismes responsables de processar la informació prioritària, sinó també la informació sobre l'aplicabilitat d'aquesta informació en contextos diferents. Fixem-nos una mica en aquest concepte, que seria la veritable clau de volta de l'arquitectura mental i que tindria la seva seu en els espais prefrontals, la maquinària de la desautomatització. La capacitat de reconèixer els signes com a signes i d'intervenir, fins i tot, en la seva manipulació. Aquesta és una competència d'un poder excepcional; en el cas del llenguatge, el poder de disposar dels mots sense disposar de les coses i, al cap i a la fi, de disposar de les persones en disposar dels mots.

DEL LLENGUATGE AL DIFÍCIL ART DE GESTIONAR LA INCERTESA

L'evolució biològica i l'evolució cultural tenen comportaments paral·lels pel que fa a la transmissió de la informació, i la incorporació de la nova, és a dir, amb una variació més o menys casual d'un element del patrimoni genètic o amb l'adquisició cultural d'una informació relacionada amb algun tipus de comportament. En canvi, la rapidesa de difusió i de potenciació dels efectes és molt diferent. L'evolució biològica, vinculada, ara per ara, al canvi en el patrimoni genètic d'un individu, es transmet tan sols una vegada a la vida, per naixement, i si resulta afavorida per la selecció natural pot trigar centenars de milers o milions d'anys a consolidar-se fins a caracteritzar tota l'espècie.

Així, per exemple, al cervell de les primeres espècies mamíferes li anaven creixent les emocions, a poc a poc, des de la por fins als afectes, i caldrien més de cent milions d'anys per fer aparèixer uns grans primats força sociables, i després gairebé una desena més de milions d'anys per desplegar uns homínids amb una xarxa de relacions que demanava a crits fortes inversions en el circuit per on circularia la informació a través de la comunicació simbòlica i el llenguatge. Primer fou la inversió en capacitat de percepció; després, mitjançant l'emoció, el comportament amb relació a les percepcions guanyà, i molt, en eficàcia.

Per això les emocions resultaran extraordinàriament adaptatives, i encara ho són, i amb un paper clau, al nostre cervell. Amb el llenguatge i la cognició el comportament guanya en eficàcia, obre les finestres a un món nou, el de la cultura. Percepció, emocions i llenguatge representen competències que ens han arribat a través de l'evolució biològica i que han acabat configurant el cervell humà.

L'evolució cultural, en canvi, originada per l'eficàcia operativa d'una nova modalitat d'acció o d'una nova idea —configurada amb nova informació— que mai no s'havia posat en pràctica mitjançant els actes de comunicació simbòlica, d'ensenyament, podria ser transmesa en molt poc temps a tots els membres d'un grup i d'aquests als descendents per tal d'afavorir-ne l'èxit ràpid i la difusió. Això explica que l'ésser humà d'avui sigui tan diferent dels seus avantpassats, tot i que s'assembli tant quant a la dotació biològica. Vet aquí que, gràcies a unes habilitats comunicatives potenciades per la ductilitat del llenguatge, la persona arriba a controlar el seu comportament i, a més, amb la cultura reelabora contínuament les seves estratègies de supervivència.

El gran desenvolupament del bagatge cultural, que multiplica els seus coneixements i les seves habilitats, diferencia la nostra espècie de la resta del món animal fins a arribar a constituir un món a part de tots els altres. Allò que ha permès als individus de la nostra espècie de treure el màxim profit de les experiències i els records acumulats, de traduir-los en sistemes culturals complexos, de garantir-ne la supervivència al llarg dels segles, de transmetre'ls i, fins i tot, de transformar-los segons renovades experiències, és la possibilitat de convertir les sensacions en imatges mentals, en representacions simbòliques, i de relacionar-les en xarxes conceptuals al també màgic codi secret de la lògica, i de transmetre-les amb un llenguatge verbal molt ric, elàstic, flexible, precís i eficaç, en el si d'un grup social cada vegada més ampli. Gràcies al desplegament del conjunt d'habilitats comunicatives culminades pel llenguatge, que es concreten en la llengua dels pobles i la cultura de les civilitzacions, hem pogut construir i teixir un segon patrimoni d'informacions i de sabers molt més àgil, adaptable i d'evolució extraordinàriament més ràpida que el genètic.

Aquest llenguatge esdevé un veritable mecanisme generador de l'expansió del nou univers de la cultura, que agafa el testimoni en la cursa de l'evolució fins a neutralitzar, gairebé del tot, l'evolució biològica humana. A mi m'agrada la metàfora de considerar el llenguatge com el vertader big bang de la consciència i de la cultura. La cultura iniciaria el seu desplegament amb l'emergència del llenguatge. El llenguatge és una eina de comunicació excepcional que permet processar la informació d'una manera, fins aleshores, increïble, ja que facilita obtenir informació, guardar-la a la memòria, recuperar-la, recombinar-la i, fins i tot, manipular-la fins a enganyar els altres, o a un mateix, fet que ens permet de desplaçar-nos en l'espai i el temps, i fer servir la imaginació i la creativitat per construir i per explicar històries fantàstiques, contes meravellosos o descripcions precises o fascinants d'objectes, de persones, de situacions o de paisatges exteriors o interiors.

Si bé és molt possible que llenguatge i pensament no siguin el mateix, és ben clar que mantenen una relació ben estreta. Sembla que el llenguatge afaiçona el nostre coneixement de la realitat i del context en què vivim. La nostra gramàtica, un sistema finit capaç de produir una quantitat il·limitada d'enunciats, ens ofereix un procediment excel·lent per organitzar els nostres pensaments i per comunicar-los eficaçment als altres. Aquest llenguatge, mitjançant la gramàtica, ens permet de fer enunciats tant vertaders com falsos i, molt sovint, d'un valor de veritat desconegut. Aquesta amplitud de generació del llenguatge el converteix en un dispositiu molt i molt adaptable i poderós per conformar i modelar no només allò que és, sinó el que serà, el que podria ser i el que volem o no volem que sigui.

El fet de no disposar de criteris de fiabilitat incorporats als programes lingüístics, a les gramàtiques, fa del llenguatge una eina especialment potent per planificar objectius, per dissenyar estratègies per tal d'assolir aquests objectius i, fins i tot, per avaluar el seguiment d'aquest recorregut. La capacitat de crear models simbòlics —mons possibles— no del món que és, real, sinó del món que podem desitjar, interactua, mitjançant una retroalimentació fascinant, amb les funcions directives i executives de les estructures prefrontals del cervell per generar comportaments dirigits a aconseguir un objectiu. El sorgiment de la capacitat humana de crear mons possibles com a models mentals del futur, del món tal com voldríem que fos i no simplement del món que tenim davant, probablement té molt a veure amb les implicacions del llenguatge en les funcions executives de les estructures prefrontals.

El llenguatge és molt més que un mitjà de transport de coneixement, ja que ajuda a conformar la nostra cognició en imposar certs models sobre el món. Sense aquests models, el món que ens envolta seria tot un aiguabarreig, un aclaparador calidoscopi d'impressions dissemblants. Cadascun de nosaltres adquireix una rica i variada col·lecció de models que representa el dipòsit de saber col·lectiu de la societat, i això ens deslliura de la feixuga tasca de descobrir de nou les pautes i els models essencials. Quan les criatures aprenen les formes, l'ús i el significat de les paraules, adquireixen alguna cosa més que una fantàstica eina de comunicació: aprenen un ordre, una taxonomia, una forma de categoritzar i organitzar el món a fi de fer-lo un lloc conegut, estable i manejable. I encara més: a banda de classificar les coses del nostre món, ens permet de decidir com intervenir sobre aquestes coses.

Aprendre la llengua —la gramàtica, l'estructura lèxica i conceptual— és la millor de les claus per obrir les portes de les complexes relacions jeràrquiques entre les coses, les persones, i les persones i les coses. Pensem que, sense aquest tresor acumulat, cap vida no seria prou llarga per reconfigurar i redibuixar totes aquestes categories i aquestes relacions una altra vegada. Sí, en adquirir aquest tresor lingüístic adquirim, encara que poc ens ho sembla, el coneixement i la saviesa acumulats per moltes generacions i que els serví per sobreviure en adaptar-se bé als seus entorns. Val a dir, però, que una bona part d'aquesta saviesa no està de cap manera impresa en la nostra biologia. Només uns dispositius, uns mecanismes gramaticals, són innats i un grupet dels nostres gens hi estan vinculats.

El llenguatge, tal com va passar amb el sistema emotiu molt abans, és una propietat emergent que es fa possible quan la circuiteria neuronal del cervell assoleix un determinat nivell de complexitat, quan traspassa una massa crítica. El llenguatge fa ús d'una xarxa de xarxes neuronals bastida en la llarga marxa per enfortir les relacions, per generar lligams, per fer identitat, per cohesionar a fi de sobreviure. Per això són tan remarcables les connexions de les estructures cerebrals més noves amb les límbiques, l'olla on fan xup-xup les emocions. De més a més, l'engrandiment i la complexitat de les estructures més noves han dut també a gaudir, i molt més, dels avantatjosos efectes del desplegament de les emocions més positives. Els programes interioritzats al cervell humà per a l'optimisme, per al benestar i per al plaer estan molt més ben dotats que en cap altra espècie. Realment, no ens podem queixar!

Afegim-hi que el llenguatge donà una empenta molt forta a la bondat de la gestió del plaer en les formes més diverses. Amb les subtileses de la nostra capacitat de percepció, la riquesa i varietat de les nostres competències emotives i la implicació d'un instrument tan potent com el llenguatge per desplegar l'activitat cognitiva, tot involucrat en un sistema de realimentació perfecte, el cervell humà està en condicions d'oferir les delicadeses més refinades, de donar gust a cor què vols als desitjos del cos i de la ment, i de perllongar, mitjançant les carícies de la veu, dels ulls, de les mans i del cos sencer, els moments de benestar i de felicitat. No hem d'oblidar mai que la força de les emocions i del llenguatge contribueix a desplegar el major nombre d'estats de benestar possibles.

Tampoc no hem d'oblidar que l'origen del llenguatge l'hem relacionat amb la necessitat d'enfortir les relacions, els lligams. Sempre m'ha agradat considerar que en algun moment de la història homínida hi hauria un «gust sexual pel llenguatge» molt especial. Aquells i aquelles que parlaven lluïen aquesta capacitat emergent com el millor dels seus atractius, i amb el temps els fills i filles d'aquells i aquelles que trobaven el llenguatge tan engrescador, per nou i sensual, acabarien heretant la competència per construir amb la veu ben carregada d'emocions veritables objectes amb un contingut mental complex. El llenguatge aniria relacionat amb l'èxit en les relacions i, per tant, també amb l'èxit reproductiu. Qui començava a parlar era ple d'atractiu, tenia màgia, misteri, seduïa de veritat i més fàcilment obtenia sexe, amor o amistat. El llenguatge esdevindria romàntic i les paraules podrien carregar-se, mitjançant la veu, de tanta tendresa com els dits i les mans.

Amb l'ús del llenguatge guanyarien confiança i gestionarien millor els desitjos, i potenciarien l'atractiu, de manera que començar amb el contacte físic fins i tot seria més fàcil, ja que amb una bona barreja de paraules tocades per l'emoció del desig, un somriure mig desvergonyit i un joc d'ulls ple d'autoestima transmetrien una sensació de dominar la situació i alhora de confort. El llenguatge és tan poderós! Satisfer i sadollar el desig sovint demana atenció i preparatius, ja que involucra llargues, delicades i, sovint, complexes negociacions a fi d'assolir els compromisos necessaris, i per això les millors estratègies exigeixen un llenguatge ben a punt. No oblidem mai que el llenguatge és el mirall en què es mira la intel·ligència.

Aquest llenguatge que reforçava la confiança, que oferia seguretat, que sofisticava el plaer, que gratificava les relacions, que venia il·lusió i seduïa homes i dones i grans i petits, és una eina mental molt poderosa, ja que en tenir el poder de processar la informació resulta una vertadera finestra oberta a tota una infinitat de mons possibles, molts dels quals de naturalesa infinitament complexa. Vet aquí que havia emergit per enfortir els lligams, però de seguida es convertí en un accelerador de l'evolució. Amb tot, aquesta eina, que gaudeix d'un potencial —de primer, ben amagat— gairebé il·limitat per jugar amb la informació, té, com a objecte natural que és, uns punts de feblesa que limiten internament l'exercici d'aquest potencial.

Aquests punts de feblesa del llenguatge són dos. Primer, el seu esvaïment ràpid. Tal com diu la frase popular: les paraules se les endú el vent; és a dir, la informació continguda en les paraules tendeix a esmunyir-se, a desaparèixer, cosa que exigiria als nostres avantpassats fer un gran esforç per conservar-la a la memòria. I no seria pas gens fàcil. Per emmagatzemar-la i evitar que s'esmunyís, caldria repetir-la i repetir-la mil i una vegades fins a fer xarxa neuronal i fixar-la en els cervells i les ments d'aquella gent. Quanta informació interessant no s'haurà perdut al llarg de la història humana! Sense anar més lluny, avui tenim evidències empíriques que ens confirmen que una informació tan indispensable com la necessària per encendre un foc va haver d'introduir-se —inventar-se— unes quantes vegades.

El segon punt de feblesa correspon al fet que el llenguatge és ideal per a la comunicació de boca a orella, és a dir, cara a cara, i que per tant la comunicació a distància presenta nombrosos entrebancs. És per això que determinats coneixements que havien aconseguit acumular algunes comunitats costaria molt de fer-los arribar a gent que en vivia allunyada. Per exemple, una informació tan transcendental com la necessària per fabricar unes eines com les petites destrals de pedra tarda a la vora de cinc-cents mil anys a viatjar de l'Àfrica oriental a l'Àsia oriental. Molt sovint arribava a passar amb distàncies molt més petites, i encara avui, malauradament, una bona quantitat de la informació acumulada per una part de la nostra espècie no ha arribat a l'altra. Això sí, avui no és pas per manca de mitjans tècnics.

Doncs bé, arribats fins aquí, afirmem que cap a finals del segle XX aquests dos punts de limitació són neutralitzats, ja que, d'una banda, hem perfeccionat, i molt, les eines, les tecnologies, per emmagatzemar la informació, i de l'altra, a través d'internet i de la telefonia mòbil hem aconseguit de trencar les barreres de l'espai i del temps, en fer possible establir comunicació en qualsevol moment i amb qualsevol persona de qualsevol lloc en temps real. Del tot fascinant. Hem aconseguit fer de la humanitat sencera una mena de cervell planetari del qual cadascun de nosaltres podria ser una neurona. Així hem encetat el tercer mil·lenni, i per això no resulta gens forassenyat afirmar que hem entrat en una altra civilització.

Des d'aquesta perspectiva, m'agradaria considerar la possibilitat d'observar la història de la humanitat com la llarga marxa per neutralitzar aquests punts de feblesa que frenaven la potencialitat il·limitada del llenguatge. El camí el podem resseguir a través del reguitzell de tecnologies de la informació que anà emergint amb el temps per apaivagar, com a mínim, els efectes de la limitació. Primer sorgí la poesia, com a estratègia basada en un nou ordre en el si del llenguatge. Determinades seqüències, unes combinacions molt especials de mots, esdevenien espais d'ordre amb una gran estabilitat pel fet que podien ser guardades fàcilment dins la memòria. Aquestes seqüències especials —les podem anomenar «versos i poemes»— no eren més que artefactes culturals amb la funció d'emmagatzemar una informació qualitativament important per a la supervivència de la comunitat.

Durant mil·lennis i mil·lennis, la informació passava d'unes generacions a les altres mitjançant la transmissió oral, del boca a orella, si bé amb l'ajut d'aquestes capsuletes, els poemes, que moltes persones emmagatzemaven en la seva memòria. Ja més endavant —de fet aquesta tecnologia de la informació inaugura de veritat el que anomenem «període històric de la nostra llarga marxa»— arribà l'escriptura en les seves diferents formes, que representà un pas de gegant, ja que permetia conservar la informació en dipòsits que, per primera vegada, residien fora dels mateixos individus. La tecnologia de l'escriptura millorà molt, i amb el temps, amb la impremta, una part de les societats humanes entraren en la modernitat. Telègraf, magnetòfon, televisor, ordinador i telefonia mòbil foren algunes de les tecnologies, ja noves tecnologies, que durien cap a les darreries del segle XX a la digitalització amb una capacitat per emmagatzemar o transportar informació de manera gairebé il·limitada.

A mesura que apareixien les tecnologies, els canvis anaven més de pressa, en un procés accelerat fins al dia d'avui. Tant és així que, mentre a la prehistòria la informació acumulada qui sap si no tardaria desenes de milers d'anys només a doblar-se, més endavant, fins a l'edat moderna, caldrien més d'un miler d'anys per emmagatzemar el doble d'informació existent. A les darreries del segle XIX, només amb els cent anys del segle n'havien acumulat tanta en quantitat com en tota la història anterior. Al final del segle XX ja només necessitàvem trenta-sis mesos per doblar la informació, avui en necessitem vint-i-cinc i acabarem aquesta dècada amb menys de quatre mesos per doblar-la.

Fixem-nos-hi bé: les nostres vides de persones adultes d'avui han vist i viscut la irrupció de més informació i de més coneixements nous que totes les anteriors generacions juntes, i aquest és un fet qualitativament molt important. En les darreres dècades, els canvis han estat més que accelerats, frenètics, i el bombardeig constant d'informació, i de soroll, que envolta la nostra quotidianitat fa que per a molta de la nostra gent resulti ben difícil de conservar el sentit comú.

Estarem d'acord que aquests canvis, aquesta acumulació de coneixement, que té un costat molt positiu per a la millora de la qualitat de vida de moltes persones, han conduït a un gran desenvolupament de la complexitat en la vida dels individus, que genera alhora més complexitat i que afavoreix l'increment de la incertesa relacionat amb l'increment de la quantitat d'informació disponible. Vet aquí com un món amb tanta informació resulta també un món atrapat per la incertesa, en què tots plegats cada cop ens sentim més insegurs, més fràgils i més vulnerables. Més encara, aquesta acceleració ens ha dut a una evolució dels nostres punts de referència, i en poc més d'un quart de segle hem passat de tenir perspectives mentals llunyanes, a llarg termini, amb valors consolidats com el compromís, la lleialtat o la fidelitat per fonamentar les relacions i les xarxes familiars i socials, que permetien d'apaivagar la incertesa i l'ansietat, a tenir uns horitzons molt a curt termini, flexibles i fluctuants.

Potser comença a ser hora de preguntar-nos sobre com viure en un món amb tanta informació i sobre si el nostre cervell processa aquesta superabundor d'informació relacionada amb la presència de les noves tecnologies, de la televisió, dels ordinadors, del cinema o del telèfon mòbil, tal com havia processat sempre la que li arribava, això sí, amb molta menys quantitat, o podem pensar ja en alguna mena de conseqüències. És a dir, si pot modificar la seva organització i el seu funcionament, i de quina manera, si és així, en poden sortir afectats el nostre estat d'ànim, les nostres relacions i el nostre comportament. D'entrada sembla com si a les nostres vides tot anés molt de pressa. Sembla com si la incertesa fos la regla i l'anticipació, el somni obligat.

Recordem sempre que a més informació li correspon més incertesa, així de clars són els principis de la física que governen les coses i els afers de l'univers. I la magnitud de la quantitat d'informació que ens veiem obligats a gestionar en el dia a dia de les nostres vides és d'una naturalesa tal que el grau d'incertesa que comporta, i que cau sobre nosaltres com una pluja fina de negativitat, ens fa pujar fins molt amunt la sensació d'ansietat, de neguit, de desfici, de desassossec, d'agitació i, en darrer terme, de por, que cada cop més ocupa un lloc preeminent a la ment i a la vida de les persones d'avui. Una amiga meva psiquiatra diu que avui, als centres assistencials, no donen l'abast a l'hora de gestionar la por de la gent.

Una de les conseqüències d'aquest canvi radical cap a gestionar molta i diversa informació és que desafia constantment la nostra capacitat de fixar l'atenció. A l'empresa, a l'escola, a l'hospital, a la família o a la colla ens trobem cada cop més amb qui et parla de la seva dificultat per concentrar-se i et confessa que només es posa a pensar en una cosa o a escoltar una altra persona i de seguida, si no s'hi esforça, se li'n va l'olla i la ment li passa a un altre tema, i qui sap si després no enfila el camí cap a un altre. Les nostres àrees prefrontals van ben boges. Aquesta manca d'atenció, de concentració, aquesta mena de desintegració personal, té molt a veure amb la presència constant a les nostres vides de tota una munió d'estímuls que ens arriben dels nostres entorns, dels diversos mitjans, especialment de la televisió.

Sovint, davant de la televisió, les persones entren en un programa i poc després canvien de canal i passen d'informació política a veure un esport, anuncis, part d'un telefilm dramàtic, i a tastar un *reality show* i potser un documental sobre la vida a l'Antàrtida, i tot seguit canvien a veure mapes del temps, i encara mentre els miren hi ha qui marca el mòbil i parla un moment amb una companya de feina o amb la mare, o menja o manté una conversa intranscendent amb la muller, el marit, el fill o l'amant. A més, l'entorn en què vivim ho afavoreix, ja que a tot arreu sembla que tothom ha de fer més d'una cosa al mateix temps i, per tant, repartir l'atenció i compaginar interessos a vegades contradictoris o conflictius. Aquest és, ni més ni menys, l'ambient en què han nascut i crescut els nostres adolescents. I el preu que han hagut de pagar molts d'ells és el trastorn per dèficit d'atenció (TDA), i encara, en massa casos, amb hiperactivitat. Si, a més, n'hi ha molts i moltes que pateixen la síndrome de manca de recompensa, hem caracteritzat una part del jovent que omple els nostres centres d'educació secundària.

La superabundància, en quantitat i varietat, d'estímuls que rebem sotmet les facultats d'atenció i concentració dels nostres cervells a unes exigències tals que no ens ha de resultar gens estrany que per raons purament adaptatives, de supervivència, es relaxin, es deixin anar, es despengin, i l'atenció i la concentració es dilueixin. Tant és així que avui ja sovinteja cada cop més el fet de considerar gairebé normals alguns trets de la personalitat que només fa un parell de generacions serien vistos com a alteracions del comportament, com ara la impulsivitat, la hiperactivitat, el ser cul de mal seure o la tendència a distreure's per tot i a tothora. I això fins al punt que ja són molts els neurocientífics que consideren la síndrome de dèficit d'atenció amb hiperactivitat com la síndrome de la societat de la informació i el coneixement.

Tanmateix, compte! L'atenció és molt més que una simple capacitat que té com a funció anotar els estímuls que arriben. Abraça un seguit de processos complexos que van des de la filtració de percepcions, amb el bloqueig de les no rellevants, fins a la selecció de les novetats o l'assignació de significats emocionals. El sistema de novetats detecta els estímuls nous i el sistema de recompensa produeix sensacions de plaer i assigna un valor emocional a un estímul, que a més a més emmagatzemarà en la memòria. Som en aquells espais cerebrals que tant hem ponderat abans: els prefrontals i les seves connexions límbiques. L'olla on es cou el nostre estat d'ànim i el nostre comportament. Tots aquests processos que abraça l'atenció són engegats i conduïts per una missatgeria química que ho mou tot i que guarda la clau de les sensacions de sentir-se recompensat o recompensada i, per tant, de la provisió de motivació. La substància estrella, en aquest cas, és la dopamina, si bé hi ha força presència de serotonina, norepinefrina i endorfines.

La literatura clínica ens mostra que pacients amb lesions als espais centrals de les estructures prefrontals i a les seves connexions límbiques, sobretot en un lloc molt especial, l'anomenada «escorça cingular anterior», tenen greus dificultats a l'hora de concentrar-se, en bloquejar els estímuls que no vénen al cas i centrar l'atenció en qualsevol cosa. Actuen de manera socialment desajustada o poc escaient fins al punt d'exhibir un comportament del tot desinhibit. Manifesten també una disminució total de la curiositat, que en alguns casos va acompanyada d'una pèrdua de les ganes d'interactuar amb el món que els envolta. Res no els motiva per establir una relació, ni tampoc per mantenir les que ja tenien abans.

L'escorça cingular anterior exerceix un paper decisiu a l'hora de decidir a quina part de la informació sensorial cal concedir importància, com seleccionar la informació rellevant i quant de temps i quanta energia li hem de dedicar, com l'hem de treballar i de processar i quan caldrà oblidar-la. Tot el sistema de percepció, emoció i motivació que alimenta la capacitat d'atenció sembla estar gestionat per l'escorça cingular anterior i regulat per la circulació de missatges dopaminèrgics. Cal remarcar els lligams entre aquests sistemes d'atenció, de recompensa i de motivació i la capacitat d'aprenentatge, i per això mai no ens cansarem de vincular atenció, emoció, curiositat, recompensa, motivació, aprenentatge, plaer, satisfacció, benestar i felicitat.

El dèficit de recompensa a què ens referíem està correlacionat amb una carència de missatgeria química de plaer en circulació, sobretot de dopamina, però també de serotonina i endorfines, per les àrees prefrontals vinculades al cervell límbic, i la conseqüència més immediata és l'absència de motivació i, per tant, poca curiositat i poques ganes de relació amb les coses, les idees o les persones. Els individus amb deficiència de recompensa són molt propensos a deixar-se temptar per les activitats que potencien la circulació de dopamina, entre les quals hi ha els excessos en el consum de substàncies com el tabac, l'alcohol o altres drogues, o fins i tot per riscos als quals esdevenen addictes i que, d'alguna manera, els desinhibeixen, i així justament caldria considerar la hiperactivitat com un cas de desinhibició, ja que la major part de criatures, joves o adults hiperactius tenen poca, o no gens, motivació per abstenir-se d'una activitat contraproduent.

Comencem a percebre com costa donar l'abast a processar tanta informació en quantitat i varietat, i que a més sovint ens arriba a una gran velocitat, sense donar-nos temps com qui diu ni a respirar. La ràdio o la televisió, per exemple, sembla com si en els seus noticiaris seguissin la consigna de «va, va, de pressa, de pressa!», «fes-ho ràpid!». Des de tot arreu sembla com si se'ns digués que cal aprendre a processar ràpidament la informació per poder estudiar o treballar en uns ambients impensables només fa un parell de generacions. Aquesta adaptació veiem que tindrà un preu: el dèficit d'atenció, el creixement del neguit i de l'ansietat o la degradació de les relacions. Fixem-nos que ja gairebé no tenim temps ni d'escoltar amb tranquil·litat. Al nostre cervell li cal gestionar quantitats d'informació cada cop més grans en uns intervals de temps més petits. Sí, sí, vivim amb una sobrecàrrega sensorial.

DE COM UNA RELACIÓ S'ESFILAGARSA

L'altre dia, mentre queia la tarda a ciutat, feia un estar molt agradable a tots els sentits i abellia força de seure al carrer, i així ho vaig fer en una cafeteria. De seguida em va cridar l'atenció un paisatge social i humà que, ho confesso, m'arribà no només a interessar molt sinó a commoure. Una parella encara jove amb la seva filla, d'uns vint anys, s'asseuen de manera silenciosa a la taula del meu costat. Tot seguit l'home desenfunda el mòbil i engega una conversa. Es gira una mica d'esquena a la seva dona i s'escarxofa a la cadira. La noia, encara no hauria passat pas mig minut, veu sonar el seu telèfon i també s'enganxa a parlar i a gesticular mentre deixa la mare al darrere. Observo la mare i la veig com mig distreta, absent del que passa al seu voltant. És una dona molt atractiva, molt, i no puc deixar de pensar que des del punt de vista de l'atractiu físic deu passar per un dels seus moments dolços.

El temps s'esmunyia i de tant en tant ella aixecava una mica el cap i el mig girava d'una manera molt subtil i delicada, i després suaument l'inclinava i aclucava un pèl els ulls o els abaixava per mirar a terra. Ni un sol cop vaig veure que ell la mirés, ni tampoc la filla. Cap gest de proximitat, de complicitat, de tendresa, d'afecte. A poc a poc va començar a semblar incòmoda i qui sap si no sentia ja alguna mena de penediment per no haver fet res, per la seva passivitat. Unes microexpressions de la cara feien veure que estava dolguda i ja de seguida la manera com premia els llavis era la mostra més fefaent que, si encara no ho estava, s'anava empipant per moments.

Els seus llavis havien fet un recorregut que palesava, expressava, d'una manera inconscient, tot el recorregut emocional d'aquella situació d'encontre familiar. Havien començat relaxats, amb un lleuger estirament dels extrems, les comissures, cap amunt; després, aquesta inclinació anà baixant per la negativitat que li venia damunt, i ja faltava poc perquè l'envaís un microestat de tristesa i li posés del tot les comissures cap avall. El cos, deixat anar, no enganya. Ni una sola mirada no els enganxava, no hi havia contacte, si bé, era veritat, estaven ben a prop en l'espai. Arribat un moment els llavis ja no enganyaven, hi havia un pèl de tristesa, però ara manaven la irritació, la ràbia, encara que qui sap si ella no ho sabia del tot. El cos no enganya. Jo pensava que aquelles relacions estaven molt malmeses i que allí hi havia poca felicitat.

I l'home i la noia, cadascun pel seu compte, parla que parlaràs, s'exclamaven i feien gestos ben visibles i les seves cares reflectien estats emocionals diversos, que no tenien res a veure amb la seva trobada familiar. L'home ja tenia les cames ben estirades, mentre que la noia, que les tenia creuades, amb una mà amanyagava una mica la cuixa a l'aire del damunt del seu genoll. La cara de la mare, a part dels contundents significats de la posició dels llavis, oferia el millor dels mostraris de matisos de les diverses emocions. Aquella cara, ben segur, hauria estat, en altre temps, l'aparador del desig, de la passió, de l'enamorament, de l'esperança, del compromís, de l'alegria, però també del desencís, de la tristesa o de l'abatiment, de l'amor i del desamor. La naturalesa havia invertit, pel cap baix, dos-cents milions d'anys per dissenyar uns paisatges facials com els humans. I per això en una dona de la seva edat, en una cara on hi ha les traces de totes les emocions, hi poden emergir espurnes, microexpressions, d'una bellesa extraordinària: un sistema muscular avesat a tots els tons i una pell amb unes ganes boges per sobreviure poden fer emergir paisatges increïbles que provocaran molt fàcilment ressonàncies emotives capaces de projectar la ment cap a extensos i intensos moments de felicitat.

Tanmateix, la configuració general de la cara d'aquella dona expressava un regust de neguit i de decepció, de desesperança i d'incertesa i, sobretot, d'irritació. Això sí, de bon començament, els seus ulls demanaven afecte, proximitat, fins i tot una mica de compassió; se la veia fràgil i el context encara la feia més fràgil: estava a la vora però desconnectada dels seus. No semblava feliç i els gestos de vergonya i d'indignació sovintejaven cada cop més. De sobte, l'home tanca la conversa del mòbil, fa un gest molt ostentós d'esgotament i d'impotència i tot seguit se li apropa enmig d'una rialla i un gest com de justificació, i inicia tot un ritual de reparació de cara, si és possible, per reconstituir la situació des del començament de tot. Ja no hi eren a temps, havien iniciat una discussió i al seguici de queixes, retrets i crítiques l'acompanyava tot un paisatge gestual i facial que era ben bé com la radiografia de la relació. El diagnòstic que podia fer un observador, si és que podia ser objectiu, era ben clar: aquella relació que vint anys endarrere s'hauria teixit amb els fils del llenguatge i del mostrari de les emocions més positives, i que les esperances i els compromisos haurien enfortit, ara la veiem del tot esfilagarsada.

Aquesta situació, ben real, ens podria servir molt bé com a metàfora d'una bona part de la vida d'avui i d'alguns efectes col·laterals del desplegament de les noves tecnologies sobre les identitats i els comportaments de les persones. Amb els mòbils, per exemple, hem entrat en un univers on funciona una mena de paradoxa, ja que ens relaciona amb una persona que pot estar molt lluny alhora que ens aïlla, com en el cas que presentem, de la persona asseguda al nostre costat, que acaba fent un paper d'estaquirot. La nostra espècie mai no havia passat per experiències com aquestes, mai, i qui sap si les tecnologies de la comunicació no ens duran a reconfigurar una mica la nostra circuiteria cerebral per adaptar-nos a un món cada cop més ple d'identitats i de presències múltiples. Venim d'una tradició on sempre estàvem situats en coordenades d'aquí i ara, si bé, intel·lectualment, compreníem que hi havia altres realitats ubicades en coordenades diferents. Tanmateix, mai no havíem experimentat directament aquesta nova realitat de múltiples nivells fins que la tecnologia no ho ha fet possible, en fer dansar les coordenades i esborrar les fronteres d'espai i temps. Així, els mòbils faciliten la comunicació d'aquells que estan a distància, encara més, permeten d'estar connectats aquells que justament tenen la voluntat de mantenir-se allunyats. El mòbil facilita, i molt, els lligams, si bé sembla que els vol febles. De fet, en la nostra societat tenim prou motius per afirmar que les més noves tecnologies han afavorit l'afebliment de les relacions. Els nostres cervells, però, demanen lligams ben forts.

En tot el que diem no volem pas tractar de criticar, ni per un moment, l'aportació excepcional de les noves tecnologies de la informació; ben al contrari, només volem remarcar els canvis que generen, que introdueixen en les ments i en els comportaments de les persones. Així, en la situació, real, que presentàvem hem vist un efecte perturbador de les relacions familiars i no l'hauríem de considerar pas com un efecte menor. La naturalesa homínida va tardar centenars de milers d'anys, qui sap si milions, a fixar el que en podríem dir marc de la intimitat per tal d'enfortir i consolidar les relacions, que, al cap i a la fi, seria el que ens convertiria en especials als humans. Una relació sòlida, al si d'un grup ben cohesionat, demanava, i encara demana, que quan l'espai, en la interacció, és de molta proximitat, la comunicació sigui governada per un sistema de regles que gestionin la presència constant, necessària, de jocs de mirades, gestos facials ben expressius amb presència de somriures i rialles, paraules properes en el to i en el contingut, carregades d'emocions, amanit tot amb algun toquet acariciador, de manera que tot plegat generi un espai de benestar per a la parella o per al grup.

Mitjançant tots els petits refinaments de la retroalimentació les relacions en sortiran enfortides i el grup més cohesionat. La retroalimentació és la clau, és la que fonamenta i fa poderosos els lligams, la que facilita l'adquisició de nous coneixements, la que fa créixer i desenvolupar adequadament les criatures. La necessitem a casa, a la feina i als espais d'oci. Els departaments de recursos humans o de comunicació de les empreses la volen posar al centre de les seves preocupacions, ja que genera cohesió, apaivaga l'ansietat i la incertesa, estimula la motivació, engresca la gent, la fa emotivament més positiva, més creativa, més innovadora i més productiva.

En el cas que presentàvem, la retroalimentació en surt molt mal parada, ja que no hi ha cap complicitat en les mirades ni en la sincronia de les posicions ni en la interacció gestual. Només hi ha una barreja estranya de proximitat i llunyania, d'inclusió i exclusió; l'absència d'harmonia ho presideix tot i les paraules arriben a ser els més grans sorolls. En aquesta situació més aviat diria que els membres de la família evitaven de mirar-se, de mirar-se als ulls, justament per no pertorbar la comunicació amb la persona llunyana. Això ho remarco pel fet que passa massa sovint, i cada vegada més, i a força de fer-ho ja podran mirar-se més tranquil·lament perquè les mirades seran buides i aquelles persones podran estar cara a cara sense massa riscos emotius. Amb el temps, qui sap si els mòbils no ens ajudaran a ensinistrar els ulls per mirar sense veure.

Si insistim en aquest fet com a metàfora del món d'avui per a una bona part de la nostra població, és per la seva incidència en les relacions, en com certs aspectes de les tecnologies poden afectar de ple, en serien efectes col·laterals per a mi indesitjables, sobre els eixos generadors de l'ordre social humà basat en les relacions. Fins fa molt poc aquestes relacions eren introduïdes, definides i mantingudes a través de processos en els quals la retroalimentació feia ben bé el paper de regulador per excel·lència: era l'oli que ho feia funcionar tot sense massa grinyols. Diguem, sense embuts, que el més important per al benestar personal és el bon funcionament de la xarxa de relacions, des de les més properes, íntimes, fins a les una mica més llunyanes que coordinem mitjançant un bon estatut d'amistat. Si som sincers estarem d'acord en el fet que l'amistat i l'amor són els millors mecanismes generadors de felicitat que ha creat la naturalesa. Ha estat necessari fer un camí de molt i molts anys per arribar a produir uns refinaments tan fascinants com l'amor i l'amistat.

Tots i totes sentim que en els darrers vint anys el món ha canviat molt, ho notem en els ulls i en tots els sentits; que la tecnologia ha accentuat els canvis, i que molts aspectes de la nostra vida, fins i tot les categories mitjançant les quals la pensàvem, si no han deixat de funcionar, ho fan de manera molt diferent i estan interferint processos per als quals el nostre cervell havia interioritzat uns programes, al llarg de milers i milers d'anys, que havien resultat molt adaptatius. Ara per ara, per interpretar aquests canvis només anem amb una sabata i una espardenya, potser mig descalços. Tanmateix, hem de crear eines formals, conceptuals, analítiques i fins i tot fer propostes teòriques per tal de donar compte dels nous marcs de referència que permetin d'apropar-nos a situacions com les que hem presentat.

Ja ho he dit més amunt: del paradís en què ens han entrat les noves tecnologies ja no ens en podrà treure mai ningú. Ara bé, la pluja fina, en forma d'incertesa, que han escampat pot fer galopant el procés de desintegració personal i esfilagarsar el meravellós teixit de les relacions. ¿Com ens ho farem? Confesso que sóc optimista i que crec que aconseguirem elaborar estratègies exitoses aprofitant les sinergies introduïdes, mitjançant nínxols de realimentació fascinants, per línies de recerca en camps diversos que van de la neurociència a l'economia de la informació o de la genètica a la teoria dels jocs o a la psicologia evolucionista per enfortir el nostre benestar i que les nostres vides coneguin tants, i tan intensos, moments de felicitat com les persones no havien conegut mai. El camí promet ser apassionant. Només en resseguir-lo ja viurem moments de plenitud, de positivitat, viurem l'experiència d'un ecosistema emocional en el qual ens sentirem bé.

FASCINATS PER LA IMATGE

En aquesta reflexió sobre la llarga marxa per neutralitzar els dos punts de feblesa de la comunicació simbòlica i, per tant, de la cultura, el de l'emmagatzemament de la informació i el del seu transport a distància, no podem deixar al marge aquella informació relacionada amb la imatge, que hi ha fet un paper determinant. Encara que de vegades sembli que això que en diem imatge i el seu poder, i el fet que una imatge val més que mil paraules, sigui cosa de quatre dies, des del cinema i la televisió, la realitat és ben diferent. Hem de pensar que si tenen tant d'impacte sobre nosaltres és per alguna cosa, per alguna disposició del nostre cervell.

Abans que res, nosaltres, com a grans primats que som, som animals eminentment visuals, molt especialment dotats per processar la informació que ens entra pels ulls. Tenim a la nostra disposició una circuiteria cerebral fascinant per processar la informació que ens arriba dels nostres cossos, dels dels altres, dels objectes i de l'entorn, del cel i de la terra a través de formes, colors, posicions o moviments. La informació ens entra pels ulls i circula per moltes de les zones del nostre cervell per ser processada, i no cal dir que en el seu recorregut hi ha aturades estrella en les raconades encarregades de la gestió de l'activitat emocional.

El que ens entra pels ulls de seguida truca a la porta de les casetes de les emocions. I això ens ve de molt lluny, d'abans que la informació cultural aixequés el vol amb les primeres manifestacions de la comunicació simbòlica. Penso que el llenguatge va acabar estirant la imatge cap a la cultura i va reconfigurar els programes del seu processament.

En les cultures tradicionals, anteriors a la modernitat, les imatges gaudeixen de tanta consideració que la seva gestió fou causa de molts enrenous en els mons de la religió i de l'organització política. Tant els llibres sagrats com els primers relats històrics, les primeres cròniques, parlen d'imatges i de com controlar-les pel fet que representaven un perill per al sistema de creences o per a l'exercici del poder polític. Ja els primers llibres de la Bíblia ens informen de l'elaboració i la presentació de «falses» imatges, d'idolatria, i de com intervenir sobre aquestes imatges. En realitat, les imatges, manifestades a través de l'escultura, el dibuix o la pintura, eren formes primordials i influents que servien molt bé, anaven com l'anell al dit, per expressar determinades visions del món relacionades amb els mites i sistemes de creences produïts mitjançant l'exercici de les funcions més creatives del llenguatge.

Les imatges mostraven les històries o els mites i presentaven els seus personatges, els seus orígens i el seu destí, i així contribuïen a omplir de sentit l'existència dels individus i, sobretot, del grup. Eren eines estratègiques fonamentals per apaivagar la incertesa que hi podia haver en la vida de les persones i per integrar i cohesionar la comunitat. De fet, ajudaven a harmonitzar la vida de la gent amb la totalitat de l'experiència social comuna. La imatgeria generava ordre social, i el seu paper era visualitzar els mites i creences comuns, expressar i modelar valors, i integrar l'individu a la comunitat cultural. Si fem un salt en el temps, no direm res forassenyat si afirmem que en la societat d'avui les imatges de la televisió configuren un univers simbòlic que ajuda a omplir de sentit la vida de la major part de persones.

Això passa pel fet que la major part d'aquestes i d'aquelles imatges són representacions que activen els mateixos espais cerebrals dels quals depenen la percepció i l'expressió de les emocions en la vida de les persones. És clar, per això tenen tanta força. Ja ens hem referit als espais límbics, dels quals l'amígdala és una estrella, i a les seves connexions amb l'escorça prefrontal. Aquestes connexions constitueixen la circuiteria bàsica i necessària per a un bon equilibri entre el pensar i el sentir, entre la raó i l'emoció, si és que conceptualment les podem separar. Una alteració de l'harmonia entre els espais connectats podria ben bé desencadenar modificacions importants tant en la ment de la persona com en el seu comportament. Un increment d'estimulació de l'amígdala, per exemple, mitjançant imatges continuades de violència, terror, malformacions o catàstrofes, pot arrossegar canvis en l'equilibri cerebral, i tot un exèrcit de missatgers de l'estrès envair els canals sanguinis i omplir de desassossec la ment de la persona fins a alterar-li completament l'estat d'ànim i també la conducta.

En el desenvolupament de les societats tradicionals, si bé les imatges hi feien el seu paper, no podem dir pas que el seu ús contribuís a alterar l'estat emocional de les persones; ben al contrari, jugaven a favor de l'harmonia i de l'equilibri entre els diferents tipus d'informació i servien d'allò més per exemplificar i fer comprensibles els mites, i així acabar de configurar l'univers simbòlic de la comunitat. Aquelles eren societats comunicativament molt equilibrades. Tot va començar a canviar amb l'arribada de la locomotora dels germans Lumière, amb el cinema, amb la visualització d'una dinàmica representada per una seqüència d'imatges. Ja no era la imatge estàtica que feia de parella ideal del mite o del ritu. Trencava amb el que havia estat sempre i donava la sortida a un sistema d'informació i de comunicació sense precedents. Sí, sense precedents.

No ens ha d'estranyar pas gens que quan els germans Lumière van presentar en públic aquest invent mitjançant la seva primera pel·lícula, només en veure sortir la màquina de tren del túnel, el públic present, entusiasta de les novetats, s'esvalotà, i una part abandonà els seients i va sortir esfereïda. Una barreja de sorpresa i por els va caure al damunt i una mena de confusió entre la representació i la realitat els va fer perdre l'oremus, els va desconcertar del tot. El cinema començava a canviar, a poc a poc, els ordres informatius, i amb aquests els ordres socials. Amb la televisió el canvi s'accelera i s'expandeix, arriba a tot arreu i a tothom en pocs anys, i encara, la millora en la qualitat de les imatges i l'increment de la velocitat de la seva presentació, gràcies a la digitalització, fan que els efectes sobre la mirada humana siguin més contundents.

La immediatesa amb què es presenta la imatge davant dels nostres ulls és una altra de les raons del seu fort impacte sobre el nostre cervell. La cara desesperada d'una persona que pateix un acte d'agressió continuada o la mig desfigurada com a resultat d'una explosió en un acte terrorista o d'una catàstrofe, quan apareix en pantalla, desencadenen una impressió que no difereix massa de la que produiria la visió directa d'aquestes persones, sobretot ara que les càmeres digitals són capaces de generar imatges amb una gran definició. Escoltar una narració verbal dels mateixos fets o llegir-ne una descripció, per més ben elaborada que estigui, tindrien un impacte sobre el cervell ben diferent. Fins i tot era força diferent l'efecte de les imatges produïdes fa trenta o quaranta anys, encara que podia ser molt i molt contundent.

En els darrers anys, les tecnologies de la neuroimatge i els estudis de neurociència ens han fet veure que en contemplar imatges horribles, de sang i fetge, amb escenes de molta violència, de patiment i de mort, moltes persones s'exposen a danys psicològics considerables. Evidències empíriques ens mostren que, a través de la circuiteria cerebral, el processament d'aquella informació que podem qualificar de molt negativa no té les mateixes conseqüències per a tothom. Les persones de caràcter més optimista sembla que ho porten millor, en no veure's gaire afectades. Aquestes persones de tarannà més optimista i feliç presenten una activitat més intensa en l'espai prefrontal de l'hemisferi esquerre del cervell. També mostren un cert apaivagament de l'activitat de l'amígdala, que, tal com hem vist, fa un paper determinant en la regulació de les respostes emocionals. Ben bé al contrari d'allò observat en les persones amb una tendència a veure-ho tot negre i molt vulnerables a l'estrès, que mostren molta activitat en el prefrontal dret i l'amígdala. Aquestes persones són molt sensibles a les imatges neguitejadores, esborronadores o pertorbadores. Són molt i molt vulnerables al seu contingut i la simple visualització les porta a viure moments de molta infelicitat i els deixa l'estat d'ànim sota mínims.

També comencem a conèixer un fet tan important com que l'exposició constant a reproduccions visuals d'escenes de patiment, agressió, conflicte i violència genera alteracions en el funcionament dels espais del cervell gestors de l'emotivitat. Amb efectes ben diferents que van de l'ansietat al trastorn per estrès posttraumàtic, i de l'apaivagament de la sensibilitat a la pèrdua de la competència emotiva. Les modernes tecnologies de la neuroimatge ens mostren que mentre estem involucrats en estats de molta alteració per increment de l'agressivitat, l'escorça orbitofrontal redueix, i molt, l'activitat. Tant és així que les manifestacions en grau elevat de conducta agressiva van acompanyades d'un vertader bloqueig funcional de l'escorça orbitofrontal. Tal com hem vist abans, aquest espai prefrontal constitueix l'escorça més connectada amb l'amígdala, l'hipocamp i altres zones del cervell límbic, i desenvolupa un paper clau en la integració dels processos de l'emotivitat i la motivació.

Fixem-nos en el fet que ens estem referint a una zona cerebral humana molt especial, el rovell de l'ou de la zona que controla les emocions, l'estat d'ànim, que condicionen el comportament de les persones. Aquesta zona, naturalment, fa de pont entre la visió del patiment, de la violència, i l'acte d'engegar els comportaments que en principi podem esperar com a reacció als estímuls percebuts. És a dir, en presenciar, visualitzar, un acte violent, reduïm la influència reguladora dels lòbuls prefrontals sobre els espais límbics. Una sèrie de recerques en neurociència fetes en els darrers anys donen suport a aquestes consideracions i cada vegada són més els investigadors i les institucions acadèmiques que alerten sobre la presència de tantes imatges de patiment, d'agressions, de violència o de catàstrofes, ja que afecten, i molt, el comportament de les persones, sobretot de les més vulnerables, les criatures, la gent gran que viu sola i la població, cada vegada més gran, de persones amb l'estat d'ànim ja alterat.

Recordem que l'escorça prefrontal és la part del cervell de desenvolupament més tardà, més recent, relacionada amb la sensibilitat moral, la creativitat, la planificació i altres competències essencials per a la interacció social. Ja hem vist que la motivació, el desig, la procedència del plaer demanen una escorça prefrontal al punt, intacta. I també que les persones quan som envaïdes per idees de tristesa, estats d'ànim en què ho veiem tot negre, mostrem una reducció dràstica de l'activitat en l'espai orbitofrontal. Aquestes zones són també aquelles en què les cèl·lules es comuniquen a través de la serotonina i la norepinefrina, substàncies químiques, neurotransmissors, involucrades en la regulació de l'estat d'ànim.

De tots aquests coneixements, se'n pot derivar que contemplar imatges plenes de negativitat, de sofriment, de mort i de violència desestabilitza l'activitat cerebral d'unes zones molt i molt implicades en la gestió de les interaccions, en la generació de l'estat d'ànim i en el govern de les regles de la manifestació de la violència. Si per a tothom resulta nociu, ho és molt especialment per a les criatures i els joves, ja que el seu cervell, sobretot en la canalla, encara és molt immadur i aquesta immaduresa, molt considerable en els espais prefrontals, i la manca d'experiència fan que tinguin moltes dificultats a l'hora de situar les imatges en un context i, fins i tot, molt sovint, siguin incapaços de diferenciar clarament entre la realitat i la ficció.

Els efectes ja els veiem pertot arreu i, en els darrers anys, són molts els psiquiatres que ens n'han alertat després d'observar amb molta inquietud que en el comportament de nens i joves detecten cada cop més una manca de sensibilitat cap al dolor i el patiment dels altres. Aquest fet sorprèn per la novetat i, malauradament, no és patrimoni només de la mainada, sinó que s'estén com una taca d'oli al si de les nostres societats. La compassió, per exemple, ha deixat de ser un valor. Es constata també un creixement espectacular d'una emoció negativa com la por. En les criatures, en les persones més grans, en les més vulnerables i, en general, en bona part de la població, el creixement de les manifestacions de la incertesa en forma de pors, neguits, ansietat i desassossec és generalitzat i galopant.

Encara hi hem d'afegir la intensificació preocupant dels comportaments violents, destructius i hostils cap als altres, i que es manifesten a l'escola, al carrer, als centres assistencials i a la llar. L'aportació de la neurociència no deixa ja gaires dubtes sobre el fet que la presència de certs tipus d'imatge —sempre relacionades amb l'agressivitat, la violència i els seus efectes— en els mitjans de comunicació pot induir no només a comportaments violents sinó també a canvis considerables en l'estat d'ànim, increment de l'estrès, pèrdua de la motivació i desaparició gradual dels moments de felicitat, i després, les conseqüències les notem, i les patim, tots plegats a casa, a la feina i, en general, en totes les interaccions pel fet que aquelles imatges tendeixen a interferir —la redueixen— l'activitat funcional de les àrees del nostre cervell encarregades de governar l'estat d'ànim de la nostra ment i l'adequació de la relació amb els altres.

No puc deixar de considerar un principi d'esperança el fet que molt fàcilment podem intervenir, com a mínim a casa, en una important presa de decisió: prescindir d'aquests tipus d'imatge. Per exemple, per començar, de totes les relacionades amb la violència, que són moltes, i, en la mesura que puguem anar generant sensibilitat i fer forat, fem-ho també sobre els mitjans en general. Si la societat, a través de les institucions que la representen, s'ha fet forta en la lluita contra el tabaquisme, també podrem aconseguir èxits a reduir, i després eradicar, la violència d'una bona part dels espais comunicatius, ja que el perjudici per a la salut mental i corporal probablement és més gran. No en tinguem cap dubte, és el pitjor dels fums, la pitjor de les contaminacions, ja que avui sabem que indueix a la desestabilització de l'activitat cerebral normal.

En eliminar, en principi a les nostres llars i més endavant en els mitjans de la nostra societat, la presència de violència mediàtica i així gestionar bé la informació i controlar les imatges que oferim al nostre cervell, millorarem, i molt, els nostres nivells de benestar i de felicitat. Tal com hem insinuat més amunt, així farem una bona aposta a favor de l'equilibri i l'harmonia entre pensar i sentir, entre la racionalitat i l'emotivitat.

Per acabar d'entendre bé el paper tan contundent de les imatges a les nostres vides, hem de pensar que en nosaltres, en la nostra circuiteria cerebral, hi perviuen els mateixos mecanismes avaluadors que evolucionaren fa centenars de milers d'anys. Mecanismes relacionats amb els processos d'aparellament; amb el manteniment de la parella; amb el conflicte i les gelosies diverses; amb les possibilitats d'accedir a una altra parella, compromesa ja o no; amb la infidelitat d'ell o d'ella; amb el fet d'aconseguir generar intimitat emocional; tenir relacions sexuals apassionades; assegurar-se protecció; obtenir recursos; aconseguir prestigi; millorar la posició social; enamorar-se; tenir cura de la mainada o de la gent gran; ser tractat o tractada amb empatia, sensibilitat, tendresa o amabilitat.

Això fa que les imatges arribin a uns ulls com els nostres i trobin un bon coixí, un cervell especialment preparat, durant milions d'anys, per mirar-les, per observar-les fixament i gaudir de la informació i de les emocions que transporten, ja sigui a través de paisatges naturals, socials o facials. Quan ens posem davant de la pantalla, les nostres neurones frisen per les històries que han d'arribar on es desenvolupen aquelles velles estratègies enfortides per l'evolució, com ara les d'aparellament, les més fascinants, les d'obtenir recursos, de cuidar amb afecte, de descobrir el trampós, de castigar el malfactor, de rebre ajut, de la presència de l'atractiu físic, de la bellesa, del compromís en una causa, d'actuar amb intel·ligència, d'estimar la fillada, d'obertura a la transcendència i al misteri, de l'esforç per allunyar la mort o per preservar la vida. Les neurones frisen i fan ús de la missatgeria química per connectar-se amb els centres de plaer i des d'ells oferir-nos moltes estones de felicitat.

El cinema, la televisió o la publicitat exploten, de la manera més sofisticada, aquests interessos, desitjos, dels nostres receptors. Coneixen la força de l'atractiu d'una noia que vesteix una brusa molt cenyida feta d'una roba ben especial, capaç de transformar en insinuant tot el que tapa, i d'omplir de deler els dits i les mans i els ulls, i una faldilla molt curta que permet de resseguir a cor què vols les delícies dels camins de la pell; són senyals visuals fortament estimulants. Pensem que el que entenem per normes de bellesa, o cànon, no ha estat inventat pas pel cinema o la televisió, més aviat és la càmera la que ha sabut aprofitar els desitjos arrelats als cervells de les persones, que som éssers fascinats per mirar. Això fa que ben sovint deixem que les imatges exerceixin sobre nosaltres aquesta influència hipnotitzadora, captivadora i en aparença irresistible, i aconsegueixin d'influir sobre nosaltres, sobre el nostre estat d'ànim o sobre el nostre comportament d'una manera que difícilment s'aconseguiria només amb la paraula.

Les regles que governen la gestió de la bellesa, les normes o el cànon, no són pas arbitràries, ans al contrari, reflecteixen indicadors fiables de valors altament reproductius, de fertilitat. Per això els productors de cinema o televisió i els publicistes no tenen tant un interès especial a inculcar uns reglaments de bellesa com a aprofitar uns recursos per exercir la creativitat o per vendre més, i si pot ser, totes dues coses alhora. El que fan, ni més ni menys, és explotar mecanismes psicològics evolutius de la persona posant en circulació informació per a aquella circuiteria cerebral especialment preparada per rebre-la, per processar-la tot seguit i, si s'escau, connectar-la als centres de plaer.

En nosaltres sobreviuen eines estratègiques concebudes per a un món molt antic. Així, els nostres mecanismes d'aparellament són com fòssils vivents que resideixen en el cervell i que ens indiquen el que som i d'on venim. Aquests mecanismes són programes on s'especifiquen les preferències per uns determinats trets que podem considerar indicadors de qualitat o d'excel·lència d'aquells o d'aquelles que els posseeixen. Per exemple, els homes desenvolupen el programa per detectar i percebre els signes del valor de fertilitat subjacent a les dones, signes que inclouen trets femenins observables. N'hi ha dos de molt clars: joventut i salut.

Així, els nostres avantpassats podien accedir principalment a dos tipus de proves observables que no són sinó els més evidents: els trets de l'aparença física i els caracteritzadors del seu comportament. Fixem-nos-hi una mica i veurem que encara avui ens fascina a la realitat i, molt especialment, a la pantalla una cara quasi simètrica amb llavis carnosos, pell fina, clara, llustrosa, tocadora i sense imperfeccions, ulls vius i brillants, cabells lluents i un bon to muscular, boca juganera amb dents impecables exhibides en riures i somriures que acompanyen una configuració general del cos i un comportament plens de vitalitat, amb moviments harmoniosos, una expressió facial capaç de recórrer amb sensibilitat les vies de les emocions i un bon nivell d'energia en el caminar. Estarà tothom d'acord que aquests indicadors constitueixen, encara avui, una bona part del codi que conté els secrets de l'atractiu femení per als homes.

Les preferències femenines per un company són més complexes i enigmàtiques. És ben veritat que l'home ben plantat, fort, saludable i amb un alt grau d'atractiu físic és molt cobejat, ja que des de la sabana la protecció seria un dels regals més importants que un home podria oferir a una dona, juntament amb recursos o una bona posició social. Tanmateix, això no seria suficient; als programes interioritzats, la llista de preferències és molt més àmplia. Una de bàsica és el compromís. La dona atorgava i atorga un màxim interès al compromís, i l'amor és un dels signes més importants del desig de compromís. Valora la relació per damunt de tot, i trets com la intel·ligència, el sentit de l'humor o l'estabilitat emocional l'ajudaran a enfortir. La intuïció les allunya, si pot, dels homes emocionalment inestables, que són gelosos i violents, faldillers i generadors de problemes, que acabaran sent un cost molt alt per a les dones.

El suport emocional, que serà una font de benestar i felicitat per a la parella, els amics o el grup familiar, afavoridor de l'enfortiment i del manteniment dels lligams, es manifesta en conductes com estar disponible quan hi ha dificultats, saber escoltar i atendre amb diligència els problemes de l'altre. El compromís implica fer una forta inversió en temps, energia i esforços cap a les necessitats de l'altre, del teu company, la teva companya o el teu entorn, a costa, de vegades, de sacrificar altres objectius personals més cridaners. Tots aquests trets que hem anat enumerant, i d'altres, ens atrauen i ens enganxen —sovint sense ser massa conscients del perquè— a la imatge, a la pantalla, que ens els presenta d'una manera contundent i aclaparadora, ja que qui ens els posa davant dels ulls intueix que la bellesa o l'atractiu es troba a la mirada de l'espectador. Però aquests ulls i la ment que hi ha darrere han estat conformats per milions d'anys d'evolució.

Aquests ulls es deleixen per mirar cares i cossos i per observar relacions i com s'estableixen, es mantenen, es trenquen o se substitueixen. Tenen fam de cares i d'interacció, de relacions. Mai no havien vist tantes cares ni tants cossos ni tantes ni tants de tan atractius. Els ulls i els canals del cervell s'obren de bat a bat. Les sensacions, a través del fil de la mirada, viatgen cap a la casa de les emocions, que en reben l'impacte i n'emmagatzemen la informació mentre en zones veïnes del cervell un aplec de neurones aplica criteris innats d'avaluació i, com a conseqüència, en tornar a mirar la seva parella, la seva amiga, el seu mestre o el seu metge, li rebaixarà el coeficient d'atractiu. I no només això, sinó que passa cada cop més que els indicadors de cohesió o de compromís s'han relaxat. Els lligams, a poc a poc, s'afluixen.

Després de contemplar dones molt atractives, o homes de molt bon veure, en imatges d'alta definició en una pantalla exhibint tot un reguitzell de senyals insinuadors de reclam afectiu, d'intimitat, sexual, i això cada cop més sovintejat, els llaços inicien un afebliment tal que només una realimentació comunicativa adequada pot ajudar a tornar a estrènyer els fils de la relació. La presència constant d'aquestes imatges obre als homes la finestra de la insatisfacció alhora que relaxa el compromís, mentre que les dones, més i més preocupades per correspondre a les imatges que suposen que volen els homes, sovint noten també el pes de la insatisfacció al damunt. Els casos sense precedents d'anorèxia, d'una banda, i de reconfiguració de diferents parts del cos mitjançant la cirurgia estètica, de l'altra, tenen molt a veure amb les imatges difoses a través dels mitjans, del cinema i de la publicitat, generadores per sota i per damunt del llindar de la consciència de molta frustració i de molta insatisfacció.

Aquesta insatisfacció envers els propis cossos que s'està escampant, sobretot entre les noies i les dones, però també entre els homes, i que està omplint el calaix de tota una indústria cosmètica, de gabinets d'assessoria d'imatge personal o de reparació corporal mitjançant la cada cop més poderosa cirurgia plàstica, obsessionats pel cànon —joventut i salut—, té un rerefons molt clar. Si us plau, no penseu mai que el món de la cosmètica, de la imatge o de la reparació corporal són els que creen els desitjos. No, de cap manera, els desitjos ja hi són, des de temps immemorials, aquesta indústria l'únic que fa és explotar-los. El que ens sap més greu, però, és que centren els seus objectius d'una manera desmesurada en l'aparença física i, al mateix temps, deixen de valorar qualitats personals més profundes, com la lleialtat, la intel·ligència, l'amabilitat, la compassió o la fidelitat, que també estan entre els desitjos que hem heretat homes i dones.

L'ART DE GESTIONAR LA COMUNICACIÓ

Hem resseguit el meravellós viatge cap al ple desplegament de totes les possibilitats que portava implícita l'emergència de la comunicació simbòlica i del llenguatge. En principi, els problemes de la recepció, l'emmagatzemamant en dipòsits diversos i la transmissió a distància i a l'instant i de manera fidel s'han resolt pràcticament del tot. Tanmateix, no hem de deixar de pensar que per a l'evolució, ja sigui biològica o cultural, el tractament de la informació i la comunicació és tan important, més que cap altra cosa, que tot em fa pensar que tot just som a les primeres escaramusses i que només en una generació —ara ja uns trenta anys— els ulls humans veuran coses que quasi ningú no hauria pogut imaginar en el canvi de segle.

La informació acumulada, a hores d'ara, es duplica cada dos anys, els coneixements científics cada cinc, la potència dels ordinadors cada divuit mesos i el nombre d'usuaris d'internet cada poc més d'un any. A la Unió Europea, el nombre de mòbils en circulació supera el de persones. Al segle XXI, a diferència dels anteriors, disciplinars i força reduccionistes, el caracteritzaran les sinergies que s'establiran en diversos camps i que ens permetran de reconfigurar espais de coneixement ben directes que aniran de la naturalesa a la societat i a les arts. N'hi ha una, de sinergia, que toca de ple el domini de la informació i la comunicació, i és aquella mena de fertilització creuada entre la física, molt especialment la mecànica quàntica, la biologia molecular i la informàtica com a univers computacional. La pollinització creuada, la realimentació entre les tres, ho accelerarà infinitament i enriquirà el desenvolupament de la comunicació per oferir a la societat de mitjan segle XXI un poder sense precedents per manipular la matèria, la vida i la intel·ligència.

Ens hem adonat de la manera com la informació cultural ha agafat una embranzida tan excepcional que ens pot dur a fer volar la imaginació i pensar en qualsevol cosa, i és per això que abans deia que avui tot just som a les primeres escaramusses. Ara bé, nosaltres no només som cultura sinó també naturalesa, i amb un objecte tan natural com el nostre cervell, mitjançant programes que s'han anat derivant del llenguatge, al capdavant de la gestió de les nostres vides. La persona humana, la nostra espècie, emergí d'una harmonia perfecta entre les zones del cervell més primerenques, més lligades a un funcionament comú amb altres espècies, les subcorticals límbiques, principals gestores de les emocions, i les corticals, la nova escorça, prioritària a l'hora de processar la informació procedent de la comunicació simbòlica i del llenguatge.

Fins fa molt poc, la persona ha gaudit de l'equilibri i de l'harmonia entre aquests diferents espais cerebrals. En la major part d'individus i de situacions, la retroalimentació entre sentir i pensar, entre emoció i raó, havia funcionat de la manera més adequada. Ara bé, tal com hem vist al llarg del nostre recorregut, en aquests darrers anys, molts dels àmbits de la vida de les persones han vist com l'equilibri començava a trontollar i com la realimentació no donava l'abast i els grinyols se sentien pertot arreu fins al punt que l'esberlament de l'equilibri ha desencadenat alteracions en l'activitat cerebral que s'han multiplicat en la població d'una manera alarmant. El dèficit d'atenció, la hiperactivitat, el trastorn per estrès posttraumàtic, la depressió, l'esquizofrènia...

En els darrers temps sentim parlar d'estrès pertot arreu. L'ús del terme *burnout*, 'cremat', s'ha generalitzat. Molts i moltes professionals han caigut en el pessimisme, en el desànim, en la manca de motivació o d'interès per la feina. Hi ha qui diu que ja no pot més, que té una sensació de gran esgotament i que ha perdut totes les ganes de fer res. Això passa principalment entre aquelles persones que tenen una activitat professional on l'objectiu és el tracte amb altres persones, i l'estrès pot arribar a fer que perdin l'interès i la motivació pel treball, pels usuaris i pels mateixos companys i companyes. És trist veure persones que fa un temps eren animades, receptives, responsables i creatives, i que ara són engolides per la boira del pessimisme, del descoratjament i de la negativitat més generalitzada.

Si pensem que una emoció no deixa de ser més que la resposta del nostre cos a una informació a fi d'adaptar bé l'individu al seu entorn i facilitar-ne la supervivència, en un entorn cada vegada més complex amb tanta informació, tants estímuls i de tants nivells i procedent de tantes dimensions, el cos qui sap si no hauria d'estar alerta a tothora. Les parts del cervell que integren l'entrada emocional deuen veure's superades contínuament i, és clar, no resulta gens agosarat de pensar que poden topar amb limitacions de disseny en el moment que els estímuls, agents estressants, a través de la seva constància esdevenen crònics. El nostre cervell sàpiens està molt ben adaptat per a l'ansietat puntual, per a la por, per a l'estrès; justament aquestes emocions foren un «regal» de la naturalesa, són eines estratègiques per ajudar a resoldre determinats tipus de problemes molt lligats a la supervivència.

En principi, aquestes emocions i aquests mecanismes de resposta no són pas nocius, ans al contrari, són eines sofisticades que posen a disposició de l'organisme una important quantitat de recursos per fer front a una situació inquietant. Tant és així que no exagerarem pas si diem que, la major part de realitzacions importants de la persona, la major part de preses de decisió determinants i els moments més decisius i apassionats de la vida, sovint s'han produït en condicions en què un pèl de neguit, d'ansietat o d'estrès havia fet acte de presència. Eren necessaris perquè el nivell de concentració fos l'adequat. Tanmateix, quan la manifestació de l'ansietat o de l'estrès és excessivament freqüent, intensa o continuada, poden aparèixer efectes indesitjables, ja que l'organisme no està en condicions de mantenir un ritual constant d'activitat, fora dels límits que imposa el mateix sistema, durant molt de temps. El sistema pot petar, pot patir unes alteracions tan grans que en resulti extraordinàriament afectada tota la conducta de l'organisme. La por, per exemple, és bona, però en el cas que esdevingui crònica podem haver passat a una malaltia.

Avui, una bona part del món viu en una situació que, sense exagerar, hauríem de qualificar de sobresaturada en matèria d'informació, per les infraestructures biològiques que la conformen, on moltes persones, se n'hagin adonat o no, són a prop d'arribar al punt crític de la seva resistència, o ja l'han ultrapassat; la seva tolerància trontolla, i al seu estat d'ànim i al seu comportament hi ha les traces del que podríem anomenar «la pol·lució informativa». Tant és així que en l'argot mèdic dels Estats Units està prenent carta d'identitat, ja s'ha popularitzat molt, el nom de la nova síndrome que seria el primer nivell, el primer esglaó, de totes les alteracions que hem esmentat, la síndrome TMI (To Much Information). Massa informació! Sí, l'equilibri i l'harmonia aconseguits amb el nou cervell sàpiens haurien desaparegut. L'evolució cultural, amb la seva acceleració galopant dels últims decennis, hauria començat a alterar els dispositius dissenyats al llarg dels darrers dos milions llargs d'anys d'evolució biològica del cervell.

És per això que tan sovint, al si de la nostra societat del coneixement, a una bona part de la nostra gent, sense acabar de formular-ho de manera clara, li sembla viure en una situació d'autèntica paradoxa. D'una banda, els coneixements, la ciència i la tecnologia ens han posat a tocar dels dits unes possibilitats de qualitat de vida absolutament impensables només fa poc més de mig segle, i de l'altra, les boires de l'ansietat i el desassossec semblen planar cada cop més sobre la nostra societat mentre afecten, de vegades fins a desestabilitzar-les, les ments i les vides de la gent de qualsevol edat. Les nostres grans preguntes d'avui han d'anar en el sentit de com podem viure, i viure amb un grau ben alt de benestar i felicitat, en un món com l'actual, sobrecarregat d'informació i, per tant, d'incertesa.

Per començar, crec que hi ha una eina estratègica excel·lent, la millor de totes, per disfrutar d'un bon estat d'ànim i per anar sovint agafat de la mà de la felicitat. Consisteix, ni més ni menys, a desplegar tant com ens sigui possible les nostres habilitats comunicatives, tant les verbals com les no verbals, i que una bona part del nostre temps tenim mig adormides. De la mateixa manera que avui tothom parla d'una bona dieta alimentària, em fa goig de presentar la millor de les dietes, la mare de totes les dietes: la comunicativa. Per exemple, ningú de nosaltres mai no se n'hauria d'anar a dormir sense haver tingut durant el dia, com a mínim, uns tres quarts d'horeta de bona conversa. Una conversa ben portada és una delícia: ara parlo jo, ara tu, ara m'escoltes i ara t'escolto, i a mesura que anem parlant així, que flueix la conversa, una infinitat de sensacions agradables passen del nostre cervell al nostre cos, i ens sembla que respirem millor i que ens trobem molt bé.

És així pel fet que el nostre cervell està especialment preparat per a la relació, té fam de relació, i res millor que oferir-li una bona conversa. El nostre component emocional es deleix per escoltar i per ser escoltat, per emetre i per rebre afecte. Pensem que el programa emocional és ben diferent del sensorial, si bé el complementa i l'integra mitjançant la millor de les realimentacions. L'emotivitat depèn de la informació fornida a través de les vies tradicionals de la percepció, si bé converteix aquest calidoscopi de dades diverses en una experiència d'ordre superior que va més enllà de la classificació en qualitats auditives, visuals o tàctils. L'emoció, el fonament de la relació, de l'afecte, de l'amistat, de l'amor és alguna cosa més que la suma de les parts sensorials. I aquesta cosa, a més, ens embolcalla i ens impacta, i ens posa molt sovint, a les puntes dels dits, gotetes de felicitat.

Per això una bona conversa pot ser tot un regal. La veu, quan adopta uns sons carregats de les emocions que portem amb nosaltres, pot ser màgica i en poca estona és capaç de transformar la mica de negativitat que hi havia en la nostra vida en actituds positives que ens fan sentir molt millor. L'experiència de la veu és fascinant i tothom l'hauria de saber posar en bona harmonia amb la respiració, és a dir, amb tot el cos, ja que justament és això, és la veu del nostre cos, sovint encongit sota el pes de l'entropia creixent, que va a la recerca d'alguna cosa que no sap què és ni com explicar-la, i en realitat no troba el to. Quan el trobes i experimentes tota la màgia de la veu ja no et cal fer massa pràctiques més, és com fer ioga, tot ho poses en harmonia. Penses i sents de manera adequada i les decisions que prendràs després no aniran mai en contra teu, ans al contrari, serà la millor guia, el millor fonament de la teva intuïció.

El to de la veu, tocat de la respiració, del cos, tenyeix i harmonitza el to de la mirada, de la mà, de la cara i de la ment, i és l'oli de la millor fragància que ho realimenta tot. De fet, en aquesta fragància que allibera hi ha un dels secrets de la felicitat. Una criatura amb tot l'equipament necessari per a la sensibilitat emocional, tanmateix, per usar-lo amb destresa li caldrà alguna mena de guia. Algú l'haurà d'afinar i calibrar, i algú l'haurà d'ensinistrar en la tasca d'aprendre a sentir el món emocional de la manera més adequada. Li cal per al seu neurodesenvolupament sensorial, i aquí sí que no hi ha res com trobar el to apropiat en la veu, en la mirada i en el tacte. De l'harmonia en la relació en depèn que, més endavant, aquesta criatura desenvolupi la seva expertesa a l'hora d'interpretar el món emocional i esdevingui una persona amb una bona disposició per prendre les decisions més adequades. És molt possible que tingui el seu equipament emocional al punt i una bona capacitat per resistir l'estrès, l'ansietat o la por.

El fill de pare i mare emocionalment harmoniosos té molta sort i moltes possibilitats de resistir bé els petits entrebancs de la vida diària. És el resultat de la força dels lligams, per a mi, la cinquena força de l'univers, després de les dues forces nuclears —la feble i la forta—, l'electromagnètica i la gravitatòria. La força de la relació que demana intercanvi constant d'informació, una realimentació adequada, és a dir, signes rics, vius i freqüents que acabaran teixint la xarxa de suport sobre la qual descansa l'equilibri emocional. Aquesta xarxa cada cop és més necessària, per tal com les noves tecnologies de la informació ens han permès d'esmicolar les barreres de l'espai i del temps. Ara bé, la tradició a tenir entrebancs seriosos a l'hora de fer salts en l'espai i el temps és encara ben arrelada al cervell. Som éssers per a la proximitat i, per això, els nostres equipaments emocionals operen molt més feblement a distància. Tenim els mitjans adequats per viure com a passavolants, però, desenganyem-nos, a la nostra espècie encara li calen mil·lennis per disposar d'un cervell preparat de bo de bo per això.

Els desequilibris emergits com a resultat de l'acceleració, en tots els sentits, que viuen les societats d'un món occidental cada cop més globalitzat han portat a topar ben bé frontalment amb una circumstància que no havien previst pas: la nostra fragilitat emocional, que demana, com el pa que mengem, proximitat, contacte, comunió, comunitat i identitat. Em fa l'efecte que la força de la biologia combrega del tot amb les idees del professor Castells quan postula tot el sentit i l'enfortiment de les identitats, i de la resistència d'aquestes identitats, en el nostre món globalitzat.

Encara que ens pugui costar de creure, els espais de la imaginació, dins del nostre cervell, on pensament i emocions es realimenten, són plens de dissenys per a possibles històries d'amor, de ganes de contacte, de pors a la solitud i l'aïllament, de fam de cuidar i ser cuidat o cuidada, de tocar i de compartir, de tendresa. Molts dels missatges que emet el cervell, i que no entenem pel fet que no els sabem escoltar, sovint diuen coses molt simples, com «acarona'm», «parla'm amb aquell to suau», «atansa't una mica més», «mira'm als ulls», «somriu-me», «estima'm». No rebre la resposta adequada fa créixer l'entropia en forma d'ansietat, estrès, tensió i desordre emotiu. La salut se'n ressent i la malaltia pot treure el nas en qualsevol moment. La millor resistència als problemes de la salut té un nom: afecte. La millor de les teràpies també té el mateix nom.

En una bona conversa podem trobar aquelles gotetes d'amabilitat que ara ens fan falta, aquella fragància de la consideració i de la intimitat, de l'empatia, que sabem detectar en el somriure dels ulls que ens miren. La conversa és una de les activitats més saludables, ens manté el cervell a punt i les neurones esdevenen juganeres, amb unes ganes boges de fer connexions. Una conversa ben portada és fascinant i té efectes contundents. No oblidem mai que el nostre cervell emocional està dissenyat per processar la missatgeria de l'afecte i aquest tipus de comunicació cara a cara, tot respectant la meravella dels torns de paraula, amanits amb les essències d'unes expressions i microexpressions reguladores de l'acte de la conversa. Vet aquí que aquesta regulació, al cap i a la fi, acaba sent tota una regulació fisiològica dels cossos dels o les interactuants i n'afavoreix la salut. De fet, una bona conversa és tota una necessitat biològica.

Mentre els interactuants parlen, en aquesta conversa ben

portada, l'activitat més cognitiva i la més emotiva estan del tot agermanades: el pensar i el sentir es realimenten de la manera més precisa, i per això no hi ha res millor per a la salut mental, i la corporal, que aconseguir d'harmonitzar la cognició i l'emoció. Les emocions acaben donant sentit al pensament i són la base tant del benestar com del malestar. És per això que hem d'esforçar-nos a posar-les a punt i a tenir-les-hi sempre. Nosaltres, per exemple, som éssers fascinats per mirar-nos a la cara. El disseny del nostre equipament cerebral relacionat amb el reconeixement de cares és d'una complexitat comparable a la del llenguatge. Per a una criatura, la cara de la mare no és només el seu refugi emocional, sinó la guia que l'ajudarà en la immersió en el mar dels intercanvis socials i l'enganxarà a la xarxa subtil de comunicacions que voregen el llindar de la consciència.

Necessitem cares, ulls, llavis oberts... on descansar la nostra mirada, on posar els nostres desitjos de relació, d'intimitat, i això des de poc després de néixer. Una de les primeres coses que reclama un nadó quan obre els ulls és una cara, uns ulls, un somriure. Una cara expressiva que li parli amb les notes de la música més suau, la de la tendresa, de l'afecte i de l'amabilitat, i un dels primers universos de sensacions que organitza perfectament és el de la configuració de la cara. És el primer univers organitzat que descobreix! No és gens estrany que el nostre programa de representació i d'interpretació de cares sigui una de les joies de la corona del nostre cervell.

Volem veure cares amb les quals interactuar i frisem per descobrir-hi signes d'afecte, d'amabilitat i de tendresa, és a dir, emocions positives cap a nosaltres, i això sempre, durant tota la vida. Ens morim de ganes de refregar-nos amb les actituds positives dels altres. Les necessitem com el pa que mengem i ens les hem de transmetre els uns als altres a través de la més fascinant de les retroalimentacions. Les emocions salten d'una ment a l'altra com si res, els sentiments són contagiosos, molt més que les idees, i tant és així que ens poden dur a una congruència quasi immediata. Per això, una conversa ben portada, ben puntuada, amb el to adequat, que facilita, d'entrada, la reverberació silenciosa entre dues o més ments, pot arribar a ser tan inherent a nosaltres com el funcionament silenciós de qualsevol de les parts del nostre cos que treballen per sota del llindar de la nostra consciència. La cara, els ulls, el to de la veu, les microexpressions de benestar, el somriure, un sospir ens obren a un món que ens desperta els sentits; un món governat per unes regles que ja serien antigues quan la humanitat inicià el seu llarg viatge cap a nosaltres.

Em farà feliç saber que vosaltres, els lectors i lectores d'aquest llibret, gaudiu de molts i variats intercanvis d'emocions positives i que, ben sovint, us sentiu gratificats amb la juganeria dels vostres músculs facials mitjançant l'aplicació de les precioses regles d'expressivitat de les vostres cares. Ens ha de fer pensar el fet que, si una criatura acostuma a riure unes tres-centes vegades al dia, per a molta gent ja n'hi ha prou amb mitja dotzena al dia. El somriure i el riure posen el cos a punt, ja que el seu esclat acostuma a disparar la missatgeria química de la dopamina, la serotonina i certes endorfines, que, a l'ensems, inhibeixen el dolor i el malestar i ens obren l'aixeta de l'alegria, del benestar i de la felicitat. La naturalesa ens va fer un gran regal amb el riure i el somriure, que corresponen a rituals comunicatius amb una antigor de moltes desenes de milions d'anys. És tot un premi, el premi de riure: de lligar una activitat emotiva als centres encarregats de destil·lar les essències del plaer. El plaer que aleshores arriba a totes les cèl·lules del cos.

Ara gosaria proposar que, de tant en tant, encara que sigui davant d'un mirall, practiquem el joc del riure. A veure si som capaços de fer una dotzena d'ostentoses i variades rialles. Puc assegurar que a partir de la quarta notarem que l'estat d'ànim ens va canviant per moments, ja estem ben engrescats, i que en tocar de nou les energies més positives ja ompliran de benestar la nostra ment i el nostre cos. L'efecte del riure és contundent. Destapa el pot de la confiança en els altres i és un regal de salut per a qui el fa. Tots estem d'acord que quan estem molt contents tendim a riure; tanmateix, el que potser no sabem és que a partir de la rialla podem contribuir a generar el nostre propi benestar. Podríem ben bé parlar de la força de la rialla. Aconsello de provar-ho, poques vegades la relació cost-benefici anirà tant a favor nostre.

Ben segur que estarem d'acord que quan algú del nostre entorn no es troba gaire bé qui sap si només amb un lleuger toquet afectuós a la galta o al front o agafant-li la mà i estrènyent-l'hi una mica amb la calor del nostre cos, li comencem a obrir les portes del confort i del benestar. Només cal saber tocar, saber carregar les traces del tacte amb la força de la tendresa i de l'afecte perquè el contacte sigui oli en un llum. Quan toquem amb afecte emergeix en una gran quantitat de missatges positius que viatgen a través dels nostres cossos fins a arribar a les raconades més inversemblants; són com una mena de cartes d'amor —de fet, ho són de veritat— que circulen per tots els nostres canals amb l'objectiu d'inhibir el dolor, l'estrès i l'ansietat, i de comunicar serenor, benestar i felicitat.

Hi ha hospitals —el de Lausana, per exemple— que tenen una llista de persones a les quals acudir de tant en tant perquè facin tacte reconfortant compassiu i calmant a determinats pacients. Els resultats, diuen, ben sovint són no només satisfactoris sinó, fins i tot, espectaculars. Sabem que tocar no és pas un acte innocu, només el sol fet d'agafar la mà pot crear un pont de tendresa, ja que les mans són aquestes missatgeres d'emocions capaces de moure una munió de receptors en una pell per crear del no-res aquesta delicada simfonia que anomenem «carícia». No exagero gens si dic que el tacte entre els humans és tan necessari com la llum del sol. Aquelles criatures mamíferes, entre elles les humanes, que creixen enmig de l'absència de tactes i de contactes d'afecte, sense llepades, sense abraçades i sense carícies, pujaran amb cervells desestabilitzats generadors d'impulsos i comportaments antisocials, toleraran molt poc l'estrès, l'ansietat o el dolor, i la seva vida coneixerà molt poques estones de benestar i de felicitat. L'absència de tacte gratificant és el pitjor dels espais possibles en què una criatura pot créixer. De fet, vivim de la memòria dels nostres cossos, de la memòria dipositada en els nostres músculs, en la pell, en el cor i en el cervell. Quanta por, quant d'estrès no hi ha acumulat en el nostre sistema muscular, el de la cara o el de l'espina dorsal!

Quina meravella quan totes les cèl·lules del nostre cos es posen d'acord per apaivagar l'ansietat, neutralitzar l'estrès o, fins i tot, per calmar el dolor! De vegades, amigues i amics, només cal la força de la carícia per fer emergir tanta harmonia. La calidesa del llenguatge de les carícies pot esdevenir perfectament la vareta màgica que toqui el nostre cervell i ens faci passar del neguit o d'una certa tristesa a sentiments reconfortants i a un estat d'ànim molt més positiu. Mai no ens hauríem d'estalviar les carícies. Procurem de fer el preciós exercici de parlar amb carícies i, naturalment, d'escoltar amb carícies. Qui sap si un contacte suau i continuat, carregat de tendresa i amabilitat, d'afecte, no podria fer, en alguns moments de les nostres vides, molt més que totes les paraules més boniques del nostre preciós repertori per fer-nos sentir protegits, apreciats, valorats i estimats.

Pensem que un toquet amorós costa molt poc; tanmateix, la societat d'avui, sobresaturada d'informació, infravalora els signes tàctils i, en general, els signes de proximitat. Una certa fam de tacte s'escampa per molts dels espais d'aquesta nostra societat, sobretot entre les persones més fràgils: la mainada, les persones grans i les persones malaltes. Quanta fam de tacte i de contacte afectuós, de proximitat! Sempre m'agrada dir que amb més abraçades necessitarem menys pastilles. El contacte humà l'hem d'igualar a l'aliment, l'aigua o l'oxigen com a necessitat fisiològica. Tanmateix, com que no és un fàrmac, una analítica o una ecografia, és invisible en molts àmbits de la medicina occidental. Això sí, les coses estan canviant i a mi m'agradaria que tots i totes procuréssim posar a la nostra dieta comunicativa mitja dotzena d'abraçades diàries.

Aquesta bona dieta també hauria d'entrar en els espais d'una bona part de les institucions i les empreses, tot i que cal reconèixer-hi força esforços en aquest sentit. Per començar, les institucions relacionades amb la salut. És veritat que durant el segle XX la medicina, com a disciplina científica, ha tingut un desenvolupament excepcional i que la posada en pràctica d'aquests coneixements ha fet possible una clínica amb resultats altament exitosos. Tanmateix, hem de considerar que el desplegament d'aquests avenços científics i tecnològics coincideix amb un distanciament cada cop més gran entre el metge i el pacient. És ben veritat que els nous coneixements i la tecnologia que els dóna suport aporten una sofisticació que permet afinar la correcció del diagnòstic i comporten una capacitat indubtable per curar, i això cada vegada més, però també és veritat que la malaltia, i la incertesa que se'n deriva, dispara les necessitats emocionals dels pacients, el cervell dels quals demana proximitat i contacte.

El malalt o la malalta esperen, abans que res, un diagnòstic correcte i un remei adequat, però també desitjarien una mena de pont emocional amb qui els ha de curar, algú que entengui bé el seu patiment: desitgen una mà amiga, una mirada empàtica, una cara i uns ulls que els mirin com cal, la seguretat de parlar amb algú que els entén, que es fa càrrec del que els passa pel cap, que els llegeix la ment en explorar-los, el cos, que els transmet esperança; demanen una mica del seu temps per a ells sols. Una de les grans veritats de la medicina de sempre ha estat que la relació cura, que el lligam, el vincle, té una cara fisiològica. Els i les pacients d'avui troben molts buits emocionals, massa sorolls, en l'activitat assistencial.

Sovint parlem de dèficits pressupostaris en les institucions de la salut. En canvi, no sentim a parlar gens de dèficits emotius i de problemes de desestabilització de la conducta en l'activitat professional, pel fet que la gestió d'una organització tan complexa com la d'un centre assistencial demana coordinar un nombre tan gran de variables que només persones expertes en tasques d'harmonització, i això vol dir amb un equipament emocional ben al punt, ho poden no només dirigir sinó liderar.

Amb tot, no em puc estar d'afirmar que la ignorància emotiva, i també la negació de les emocions, pot ser tan desastrosa com en pot ser de prodigiós el triomf de l'afecte, de la proximitat i de la bona relació, ja que són reguladors biològics de primer ordre. Com a primats que som, la nostra regulació biològica òptima —siguem pacients, metges o infermeres, alumnes o mestres, amics, amigues, gent gran o mainada— depèn en cada moment de les relacions que tinguem amb els altres, sobretot amb les persones més properes emocionalment. Una bona regulació serà sempre generadora de ponts emocionals i, per tant, de relacions que curen, que ajuden a créixer i que donen sentit i esperança a la vida.

Els estudis fets amb persones considerades objectivament com a molt felices assenyalen sistemàticament tres elements ben característics: primer, aquestes persones tenen una bona xarxa de relacions estables; segon, gaudeixen d'una forta implicació amb la comunitat, i tercer, en fer proves de visualització de la seva activitat cerebral s'ha observat que tenen una forta inclinació a processar la informació per l'espai frontal i prefrontal esquerre del cervell. Tot el que som i tot el que coneixem i el que sentim resideix en l'espessa boscúria de les nostres neurones entrellaçades. Aquests ponts diminuts i fascinants que es compten per bilions brollen només de dues fonts: l'ADN i la vida diària. El codi genètic dóna vida a unes sinapsis, mentre que l'experiència engendra i modifica les altres.

Que la felicitat esculli o defugi una persona depèn en part de l'ADN que ha tingut la sort —o la dissort— de rebre, però també, i molt, moltíssim, de l'entorn que l'ha embolcallat des de petita. Els gens poden generar una bastida emocional inclinada cap a la timidesa, l'empatia o el mal geni, però el grau de suport emocional que rebi de l'entorn pot perfectament reconfigurar la bastida per construir un edifici sòlid des d'on viure la vida amb llargues i extenses estones de benestar i felicitat. Així, la quantitat i la qualitat de l'afecte i l'estimació que rep una criatura té conseqüències neuronals de llarga durada.

Evidències empíriques sobre la cria de primats ens han obert els ulls davant la devastació neuronal que comporta l'aïllament precoç, la manca de proximitat, per tot el que representa la manca de signes d'afecte. De tant en tant encara ens vénen a la memòria aquelles criatures romaneses mig amagades en els espais sinistres d'aquells orfenats, on no rebien cap mostra d'afecte ni d'atenció. Pel que se sap, moltes d'elles morien i les altres viurien, en el futur, uns comportaments del tot desarreglats. No en tinguem mai cap dubte, mai: l'amor és fonamental en la vida de les criatures i l'amor és la forma de comunicació adequada. L'afecte és el primer indicador de qualitat de la comunicació.

La incertesa, en forma de lligams insegurs, té efectes molt negatius en el bastiment del bagatge emocional de la mainada. Els buits emocionals són molt negatius, fatals, per a tothom, però especialment per als més petits. Ens hem de preguntar si els estils de vida d'avui no priven massa sovint les criatures d'uns ingredients emotius que els haurien de resultar vitals, d'una mena de vacunes emocionals contra futures disfuncions del cos o de la ment. Hem de pensar que, igual que la digestió, el creixement dels ossos o dels músculs o la gestació són processos fisiològics que demanen el seu temps; la formació i el manteniment d'una relació i, encara més, el bastiment de l'equipatge emocional d'una criatura a còpia de relacions d'afecte, que també són processos amb una cara fisiològica, demanen el seu temps.

No hi pretenguem pas aplicar l'alta velocitat. Les manifestacions d'afecte no les podem comprimir. Són processos que exigeixen temps i tenen els seus llindars crítics, en el sentit que en ultrapassar-los entrem molt fàcilment en zona de turbulències desestabilitzadores de la relació. I, fins i tot, de vegades, sembla que ens desconcertem quan les relacions es dilueixen per manca d'atenció. Com a persones i com a societat, no ens enganyem, les nostres possibilitats de gaudir d'espais considerables de felicitat depenen de la nostra capacitat per desxifrar un món amagat i fascinant que gira entorn de la relació, l'afecte, l'estimació i l'amor. Pensem que les relacions, incloses les més romàntiques, no són més que enllaços fantàstics de ressonàncies emocionals.

Ens hem referit al fet que la persona que participa en activitats comunitàries viu més feliç. Des de fa força anys observo els meus alumnes universitaris i vet aquí que aquells que estan involucrats en tasques de voluntariat o d'alguna mena de treball comunicatiu de grup, com cantar en una coral, semblen viure més feliços, se'ls veu persones plenes d'energia, afectuoses, decidides, flexibles, creatives i molt sociables. La rialla i el somriure sovintegen a la seva cara, i això ja diu molt de la seva expertesa en els negocis emocionals i a l'hora de neutralitzar les desavinences tot fent les paus. Manifesten amb facilitat la compassió, i això els enforteix i els fa tolerar bé les petites frustracions. Tenen una forta autoestima, són optimistes, extravertits i se senten integrats. Tenen el seu equipament emocional funcionant de la manera adequada. El plaer de la relació amb els altres, el sentiment d'estar implicat o implicada en el grup social, en la comunitat, és un forniment notable per al cervell emocional i, per extensió, per a tot el cos. Mai no hem d'oblidar que el plaer i el benestar són indicadors de significat biològic.

Tot fent camí per les pàgines d'aquest llibre ja ens haurem adonat que la munió d'indicacions que s'hi fan condueixen a una proposta ben clara: a les nostres vides, des que naixem fins al final, la relació, l'afecte i l'amor constitueixen no només el centre de la nostra experiència, sinó també la força vital de la ment capaç de generar els estats de benestar i de felicitat. Determinen el nostre estat d'ànim, estabilitzen els ritmes corporals, reconfiguren les estructures del cervell i animen el sistema immunitari, alhora que determinen i fixen la nostra identitat. Diguem-ho ben clar i ben fort: l'afecte i l'amor ens fan el que som i el que podem arribar a ser. Al llarg del camí ja n'hem vist una mica el perquè. I també ens hem adonat que encara que el desplegament fascinant de les tecnologies de la nova civilització ens posi força entrebancs, les persones podem tenir una vida més plena que mai, amb més moments, i més extensos, de felicitat i amb unes perspectives de benestar com la humanitat no ha conegut mai. Això sí, caldrà tenir sempre el nostre equipament emocional a punt. Passarem estones de tota mena i a les nostres vides hi haurà el dolor inevitable i certs moments de tristesa i d'aflicció ben necessaris en passatges de dol. Però, si sabem intuir els camins que harmonitzin pensament i sentiment, tindrem moltes possibilitats de viure bé.

Si tota la força —seria la cinquena força explicativa de l'ordre universal, després de la gravitatòria, l'electromagnètica i les dues nuclears: la forta i la feble— la trobem en la relació, en l'afecte i en l'amor, el fonament d'aquesta és en la comunicació. En una bona gestió de la comunicació hi ha el secret de tot. Una comunicació adequada, amb una bona circulació de la informació, ho realimenta i ho fa funcionar tot: la persona, la família, la colla, l'equip, l'empresa, les institucions de la salut, l'administració o l'educació, i també la nació. De fet, de la neurona a la nació, amb el fil de la comunicació, podem teixir tot un mostrari fascinant d'identitats autoorganitzades amb un funcionament que té com a base el principi fonamental de la bona comunicació, el de la retroalimentació adequada.

Una bona gestió de la comunicació exigeix un cert esforç d'atenció, ja que cal harmonitzar bé els aspectes no verbals i els verbals. Ens hi hem referit a bastament i hem vist que les formes proposades transporten una gran quantitat de les emocions més positives, que per a tothom són estimulants tant per a la nostra salut mental com per a la salut de tota la nostra persona, i ens posaran en excel·lents condicions per disfrutar de moltes estones de felicitat tots els dies de la nostra vida. Recordem-ho bé: una bona estona de conversa distesa amb un puntet de cura de la veu i de les interaccions cara a cara tot recordant les regles de l'escolta activa que fonamenten la relació, l'afecte i l'amor i, per tant, el benestar i la felicitat.

No ens anirà gens malament que, de tant en tant, fem el petit exercici d'entonar, encara que sigui cantussejar, alguna cançoneta. Avui sabem que aquesta pràctica pot induir a la presència d'emocions positives tal com hem dit que passava amb el riure i el somriure. Afegim-hi que la rialla desencadena efectes molt subtils sobre els nostres interlocutors, per això la usen i n'abusen els polítics en les seves campanyes. L'eclosió d'una bona rialla o el puntet d'un somriure trenquen el gel, faciliten l'apropament, consoliden les relacions, generen actituds positives, apaivaguen l'agressivitat i poden arribar a neutralitzar l'hostilitat. El riure i el somriure desarmen les persones, creen ponts i faciliten el compromís amistós.

No cal dir que en el programa per auditar la comunicació d'una empresa o una institució caldrà avaluar la quantitat —i qualitat— dels somriures, no endebades posen les persones en millor disposició per resoldre problemes complexos, com alguns de càlcul, però, sobretot, els més difícils, els de decisió. En realitat riure i cantussejar, que estimulen banys cerebrals d'emocions positives, ajuden a l'hora de resoldre els problemes de trobar aquests senderols, atalls, que anomenem «intuïcions», per tal de cercar una solució en un temps relativament curt. És a dir, que el benestar i la felicitat ens fan més destres, i això no ha de ser gens estrany, ja que la naturalesa, la nostra biologia, ens té ben acostumats a tota mena de premis. Les persones que estan contentes gestionen millor la seva vida personal i treballen molt millor, són més creatives i estimulen molt la creativitat dels altres. Fins i tot el creixement del PIB depèn de la felicitat. Només una dada: als Estats Units, el còmput de la despesa —econòmica— relacionada amb la depressió voreja el tres per cent del seu PIB. Dramàtic!

Al llarg del camí hem fet petites o grans excursions, de tipus biològic o cultural, petits tirabuixons narratius que ens han ajudat a presentar millor els nostres propòsits. En parlar del llenguatge i la comunicació simbòlica, fonamentadors de les relacions, ens hem referit de passada al paper que fan aquests elements en el desenvolupament dels processos de seducció. Van tan lligats que sempre m'ha agradat de dir que homes i dones, per naturalesa, hem vingut al món a festejar. Hi podríem afegir el cuidar. Sí, hem vingut al món amb uns programes d'allò més sofisticats preparats especialment per festejar i per cuidar.

Ara fa uns dos milions i mig d'anys, al si d'unes comunitats homínides, els cervells havien crescut d'una forma galopant —un creixement no al·lomètric— i havien engrandit les closques que els embolcallaven. Això creà una certa incertesa, ja que per raons de volumetria cranial les criatures haurien de néixer igual de petites, atès que la solució mai no podia passar per canvis en les dimensions del canal pèlvic de les nostres avantpassades homínides, amb el perill de desequilibrar l'agilitat i la gracilitat del seu caminar. Els nadons haurien de néixer més prematurs. Tots els nadons neixen prematurament amb relació a altres primats i mamífers. Això decantaria els mascles homínids cap als seus propis fills i, de passada, aniria força millor per als seus gens que no pas si intentaven de col·locar-los a través d'altres parelles. La característica de cercar la novetat sexual, en tots els mascles mamífers, era —i és— un vell instint gens fàcil de suportar. I és aquí on penso que la biologia beneí les novetats cognitives ofertes per unes «bones converses» amb el company, i així l'home canviaria, possiblement, la seva obsessió per les novetats físiques d'altres dones per activitats més sofisticades i engrescadores, alhora que, a la llarga, realimentarien la biologia i ajudarien a fer encara més grans i més poderosos els cervells.

Per això a mi m'ha atret tant el mite de Xahrazad, que ens arriba a través de les *Mil i una nits*. Hauríem de parlar de l'efecte Xahrazad, ja que aconsegueix fonamentar la relació amb la seva parella a través de la comunicació. La sedueix per la seva bellesa però també, i principalment, per la seva fantasia, la seva creativitat, la seva eloqüència i la seva intel·ligència. Les pressions sobre ella per part d'un masclot sultà cansat, irritat, dèspota, només preocupat per la seva paternitat incerta i arrossegat per una patològica estratègia d'aparellament a curt termini, eren ben intenses. ¿Què hi podia fer ella? Desplegar totes les seves habilitats en el festeig, verbals i no verbals, va ser la seva salvació. Inventà històries fantàstiques que el mantindrien entretingut, i així les *Mil i una nits* constitueixen una massiva manifestació verbal de festeig amb una perspectiva a llarg termini. Ell s'adonà que l'univers simbòlic de Xahrazad era un oasi de fascinació narrativa en el desert de la recerca de novetats sexuals. Ella feia agradable la monogàmia, i els fills i les filles cobraven els abundants interessos de la inversió.

Això duria beneficis immensos als nostres ancestres, tants que fins ara hem viscut del pla de pensions que ens donaren amb les seves fantasies i la seva creativitat. Primer, el fet de permetre a les nostres avantpassades mantenir els mascles més útils al seu costat força temps pot haver ajudat aquests mascles a apaivagar la fal·lera de la seva recerca de novetats sexuals quan aquestes eren contraproduents, i explorar, conjuntament, els membres de la parella, les fronteres de la creativitat amb tanta intensitat que els mons possibles començarien a obrir les finestres de les seves ments. El llenguatge no només evolucionà per festejar i per mantenir la parella al costat, també fou conformat per moltes altres pressions selectives, per comunicar entre parents, per fer i mantenir amics i amigues, per coordinar activitats de grup i per ensenyar coses a les criatures. Per enfortir els lligams i fonamentar les relacions i els afectes, per bastir un univers simbòlic capaç d'informar i conformar la identitat del grup, una mena d'escut protector davant les forces de la incertesa, per tal com enfortir aquesta identitat del grup envigoria les persones que el formaven.

Aquell llenguatge que en un començament tenia les funcions esmentades ha desplegat totes les seves possibilitats, vertaderament il·limitades, i ens ha obert les portes, en encetar el tercer mil·lenni, a un univers nou, una nova civilització d'un abast tal, quant a la circulació d'informació, en quantitat i qualitat, que pot posar en qüestió el disseny d'alguns dels programes cerebrals que afecten els equipaments emotius fins a amenaçar, d'una manera del tot plausible, de desestabilitzar els comportaments de les persones en desestabilitzar certs espais cerebrals i com a conseqüència de l'esfilagarsament de les relacions. És en aquest punt on caldria reconsiderar l'efecte Xahrazad, per tal de reconfigurar els espais comunicatius. Ens ho fa assenyalar una esperança en el sentit que aquell esperit és ben viu entre les dones —i en molts homes—, esperança fonamentada en l'existència creixent d'estratègies femenines de resolució de problemes complexos.

El pensament més masculí, sovint entestat encara en les fal·leres competitives ancestrals, té més tendència als plantejaments a curt termini, a solucions ràpides i dràstiques, a no saber llegir els matisos ni la subtilitat de les espurnes d'emoció, mentre que la ment femenina treballa, com Xahrazad, a més llarg termini: sap explicar, narrar i escoltar i entén millor la força del compromís, comunica i consulta més i millor, gestiona bé les emocions i negocia amb enginy la presa de decisions per oferir-les força més elaborades i més matisades. Aquest esperit, a casa i a l'empresa, ens ha d'ajudar a reconfigurar les xarxes de relacions, i acabarà per donar sentit a les persones que viurem i viuran en el món totalment globalitzat del futur. Aquestes estratègien femenines que divisem des de fa temps, i que «sinergien» del tot amb moltes de masculines, refermaran la confiança en el poder de les relacions, de l'afecte i de l'amor que resideix en els propis fonaments de la cultura, en la biologia que els conforma. No deixem mai de pensar que benestar i felicitat, de la mateixa manera que estrès i ansietat, són indicadors de significat biològic.

I, per acabar, un darrer consell: mai no és tard per aprendre a regular —expressar i entendre— les pròpies emocions a través de la comunicació amb els altres. Optimitzem aquesta comunicació i resistirem bé el desassossec, el neguit i l'estrès; controlarem l'ansietat; gestionarem com cal la incertesa, i maximitzarem l'energia vital que hi ha en nosaltres. Així, de passada, ens adaptarem als canvis, a mesura que es produeixin, per accelerats que vinguin, i ens adaptarem la mar de bé als diferents fluxos de la vida. De fet, els secrets de la felicitat resideixen en el nostre cervell, els portem en el nostre equipatge mental. En aquestes pàgines hem intentat explicar com i per què és així.

PETITA GUIA BIBLIOGRÀFICA

AREYLE, M. (1987). *The Psychology of Happiness.* Methuen, Londres.

CASTELLS, M. (2004). *L'era de la informació.* Generalitat de Catalunya, Barcelona.

GOLEMAN, D. (1996). *La intel·ligència emocional.* Kairós, Barcelona.

KLEIN, S. (2002). *La fórmula de la felicitat.* Columna, Barcelona.

LAYARD, R. (2005). *Happiness. Lessous from a New Science.* Penguin, Londres.

LYKKEN, D. (1999). *Happiness.* Golden Books, Nova York.

MORRIS, D. (2004). *The Nature of Happiness.* Little Books, Londres.

MYERS, D. (1992). *The Pursuit of Happiness.* Avon Books, Nova York.

PINKER, S. (1999). *How the Mind Works.* Norton, Nova York.

PUNSET, E. (2005). *El viatge a la felicitat.* Destino, Barcelona.

ROJAS MARCOS, L. (2005). *La nostra felicitat.* Columna, Barcelona.

SERRANO, S. (2003). *El regal de la comunicació.* Ara Llibres, Barcelona.

The saints of the Shadow bible following me
From bar to bar into eternity…

Jackie Leven, »One Man, One Guitar«

Prolog

»Wo fahren wir hin?«

»Nur ein bisschen durch die Gegend.«

»Aber wohin?«

Rebus drehte sich zu seinem Beifahrer um. Sein Name war Peter Meikle. Er hatte fast die Hälfte seines Erwachsenendaseins in verschiedenen schottischen und englischen Gefängnissen zugebracht und jetzt die typisch käsige Gesichtsfarbe und schlechte Körperhaltung eines ehemaligen Sträflings. Eine Rasur wäre dringend nötig gewesen, und seine eingefallenen Augen waren schwarz umrändert wie argwöhnische Nadelöhre. Rebus hatte ihn vor einem Wettbüro auf der Clerk Street aufgelesen. Ein paar Ampeln weiter bogen sie Richtung Commonwealth Pool in den Holyrood Park ab.

»Lange nicht gesehen«, sagte Rebus. »Was treibst du so?«

»Nichts, worüber ihr euch Gedanken machen müsstet.«

»Sehe ich aus, als würde ich mir Gedanken machen?«

»Sie sehen genauso aus wie 1989, als Sie mich eingebuchtet haben.«

»So lange ist das schon her?« Rebus schüttelte theatralisch den Kopf. »Aber du musst fair bleiben, Peter, du hast dich der Festnahme widersetzt – und du kannst ganz schön aufbrausend sein.«

»Sie etwa nicht?« Als Rebus nicht antwortete, starrte Meikle weiter durch die Windschutzscheibe. Er lenkte den Saab jetzt über den Queen's Drive, umrundete die klippenartigen Salisbury Crags nach St Margaret's Loch. Ein paar Touristen verfütterten Brot an Enten und Schwäne, wobei ein Schwarm Möwen im Sturzflug mehr als seinen gerechten Anteil ergatterte. Rebus blinkte rechts und bog in die Straße ein, die sich zu Arthur's

Seat hinaufschlängelte. Sie fuhren an Joggern und Spaziergängern vorbei, die Stadt verschwand aus ihrem Blickfeld.

»Könnte auch irgendwo in den Highlands sein«, meinte Rebus. »Kaum zu glauben, dass gleich da unten Edinburgh liegt.« Er drehte sich erneut zu seinem Beifahrer um. »Hast du nicht mal hier in der Gegend gewohnt?«

»Das wissen Sie ganz genau.«

»Northfield, wenn ich mich recht entsinne.« Der Wagen wurde langsamer, Rebus fuhr an den Straßenrand und hielt. Er nickte zu einer Mauer mit offenem Gatter. »Das ist doch eine Abkürzung, oder? Wenn man zu Fuß in den Park will? Von Northfield aus?«

Meikle zuckte nur mit den Schultern. Er trug eine Daunenjacke. Wenn er sich bewegte, machte sie Geräusche. Er sah zu, wie Rebus ein frisches Päckchen Zigaretten anbrach, ein Streichholz anstrich und sich eine anzündete. Rebus stieß erst genüsslich eine Rauchwolke aus, dann bot er Meikle das Päckchen an.

»Hab letztes Jahr aufgehört.«

»Wusste ich gar nicht, Peter.«

»Natürlich nicht.«

»Na schön, wenn ich dich nicht in Versuchung bringen kann, dann lass uns kurz aussteigen.« Rebus schaltete den Motor aus, löste seinen Sicherheitsgurt und stieß die Tür auf.

»Wozu?« Meikle rührte sich nicht.

Rebus duckte sich in den Wagen. »Ich will dir was zeigen.«

»Und wenn's mich nicht interessiert?«

Rebus zwinkerte und schlug die Tür zu, ging um den Wagen herum und über das Gras auf das Gatter zu. Der Schlüssel steckte noch im Zündschloss, und Meikle starrte ihn gute zwanzig bis dreißig Sekunden lang an, bevor er sich leise fluchend einen Ruck gab und die Beifahrertür öffnete.

Rebus stand auf der anderen Seite der den Park umgrenzenden Mauer, die östlichen Vororte lagen unter ihm.

»Ist ein steiler Aufstieg«, sagte er und beschattete die Augen

mit seiner freien Hand. »Aber damals warst du ja auch noch jünger. Oder bist du vielleicht gar nicht zu Fuß gegangen – wahrscheinlich hast du dir von einem Freund einen Wagen geliehen. Musstest ja nur behaupten, dass du was zu transportieren hast.«

»Ach, es geht um Dorothy«, stellte Meikle fest.

»Um wen sonst?« Rebus schenkte ihm ein müdes Lächeln. »Fast zwei Wochen sind vergangen, bis sie vermisst gemeldet wurde.«

»Das ist elf Jahre her …«

»Zwei Wochen«, wiederholte Rebus. »Du hast behauptet, sie sei bei ihrer Schwester. Weil's ein kleines Zerwürfnis zwischen euch beiden gab. Na ja, das konntest du jedenfalls nicht leugnen – die Nachbarn haben gehört, wie ihr euch angebrüllt habt. Warum nicht gleich das Beste draus machen?« Erst jetzt wandte sich Rebus wieder dem Mann zu. »Zwei Wochen und selbst dann war's noch ihre Schwester, die uns kontaktiert hat. Keinerlei Hinweise darauf, dass Dorothy die Stadt verlassen hat – wir haben uns an allen Bahn- und Busstationen erkundigt. Als wärst du ein Zauberer und hättest sie in eine deiner Kisten gesteckt. Deckel auf, und weg war sie.« Er hielt inne und trat einen halben Schritt auf Meikle zu. »Aber sie *ist* da, Peter. Irgendwo in dieser Stadt.« Er stampfte mit dem linken Fuß auf. »Tot und begraben.«

»Ich wurde damals verhört, schon vergessen?«

»Als Hauptverdächtiger«, ergänzte Rebus langsam nickend.

»Vielleicht ist sie was trinken gegangen, dem falschen Mann begegnet …«

»Wir waren in Hunderten von Pubs, Peter, haben ihr Foto herumgezeigt und die Stammgäste befragt.«

»Dann ist sie vielleicht per Anhalter weg – in London kann man leicht verlorengehen.«

»Wo sie keine Freunde hatte? Und ohne ihr Konto anzurühren?«

Rebus schüttelte den Kopf.

»Ich hab sie nicht umgebracht.«

Rebus zuckte demonstrativ zusammen. »Peter, wir sind unter uns. Ich bin nicht verkabelt oder so; hier geht es nur um meinen Seelenfrieden, mehr nicht. Wenn du mir sagst, dass du sie hergebracht und vergraben hast, dann war's das.«

»Ich dachte, Sie arbeiten nicht mehr an ungelösten Fällen?«

»Woher hast du das denn?«

»Das Büro in Edinburgh wurde dichtgemacht und verlegt.«

»Schon richtig. Aber ist ja nicht jeder so gut informiert wie du.«

Meikle zuckte mit den Schultern. »Ich lese Zeitung.«

»Mit besonderem Augenmerk auf Polizeibehörden.«

»Ich weiß, dass alles Mögliche umstrukturiert wird.«

»Woher das Interesse?«

»Schon vergessen, dass ich so meine Erfahrungen mit euch gemacht habe? Apropos, wieso sind Sie eigentlich nicht pensioniert – Sie müssten doch inzwischen Rente kassieren?«

»Ich war pensioniert – hab für die Cold Case Unit gearbeitet, die alten Hasen, die's einfach nicht lassen können. Und du hast recht, unsere Fälle wurden woandershin verschoben.« Rebus' Gesicht war jetzt nur noch wenige Zentimeter von Meikles entfernt. »Aber mich haben sie nicht verschoben, Peter. Ich bin noch da, und ich wollte mich gerade in deinen Fall vertiefen, als er mir weggenommen wurde. Aber du kennst mich ja, ich bringe zu Ende, was ich angefangen habe.«

»Ich hab nichts zu sagen.«

»Sicher?«

»Wollen Sie mich wieder gegen eine Mauer schleudern oder bewusstlos schlagen? So seid ihr ja immer gerne mit Verdächtigen umgesprungen ...«

Aber Rebus hörte nicht zu. Seine Aufmerksamkeit galt jetzt dem Handy in Meikles rechter Hand. Rebus griff danach und sah, dass es aufnahm. Boshaft grinsend warf er es in einen Ginsterstrauch. Meikle entfuhr ein kleiner Protestschrei.

»Willst du, dass es so weitergeht, Peter?«, fragte Rebus und drückte seine Zigarette an der Mauer aus. »Dass du dir ständig über die Schulter gucken musst, Ausschau halten nach jemandem wie mir? Willst du weiter auf den Tag warten, an dem ein Hund irgendwo herumschnüffelt, wo er nicht schnüffeln sollte, und zu graben anfängt?«

»Sie haben nichts, und Sie sind nichts«, blaffte Meikle.

»Da irrst du dich gewaltig. Siehst du, immerhin hab ich *dich.*« Ein Finger bohrte sich in Meikles Brust. »Und solange dein Fall ungelöst ist, musst du dir Sorgen machen.«

Er drehte sich um und ging durch das Gatter zurück. Meikle sah zu, wie er in den Saab stieg und den Motor anließ. Der Wagen raste davon, stieß eine Qualmwolke aus. Leise vor sich hin fluchend trottete Meikle zu dem Ginstergestrüpp und suchte sein Handy.

Der Chief Constable feierte seine Abschiedsparty in der Kantine des Präsidiums der Lothian and Borders Police in der Fettes Avenue. Er bekam einen neuen Posten südlich der Grenze, und anscheinend wusste niemand, ob seine alte Stelle überhaupt neu besetzt würde. Die acht regional gegliederten schottischen Polizeieinheiten sollten schon bald zu einem einzigen Verband, der Police Scotland, zusammengelegt werden. Der Chief Constable von Strathclyde sollte die Leitung übernehmen, und seine sieben Kollegen suchten nun nervös nach neuen Möglichkeiten.

Jemand hatte den halbherzigen Versuch unternommen, die Kantine festlich zu schmücken – ein paar Spruchbänder, Luftschlangen und sogar circa ein Dutzend Partyballons hingen an den Wänden. Auf den Tischen lagen Papierdecken, darauf Schalen mit Chips und Nüssen, außerdem Wein- und Bierflaschen.

»In einer halben Stunde kommt die Torte«, klärte Siobhan Clarke Rebus auf.

»Dann bin ich in zwanzig Minuten weg.«

»Magst du keine Torte?«

»Ich mag die Reden nicht, die dann gehalten werden.«

Clarke grinste und nahm einen Schluck Orangensaft. Rebus hatte eine offene Flasche Lager in der Hand, aber beschlossen, sie nicht auszutrinken – zu viel Kohlensäure und auch nicht kalt genug.

»Also, DS Rebus«, sagte sie, »was hast du heute Nachmittag getrieben?«

Er starrte sie an. »Wie lange willst du noch darauf rumreiten?« Womit er seinen Dienstgrad meinte – er war nur Detective Sergeant, sie Inspector. Vor zehn Jahren war es noch umgekehrt gewesen. Aber als Rebus sich nach seinem Abstecher zur Cold Case Unit erneut beworben hatte, musste er sich wegen der Schwemme an DIs herunterstufen lassen.

»Das oder gar nichts«, hatte man ihm beschieden.

Also ließ er sich drauf ein.

»Noch eine ganze Weile«, sagte Clarke jetzt und grinste noch breiter. »Und du hast meine Frage nicht beantwortet.«

»Ich habe einen alten Freund besucht.«

»Du hast gar keine Freunde.«

»Allein in diesem Raum könnte ich dir ein Dutzend zeigen.«

Clarke überflog die Gesichter. »Und wahrscheinlich ebenso viele Feinde.«

Rebus schien darüber nachzudenken. »Okay, kann sein«, lenkte er ein. Und außerdem hatte er sowieso gelogen. Ein Dutzend Freunde? Nicht mal annähernd. Siobhan war eine Freundin, vielleicht die beste, die er je hatte – abgesehen vom Altersunterschied und der Tatsache, dass ihr kaum etwas von seiner Musik gefiel. Er sah Menschen, mit denen er gearbeitet hatte, aber so gut wie niemanden, den er freiwillig auf einen Whisky und eine Unterhaltung zu sich nach Hause einladen würde. Dafür gab es einige, denen er gerne mal in den Arsch getreten hätte – zum Beispiel den drei Beamten von Professi-

onal Standards. Sie standen abseits der anderen, womit sie ihren Außenseiterstatus unterstrichen. Aber jetzt hatten sie etwas Gejagtes – mit ihnen wurde genauso verfahren wie mit der Cold Case Unit: Auch sie wurden im Zuge der Umstrukturierung versetzt. Plötzlich kam ihm durch die Menschentraube ein Gesicht aus der Vergangenheit entgegen. Der Mann streckte Rebus eine Hand hin, und er schlug ein.

»Verdammte Scheiße, hätte dich fast nicht erkannt«, gestand Rebus. Eamonn Paterson klopfte auf das, was von seinem Bauch übrig war. »Gesunde Ernährung und Bewegung«, erklärte er.

»Gott sei Dank – hab schon gedacht, irgendeine Krankheit hätte dich ausgemergelt.« Rebus wandte sich an Clarke.

»Siobhan, das ist Eamonn Paterson. Er war DS, als ich DC war.« Während sich die beiden die Hände gaben, fuhr Rebus mit der Vorstellung fort.

»Siobhan ist Detective Inspector und sitzt daher dem grausamen Irrtum auf, sie sei meine Chefin.«

»Na, dann viel Glück«, sagte Paterson. »Von mir hat er sich nie was sagen lassen, dabei war er damals noch grün hinter den Ohren. Egal, wie oft ich ihm in den Arsch getreten habe.«

»Manche Dinge ändern sich nie«, pflichtete ihm Clarke bei.

»Eamonn wurde früher Porkbelly genannt«, sagte Rebus. »Einmal ist er aus dem Urlaub in den Staaten zurückgekommen und hat erzählt, er habe in einem Restaurant so viel Schweinebauch gefuttert, dass er von den Betreibern ein T-Shirt geschenkt bekam.«

»Das T-Shirt hab ich noch«, sagte Paterson und hob sein Glas, um darauf anzustoßen.

»Wie lange sind Sie schon in Rente?«, fragte Clarke. Paterson war groß und schlank, hatte dichtes Haar; sie hätte ihn für keinen Tag älter als Rebus gehalten.

»Jetzt sind's fast fünfzehn Jahre. Sehr nett, dass ich immer noch Einladungen bekomme.«

Er schwenkte sein Weinglas in Richtung Party.

»Vielleicht bist du ja so was wie das Vorbild aller Polizeipensionäre.«

»Kann sein«, stimmte er lachend zu. »Dann sind das also die letzten Zuckungen von Lothian and Borders, oder wie?«

»Soweit wir wissen.« Rebus wandte sich an Clarke. »Wie soll's in Zukunft noch mal heißen?«

»Es wird zwei Abteilungen geben – Edinburgh und außerdem Lothians and Scottish Borders.«

»So ein Blödsinn«, brummte Paterson. »Sämtliche Dienstausweise müssen geändert werden, außerdem die Schriftzüge auf den Streifenwagen – wie zum Kuckuck wollen die damit Geld sparen?« Dann an Rebus gewandt: »Kommst du zu Dod?«

Rebus zuckte mit den Schultern. »Du?«

»Könnte auch ein Fall von letzten Zuckungen sein.« Paterson wandte sich an Clarke. »Wir waren früher zusammen in Summerhall.«

»Summerhall?«

»Die Wache neben der Tierarztschule am Summerhall Place«, erklärte Rebus. »Wurde abgerissen, stattdessen wurde dann St Leonard's eröffnet.«

»War vor meiner Zeit«, meinte sie.

»Praktisch in der Steinzeit«, pflichtete ihr Paterson bei. »Von uns Höhlenmenschen sind nicht mehr viele übrig, hab ich recht, John?«

»Inzwischen hab ich gelernt, wie man Feuer macht«, entgegnete Rebus, zog eine Schachtel Streichhölzer aus der Tasche und schüttelte sie.

»Du rauchst doch nicht etwa noch?«

»Einer muss es ja tun.«

»Und ab und zu trinkt er sogar was«, vertraute ihm Clarke an.

»Ich bin schockiert.« Paterson musterte Rebus' Statur.

»Ich wusste nicht, dass ich mich hier um den Job als Mr Universum bewerbe.«

»Nein, tust du nicht«, erwiderte Clarke, »trotzdem ziehst du schon mal vorsorglich den Bauch ein.«

»Erwischt«, sagte Paterson und lachte erneut, klopfte Rebus auf die Schulter. »Also, kommst du jetzt zu Dod oder nicht? Stefan ist wahrscheinlich auch da.«

»Kommt mir ein bisschen makaber vor«, meinte Rebus. Er erklärte Clarke, dass Dod Blantyre vor Kurzem erst einen Schlaganfall erlitten hatte.

»Er hat sich ein letztes Treffen der alten Garde gewünscht«, setzte Paterson hinzu und hielt Rebus einen mahnenden Zeigefinger vor die Nase. »Du willst ihn doch nicht enttäuschen – sonst wird Maggie …«

»Mal sehen, wie sich's einrichten lässt.«

Paterson versuchte Rebus mit einem Blick zu erweichen, dann nickte er langsam und klopfte ihm erneut auf die Schulter. »Also schön«, sagte er und ging weiter, um einen anderen alten Bekannten zu begrüßen.

Fünf Minuten später, als Rebus gerade einen Vorwand suchte, um auf eine Zigarette rauszugehen, betrat eine neue Gruppe die Kantine.

Die Männer sahen aus wie Anwälte, und genau das waren sie auch – Angestellte der Staatsanwaltschaft. Sie waren gut gekleidet und strahlten zuversichtlich, ihnen voran ging Generalstaatsanwältin Elinor Macari, Solicitor General von Schottland.

»Müssen wir jetzt alle einen Diener machen, oder was?«, murmelte Rebus Clarke zu, die sich die Ponyfransen aus dem Gesicht schob. Macari gab dem Chief Constable jeweils ein Küsschen auf beide Wangen.

»Würde schon reichen, wenn du nichts sagst, das dir hinterher leidtun könnte.«

»Du bist die Chefin.«

Macari sah aus, als hätte sie auf dem Weg zur Party einige Zwischenstopps eingelegt: Friseur, Visagist, Boutique. Ihre große schwarze Brille betonte das Durchdringende ihres

Blicks. Im Bruchteil einer Sekunde hatte sie den Raum gescannt, wusste genau, wen sie begrüßen musste und wen sie ignorieren durfte. Der Kollege, der das Begrüßungskomitee anführte, wurde ebenso mit Küsschen bedacht wie der Chief Constable. Andere Gäste mussten sich mit einem Händeschütteln oder Kopfnicken begnügen. Ein Glas Weißwein wurde geholt, aber Rebus bezweifelte, dass es mehr als ein Requisit sein würde. Auch fiel ihm auf, dass seine Flasche Lager jetzt doch leer war, obwohl er sich geschworen hatte, sich seinen Durst für etwas Lohnenswerteres aufzusparen.

»Hast du ein paar warme Worte parat, falls es sie in unsere Richtung verschlägt?«, fragte Clarke.

»Ich würde sagen, wir befinden uns in einer ganz anderen Umlaufbahn.«

»Mag sein. Aber jetzt, wo sie da ist, werden die Reden nicht mehr lange auf sich warten lassen.« Rebus hielt sein Päckchen Zigaretten hoch und zeigte nach draußen.

»Kommst du wieder?« Sie sah seinen Blick und verzog das Gesicht, weil ihr eine so blöde Frage herausgerutscht war. Gerade als er die Kantine verlassen wollte, entdeckte Macari einen weiteren Bekannten und marschierte schnurstracks auf ihn zu, sodass Rebus ihr ausweichen musste. Sie runzelte die Stirn, als wüsste sie nicht, wohin sie ihn stecken sollte, blickte ihm sogar noch hinterher. Doch inzwischen hatte sie ihr Opfer erreicht. Siobhan Clarke sah, wie Schottlands Generalstaatsanwältin Malcolm Fox am Arm nahm und von seinen Kollegen aus der Professional-Standards-Abteilung wegzog. Was auch immer sie mit ihm zu besprechen hatte, es schien ein Mindestmaß an Verschwiegenheit zu erfordern. Eine Kantinenangestellte stand jetzt mit der Torte im Eingang, doch ein Handzeichen des Chief Constable signalisierte ihr, dass die Zeremonie warten musste, bis Elinor Macari bereit war …

Tag eins

1

Der Abschleppwagen war eingetroffen, der Name des Schrottplatzes stand an den Türen. In der vorangegangenen Nacht war die Unfallstelle bereits notdürftig mit siebeneinhalb Zentimeter breitem Plastikband abgesperrt worden, in regelmäßigen Abständen war darauf der Schriftzug POLICE zu lesen. Das Band reichte von einem unbeschädigten Baum über einen Zaunpfosten und von dort wieder bis zu einem anderen Baum. Der Fahrer des Abschleppwagens war einfach drübergefahren und machte sich jetzt daran, den verunglückten VW Golf an einer Winde den Hang hinauf auf die bereits wartende Rampe zu ziehen.

»Kein schlechter Nachmittag«, sagte Rebus, zündete sich eine Zigarette an und begutachtete die Umgebung. Ein schmaler Landstraßenabschnitt am Rand von Kirkliston. Der Flughafen Edinburgh war nicht weit entfernt, und das Dröhnen landender und startender Passagierflugzeuge störte die ländliche Szene. Sie waren in Clarkes Vauxhall Astra hergefahren. Rebus parkte am gegenüberliegenden Straßenrand, die Warnblinkanlage sollte herankommende Fahrer auf die Unfallstelle aufmerksam machen. Anscheinend näherte sich aber niemand.

»Die Straße macht keine Kurve«, sagte Clarke. »Sie war nicht glatt, auch nicht vereist oder ölverschmiert. Muss ziemlich schnell gefahren sein, gemessen am Schaden …«

Wohl wahr: Die Kühlerhaube des Golf hatte sich beim Aufprall gegen die ehrwürdige alte Eiche ziehharmonikaartig zusammengefaltet. Sie gingen an dem kaputten Zaun vorbei und den Hügel hinunter. Der Fahrer des Abschleppwagens schob

zur Begrüßung das Kinn vor, machte ansonsten aber keinerlei Anstalten sich zu erkundigen, wer sie waren oder was sie dort wollten. Clarke hatte eine Mappe dabei, was ihm vollkommen genügte – es bedeutete, dass sie von offizieller Stelle kamen und man ihnen deshalb am besten aus dem Weg ging.

»Geht's ihm gut?«, fragte Rebus.

»Ist eine Sie«, korrigierte ihn Clarke. »Der Wagen ist auf Jessica Traynor zugelassen. Auf eine Adresse im Londoner Südwesten. Jessica liegt im Krankenhaus.«

Rebus ging um den Wagen herum. Er war noch kein Jahr alt, perlmuttfarben. Soweit er feststellen konnte, hatten die Reifen ausreichend Profil. Die Windschutzscheibe war herausgebrochen, Fahrertür und Kofferraum standen sperrangelweit offen, beide Airbags waren aufgegangen.

»Und wir sind hier, weil …«

Clarke schlug die Mappe auf. »Hauptsächlich, weil ihr Vater anscheinend Beziehungen hat. Kam von ganz oben: Achte drauf, dass wir nichts übersehen.«

»Was gibt's denn zu übersehen?«

»Hoffentlich nichts. Aber die Gegend ist bekannt dafür, dass halbstarke Autoraser ihr Unwesen treiben.«

»Aber sie ist doch keine Halbstarke.«

»Fährt aber einen Wagen, der bei denen sehr beliebt ist.«

»Wenn du's sagst.«

»Ich glaube, der Golf gilt immer noch als ›heißer Schlitten‹.«

Rebus spazierte auf den Abschleppwagen zu. Der Mann vom Schrottplatz ließ ein Seil mit einem riesigen Haken herunter. Rebus fragte ihn, wie viele Golfs in der Schrottpresse landeten.

»Einige«, räumte er ein. Er trug einen ölverschmierten Blaumann unter einer abgewetzten Lederjacke, in seine Handflächen und unter seine Fingernägel hatte sich tief der Schmutz gegraben. Seine Basecap war so dreckig, dass die Schrift nicht

mehr zu entziffern war, und ein dichter graumelierter Bart bedeckte Kinn und Hals. Rebus bot ihm eine Zigarette an, aber der Mann schüttelte den Kopf.

»Werden die Straßen hier oft als Rennstrecken missbraucht?«, fuhr Rebus fort.

»Kommt vor.«

»Sind Sie auf Diät?« Der Mann sah ihn an. »So wie Sie mit Worten knausern«, erklärte Rebus.

»Ich mach nur meine Arbeit.«

»Aber das ist nicht der erste Unfall, den Sie hier sehen?«

»Nein.«

»Wie oft kommt so was vor?«

Der Mann überlegte. »Alle zwei Monate. Wobei wir letzte Woche erst einen hatten, hinter Broxburn.«

»Und das waren auch Autoraser? Haben Sie eine Ahnung, wer diese Rennen organisiert?«

»Nein«, erwiderte der Mann.

»Danke für die Auskunft.« Rebus ging zurück zum Golf. Clarke spähte durch die offene Tür, begutachtete das Innere.

»Schau mal«, sagte sie und reichte Rebus ein Foto. Es zeigte einen braunen Wildlederstiefel auf dem Boden des Wagens, anscheinend eine Damengröße.

»Ich sehe keine Pedale.«

»Weil der Stiefel im Fußraum des Beifahrersitzes liegt.«

»Okay.« Rebus gab ihr das Foto zurück. »Willst du damit sagen, sie hatte einen Beifahrer?«

Clarke schüttelte den Kopf. »Das ist einer von zwei Ugg Boots, die Jessica Traynor trug. Der andere befand sich noch an ihrem linken Fuß.«

»Ugg?«

»So heißen die.«

»Dann hat sie ihn beim Aufprall verloren? Oder als die Sanitäter sie aus dem Wrack gezogen haben?«

»Einer der Streifenbeamten, die als Erste am Unfallort

waren, hat ein paar Fotos mit seinem Handy gemacht – darunter auch das vom Stiefel. Zu dem Zeitpunkt befand sich Jessica noch im Wagen. Der Krankenwagen kam erst ein paar Minuten später.«

Rebus dachte darüber nach. »Wer hat sie gefunden?«

»Eine Frau, kam aus Livingston und fuhr nach Hause. Sie hatte Schichtdienst im Supermarkt.« Clarke las etwas von einem Blatt in ihrer Mappe. »Die Tür auf der Fahrerseite stand offen, kann beim Aufprall passiert sein.«

»Oder die Fahrerin wollte aussteigen.«

»Sie war bewusstlos. Der Kopf lag auf dem Airbag. Kein Sicherheitsgurt.«

Rebus nahm Clarke die Fotos ab und betrachtete sie, während Clarke weiterredete. »Die Supermarktangestellte hat kurz nach zwanzig Uhr die Notrufnummer gewählt, am Himmel war kein Licht mehr. Straßenlaternen gibt's auch keine, nur das in der Ferne leuchtende Edinburgh.«

»Der Kofferraum ist zu«, sagte Rebus und reichte ihr die Fotos zurück.

»Das ist er«, pflichtete ihm Clarke bei.

»Jetzt aber nicht mehr.« Rebus ging um den Wagen herum. »Haben Sie den aufgemacht?«, fragte er den Mann vom Schrottplatz und bekam ein Kopfschütteln als Antwort. Der Kofferraum war leer, abgesehen von einem dürftig bestückten Werkzeugkasten.

»Vielleicht wurde er geplündert?«, vermutete Clarke. »Der Wagen stand die ganze Nacht hier.«

»Und warum wurde das Werkzeug nicht geklaut?«

»Ist vermutlich nicht viel wert. Den Kofferraum kann jeder aufgemacht haben, John – der Fahrer des Krankenwagens, unsere Kollegen ...«

»Wahrscheinlich.« Er versuchte den Kofferraum zu schließen. Er war unbeschädigt und blieb, einmal geschlossen, auch zu. Der Schlüssel steckte noch im Zündschloss, und Rebus

drückte erneut auf den Knopf zum Öffnen. Ein dumpfes Knacken verriet ihm, dass er aufgeschnappt war.

»Die Elektrik scheint noch zu funktionieren«, sagte er.

»Zeichnet einen guten Wagen aus.« Clarke überflog ihre Unterlagen. »Also, was denken wir?«

»Wir denken, der Wagen ist zu schnell gefahren und von der Straße abgekommen. Keine Anzeichen für eine vorangegangene Kollision. Hat sie vielleicht telefoniert? Soll ja schon mal vorgekommen sein.«

»Sollten wir überprüfen«, pflichtete ihm Clarke bei. »Und der Ugg Boot?«

»Manchmal ist ein Stiefel einfach nur ein Stiefel«, sagte Rebus.

Clarke las eine SMS auf ihrem Handy. »Offenbar ist seine Besitzerin wieder ins Reich der Lebenden zurückgekehrt.«

»Wollen wir mit ihr sprechen?«, fragte Rebus.

Der Blick, mit dem Clarke ihn bedachte, genügte ihm als Antwort.

Jessica Traynor hatte im Royal Infirmary ein Zimmer für sich allein. Die Krankenschwester erklärte, sie habe Glück gehabt – Verdacht auf einen Knöchelbruch, ein paar angestauchte Rippen und einige kleinere Verletzungen, die üblicherweise mit einem Schleudertrauma einhergehen.

»Sie trägt eine Halskrause.«

»Kann sie sprechen?«, fragte Clarke.

»Ein bisschen.«

»Spuren von Alkohol oder Drogen im Blut?«

»Anscheinend gehört sie zur anständigen Sorte. Jetzt gerade hat sie allerdings Schmerzmittel intus, wird also benommen sein.« Die Schwester zögerte. »Wollen Sie vielleicht zuerst mit dem Vater sprechen?«

»Ist er hier?«

Die Schwester nickte erneut. »Mitten in der Nacht einge-

troffen. Da lag sie noch in der Notaufnahme …« Sie war an einem Fenster im Gang stehen geblieben. Von hier aus konnte man in Jessica Traynors Zimmer sehen. Ihr Vater saß an ihrem Bett, hielt ihre Hand und streichelte sie. Sie hatte die Augen geschlossen. Die Metallstütze war dick mit Schaumstoff gepolstert. Ihr Vater blickte auf und entdeckte die Gesichter hinter der Scheibe. Er vergewisserte sich, dass seine Tochter schlief, dann legte er ihre Hand vorsichtig aufs Bett und stand auf.

Als er den Raum leise verließ, fuhr er sich mit den Fingern durchs silbergraumelierte Haar. Er trug eine Nadelstreifenhose – das passende Jackett hing über der Lehne des Stuhls neben dem Bett seiner Tochter. Das weiße Hemd war zerknittert, und die Manschettenknöpfe hatte er abgenommen, um sich die Ärmel hochzukrempeln. Rebus bezweifelte, dass es sich bei der augenscheinlich teuren Uhr an seinem linken Handgelenk um ein Imitat handelte. Irgendwann in der Nacht hatte er seine Krawatte abgelegt und die beiden oberen Hemdknöpfe geöffnet, sodass jetzt angegrautes Brusthaar hervorlugte.

»Mr Traynor«, sagte Clarke, »wir sind von der Polizei. Wie geht es Jessica?«

Unter seinen Augen hatten sich aufgrund des Schlafmangels dunkle Ringe gebildet, und sein Atem roch nach Automatenkaffee.

»Es geht ihr gut«, sagte er schließlich. »Danke.«

Rebus fragte sich, ob Traynor seine Sonnenbräune einem Studio oder einem Winterurlaub zu verdanken hatte. Letzteres wahrscheinlich.

»Wissen Sie inzwischen Näheres?«, fragte er Clarke.

»Wir glauben nicht, dass ein anderes Fahrzeug an dem Unfall beteiligt war, falls Sie das meinen. Vielleicht war einfach ein überhöhtes Tempo …«

»Jessica fährt nie schnell. Sie war immer schon supervorsichtig.«

»Der Wagen hat einige PS, Sir«, warf Rebus ein.

Aber Traynor schüttelte den Kopf. »Sie hat die Geschwindigkeitsbeschränkung nicht überschritten, das können wir von vornherein ausschließen.«

Rebus warf einen Blick auf die Schuhe des Mannes. Schwarze Halbschuhe. Von Kopf bis Fuß verkörperte er den erfolgreichen Geschäftsmann. Er sprach mit englischem Akzent, aber nicht ganz lupenrein. Rebus erinnerte sich an Jessicas Alter, das er in Clarkes Unterlagen entdeckt hatte: einundzwanzig.

»Ihre Tochter studiert?«, vermutete er. Traynor nickte. »An der Universität in Edinburgh?« Erneutes Nicken.

»Welches Hauptfach?«, fragte Clarke.

»Kunstgeschichte.«

»Welches Semester?«

»Drittes.« Traynor schien ungeduldig zu werden. Durch die Scheibe betrachtete er seine Tochter. Ihre Brust hob und senkte sich fast unmerklich. »Ich muss wieder rein …«

»Wir müssen Jessica ein paar Fragen stellen«, erklärte Clarke.

Er sah sie an. »Zum Beispiel?«

»Um sicherzugehen, dass wir alle Fakten kennen.«

»Sie schläft.«

»Vielleicht könnten Sie sie wecken?«

»Sie ist schwer verletzt.«

»Was hat sie Ihnen über den Unfall erzählt?«

»Sie hat gesagt, es täte ihr leid wegen dem Golf.« Traynors Aufmerksamkeit war wieder zur Glasscheibe gewandert. »Er war ein Geburtstagsgeschenk. Die Versicherung war fast so teuer wie der Wagen …«

»Hat sie auch etwas über den Unfall selbst gesagt, Sir?«

Traynor schüttelte den Kopf. »Ich muss jetzt wirklich wieder rein.«

»Darf ich fragen, woher Sie kommen, Mr Traynor?«, erkundigte sich Rebus.

»Wimbledon.«

»Aus dem Londoner Südwesten?«

»Ja.«

»Als Sie von Jessicas Unfall erfahren haben, war es für einen Flug nach Schottland doch sicher schon zu spät – haben Sie den Zug genommen?«

»Ich verfüge über ein Privatflugzeug.«

»Dann waren Sie also die ganze Nacht wach und den halben Tag heute auch? Würde Ihnen sicher guttun, mal die Augen zu schließen.«

»Ich hab ein oder zwei Stunden da auf dem Stuhl geschlafen.«

»Trotzdem … Ihre Frau konnte nicht mitkommen?«

»Wir sind geschieden. Sie lebt in Florida mit einem Mann, der halb so alt ist wie sie und sich als ›Personal Trainer‹ bezeichnet.«

»Aber Sie haben sie über Jessicas Unfall in Kenntnis gesetzt?«, vergewisserte sich Clarke.

»Noch nicht.«

»Meinen Sie nicht, dass sie Bescheid wissen sollte?«

»Sie hat uns vor acht Jahren verlassen – Jessica bekommt von ihr nicht mehr als einen Anruf zu Weihnachten.« Seine Worte waren von Bitterkeit gefärbt. Traynor war zwar erschöpft, aber nicht in der Stimmung zu verzeihen. Er wandte sich an die beiden Detectives. »Sind Sie hier, weil ich meine Beziehungen habe spielen lassen?«

»Sir?« Clarke hatte die Augen zu schmalen Schlitzen verengt.

»Ich kenne zufällig ein paar Leute bei der Met – hab vom Flieger aus angerufen, weil ich sicher sein wollte, dass hier oben alles mit rechten Dingen zugeht. Aber wie Sie schon selbst gesagt haben, handelt es sich offenbar um einen Unfall, wie ihn jeder hätte haben können.« Sein Tonfall wurde schärfer. »Deshalb sehe ich keinen Grund, weshalb Sie mit Jessica sprechen müssten.«

»So direkt haben wir nicht gesagt, dass es ein Unfall wie je-

der andere ist«, mischte sich Rebus ein. »Eine gerade Strecke auf einer abgelegenen Straße – der Wagen kann nicht ohne Grund von der Straße abgekommen sein. Die Einheimischen in der Gegend dort veranstalten nach Sonnenuntergang öfter mal Wettrennen …«

»Ich habe Ihnen bereits erklärt, dass Jessica am Steuer stets auf Sicherheit bedacht ist.«

»Dann müssen Sie sich doch auch fragen, was dazu geführt hat, dass sie so schnell gefahren ist. Wurde sie von einem aggressiven Fahrer drangsaliert? Wollte sie jemanden abhängen? Das sind Fragen, die nur *sie* beantworten kann, Mr Traynor.« Rebus hielt inne. »Fragen, von denen ich gedacht hätte, dass auch Sie sie beantwortet sehen möchten.«

Er wartete, bis die Bemerkung angekommen war. Traynor fuhr sich erneut mit der Hand durch die Haare und stieß dann einen langen Seufzer aus.

»Geben Sie mir Ihre Nummer«, lenkte er ein. »Ich rufe Sie an, wenn Jessica aufwacht.«

»Wir holen uns was aus dem Café«, erklärte ihm Rebus. »Die nächsten zwanzig Minuten sind wir also noch hier.«

»Wir können Ihnen ein Sandwich mitbringen, wenn Sie mögen«, ergänzte Clarke, mit inzwischen etwas sanfterem Gesichtsausdruck.

Traynor schüttelte den Kopf, nahm aber die Karte entgegen, die sie ihm reichte.

»Handynummer steht hinten drauf«, sagte sie. »Ach und noch was – dürfen wir einen Blick auf Jessicas Handy werfen?«

»Was?«

»Ich nehme an, es liegt auf ihrem Nachttisch …«

Traynor wirkte abermals verärgert, drehte sich aber um, ging ins Zimmer und tauchte ein paar Augenblicke später mit dem Telefon in der Hand wieder auf.

»Danke, Sir«, sagte Clarke, nahm es ihm ab, drehte sich um und ging mit Rebus den Gang hinunter.

Rebus verzog sich zum Rauchen nach draußen, während Clarke etwas zu trinken kaufte. Als er wiederkam, brachte er einen heftigen Husten mit.

»Soll ich mal nachsehen, ob auf der Lungenstation noch ein Bett frei ist?«, erkundigte sich Clarke.

»Ich war da draußen nicht einsam – schwer zu sagen, ob mehr Patienten oder mehr Mitarbeiter geraucht haben.« Er nahm einen Schluck aus seinem Pappbecher. »Ich vermute, das soll Tee sein.«

Sie nickte, und einen Augenblick lang tranken sie schweigend. Das Café bot Ausblick auf den Krankenhausvorplatz. Gegenüber war ein Laden, in dem Leute bis vor die Tür anstanden, um Süßigkeiten und Chips zu bezahlen. Ein Stück weiter, in einem anderen Laden, der sich auf gesunde Ernährung spezialisiert hatte, war überhaupt nichts los.

»Was hältst du von ihm?«, fragte Clarke.

»Von wem? David Dickinsons Doppelgänger?«

Clarke lächelte. »Ein bisschen George Clooney ist auch dabei.«

Rebus zuckte mit den Schultern. »Er trägt teure Anzüge und reist mit seinem Privatjet – ich will ihn natürlich heiraten.«

»Stell dich hinten an.« Ihr Grinsen wurde breiter. »Aber eins musst du ihm lassen – er liebt seine Tochter. Wahrscheinlich ist er der Boss irgendeines großen Unternehmens, trotzdem lässt er alles stehen und liegen, um zu ihr in den Norden zu eilen.«

Rebus stimmte ihr nickend zu, zwang sich, einen weiteren Schluck Tee zu trinken, dann schob er den Becher weg.

»Was du da über einen möglichen anderen aggressiven Fahrer gesagt hast«, fuhr Clarke fort, »wie kommst du darauf?«

»Ich hab einfach nur überlegt, aus welchem Grund eine vorsichtige Fahrerin plötzlich Gas gibt.«

»Und das ist eine Möglichkeit. Meinst du, sie wohnt in der Innenstadt?«

»Bestimmt – wahrscheinlich sogar in einer Wohnung, die Mr Großkotz für sie gekauft hat.«

»Also was wollte sie da draußen? Die Straße führt mehr oder weniger ins Nirgendwo.«

»Noch was, das wir sie fragen sollten«, pflichtete Rebus ihr bei. »Was gibt ihr Handy her?«

»Unbeantwortete Anrufe und Nachrichten.«

»Kein Hinweis darauf, dass sie während der Fahrt telefoniert hat?«

Clarke schüttelte den Kopf. »Andererseits, wenn ihr Dad so raffiniert ist, wie er sich kleidet ...«

»Hat er vielleicht längst sämtliche Belege ihrer Blödheit verschwinden lassen.«

Rebus nickte bedächtig.

Clarkes eigenes Telefon piepte, machte sie auf eine SMS aufmerksam. »Das ist Page«, sagte sie mit Blick aufs Display. »Er will ein Update.«

»Wird nicht lange dauern.«

Wieder ein Piepen.

»Perfektes Timing: Jessica ist wach.« Clarke erhob sich vom Tisch.

»Nimmst du deinen Tee mit?«, fragte Rebus.

»Was glaubst du wohl?«, lautete die Antwort.

Bei ihrer Rückkehr verließ wieder dieselbe Schwester wie zuvor Jessica Traynors Zimmer.

»Bitte schont sie ein bisschen«, sagte sie.

»Dafür sind wir bekannt«, versicherte ihr Rebus.

Das Kopfteil des Bettes war immer noch nicht hochgestellt, die Patientin starrte an die Decke. Sie bewegte die Augen, blinzelte ein paarmal, als wollte sie die Neuankömmlinge fokussieren. Ihre Lippen waren feucht, als hätte sie gerade aus der Schnabeltasse auf dem Tablett neben sich getrunken. Ihr Vater saß wieder, hielt wie auch schon zuvor ihre Hand.

»Jessica«, begann Clarke, »ich bin Detective Inspector Clarke, und das ist Detective Sergeant Rebus. Wie fühlen Sie sich, oder ist das eine blöde Frage?«

»Wie nach einem Autounfall.«

»Wir haben Ihren Golf gesehen. Der Airbag hat Ihnen wahrscheinlich das Leben gerettet. Schon ein bisschen dumm, sich nicht anzuschnallen.«

Traynors Körperhaltung verkrampfte, als er dies hörte. Jessica riss die Augen auf. »Ich schnalle mich immer an«, protestierte sie.

»Die Fahrerin, die Sie gefunden und die Polizei gerufen hat, meinte, Sie wären nicht angeschnallt gewesen.«

»Kann sich der Gurt beim Aufprall gelöst haben?«, fragte Traynor.

»So was habe ich noch nie gehört«, erklärte Clarke. Dann an seine Tochter gewandt: »Haben Sie eine Ahnung, wieso einer Ihrer Stiefel auf der Beifahrerseite gelandet ist?«

»Das verstehe ich nicht.« Jessica Traynors Augen flatterten von einem zum anderen.

»Sie saßen auf der Fahrerseite«, führte Clarke die Frage aus, »aber irgendwie ist einer Ihrer Uggs auf der anderen Seite der Mittelkonsole gelandet. Auch das habe ich noch nie gesehen.«

Ihr Vater beugte sich zu ihr herunter. »Die Beamten haben mich vorhin gefragt, ob vielleicht jemand hinter dir zu schnell gefahren ist und gedrängelt hat.«

»Ich weiß nicht, wie's passiert ist.« Tränen füllten Jessica Traynors Augen.

»Fand eine Art Wettrennen statt?«, fragte Clarke. »Vielleicht sind Sie hineingeraten und wurden von der Straße abgedrängt?«

»Nein …«

Traynor hatte sich von seinem Stuhl erhoben. Seine Tochter hatte die Augen fest geschlossen, er fragte sie, ob sie Schmerzen habe.

»Ich möchte nicht daran denken«, sagte sie. »Ich möchte mich am liebsten gar nicht erinnern. Der Wagen ist von der Straße abgekommen, das ist alles.«

Mit ihrer Hand noch in seiner drehte sich Traynor zu den beiden Detectives um. »Wahrscheinlich ist es das Beste, wenn Sie jetzt gehen. Lassen Sie ihr Zeit, sich zu erholen.« Sein Ton verriet unmissverständlich, dass er keinen Widerspruch dulden würde. Trotzdem zögerte Clarke. Rebus war es aber, der das Wort ergriff.

»Wir brauchen Jessicas Adresse hier in Edinburgh.«

»Wozu?« Die Frage kam vom Bett. Jessica hatte ihre freie Hand zur Faust geballt. Sie hielt die Augen immer noch geschlossen, aber ihr Gesichtsausdruck wirkte gequält.

»Weil wir sie brauchen«, sagte Clarke.

Traynor gestikulierte Richtung Gang. »Jessica«, sagte er, »versuch dich zu entspannen. Ich bringe die Beamten raus.«

»Ich verstehe immer noch nicht, warum die hier sind.«

»Deshalb gehen sie ja jetzt auch.« Er drückte noch einmal ihr Handgelenk, dann ließ er los, streckte einen Arm aus, um anzuzeigen, dass Rebus vorangehen möge.

Als sie draußen im Gang waren und die Tür hinter sich geschlossen hatten, gab Traynor ihnen Jessicas Adresse. Clarke tippte sie in ihr Handy ein.

»Apropos …« Traynor hielt die Hand auf. Clarke kramte das Handy seiner Tochter aus der Tasche und überreichte es ihm.

»Hat Jessica Mitbewohner?«, fragte sie.

»Eine Studentin. Sie heißt Alice oder Alison – ich bin ihr nur einmal begegnet.«

»Weiß sie, was passiert ist?«

»Wenn sie's wüsste, wäre sie vermutlich hier.«

Rebus hatte noch eine Frage. »Ist Jessica mit jemandem zusammen?«

»Sie meinen, ob sie einen Freund hat? Es gab mal einen

gewissen Forbes. In letzter Zeit hat sie ihn aber nicht mehr erwähnt.«

»Forbes mit Vor- oder Nachnamen?«

»Ich habe wirklich keine Ahnung.« Traynor hatte seinen Blick auf die Scheibe und das Bett dahinter gerichtet. »Ich muss wieder rein.«

»Wenn sie Ihnen noch etwas anvertraut …«

Er drehte sich zu Rebus um, nickte langsam und ging zurück in das Zimmer seiner Tochter. Sie beobachteten, wie er erneut Platz nahm.

»Du glaubst nicht, dass sie alleine unterwegs war«, meinte Clarke.

»Ich glaube nicht mal, dass sie überhaupt gefahren ist«, erwiderte Rebus.

2

In seinem engen Büro – eine ehemalige Abstellkammer in den Räumen des CID – lauschte Detective Chief Inspector James Page ihrem Bericht. Die Wache am Gayfield Square gehörte zur B Division, doch diese Bezeichnung sollte schon bald verschwinden, und Page fürchtete, auch die Wache selbst könnte geschlossen, abgerissen und woanders neu aufgebaut werden. Der sogenannte »Square« draußen war lediglich eine Rasenfläche, die viel zu selten gemäht wurde. Der Verkehr wälzte sich über den Leith Walk, was die Scheiben an der Stirnseite des Gebäudes manchmal vibrieren ließ. Nicht, dass Page sich daran gestört hätte, sein Büro hatte sowieso keine Fenster.

»Also, wie ist der Stiefel da gelandet?«, fragte er. Rebus und Clarke standen beide, weil für mehr als den Stuhl, auf dem ihr gemeinsamer Chef saß, kein Platz war.

»Wer auch immer gefahren ist, hat Fahrerflucht begangen«, erklärte Rebus. »Womit zwei Möglichkeiten in Frage kommen. Erstens, Jessica hat kurz das Bewusstsein wiedererlangt, gemerkt, dass sie alleine war, und sich aus eigener Kraft auf die Fahrerseite gezogen.«

»Warum?«

»Um die andere Person zu schützen. Damit wir annehmen, sie habe selbst am Steuer gesessen.«

Page dachte darüber nach. »Und die zweite Möglichkeit?«, fragte er.

»Der Fahrer wurde entweder gar nicht ohnmächtig oder kam schneller als sie wieder zu sich. Er oder sie ist in Panik

geraten – aus welchem Grund auch immer – und hat sich aus dem Staub gemacht, zuerst aber noch Jessicas Gurt gelöst und sie auf die Fahrerseite gehievt.«

»Und sich nicht mehr die Mühe gemacht, sie wieder anzuschnallen«, ergänzte Clarke.

»Und das alles schließt ihr aus der schlichten Tatsache, dass ein brauner Wildlederstiefel auf der falschen Seite gefunden wurde?« Page blickte von Clarke zu Rebus und wieder zurück.

»Ja«, erwiderte sie.

»Gut, angenommen ihr habt recht – was genau würde das ändern?«

»Der Fahrer oder die Fahrerin kann betrunken oder stoned gewesen sein«, erklärte Rebus.

»Oder an einem illegalen Wettrennen teilgenommen haben«, sagte Clarke. »Vielleicht wurde er oder sie auch verfolgt – das wissen wir erst, wenn wir weiterermitteln. Jessica teilt sich eine Wohnung in der Great King Street mit einer gewissen Alice oder Alison. Außerdem war von einem Freund die Rede.«

Page kratzte sich beim Denken an der Nase.

»Wir wollen ja nicht den Eindruck erwecken, hier würde schlampig gearbeitet«, warf Rebus ein. »Ein kurzer Besuch in der Wohnung müsste genügen.«

»Wir würden heute Abend hinfahren«, bestätigte Clarke. »Diese Alice oder Alison ist Studentin – vielleicht hat sie tagsüber Seminare.«

»Na schön.« Page hatte sich entschieden. »Aber beantwortet mir folgende Frage: Warum kann bei euch beiden niemals etwas einfach sein?«

»Das müssen Sie Clarke fragen«, sagte Rebus und zeigte mit dem Finger auf sie.

»Frag Rebus«, sagte Clarke mehr oder weniger gleichzeitig.

Draußen im Gang holten beide erst einmal tief Luft.

In Pages kleinem Wandschrank war nie genug Sauerstoff, und trotzdem schien er darin zu gedeihen, als bräuchte er

Unbequemlichkeit wie die Luft zum Atmen. Zwei Detective Constables, Christine Esson und Ronnie Ogilvie, waren mit Papierkram beschäftigt. Clarke checkte die Nachrichten auf ihrem Handy, während Rebus sich einen Kaffee kochte.

»Die Milch ist alle«, warnte Esson.

»So viel wie wir verbrauchen, sollten wir zusammenlegen und uns eine Kuh anschaffen«, schlug Ogilvie vor.

»Die könnte auch den Rasen stutzen«, pflichtete ihm Rebus bei und starrte auf den Gayfield Square, die Fensterscheibe dröhnte, als unten ein Laster vorbeifuhr. Er bot Clarke an, auch für sie Wasser aufzusetzen, aber sie schüttelte den Kopf.

»Nicht, wenn keine Milch da ist.«

»Vielleicht hab ich irgendwo in der Schublade noch ein Tütchen mit Pulver«, meinte Esson.

»Pulver?«, fragte Rebus. »Sind wir wieder im Zweiten Weltkrieg? Ich dachte, wir stünden am Beginn eines glorreichen neuen Zeitalters?«

»Nur wenn du die Richtigen wählst«, ermahnte ihn Clarke.

»Ich sag dir, in welches Kästchen ich mein Kreuzchen mache – bei ein, zwei Bier, sobald wir in der Great King Street fertig sind.«

Aber Clarke schüttelte den Kopf. »Bin zum Essen eingeladen«, erklärte sie.

»Ich dachte, es wäre aus und vorbei mit ...« Rebus gestikulierte Richtung Pages Büro.

»Ist es auch.«

Christine Esson fand, Rebus müsse aufgeklärt werden. »Ein alleinstehendes Mädchen muss in dieser Stadt nicht verhungern.«

»Sprichst du aus Erfahrung?«, mischte sich jetzt auch Ogilvie ein.

»Wer ist es denn?«, fragte Rebus über seinen Becherrand hinweg.

»Darf man kein Privatleben mehr haben?«

»Doch, absolut – sobald du mich davon überzeugt hast, dass seine Absichten ehrenwert sind.«

Clarke verdrehte die Augen und beschloss, sich doch einen Kaffee zu machen. Rebus ließ nicht locker, zog eine Schnute und tat, als würde er sich den Kopf zerbrechen. Dann watschelte er zu ihr und beugte sich an ihr Ohr.

»Ein Anwalt«, flüsterte er.

Eine Sekunde lang erstarrte sie und hörte abrupt auf, Kaffeegranulat in einen sauberen Becher zu löffeln.

»Du liebe Güte«, sagte Rebus. Jetzt sah sie ihn an, verlangte eine Erklärung. »Als Macari mit ihrem Team in die Kantine kam«, führte er aus, »hast du dich ein bisschen gerader aufgerichtet und an deinen Stirnfransen gezupft. Ich dachte erst, wegen *ihr*. Zumal ich mich nicht erinnern kann, einen besonders intelligent oder gut aussehenden Mann in ihrem Gefolge entdeckt zu haben.«

»Dann ist es mit dir als Detective nicht weit her.«

»Hab ich schon öfter gehört. Führt er dich wenigstens schick aus?«

»Warum willst du das wissen?«

»Wird eine Weile dauern, bis du dich aufgebrezelt hast – ich dachte, vielleicht gehe ich alleine in die Great King Street …«

Aber Clarke schüttelte den Kopf. »Du bist noch in der ›Probezeit‹, schon vergessen? Ein Aussetzer und du bist wieder da, wo du angefangen hast.«

»Jawohl, Chefin.« Er hielt inne. »Also, führt er dich nicht edel aus? Dann hat er keinen hohen Dienstgrad – erzähl mir nicht, du hast dir einen Toy-Boy zugelegt …«

Clarke bohrte ihm einen Finger in die Brust. »Irgendwann ist jedermanns Belastbarkeitsgrenze erreicht, John.« Doch sie grinste, und Rebus grinste ebenfalls. Er wandte sich an Esson und Ogilvie.

»Hat einer von euch beiden Lust, heute Abend ein bisschen zu observieren?«

»Ich warne dich«, sagte Clarke und bohrte ihren Finger noch fester in seine Brust.

Die Great King Street war eine breite Durchgangsstraße in der New Town und führte von der Howe Street bis nach Drummond Place. Die drei- und vierstöckigen Reihenhäuser waren vermutlich kurz nach ihrer Erbauung Anfang des neunzehnten Jahrhunderts noch nicht unterteilt gewesen, jetzt befanden sich darin jeweils mehrere Wohnungen. Rebus war nie ein großer Fan der New Town gewesen. Erstens musste man von dort einen steilen Anstieg bewältigen, um zurück in die Innenstadt zu gelangen, und außerdem gab es keine Vorgärten, auch die Parkplatzsuche war schwierig. Neben der Tür, zu der sie wollten, befanden sich vier Klingelknöpfe, neben dem obersten stand TRAYNOR / BELL.

»Wahrscheinlich ist es dann auch die Wohnung ganz oben«, brummte Rebus.

»Vielleicht ist ja niemand zu Hause«, versuchte ihn Clarke zu trösten. Aber als sie auf den Knopf drückte, meldete sich wenig später eine knisternde Stimme über die Sprechanlage.

»Miss Bell?«, riet Clarke.

»Ja.«

»Polizei. Wir müssen mit Ihnen über Jessica sprechen.«

»Hab ich's doch gewusst! Die Tür ist offen – wir wohnen ganz oben.«

»Hab ich's doch gewusst«, wiederholte Rebus und drehte den Knauf.

Als sie die erste Treppe hinter sich hatten, atmete er bereits schwer, und Clarke bat ihn, ihr bei Gelegenheit noch mal zu erklären, wie er den körperlichen Eignungstest bestanden hatte. Statt einer Entgegnung hustete er, dann tauchte ein Kopf über dem Geländer auf.

»Hier oben«, sagte Alice oder Alison Bell. Als sie die beiden Detectives hereinbat, beschloss Clarke nachzufragen.

»Alice«, erklärte die Studentin.

Rebus hatte hohe Decken und luftige Räume erwartet, aber anscheinend befanden sie sich schon direkt unter dem Dach. Der Flur war schmal und wurde durch die beiden Fahrräder, die hier abgestellt waren, nicht breiter. Alice Bell hatte sich keine Dienstausweise zeigen lassen. Sie führte sie an einer kombüseartigen Küche vorbei in ein Wohnzimmer. Aus einem an einen Lautsprecher angeschlossenen MP3-Player kam Musik. Klassisch – ein Cello ohne Begleitung. Und in einer Ecke stand tatsächlich ein Cello.

»Ist das Ihres oder Jessicas?«, fragte Rebus, aber Bell konzentrierte sich auf Siobhan Clarke.

»Ich traue mich kaum zu fragen«, platzte es aus ihr heraus.

»Sie wird wieder gesund«, versicherte ihr Clarke. Die junge Frau schien vor Erleichterung weiche Knie zu bekommen und ließ sich in einen Sessel fallen. Clarke und Rebus setzten sich auf das Sofa. Es war weiß und modern und gerade so noch geeignet, seine vorgesehene Funktion zu erfüllen.

»Was ist denn passiert?«, fragte Bell.

»Ein Autounfall. Haben Sie sich Sorgen gemacht?«

»Ich hab ihr ein paar SMS geschickt – heute Morgen war sie nicht an der Uni, das sieht ihr gar nicht ähnlich.«

»Studieren Sie auch Kunstgeschichte, Alice?«

Die junge Frau nickte. Sie trug ein T-Shirt mit einer offenen Strickjacke darüber, dazu schwarze Jeans. Soweit Rebus sehen konnte, hatte sie keine Piercings und keine Tattoos. Ihr Gesicht war rund, die Backen dick, sie erinnerten ihn an ein Engelchen in einem Gemälde, ein Effekt, der durch ihr lockiges kastanienbraunes Haar noch verstärkt wurde.

»Wie lange kennen Sie Jessica?«, fragte Rebus.

»Knapp ein Jahr. Sie hat Zettel im Fachbereich ausgehängt – Zimmer zu vermieten –, und ich hab die Chance ergriffen.« Sie hielt inne. »Sie wird doch wieder?«

»Sie hat ein Schleudertrauma und ein paar Prellungen«,

erklärte Clarke. »Ihr Vater ist anscheinend der Ansicht, sie sei eine umsichtige Fahrerin.«

»Das stimmt.«

»Gestern Abend allerdings nicht.«

»Was war denn?«

»Jessica hatte einen Unfall auf der Landstraße, auf der anderen Seite des Flughafens. Haben Sie eine Ahnung, was sie da draußen wollte?«

Bell schüttelte den Kopf. »Ist ihr Vater da?«

»Er ist bei ihr im Krankenhaus«, sagte Rebus.

»Ich sollte zu ihr gehen.«

»Gibt es noch andere Freunde, die verständigt werden sollten?«, fragte Clarke.

»Zum Beispiel ein Freund«, ergänzte Rebus.

»Forbes?« Bells Stimme wurde ein bisschen lauter. »Hat niemand …?« Sie brach ab, die Hände zwischen die Knie gesteckt starrte sie auf den gelackten Holzfußboden.

»Wir haben keine Kontaktdaten von ihm«, erklärte Clarke.

»Ich kann ihn anrufen.«

»Das ist prima, aber wir würden gerne selbst mit ihm sprechen.« Rebus räusperte sich. »Wann haben Sie Jessica zuletzt gesehen, Alice?«

»Gestern. Um vier oder fünf.«

»Hier in der Wohnung?«

»Sie wollte gerade weg.«

»Weg wohin?«

»Ich weiß nicht.«

»Aber mit dem Wagen?«

»Ich denke schon.«

»Und soweit Sie wissen, hat sie in Kirkliston oder Broxburn keine Freunde?«

»Ich weiß nicht mal, wo das sein soll.«

»Woher stammen Sie?«

»Aus Stirling.«

Rebus speicherte die Information und blickte Clarke an, wusste nicht genau, was er noch fragen sollte.

»Wenn Sie Forbes' Nummer hätten?«, drängte Clarke die Studentin. »Und seinen Nachnamen?«

»Forbes McCuskey.«

»McCuskey«, wiederholte Clarke, gab den Namen in ihr Handy ein.

»Wie Patrick McCuskey.«

Clarke blickte zu Alice Bell auf. »Der Politiker?« Bell nickte, und Clarke sah Rebus an, der die Mundwinkel verzog. Bell holte ihr eigenes Handy aus der Hosentasche, fand Forbes McCuskeys Nummer. Sie diktierte sie Clarke und fragte: »Soll ich ihn jetzt gleich anrufen?«

»Wenn Sie möchten.«

Aber Bell schien es sich anders überlegt zu haben. Sie drehte das Handy in der Hand, meinte, sie wolle lieber warten, bis sie alleine sei.

»Wollen Sie immer noch mit ihm sprechen?«, fragte sie. »Darf ich ihn vorwarnen?«

Clarke nickte.

»Na dann.« Die Studentin war aufgestanden. Clarke und Rebus taten es ihr gleich, und Bell führte sie durch den Flur zurück zur Tür. Rebus hätte am liebsten gebeten, Jessicas Zimmer sehen zu dürfen, wusste aber, dass er keinen guten Grund anführen konnte. An der Tür gab Bell beiden Detectives die Hand. Sie wollte gerade die Tür aufmachen, als Clarke einfiel, dass sie von ihr selbst noch keine Nummer hatten. Die Studentin spulte sie herunter und zog sich in die Wohnung zurück.

»Vorwarnen?«, wiederholte Rebus.

»Ja, ist mir auch aufgefallen.«

»Also, was machen wir?«

Sie sah auf die Uhr. »Ich muss nach Hause und mich für mein Billigdinner umziehen.«

»Du musst mich aber noch ein Stück mitnehmen.«

»Bergauf in die Oxford Bar?«

»Aus dir wird doch noch mal ein Detective …«

Bia Bistrot war ein kleines französisches Restaurant in der Colinton Road. Die Einheimischen nannten die Gegend Holy Corner, weil es an der Kreuzung jede Menge Kirchen gab – Clarke zählte vier, wobei sie nicht sicher war, wie viele davon tatsächlich noch für Gottesdienste genutzt wurden. David Galvin saß bereits am Tisch. Er strahlte sie an, als er aufstand, um sie zu begrüßen. Er war groß und schlank, trug einen dunklen Anzug mit weißem Hemd und offenem Kragen. Als sie sich vorbeugte, um ihm ein Küsschen auf die Wange zu geben, fragte sie ihn, ob er sich in seiner Freizeit immer so schick kleidete.

»Eigentlich wollte ich aussehen wie aus *Reservoir Dogs*«, erklärte er. »Elegant, aber gefährlich.«

»Nicht schlecht.«

Galvin war nur zwei Jahre jünger als sie und seit seiner Ankunft in der Stadt vor einem halben Jahrzehnt bei der Staatsanwaltschaft tätig. Sie hatten im vergangenen Herbst gemeinsam an einem Fall gearbeitet, und damals hatte er sie unter dem Vorwand, ein paar Vermerke durchgehen zu müssen, auf ein Getränk eingeladen. Inzwischen war dies der verabredete Code, und ungefähr einmal pro Woche schickte er ihr eine SMS, um zu fragen, ob sie sich einen Abend für eine »Besprechung« frei machen könne.

»Ich war noch nie hier«, sagte Clarke und blickte ringsum.

»Mir gefällt's – außerdem sind's nur fünf Minuten bis zu mir nach Hause.«

»Bis zu mir sind es aber mehr.«

Sein Lächeln verschwand. »Ich dachte …«

»Alles gut, David – es gibt ja Taxis.« Sie nahm eine Speisekarte entgegen und bestellte einen Gin mit Limettensirup und Soda.

»Das probier ich auch«, sagte Galvin zur Kellnerin. Dann zu Clarke: »Viel zu tun gehabt heute?«

»Nicht besonders. Und du?«

Er zuckte mit den Schultern. »Alles beim Alten.«

»Wie fandest du die Abschiedsfeier des Chief Constable?«

»Hab mich über die Einladung gefreut.«

»Hatte Elinor Macari ihre Finger im Spiel?«

»Sie hat ihr Gefolge nun mal gerne dabei.«

»Damit sie sich wichtiger vorkommt?«, vermutete Clarke.

Erneut Schulterzucken. Galvin konzentrierte sich auf die Speisekarte. »Hier schmeckt alles«, sagte er.

»Lachstatar und dann die Lammschulter«, entschied Clarke.

»Das ging schnell.«

»Bei mir wird nicht lange gefackelt.« Ihre Getränke kamen. Sie stießen mit den Gläsern an und tranken.

»Wie läuft es denn mit deinem alten Sparringspartner?«, fragte Galvin.

»John? Bislang hält er sich wacker.«

»Spurt er? Befolgt er deine Anweisungen?«

Clarke sah ihn an. »Denkst du an was Bestimmtes, David?«

Galvin schüttelte den Kopf. Der Kellner kam zu ihnen, und sie bestellten. Auf dem Tisch stand Brot, und Clarke nahm sich ein Stück, merkte, dass seit ihrer letzten Mahlzeit eine ganze Weile vergangen war.

»Wollen wir Wein bestellen?«, fragte ihr Begleiter.

»Ein Glas Weißwein genügt mir.«

»Die Hausmarke?«, fragte der Kellner.

»Die Hausmarke«, erklärte sich Clarke einverstanden.

»Groß oder klein?«

»Groß.«

»Für mich auch«, schloss sich Galvin an. Dann lehnte er sich auf seinem Stuhl zurück und schloss eine Sekunde lang die Augen.

»Abschalten ist auch mal schön, oder?«, vermutete Clarke.

»Ich bin nicht sicher, ob Leute wie du und ich jemals abschalten, Siobhan. Der Motor rattert auch noch im Leerlauf weiter.«

»Das würdest du nicht behaupten, wenn du mich auf dem Sofa mit einer Packung Eiscreme sehen könntest. Aber da wir schon mal von der Arbeit sprechen ...«

»Ja?«

»Hast du mal Patrick McCuskey kennengelernt?«

»Den Justizminister?« Galvin zog eine Augenbraue hoch. »Der steht weit über meiner Gehaltsklasse. Ich meine, ich war schon mal im selben Raum, als er eine Rede gehalten hat.«

»Ich hab ihn gegoogelt – ein aufrechter Anhänger der Scottish National Party ... das Gesicht der ›Yes‹-Kampagne für die Unabhängigkeit Schottlands ... verheiratet mit einer Anwältin namens Bethany ...«

»Eine Amerikanerin, glaube ich. Anwältin für Wirtschaftsrecht in Glasgow.«

»Aber ursprünglich kommt er nicht aus der Rechtswissenschaft, oder doch?«

»Nein, er hat Jura an der Universität studiert, ging dann aber in die Politik – ich würde sagen, er musste sich bei Amtsantritt noch so einiges draufschaffen. Worum geht's denn?«

»Er hat einen Sohn namens Forbes. Und der wiederum ist mit einer Studentin namens Jessica Traynor zusammen.«

»Aber mit Owen Traynor ist sie nicht verwandt, oder?«, unterbrach Galvin.

Clarke wurde bewusst, dass sie Traynors Vornamen gar nicht kannte. »Wer ist Owen Traynor?«

»Ein Unternehmer aus dem Süden. Vor einer Weile hat er Schlagzeilen gemacht, stand in allen Zeitungen.«

»Was ist passiert?«

»Eine seiner Firmen ging pleite, und seine Investoren waren stinksauer.«

»Und?«

»Der lauteste und wütendste unter ihnen wurde eines Abends vor der eigenen Haustür zusammengeschlagen.«

»Und das war wo – in London?« Galvin nickte.

»Und inwiefern bist du darauf aufmerksam geworden?«

»Hat mich an einen Fall erinnert, mit dem wir uns an der Universität beschäftigt hatten, das ist alles.«

Clarke rief sich Jessicas Vater vor Augen. »Dieser Traynor hat Beziehungen zur Führungsetage der Met.«

»Vielleicht ist es doch nicht derselbe. Egal, du wolltest mir von Forbes McCuskey erzählen.«

»Jessica Traynor hatte einen Autounfall. Als sie gefunden wurde, saß sie auf dem Fahrersitz, aber wir sind nicht davon überzeugt, dass sie tatsächlich gefahren ist.«

»Geht's ihr gut?«

»Sie wird wieder.«

Galvin gab sich nachdenklich. »Hat sich Forbes aus dem Staub gemacht?«

»Das wissen wir nicht – wir haben noch nicht mit ihm gesprochen.«

»Sähe nicht gut aus für seinen Vater.«

»Wäre auf jeden Fall peinlich.«

»Von einer möglichen Straftat mal ganz abgesehen.« Galvin klang fasziniert.

»Wir werden euch den Fall aber noch lange nicht vorlegen«, bremste ihn Clarke. »Wie schon gesagt, wir haben keine echten Beweise – außerdem mag unser Chef kein Durcheinander.«

»Ich weiß – hab ihn kennengelernt. Sorgt er sich immer noch um die Zukunft der Wache am Gayfield Square?«

»Das tun wir alle.«

»Dir wird nichts passieren, Siobhan. Abgebaut werden vor allem die zivilen Stellen.«

»Heißt das, ich soll dann selbst tippen? Und Fingerabdrücke nehmen? Und mir vielleicht auch noch selbst beibringen, wie man eine Autopsie durchführt …«

Als die Vorspeisen eintrafen, unterbrachen sie das Gespräch und aßen, ohne viel dabei zu reden. In der Pause vor dem Hauptgericht nahm Clarke ihr Handy, weil sie dachte, sie

könne vielleicht kurz Owen Traynor googeln, hatte aber keine Internetverbindung.

»Mal bekommt man eine Verbindung und mal nicht«, erklärte Galvin. »Manchmal fällt es mir schwer zu glauben, dass wir uns mitten in der Stadt befinden.«

»Noch dazu in einer Hauptstadt.« Sie schaltete das Handy wieder aus. Der Kellner war zurückgekehrt, um zu fragen, ob der Wein schmeckte. »Wunderbar«, erwiderte Clarke, obwohl ihr auffiel, dass Galvin sein Glas nicht angerührt hatte. Auch beim Aperitif hatte er sich zurückgehalten.

»Willst du dir einen klaren Kopf für morgen früh bewahren?«, fragte sie skeptisch.

»So ungefähr«, erwiderte er.

Eine halbe Stunde später, beim Abräumen der leeren Teller des Hauptgangs, wurden sie gefragt, ob sie die Dessertkarte zu sehen wünschten.

Clarke sah ihren Begleiter an und schüttelte den Kopf.

»Tee oder Kaffee?«

Clarke und Galvin sahen einander erneut an. »Bei mir zu Hause gibt's auch Kaffee«, bot er an.

»Und Internet?«, fragte sie.

»Internet auch«, bestätigte er. Dann nach einer Pause: »Heißt das, wir setzen die Besprechung fort?«

»Das heißt es«, sagte Clarke und grinste breit.

Rebus trank nur ein Bier in der Oxford Bar, dann fuhr er mit dem Taxi zum Parkplatz am Gayfield Square und holte seinen Saab. Er wusste, dass er es sich immer noch anders überlegen konnte, aber er wusste auch, dass er es vermutlich nicht tun würde. An der South Clerk Street stand die Ampel auf Rot. Wenn er rechts blinkte, käme er nach Hause. Als die Ampel auf Grün schaltete, fuhr er aber geradeaus, Richtung Cameron Toll und Old Dalkeith Road. Um diese Uhrzeit am Abend waren die Krankenhausparkplätze halbleer, trotzdem fuhr

Rebus auf einer doppelt durchgezogenen Linie seitlich ran, holte das Schild POLIZEI IM EINSATZ unter dem Beifahrersitz hervor und legte es aufs Armaturenbrett. Dann schob er sich einen Streifen Kaugummi mit Pfefferminzgeschmack in den Mund, schloss den Wagen ab und ging ins Krankenhaus.

Fast hatte er Jessicas Zimmer erreicht, als die Tür aufging. Er erkannte Alice Bell. Sie war in Begleitung eines jungen Mannes mit verwuscheltem Haar, einer ausgewaschenen weiten Jeans und einem schwarzen T-Shirt mit V-Ausschnitt. Er war frisch rasiert und hatte blassgrüne Augen.

»Sie humpeln ja«, meinte Rebus und zeigte auf Forbes McCuskeys linkes Bein.

»Hab mir den Fuß verstaucht.«

»Und ein Schleudertrauma abbekommen?«

Bell drückte McCuskeys Unterarm. »Er ist von der Polizei«, erklärte sie ihm.

»Hab ich mir fast gedacht.«

Rebus schob seine Hände in die Taschen. »Könnten wir uns wohl einen Augenblick unterhalten, Forbes?«

»Worüber?«

»Jessicas Unfall.«

»Warum wollen Sie mit mir darüber sprechen?«

»Wir befragen alle Zeugen – dadurch erhalten wir ein anschauliches Bild der Ereigni…«

»Aber ich war doch gar nicht dabei.«

»Und das mit Ihrem Fuß ist reiner Zufall?«

»Ist vor ein paar Tagen auf der Treppe in der Great King Street passiert.«

»Das ist wahr«, bestätigte Alice Bell hastig.

Rebus nickte langsam, seine Blicke flogen zwischen den beiden hin und her. »Also reiner Zufall. Dennoch hätten wir gerne ein paar Einzelheiten von Ihnen erfahren.«

»Heute Abend?«

»Morgen reicht auch noch. Kommen Sie um zehn Uhr an den Gayfield Square.«

McCuskey dachte einen Augenblick nach. »Zehn Uhr müsste gehen«, meinte er.

Rebus reichte ihm eine Karte mit seiner Nummer. »Falls was dazwischenkommt. Und wenn Sie zurück in die Stadt möchten, ich fahre in fünf Minuten.«

»Wir haben schon ein Taxi bestellt«, sagte Bell.

»Dann also bis morgen.«

»Bis morgen«, erwiderte Forbes McCuskey.

Jessicas Vater war im Türrahmen aufgetaucht. »Alles in Ordnung?«, fragte er.

»Wunderbar, Sir«, versicherte ihm Rebus und sah McCuskey und Bell auf dem Weg zum Ausgang hinterher. Rebus wandte sich an Traynor. »Sie schaffen es immer noch, sich wach zu halten?«

»Ich habe ein Hotelzimmer in der Stadt gefunden. In ungefähr einer halben Stunde wird mir von dort ein Wagen geschickt.«

Sie standen jetzt im Zimmer. »Hallo noch mal«, sagte Rebus und begrüßte Jessica Traynor.

»Hallo«, erwiderte sie.

»Nett von Ihren Freunden vorbeizuschauen.«

»Ja.«

»Besonders jetzt, wo sich Forbes doch den Fuß verstaucht hat. Muss furchtbar anstrengend für ihn sein.«

Sie machte sich nicht die Mühe, etwas zu erwidern.

»Gibt's etwas, das ich wissen sollte?«, fragte Traynor.

Rebus zuckte mit den Schultern. »Eigentlich nicht, Sir. Nur dass vielleicht keine vorsichtige Fahrerin am Steuer saß.« Er wandte sich an die Patientin. Sie lag immer noch flach auf dem Rücken, ihrem Haar hätte eine Wäsche gutgetan. »Ich denke, dass er vielleicht nicht versichert war oder irgendwas genommen hat. Nichts Gravierendes vermutlich, aber immerhin Fahrerflucht … und Manipulation der Unfallstelle.«

»Sie meinen, er hat Jessica auf die Fahrerseite gezogen?« Traynor spannte jeden einzelnen Gesichtsmuskel an. Er stellte sich seitlich ans Bett, beugte sich über seine Tochter. »War es so? Hat dich der kleine Wichser liegen lassen und nicht mal einen Krankenwagen gerufen?«

Aber Jessica schloss die Augen. »Er war nicht dabei«, sagte sie, ihre Stimme kaum mehr als ein Flüstern. »Er war nicht dabei, er war nicht dabei.«

Traynor führte Rebus nach draußen, ging mit ihm ins Foyer.

»Wir werden ihn morgen früh vernehmen«, erklärte Rebus. »Mal sehen, ob uns das weiterbringt.«

»Und wenn nicht?«

»Wäre wohl auch kein Drama. Vielleicht kann man ihm überhöhte Geschwindigkeit vorwerfen, aber wenn keiner von beiden die Wahrheit sagt...« Rebus hielt inne. »Sie wissen, dass er der Sohn eines prominenten Politikers ist?«

»Ist er das?«

Rebus grinste. »Vorhin haben Sie so getan, als würden Sie kaum seinen Namen kennen, aber mir kommen Sie vor wie einer, der's normalerweise ganz genau nimmt – und ganz offensichtlich vergöttern Sie Ihre Tochter. Ich würde behaupten, Sie haben sämtliche Freunde überprüft, von denen sie je gesprochen hat.«

»Okay«, lenkte Traynor ein, »vielleicht weiß ich, wer er ist. Wollen Sie mir damit nahelegen, die Sache auf sich beruhen zu lassen?«

»Natürlich nicht.«

»Ich weiß nämlich, wie das laufen kann zwischen Polizei und Politik...«

»Nicht hier bei uns, Sir.«

»Sind Sie sicher?«

Rebus nickte, und Traynor schien sich ein bisschen zu entspannen, starrte an Rebus vorbei, sein Blick verschwamm.

Dann blinzelte er sich selbst wieder wach, nahm Rebus' Hand und schüttelte sie.

»Versuchen Sie zu schlafen, Sir«, riet Rebus ihm. »Und vielleicht sollten Sie Jessica das nächste Mal einen Roller kaufen.«

Die Bemerkung entlockte Traynor ein müdes Lächeln, dann drehte er sich um und ging zurück ins Krankenhausgebäude. Rebus' Handy vibrierte: eine Nachricht von Siobhan. Er öffnete sie.

SCHAU DIR OWEN TRAYNORS BIO AN!

Owen Traynors Bio? Rebus sah der großen, gut gebauten Gestalt nach, die jetzt um eine Ecke bog und aus dem Blickfeld verschwand. Er gab Clarkes Nummer ein, aber sie meldete sich nicht, also ging er weiter, spuckte Kaugummi auf die Straße und zog eine Zigarette aus dem Päckchen.

Tag zwei

3

Forbes McCuskey kam ein paar Minuten zu früh. Er trug eine Harris-Tweed-Tasche über einer Schulter und einen dreiviertellangen Mantel im Military-Stil, taubenblau mit Messingknöpfen. Rebus führte ihn in ein Vernehmungszimmer, in dem Siobhan Clarke sie bereits erwartete. Ihre Mappe, die sie auch schon am Unfallort dabeigehabt hatte, lag vor ihr. Sie machte McCuskey Zeichen, ihr gegenüber Platz zu nehmen. Für Rebus war kein Stuhl mehr da, aber darauf hatten sie sich vorher verständigt – er lehnte lieber an der Wand, genau im Visier des zu Vernehmenden.

»Ich bin Detective Inspector Clarke. Detective Sergeant Rebus kennen Sie ja bereits.«

»Dann sind Sie seine Vorgesetzte?«, fiel McCuskey ein.

»Das bin ich, ja.«

McCuskey nickte. Er hing tief und breitbeinig auf dem Metallstuhl, als würde er ihn nicht im Geringsten unbequem finden. Clarke hatte die Mappe aufgeschlagen. Sie legte dem jungen Mann ein Foto des VW Golf vor.

»Jessica hatte unglaubliches Glück.«

»Ich seh's«, sagte er und nickte wieder.

»Gott sei Dank kam zufällig jemand vorbei und hat einen Krankenwagen gerufen.«

»Allerdings.«

»Hätte jemand mit ihr im Wagen gesessen, hätte er oder sie viel schneller einen Krankenwagen rufen können. Wäre ein Riesenunterschied gewesen.«

»Aber sie wird wieder gesund – das hat sie mir selbst gesagt.«

»Trotzdem wird sie länger dafür brauchen«, bluffte Clarke und wartete, bis die Information angekommen war. »Komische Gegend, in der sie da verunglückt ist. Hat sie Ihnen gesagt, was sie dort wollte?«

»Sie meinte, sie wäre einfach nur rumgefahren.«

»Ihr Vater hat behauptet, sie gehört nicht zu denen, die gerne mal aufs Gas treten ...«

»Vielleicht war da eine Ölspur.«

»Die Straße schien völlig in Ordnung zu sein, als wir dort ankamen.« Clarke durchsuchte demonstrativ ihre Mappe, zog ein weiteres Foto heraus. »Und dann ist da noch das.«

»Ja?« Um sich besser konzentrieren zu können, verengte McCuskey die Augen zu Schlitzen.

»Das ist einer ihrer Stiefel, wir haben ihn im Fußraum auf der Beifahrerseite gefunden. Haben Sie eine Ahnung, wie er dahingekommen sein kann?«

McCuskey zog eine Schnute und schüttelte den Kopf.

»Sehen Sie, die naheliegendste Schlussfolgerung ist – jedenfalls in unseren Augen –, dass Jessica nicht alleine im Auto saß. Sie war die Beifahrerin. Und nach dem Unfall hat der Fahrer sie auf die andere Seite gehievt, damit es so aussieht, als sei sie schuld. Dann hat er das Weite gesucht.«

McCuskeys Blick begegnete dem von Clarke. »Und Sie glauben, dass ich das war?«

»Waren Sie's?«

»Was hat Jessica denn gesagt?« Als er darauf keine Antwort erhielt, bellte McCuskey ein kurzes Lachen. »Ich hab sie gestern Abend im Krankenhaus besucht. Wäre ich abgehauen, hätte sie sich dann gefreut, mich zu sehen? Hätte sie Tränen in den Augen gehabt, als wir uns geküsst haben?«

»Wie haben Sie sich den Fuß verstaucht, Forbes?« Die Frage kam von Rebus. McCuskey sah ihn an.

»Hab ich Ihnen schon gesagt – ich bin bei Jessica zu Hause auf der Treppe falsch aufgetreten.«

»Waren Sie schon beim Arzt?«

»Das wird wieder.«

»Sonst noch blaue Flecken oder andere Beschwerden?«

»Ich saß nicht mit ihr im Wagen. Ich fahre gar kein Auto.«

»Sie fahren nicht?« Clarke blickte unwillkürlich in Rebus' Richtung, während McCuskey bekräftigend den Kopf schüttelte.

»Wissen Ihre Eltern, dass Sie hier sind?«, fragte Rebus in die Stille hinein.

»Nein.«

»Wissen sie nichts von Jessica?«

»Noch nicht.«

»Was ist mit Jessicas Vater – verstehen Sie sich gut mit ihm?«

»Hab ihn erst gestern Abend kennengelernt.«

»Er hat einen gewissen Ruf. Sie sollten ihn mal googeln, hab ich auch gemacht.«

Rebus war ein paar Schritte näher herangetreten. »Nicht die Sorte Mensch, mit der man sich anlegen möchte.«

»Ach was?«

»Einer seiner Investoren hat schlecht über ihn geredet. Und ist auf der Intensivstation aufgewacht. Er hat kein Wort darüber verloren, wer ihn zusammengeschlagen hat. Und das ist nur eine von vielen Geschichten.«

Rebus hielt inne. »Schon schade, dass mir das mit unserer Theorie ihm gegenüber rausgerutscht ist – dass Sie möglicherweise Schuld an dem Unfall waren.«

»Was?« Zum ersten Mal, seitdem er den Raum betreten hatte, wirkte McCuskey nervös. Clarke musterte Rebus, versuchte herauszufinden, ob er die Wahrheit sagte oder bluffte. Als er sie ansah, veränderte sich sein Gesichtsausdruck nicht. Die Wahrheit also.

»Dann müssen Sie ihm sagen, dass Sie sich irren«, erwiderte McCuskey. »Sie haben mit Jessica gesprochen und mit mir – warum sollten wir lügen?«

»Das weiß ich nicht«, sagte Rebus. »Aber manchmal fängt so was… klein an und wächst sich zu einer Lawine aus, die alles Mögliche mit sich reißt.«

»Ich kann nichts gestehen, was ich nicht getan habe.«

»Da haben Sie recht«, sagte Clarke und sammelte die Fotos ein.

»Das war's dann. Wir brauchen nur noch eine Adresse von Ihnen, dann dürfen Sie gehen.«

McCuskey starrte sie an. »Und dann?«

Clarke zuckte mit der Schulter und klappte die Mappe zu. »Wenn wir uns noch mal mit Ihnen unterhalten müssen, geben wir Bescheid.« Sie reichte ihm einen Zettel und einen Kugelschreiber. »Die Adresse bitte.« Während er schrieb, fragte sie ihn, ob er studiere. Er nickte. »Welches Fach?«

»Kunstgeschichte.«

»Wie Jessica und ihre Mitbewohnerin.«

»Wir sind alle im dritten Semester.«

»Habt ihr euch auch an der Uni kennengelernt?«

»Auf einer Party.« Er hörte auf zu schreiben. Die Angaben waren gerade so lesbar.

»Arden Street?«, vergewisserte sie sich.

»Ja.«

»Das ist in Marchmont, oder?«

McCuskey nickte. Clarke und Rebus sahen sich an: in derselben Straße, in der Rebus wohnte. Er blickte auf die Hausnummer: circa sechs Häuser weiter auf der gegenüberliegenden Straßenseite.

»Danke, dass Sie gekommen sind«, sagte Clarke und stand auf. McCuskey schüttelte beiden Detectives die Hand, und ein uniformierter Kollege wurde gerufen, um ihn zur Tür zu bringen.

»Und?«, fragte Clarke, als er gegangen war.

»Seine Freundin deckt ihn.«

»Aber sein Einwand ist berechtigt – warum sollte sie das tun?«

»Vielleicht ist sie eine, die alles verzeiht. Er eilt an ihr Krankenbett, flüstert ihr zuckersüße Schmeicheleien ins Ohr, ein unschuldiger Augenaufschlag – und schon denken sie sich gemeinsam ihre Geschichte aus.«

Clarke dachte darüber nach, ihr Mund ein einziger entschlossener Strich.

»Und du hast Owen Traynor wirklich alles erzählt? Nach deinem kleinen Abstecher in die Oxford Bar, mit ein paar Bier intus …«

»Ich bin nur kurz vorbei, um zu sehen, wie's der Patientin geht. Zufällig wollten McCuskey und Alice Bell gerade gehen.«

Clarke schüttelte langsam den Kopf. »Das gehört genau zu den Dingen, die du dir verkneifen solltest …« Sie brach ab, als James Page im Türeingang erschien.

»Was sollte John sich verkneifen?«, erkundigte er sich.

»Drauf zu wetten, dass die Raith Rovers aufsteigen«, erwiderte Rebus.

»Dem kann ich mich anschließen.« Page hielt inne. »Also, wie weit sind wir mit diesem Autounfall?«

»Nicht viel weiter«, gab Clarke zu.

»Dann ist es wahrscheinlich an der Zeit, die Sache auf sich beruhen zu lassen, meinen Sie nicht? Wenn es da für uns nichts zu holen gibt, sollten wir nicht länger Zeit und Mühe verschwenden.«

»Der Freund«, sagte Rebus, »der, von dem wir glauben, dass er mit im Wagen gesessen hat …«

»Was ist mit ihm?«

»Er ist der Sohn von Pat McCuskey.«

»Dem Justizminister?«

»Und Aushängeschild der Kampagne für ein unabhängiges Schottland.« Rebus wusste, was sein Chef von dem Thema hielt – wie alle anderen im Büro auch hatte er sich wiederholt Pages Ausführungen darüber anhören müssen, weshalb

Schottland unbedingt weiterhin Teil eines Vereinigten Königreichs bleiben sollte. »McCuskey ist Vorsitzender der ›Yes‹-Kampagne.«

Page verarbeitete die Information. »Was denken Sie, John? Ein kleiner Anruf bei einem freundlich gesonnenen Journalisten?«

»Nur wenn wir etwas Tragfähiges finden. Ansonsten sieht es zu politisch aus.«

»Denke ich auch.«

»Wartet mal«, sagte Clarke. »Ihr wollt dem Sohn was anhängen, um dem Vater eins auszuwischen? Fair ist das nicht.«

»Wir wissen alle, wen *du* wählen wirst, Siobhan.«

Clarke stieg Blut in die Wangen. »Ich denke nur nicht …«

Aber Page hatte beiden den Rücken gekehrt und ging davon. »Noch ein oder zwei Tage«, rief er. »Seht zu, was ihr rausfindet.«

Clarke starrte Rebus durchdringend an. Er breitete beschwichtigend die Arme aus.

»Ist ja nicht so, als hätten wir was Besseres zu tun«, gab er zu bedenken.

»Und das kleine Spielchen, das du gerade gespielt hast …« Sie stocherte mit dem Finger in Pages Richtung.

»Ich wusste ganz genau, dass er drauf abfahren würde.«

»Er schon, aber ich nicht.«

»Du bist von mir enttäuscht.« Rebus versuchte eine zerknirschte Miene aufzusetzen. »Aber du musst zugeben, dass das keine gewöhnliche Ausgangslage ist – Pat McCuskey und Owen Traynor …«

»Ich frage mich, wie ein windiger Unternehmer wie Traynor dazu kommt, Gefälligkeiten bei der Met einzufordern.«

»Die Met macht ihre eigenen Gesetze, Siobhan – so wie wir früher auch.«

»Offensichtlich sehnst du dich nach den guten alten Zeiten. Und wirbelst einfach so zum Spaß Staub auf.«

»Manchmal stößt man dabei auf Gold.«

»Was für eine Sorte Gold hoffst du dieses Mal zu finden?« Sie verschränkte trotzig die Arme.

»Der Spaß liegt im Aufwirbeln«, meinte Rebus. »Das müsstest du inzwischen wissen.«

»Ist Ihr Vater nicht da?«, fragte Rebus.

Jessica Traynor sah besser aus. Eine einfache Halsstütze hatte das Gestell um ihren Kopf ersetzt, und das Kopfteil ihres Bettes war hochgestellt, sodass sie nicht mehr an die Decke starren musste.

»Was wollen Sie?«, fragte sie.

»Ich dachte, ich seh mal nach, wie's Ihnen geht.«

»Mir geht's gut.«

»Schön zu hören.«

»Mein Vater ist noch im Hotel.«

Rebus fiel das Handy in ihrer rechten Hand auf. »Haben Sie heute schon von Forbes gehört?«

»Hab ein paar Nachrichten bekommen.«

»Er hat erzählt, Sie beide hätten sich auf einer Party kennengelernt.«

»Das stimmt. Ich bin mit Alice hin und hab dann lange mit Forbes in der Küche gequatscht.«

»Wie in dem Song, hm?«

»Welchem Song?«

»War vor Ihrer Zeit«, gestand Rebus und zeigte auf ihr Handy.

»Ein paar SMS, haben Sie gesagt – vermutlich eine, bevor er mit uns gesprochen hat und eine danach?«

Sie ging nicht darauf ein. »Ich weiß immer noch nicht so richtig, warum Sie hier sind …«

Rebus zuckte mit den Schultern. »Es wurmt mich einfach, wenn mir jemand ins Gesicht lügt. Ich frage mich dann, wovor derjenige Angst hat. In Ihrem Fall kann sie begründet sein oder auch nicht, und solange ich das nicht sicher weiß …«

»Spielt es denn wirklich eine Rolle, ob Forbes mit im Wagen saß?« Sie starrte ihn an.

»Wenn er mit Ihnen im Wagen saß, hat er Sie dort liegen lassen. Er hat keine Hilfe gerufen und keinen vorbeifahrenden Wagen angehalten …«

»Ich verstehe nicht, warum die Polizei sich dafür interessiert.«

Rebus zuckte wieder mit der Schulter. »Was ist mit Ihrem Vater? Ihn interessiert das doch bestimmt.«

»Eigentlich geht es ihn gar nichts an.«

»Na schön.« Rebus sah zu, wie sie auf das Display ihres Handys schaute. Vielleicht hatte sie Nachrichten bekommen, vielleicht auch nicht. »Wann dürfen Sie nach Hause?«

»Ich muss erst mit meinem Physiotherapeuten sprechen.«

»Wahrscheinlich wird man Ihnen raten, in Zukunft die Finger von schnellen Autos zu lassen.«

Ihr gelang ein bemühtes Lächeln.

»Und nächtliche Landstraßen sollten Sie ebenfalls meiden«, setzte Rebus hinzu. »Nicht umsonst nennt man West Lothian auch die Badlands.«

Sie sah zu ihm auf. »Die Badlands?«

»Weil es sich um eine größtenteils gesetzesfreie Zone handelt.«

»Das erklärt einiges.« Rebus wartete darauf, dass sie fortfuhr, aber sie presste die Lippen fest zusammen. Ein Klassiker: Sie wusste, dass ihr etwas rausgerutscht war.

»Jessica, wenn Sie etwas loswerden …«

»Raus!«, schrie sie gerade, als eine Schwester ins Zimmer kam. »Ich will, dass er geht! Bitte!«

Rebus hatte bereits zum Zeichen seiner Kapitulation die Hände hochgerissen. Er trat an der Schwester vorbei in den Gang.

Badlands?

Das erklärt einiges.

Aber was? Etwas war an jenem Abend geschehen. Rebus nahm sich vor, später noch mal nachzuprüfen. Im Comms Room in Bilston Glen gab es Aufzeichnungen über alle gemeldeten Vorfälle. Illegale Autorennen? Hatten Einheimische Touristen gejagt?

»Alles oder nichts«, nuschelte er vor sich hin, verließ das Krankenhaus und wollte sich eine Zigarette anzünden. Ein schwarzes Taxi fuhr vor. Der Fahrgast hatte sich vom Rücksitz erhoben und wollte den Fahrer durch das Fenster auf der Beifahrerseite bezahlen. Ein Fehler, wie ihn alle machen, die ein anderes System gewohnt sind – in Edinburgh zahlte man, bevor man ausstieg. Rebus ging hinüber und wartete hinter Owen Traynor. Augenscheinlich trug er immer noch denselben Anzug, aber ein frisches Hemd. Der Fahrer gab ihm Kleingeld und eine Quittung, und Traynor wandte sich ab, erschreckte sich kurz, weil Rebus vor ihm stand.

»Verdammt noch mal«, sagte er.

»Verzeihung, Sir. Ich wollte gerade gehen.«

»Waren Sie bei Jessica?«

Rebus nickte.

»Und?«

»Und was, Mr Traynor?«

»Glauben Sie immer noch, dass ihr Freund am Steuer saß?«

»Wäre eine mögliche Variante.«

»Na ja, vielleicht erzählt sie's mir.«

Rebus bezweifelte dies, sagte aber nichts. »Wahrscheinlich ist es das Einfachste für alle Beteiligten, wenn wir die Sache auf sich beruhen lassen«, schlug er stattdessen vor. »Egal, wie die Wahrheit auch aussehen mag, Jessica hält zu Mr McCuskey.«

»Ja, aber wenn er ihr das angetan hat …«

»Wie schon gesagt, Sir, wir lassen die Angelegenheit besser auf sich beruhen. Wir wollen doch nicht alles noch schlimmer machen, oder?«

Traynor starrte ihn an.

»Verstehen Sie, was ich sagen will?«, fuhr Rebus fort.

»Nicht so genau«, antwortete Traynor schleppend.

»Sie stehen in einem gewissen Ruf, Mr Traynor. Und mich würde interessieren, wie Sie zu Ihren Beziehungen zur Met gekommen sind.«

»Vielleicht frequentiere ich einfach nur die richtigen Clubs.« Traynor schob sich an Rebus vorbei Richtung Krankenhauseingang.

»In meiner Stadt gelten meine Regeln«, rief ihm Rebus hinterher. Aber Owen Traynor ließ sich nicht anmerken, dass er es gehört hatte.

»Danke, dass Sie sich mit mir treffen«, sagte Malcolm Fox, erhob sich vom Tisch und streckte Siobhan Clarke eine Hand entgegen. »Was darf ich Ihnen holen?«

»Brian ist schon dabei.« Sie nickte Richtung Tresen. Der Cafébesitzer machte sich an der Espressomaschine zu schaffen. Das Café war kaum hundert Meter über den Leith Walk vom Gayfield Square entfernt, aber sie kannte keine anderen Polizisten, die hier verkehrten. Was es zu einem mehr oder weniger sicheren Ort für konspirative Treffen machte.

Clarke schob sich Fox gegenüber auf die Sitzbank. Sie hatten bereits bei anderer Gelegenheit miteinander zu tun gehabt, aber eher flüchtig.

»Ich habe gehört, Sie werden die Complaints verlassen«, sagte sie. »Das kann keine angenehme Situation sein.«

»Nein«, stimmte Fox ihr zu, rieb mit einer Hand über die Tischplatte.

Auch das gehörte zu den Umstrukturierungsmaßnahmen – die für innere Angelegenheiten zuständigen Beamten waren nicht davon ausgenommen. Ihre Vertretung in Edinburgh sollte verschlankt werden. Außerdem hatte Fox die vorgeschriebene maximale Dienstzeit dort bereits hinter sich. Jetzt kehrte er zum CID zurück, wo er neben Kollegen arbeiten würde, gegen

die er ermittelt hatte und die ihm deshalb misstrauten oder ihn verabscheuten.

Der Cafébesitzer brachte Clarkes Cappuccino und fragte Fox, ob er einen zweiten Kaffee wünsche. Fox nickte.

»Schwarz, ohne Zucker«, erinnerte er den Mann.

»Weil Sie sonst schon süß genug sind?«, riet Clarke scherzhaft und erntete ein schiefes Lächeln. Sie lehnte sich zurück und wandte sich zum Fenster, beobachtete die Fußgänger draußen auf dem Gehweg. »Also, warum fraternisiere ich mit dem Feind?«, fragte sie.

»Vielleicht weil Sie wissen, dass ich nicht der Feind bin. Die Abteilung für Inneres wurde eingerichtet, damit Polizisten wie Sie – die guten Polizisten – erfolgreich arbeiten können.«

»Ich wette, den Spruch haben Sie schon mal gebracht.«

»Häufig sogar.«

Sie wandte sich ihm zu. Er hatte immer noch dasselbe schiefe Lächeln im Gesicht.

»Sie wollen mich um einen Gefallen bitten«, riet sie und bekam ein langsames Nicken zur Antwort. Sein Kaffee kam, und er berührte den Rand der Untertasse mit den Fingerspitzen.

»Es geht um John Rebus«, fing er an.

»Natürlich.«

»Ich muss ihn sprechen.«

»Niemand hält Sie davon ab.«

»Die Sache ist aber die, Siobhan, ich will, dass er redet. Und wenn die Aufforderung von mir kommt, wird er wenig sagen.«

»Die Aufforderung?«

»Na schön, dann eben der Befehl. Und letztlich wird er nicht von mir kommen, sondern …«

»Von der Generalstaatsanwältin?«, vermutete Clarke. Fox versuchte sich sein Erstaunen darüber, dass sie es wusste, nicht anmerken zu lassen. »Ich habe gesehen, wie sie bei der Abschiedsfeier des Chief Constable schnurstracks auf Sie zumarschiert ist.«

»Sie hat mir eine Aufgabe übertragen.«

»In Ihrer Funktion als Leiter der Abteilung für Inneres?«

»Meine letzte Aufgabe in dieser Funktion«, sagte er leise und starrte die Untertasse an.

»Und wenn Sie sich ordentlich viel Mühe geben, womit werden Sie dann belohnt? Mit Beförderung? Dürfen Sie dann runter vom Spielfeld und rein in die Loge?«

»Sie sind gut.« Fox' Tonfall klang aufrichtig bewundernd.

Clarke wusste jetzt, worauf David Galvin bei ihrem gemeinsamen Essen angespielt hatte.

Wie läuft es denn mit deinem alten Sparringspartner?

Spurt er? Befolgt er deine Anweisungen?

»Glauben Sie wirklich, ich würde Ihnen John auf dem Silbertablett servieren?«

»Ich will Rebus nicht – ich will die Leute, die er kennt oder kannte. Ich meine, vor dreißig Jahren.«

»In Summerhall?«

Fox hielt inne und musterte sie. »Dann hat er davon erzählt?« Sie schüttelte den Kopf. »Woher wissen Sie's dann?« Aber er kam innerhalb weniger Sekunden von selbst darauf. »Die Abschiedsfeier«, sagte er fast wie zu sich selbst. »Eamonn Paterson war da. Ich habe ihn mit Rebus gesehen …«

»Dann wissen Sie genauso viel über Summerhall wie ich. Aber in der Frage, warum ich Ihnen helfen sollte, sind wir immer noch nicht weiter.«

»Egal was passiert, ich werde Rebus einige Fragen stellen müssen. Und wenn es einen Schiedsrichter gäbe, könnte der die Wogen womöglich glätten.«

»Einen Schiedsrichter?«

»Um Fairness zu gewährleisten – auf beiden Seiten.«

Sie nahm einen Schluck Kaffee, dann noch einen. Fox tat dasselbe, machte es ihr genau nach.

»Soll das Einfühlsamkeit beweisen oder was?«, fragte sie schroff.

»Was?«

»Wenn Sie mich nachäffen. Soll ich glauben, ich sei diejenige am Drücker?«

Er schien einen Augenblick nachzudenken. »Als Sie die Tasse gehoben haben, ist mir eingefallen, dass ich auch eine habe, das ist alles, aber danke für den Tipp – ich werde es mir merken.«

Sie starrte ihn an, versuchte einzuschätzen, welches Spiel er spielte.

»Der Kaffee ist übrigens gut«, ergänzte er und schlürfte aus seiner Tasse. Clarke konnte nicht anders als lächeln. Während sie über die möglichen Alternativen nachdachte, beobachtete sie wieder die Fußgänger draußen.

»Dreißig Jahre sind eine lange Zeit«, sagte sie schließlich.

»Stimmt.«

»War denn was in Summerhall?«

»Möglicherweise.«

»Und John war darin verwickelt?«

»Am Rande – ich glaube, er war noch nicht lange dort. Auch noch ziemlich jung …«

»Sie wissen, dass er niemals einen seiner Kollegen ans Messer liefern würde.«

»Es sei denn, ich kann ihn überzeugen.«

»Viel Glück«, sagte Clarke.

»Das ist mein Problem, nicht Ihres. Ich möchte nur, dass Sie ihn überreden, sich mit mir an einen Tisch zu setzen.«

»Ich will erst wissen, worum es geht. Ein paar zurechtgebogene Vernehmungsprotokolle? Falschaussagen vor Gericht? Gefangene, die auf dem Weg in die Zelle gestolpert und gefallen sind?« Sie wartete auf seine Antwort.

»Ein bisschen ernster ist es schon«, erklärte er und stellte seine Tasse mit größter Sorgfalt auf der Untertasse ab. »Dann hat Rebus also nie mit Ihnen darüber gesprochen?«

»Über Summerhall?« Sie sah ihn nicken. »Kein Wort.«

»In dem Fall«, sagte Fox und senkte die Stimme, obwohl sie die einzigen Gäste in dem Café waren, »haben Sie vielleicht auch nie etwas von den ›Saints‹ gehört?«

»Nur von der Band.«

»In gewisser Weise waren sie wohl so was Ähnliches. Die ›Saints of the Shadow Bible‹ haben sie sich genannt.«

»Was soll das bedeuten?«

»Ich weiß es nicht genau – die Akten aus dem Büro der Generalstaatsanwältin scheinen nicht ganz vollständig zu sein.«

»Klingt entfernt nach Freimaurern.«

»Damit liegen Sie wahrscheinlich nicht ganz falsch.«

»Und die Kollegen in Summerhall gehörten diesen ›Saints‹ an?«

»Sie waren die einzigen Mitglieder, Siobhan. Wer in dieser Zeit als Detective dort gearbeitet hat, gehörte zu ihnen …«

4

Rebus saß im Wagen, starrte aufs Haus. Er war mit dem Saab gekommen und würde nichts trinken können, aber dafür hatte er das Auto, wenn er schnell verschwinden wollte. Der Himmel war klar, der Mond gut sichtbar. Nur ein oder zwei Grad über null, Frost glitzerte auf der Straße. Rebus packte das Lenkrad mit den Händen. Noch hatte er niemanden hineingehen sehen. Hinter beiden Fenstern im Erdgeschoss brannte Licht. Im schiefergedeckten Dach befanden sich Gaubenfenster, die Vorhänge waren zugezogen, und dahinter war es dunkel. Rebus ließ seine Scheibe runter und zündete sich eine Zigarette an. Vielleicht würde niemand kommen. Sieben Uhr, hatte man ihm gesagt, und jetzt war es nach zehn. Was, wenn er reinging und feststellte, dass er mit Dod Blantyre und Maggie alleine war? Wäre das nicht gemütlich? Er zog an der Zigarette, kniff die Augen zusammen, als der Rauch darin brannte. Ob Dod bettlägerig war? Vielleicht lag er sogar im Wohnzimmer, der Toilettenstuhl irgendwo in einer Ecke versteckt? Maggie völlig erschöpft und kraftlos von der zehrenden Krankenpflege? Ob sie fragen würde, weshalb Rebus niemals vorbeikam, nie eine Weihnachtskarte schickte, wo er doch jedes Jahr eine von ihnen bekam?

Hoffentlich bis bald. Alles Liebe, Dod und Maggie.

Der Name ihres Mannes zuerst, obwohl es ihre Handschrift war. Wollte er wirklich den Abend eingesperrt mit den beiden verbringen? Hatten sie sich überhaupt genug zu sagen, oder würden sie ausschließlich über alte Zeiten reden? Hatte Maggie Sandwiches oder was anderes zu essen gemacht, sodass er

einen Teller, eine Gabel und ein Glas in Händen balancieren musste?

»Verdammt«, nuschelte er und schnickte die Asche aus dem Fenster.

»Hey, das ist Umweltverschmutzung«, rief eine Stimme, während gleichzeitig eine Faust auf das Autodach donnerte. Rebus hätte vor Schreck beinahe die Zigarette fallen lassen. Fluchend starrte er zu dem grinsenden Eamonn Paterson hinauf.

»Willst du, dass ich einen Herzinfarkt bekomme?«, maulte Rebus scherzhaft.

»Alter Polizistentrick – von hinten anschleichen.«

Rebus ließ die Scheibe wieder hoch, zog den Schlüssel aus dem Zündschloss und öffnete die Tür.

»Sag nicht, du bist gelaufen«, meinte er und stieg aus.

»Hab den Bus genommen.« Paterson nickte Richtung Saab. »Und du spielst heute Abend den Chauffeur für uns alle?«

»Wie damals in Summerhall.«

»Das kam höchstens ein- oder zweimal vor, dass du uns alle einzeln zu Hause absetzen musstest.«

»Und die Kotze hab ich auch vom Rücksitz gewischt.«

»Ist aber doch nicht mehr derselbe Wagen, oder?«

»Nicht ganz.«

»Ich glaube, ich kann mich noch erinnern, dass sich deine Frau beschwert hat, der Gestank würde gar nicht mehr rausgehen.«

»Musste zum Schleuderpreis verkaufen«, bestätigte Rebus nickend.

»Den Wagen oder die Frau?« Paterson zwinkerte und klopfte Rebus auf die Schulter. »Bist du bereit für einen Hausbesuch bei unserem Invaliden? Oder hast du kalte Füße bekommen? Sah gerade ein bisschen danach aus.«

»Ich hatte plötzlich befürchtet, es könnte ein Alleingang werden.«

»Doch nicht mit den Saints.« Ein ermutigendes Schulterklopfen, dann ging Paterson zur Haustür voran.

Es dauerte einige Augenblicke, bis Maggie Blantyre auf das Klingeln reagierte.

In Wärme und einladendes Licht getaucht wirkte sie kaum gealtert. Ihr aschblondes Haar fiel auf ihren nackten Hals, sie hatte breite Schultern, aber eine schmale Taille, dazu trug sie jede Menge augenscheinlich teuren Schmuck und war perfekt geschminkt.

»Jungs«, sagte sie und hielt die Arme auf. »Raus aus der Kälte, kommt rein!«

Paterson bekam ein Küsschen auf beide Wangen, dann trat er ein, danach war Rebus an der Reihe. Anschließend ließ sie den Blick auf ihm ruhen und rieb den Lippenstiftabdruck, den sie hinterlassen hatte, mit den Fingern weg.

»John«, sagte sie. »Ich hatte gehofft, du würdest kommen.« Dann führte sie ihn am Arm nach drinnen, schloss die Tür vor der Außenwelt.

»Legt ab.« Sie nickte Richtung Geländer, wo bereits ein ockerfarbener Wollmantel hing, ein roter Schal lugte aus der Tasche.

»Ist Stefan da?«, kombinierte Paterson.

»Du bist der Detective«, erwiderte Maggie Blantyre gedehnt. »Sag du's mir.«

»Hab ihm immer schon gesagt, dass er im Kamelhaarmantel wie ein Gebrauchtwagenhändler aussieht.«

Paterson hing seine Daunenjacke auf. Rebus kämpfte mit seinem Mantel, bis ihm Maggie half. Ein Treppenlift am Fuße der Treppe fiel ihm ins Auge.

»Ich war nicht sicher, ob wir was zu trinken mitbringen sollten.«

»Nichts außer euch selbst«, versicherte sie ihm, berührte ihn erneut am Arm. »Mir nach.«

Sie gingen durch ein kleines Esszimmer ins Wohnzimmer. Dod Blantyre saß in einem scheinbar ganz normalen Sessel,

war angezogen, neben sich ein gedrungenes Glas mit einer orangefarbenen Flüssigkeit auf einem Beistelltisch. Stefan Gilmour erhob sich vom Sofa und nahm sein Whiskyglas von der rechten in die linke Hand.

»Hallo, Porkbelly«, sagte er. Die beiden schüttelten sich die Hände, anschließend wandte sich Gilmour an Rebus. »John – lange nicht gesehen.«

»Stefan.« Rebus musterte seinen ehemaligen Chef. Er war Anfang siebzig, wirkte aber mindestens zehn Jahre jünger. Er trug ein schwarzes T-Shirt unter dem maßgeschneiderten Sakko, dazu rostfarbene Cordhosen und braune Halbschuhe. Das ihm verbliebene Haar hatte er so gekämmt, dass so viel wie möglich von seiner Glatze bedeckt war. Dazu stechend blaue Augen und gesund glänzende Wangen.

»Übernachtest du in der Stadt?«, fragte ihn Paterson. Gilmour schüttelte den Kopf.

»Mein Fahrer bringt mich heute noch zurück.«

»Fahrer, hm?« Paterson zeigte auf Rebus. »Heute Abend hab ich auch einen.« Dann ging er zu Dod Blantyre in der Ecke und drückte ihm zur Begrüßung die Schulter.

»Verzeih, wenn ich nicht aufstehe.« Eine Seite von Blantyres Gesicht hing tiefer als die andere, und beim Sprechen lallte er leicht.

»Bleib ruhig sitzen, Dod«, sagte Paterson. Blantyre nickte und wandte sich an Rebus.

»Und hier ist der verlorene Sohn«, sagte er. »Ich dachte schon, der Alkohol hätte dich niedergestreckt, oder du wärst nach Spanien gezogen.«

»Hab nur viel gearbeitet«, erwiderte Rebus mit einem entschuldigenden Schulterzucken.

»Na, jetzt bist du ja da. Maggie, soll der Mann verdursten?«

Der Barschrank war geöffnet. Maggie schien bereits zu wissen, dass Paterson einen Highland Park wollte.

»Für dich auch, John?«, fragte sie.

»Ich nehm lieber so was.« Rebus nickte dem Glas Orangensaft neben Blantyre zu.

»Mit oder ohne drei Fingerbreit Wodka?«

»Ohne.«

»Dod weiß, dass er eigentlich nicht trinken sollte.« Sie schenkte Saft aus einem Literkarton ein.

»Die Ärzte wollen einem jeden Spaß verbieten«, beschwerte sich Blantyre. Wieder musste Rebus sich anstrengen, um seinen alten Kollegen zu verstehen.

»Setzt euch«, befahl Maggie und reichte Gläser herum. Auf dem Sofa war gerade genug Platz für die drei Besucher, Maggie ließ sich auf dem noch freien Sessel nieder. »Auf uns«, sagte sie und prostete allgemein in den Raum. Dann bemerkte sie ihren Fehler, stand erneut auf und ging zu ihrem Mann, nahm dessen Glas und half ihm, durch einen Strohhalm daraus zu trinken.

Als ihm ein Tröpfchen übers Kinn lief, wischte sie es mit einem beringten Finger weg.

»Schön, dass ihr alle gekommen seid«, sagte sie und setzte sich wieder. »Findest du nicht auch, Dod?«

»Ja«, pflichtete er ihr bei. »The Saints of the Shadow Bible …«

»Schon eine Weile her, seit ich den Namen das letzte Mal gehört habe«, sagte Stefan Gilmour lächelnd.

»Weil du dich heutzutage in anderen Kreisen bewegst«, erinnerte ihn Paterson. »Fußballer und Filmstars …«

»Nicht so viele, wie ihr glaubt.«

»Baust du immer noch das Hotel in Dubai?«

»Wir mussten gerade einen finanziellen Sandsturm abwehren«, gestand Gilmour. Rebus konnte seinen ehemaligen Chef am anderen Ende des Sofas nicht sehen, ohne sich vorzubeugen. Damals in Summerhall war Gilmour DI gewesen, Paterson und Blantyre hatten jeweils den Rang eines DS, und Rebus war Detective Constable, ebenso wie der noch jüngere Frazer Spence, der bereits vor zehn Jahren bei einem Motorradunfall in Griechenland ums Leben kam. Bei seiner Beerdigung hat-

ten sich zum letzten Mal alle vier verbliebenen Saints zusammengefunden.

»Was denkst du, John?«, fragte Maggie Blantyre und schwenkte den Weißwein in ihrem Glas.

»Ich denke, dass ich nicht mit dem Wagen hätte kommen sollen.« Demonstrativ beäugte er seinen Orangensaft.

»Lass ihn stehen – dann schaust du morgen noch mal rein und holst ihn.«

Aber er schüttelte den Kopf.

»Ich hab gehört, du arbeitest noch«, sagte Dod Blantyre.

»Eine Weile war ich im Ruhestand – hab zivile Aufgaben bei der Cold Case Unit übernommen.«

»Die damals Gregor Magrath aufgebaut hat?«

»Wurde inzwischen aufgelöst. Danach hab ich mich noch mal beim CID beworben und Glück gehabt.«

»Bisschen wie die alten Knacker, die sie immer in den Baumärkten beschäftigen«, lachte Paterson.

»John hat immer hart gearbeitet«, sagte Blantyre.

»Hat der Schlaganfall dein Gedächtnis beeinträchtigt, Dod?«, fragte Paterson schnaubend. »John war der faulste Penner weit und breit.« Er wandte sich an Rebus. »Sag selbst, John!«

»Du verwechselst John mit dem armen Frazer«, fiel Gilmour ein. »Frazer haben wir immer auf Botengänge geschickt, wenn wir was gebraucht haben.«

»Stimmt das?« Paterson runzelte die Stirn, als er sich zu erinnern versuchte.

»Gib Porkbelly keinen Whisky«, warnte Blantyre seine Frau. »Der hat sowieso keine intakten Synapsen mehr übrig.«

Es wurde ein bisschen gelacht, dann konzentrierten sich wieder alle auf ihre Getränke. Schon okay, dachte Rebus. Aber er kannte diese Männer, die Stimmung konnte schnell umschlagen …

»Hat eigentlich noch jemand eine Schattenbibel?«, fragte Gilmour in die schweigende Runde.

»Keine Ahnung, was aus meiner geworden ist«, sagte Blantyre. »Maggie meint, vielleicht ist sie in den Container gewandert, als wir die Garage ausgeräumt haben.«

Blantyre sah Gilmour an. »Ich wette, du bist froh, dass du damals den Absprung geschafft hast – hast mehr Geld gescheffelt als wir armen Schweine alle zusammen.«

»Wie viele Hotels besitzt du jetzt, Stefan?« Die Frage kam von Maggie.

»Eigentlich gehören sie mir ja nicht. Ich führe nur das Unternehmen.«

»Trotzdem, wie viele sind es?«

»Siebzehn, als ich das letzte Mal gezählt habe.«

»Du musst ganz schön Flugmeilen sammeln.«

»Bei Emirates bin ich mit den Angestellten per Du.«

Sie lächelte, schien sich für ihn zu freuen. »Und bist du noch mit dem Fotomodell zusammen?«

»Sie ist kein Model – sie war früher im Fernsehen.«

»Ist doch dasselbe – man muss halt gut aussehen.«

Gilmour nickte langsam. »Wir sind noch zusammen«, bestätigte er. »Aber nicht verheiratet.«

»Wir haben dich in der Zeitung gesehen – es ging um den Volksentscheid über die Unabhängigkeit.«

»›Stefan Gilmour sagt Nein‹«, mokierte sich Paterson. »Legst du's jetzt auf einen Ritterschlag an, oder wie?«

»Und was ist aus den Plänen geworden, Tynecastle zu kaufen? Hattest du das nicht gemeinsam mit deinem Fußballfreund vor?«, setzte Dod Blantyre hinzu.

»Das wird hier ja regelrecht zum Verhör«, tat Gilmour, als wollte er sich beschweren. »Und wir alle wissen, wie böse so was enden kann.« Er lächelte und nahm einen Schluck.

»Was ist mit dir, John?«, fragte Maggie Rebus. »Du hast dich von Rhona getrennt, oder? Nur ein Kind ...?«

»Lass den Mann in Frieden«, beschwerte sich Blantyre bei seiner Frau. Dann zu Rebus: »Sie guckt zu viele Seifenopern, John – das ist das Problem.«

»Soll ich die Pies dann schon mal in den Ofen schieben?«, fragte Maggie und stand auf. Ihr Mann nickte.

»Pies?«, fragte Paterson.

»Dod fand, das wäre ganz schön. Er meinte, in den zwei Jahren in Summerhall hättet ihr euch von nichts anderem ernährt.«

»Kam uns jedenfalls so vor.« Paterson klopfte sich nicht auf den eigenen Bauch, sondern auf den von Rebus. »Und John und Frazer mussten sie holen gehen.«

»Bin gleich wieder da.« Sie ging rüber zum Sessel ihres Mannes und küsste ihn auf die Stirn, dann verschwand sie in die Küche.

Kaum war sie weg, bat Blantyre darum, die Tür zu schließen. Stefan Gilmour tat ihm den Gefallen.

»Kommt her, alle drei«, verlangte Blantyre. Die drei Gäste näherten sich seinem Sessel. »Dann muss ich nicht so laut sprechen.«

»Was ist los, Dod?«, fragte Gilmour mit gedämpfter Stimme.

»In letzter Zeit hab ich Maggie nicht mehr erlaubt, mich zu den Weißkitteln zu begleiten. Sie weiß nicht, wie schlecht es wirklich um mich steht. Ist nicht bloß der Schlaganfall. Der Motor läuft auch sonst nicht mehr rund.«

»Das tut mir sehr leid«, sagte Paterson.

»Ein paar Monate hab ich noch – hoffe ich jedenfalls. Aber nach allem, was ich höre, werden sie vielleicht nicht so angenehm, wie ich das gerne hätte.«

Er blickte nacheinander jeden Einzelnen an. »Elinor Macari hat sich auf den Kriegspfad begeben.«

»Macari?«, fragte Gilmour.

»Die Generalstaatsanwältin«, erklärte ihm Rebus.

»Sie will den Fall Saunders noch mal aufrollen.«

»Warum das denn um Himmels willen?«

»Ganz einfach, weil sie's kann. Das Gesetz, das eine Doppelbestrafung verbietet, wurde abgeschafft, falls ihr's noch nicht mitbekommen habt.«

»Ist mir neu«, gestand Gilmour.

»Nicht direkt abgeschafft«, sah sich Rebus bemüßigt zu ergänzen. »In bestimmten Fällen kann aber ein Wiederaufnahmeverfahren beantragt werden.«

»Das mit Saunders ist dreißig Jahre her«, wandte Gilmour ein. »Die können nicht verlangen, dass wir uns erinnern …«

»Was niemanden davon abhalten wird, uns trotzdem danach zu fragen.« Paterson wandte sich an seinen Freund. »Willst du dein Gesicht in der Zeitung sehen, Stefan? Nicht in inniger Umarmung mit einem Fernsehstar, sondern neben dem Fahndungsfoto von Billy Saunders?«

»Weilt Saunders denn überhaupt noch unter den Lebenden?«, fragte Gilmour.

»Sonst würde Macari nicht Jagd auf ihn machen«, sagte Blantyre. Dann: »Meine Kehle ist trocken – könnte einer von euch …?«

Paterson nahm das Glas und schob Blantyre den Strohhalm zwischen die Lippen. Gilmour zog ein sauberes Baumwolltaschentuch aus der Tasche und tupfte ihm das Kinn.

»Also was machen wir?«, fragte er.

»Ich will euch nur warnen«, erklärte Blantyre. »In ein paar Monaten ist mir das sowieso alles egal. Ihr allerdings …«

Gilmour wandte sich an Rebus. »Du bist der Einzige von uns, der noch einen Fuß in der Tür des CID hat, John – kannst du rausbekommen, was da los ist?«

»Ich kann's versuchen«, lenkte Rebus ein.

»Ohne dass es so aussieht, als wolltest du was vertuschen«, ergänzte Paterson.

»Vertuschen?«, wiederholte Rebus, als Maggie zurückkam.

»Oh!«, sagte sie, und Angst trat in ihren Gesichtsausdruck,

als sie alle drei Gäste so dicht um ihren Mann versammelt sah. »Ist was …«

»Alles gut«, versicherte ihr Blantyre. »Ich wollte nur was trinken.«

Sie presste sich eine Hand an die Brust. »Hab einen Schrecken bekommen.« Dann machte sie eine Geste zur Küche hin. »Die Pies brauchen noch ungefähr fünfzehn Minuten – ich glaube, ich muss mal raus und eine rauchen.«

»Ich komme mit«, sagte Rebus, den Blick unverwandt auf Dod Blantyre gerichtet. »Wenn das in Ordnung ist …?«

»Wunderbar«, erklärte Blantyre nach einem kurzen Moment des Zögerns.

Rebus folgte Maggie durch die kleine Küche in den Garten hinter dem Haus. Da war eine kleine Terrasse, die Möbel warteten unter Plastikplanen versteckt auf besseres Wetter, ein kleines Stück Rasen lag dahinter. Sie zündete sich erst ihre Zigarette an, reichte Rebus anschließend ihr goldfarbenes Feuerzeug. Sie hatte die Arme verschränkt, um sich warm zu halten.

»Soll ich einen Mantel holen?«, fragte er. Aber sie schüttelte den Kopf.

»Manchmal wird's mir im Haus viel zu warm. Dod dreht das Thermostat immer viel zu hoch.«

»Kommt ihr beiden klar?«

»Was sollen wir sonst machen?« Sie schob sich eine Haarsträhne aus den Augen.

»Muss aber schwer sein.«

»Können wir das Thema wechseln?«

»Wenn du willst.«

Sie dachte einen Augenblick lang nach. »Andererseits, nein, lass uns beim Thema bleiben – warum seid ihr hier?«

»Ich weiß nicht, ob ich dir folgen kann.«

»Wann wart ihr vier zuletzt zusammen in einem Raum?«

»Bei Frazers Beerdigung.«

»Das war vor zehn Jahren – also warum jetzt?« Sie hob eine Hand. »Fang gar nicht erst an, mir was vorzumachen.« Sie trat einen Schritt näher an ihn heran. Er konnte ihr Parfüm riechen. »Weil er stirbt, oder? Er stirbt, und er glaubt, dass er mir das verheimlichen kann.« Als sie die Antwort in seinen Augen sah, wandte sie sich ab, zog fest an ihrer Zigarette und blies den Rauch durch die Nase aus, sodass ihr Gesicht hinter einer Nebelwolke verschwand.

»Maggie«, fing er an, aber sie schüttelte den Kopf. Schließlich holte sie tief Luft und fasste sich wieder.

»Bist du noch unter deiner alten Adresse zu erreichen?«, fragte sie. »An die ich jedes Jahr die Karte schicke?«

»Ja.«

»Bist du nie umgezogen? Hast du gedacht, Rhona kommt zurück?«

»Nicht unbedingt.« Er trat von einem Fuß auf den anderen.

»Wir alle lassen die Vergangenheit nur ungerne los, oder? Dod spricht immer noch von Summerhall. Manchmal denke ich, er braucht eher einen Priester als eine Frau.« Sie sah seinen Gesichtsausdruck und hob eine Hand. »Er verschont mich mit den Einzelheiten. Andere Zeiten, andere Sitten, hab ich recht?«

»Wahrscheinlich reden wir uns das ein.« Rebus betrachtete die glühende Spitze seiner Zigarette.

»Aber er macht sich Sorgen – und nicht nur wegen der nackten Tatsache, dass er stirbt? Hat es was mit den Saints zu tun?«

»Am besten fragst du ihn selbst.«

Sie lächelte. »Ich frage aber dich, John. Ich frage dich, meinen alten Freund.« Und als er nicht antwortete, beugte sie sich vor und küsste ihn auf die Lippen, küsste ihn langsam, verrieb die Spuren anschließend wieder mit dem Finger. »Er weiß es bis heute nicht«, sagte sie, und ihre Stimme war kaum mehr als ein Flüstern. »Es sei denn, du hast es ihm gesagt.«

Rebus schüttelte den Kopf und sagte nichts.

»Ihr wart Jungs, ihr alle. Jungs, die Cowboy spielten.« Sie fuhr mit einem anderen Finger über seine Wange und seinen Hals.

»Und was warst du, Maggie?«, fragte er, als er die Umrisse ihres Gesichts betrachtete.

»Ich war dieselbe, die ich heute auch bin, John, nicht mehr und nicht weniger. Du allerdings …«

»Ich bin auf jeden Fall mehr geworden.«

»Aber du wirkst auch trauriger. Ich frage mich, warum du glaubst, immer noch arbeiten zu müssen.«

»Wie war ich denn damals?«

»Du hast ständig unter Strom gestanden.«

»Glücklicherweise konnte der Schaden behoben werden.«

»Da bin ich nicht so sicher.« Sie nahm einen letzten Zug von ihrer Zigarette und schnickte sie in einen Blumentopf. »Wir gehen lieber wieder rein, bevor die anderen über uns reden. Womit ich nicht sagen will, dass sich Saints gegenseitig nicht vertrauen …«

Rebus rauchte seine Zigarette ebenfalls zu Ende und ließ sie neben ihre fallen. »Das war nur ein Name, den wir uns selbst gegeben haben«, erklärte er. »Eigentlich hat er nichts zu bedeuten.«

»Sag das mal Dod.« Sie hielt an der Tür inne, drehte den Knauf. »Was ihn betrifft, seid ihr alle einem Comicheft entsprungen.«

»Mir fallen nicht allzu viele Superhelden ein, die sich mit Pies vollstopften«, wandte Rebus ein.

»Wahrscheinlich habt ihr auch eure Unterhosen nicht über der Hose getragen«, stimmte sie zu. »Es sei denn, du willst mir was sagen …«

Paterson wohnte in einer viktorianischen Doppelhaushälfte in der Ferry Road. Die meisten seiner Nachbarn führten Bed-and-Breakfast-Pensionen und hatten aus ihren Gärten Park-

plätze gemacht. Patersons Vorgarten hob sich durch alte Bäume und eine üppig gewachsene Stechpalmenhecke von den anderen ab. Er war seit sieben Jahren Witwer, wollte sich aber scheinbar nicht verkleinern.

»Die Kinder lassen nicht locker«, vertraute er Rebus im Saab an. Er hatte genug Whisky getrunken, um schläfrig zu werden, und seine Sätze versandeten. »In einer hübschen modernen Wohnung hätte ich weniger Arbeit, aber mir gefällt's da, wo ich bin.«

»Geht mir genauso«, sagte Rebus. »Ich hab zwei freie Zimmer, die ich nie benutze.«

»Werde erstmal so alt wie wir, dann macht dir das auch nichts mehr aus. Sieh dir doch den armen Dod an – man weiß nie, was auf einen zukommt. Am besten macht man einfach weiter und lässt sich nicht …« Er kam nicht auf das richtige Wort, weshalb er stattdessen die Hände umeinander wand …

»Unterkriegen?«, schlug Rebus vor.

»Ja, vielleicht.« Paterson atmete geräuschvoll aus. »Stefan hat's wirklich zu was gebracht, oder? Ein paar Millionen auf der Bank und ständig in der ganzen Welt unterwegs.« Rebus nickte. »Und Maggie ist immer noch eine wunderbare Frau – da hat Dod wirklich Glück gehabt.«

»Allerdings.«

»Sie ist immer noch schön und …« Paterson brach ab, runzelte die Stirn. »Da gibt's ein Gedicht, das mir gerade nicht einfällt – schön und noch was und vielleicht dann noch was anderes.«

»Spann mich nicht auf die Folter.«

Paterson sah ihn an, versuchte sich zu konzentrieren. »Du bist ein kalter Fisch, John. Immer gewesen. Ich meine nicht …« Er dachte einen Augenblick nach. »Was meine ich?«

»Nicht kalt im Sinne von abweisend.«

»Nein, das nicht. Aber du zeigst niemals Gefühle – als hättest du Angst, Sympathien zu bekommen.«

»Und die will ich nicht?«

»Nein«, pflichtete ihm Paterson bei. »Wir waren damals Kämpfer. Wie alle anderen auch, die damals zur Polizei gegangen sind – keine College-Absolventen und solche Leute. Und wer nur halbwegs intelligent war, konnte es bis in den CID schaffen ...« Er hielt inne, spähte durch die Windschutzscheibe. »Wir sind da.«

»Ich weiß.«

Paterson starrte ihn an. »Woher?«

»Weil wir schon seit fünf Minuten hier bei dir vor dem Haus stehen.« Rebus hielt Paterson eine Hand hin. »War schön dich wiederzusehen, Porkbelly.«

»Bist du jetzt froh, dass du da warst?«

»Weiß nicht.«

»Und die Sache, von der Dod gesprochen hat – meinst du, du kannst ...?«

»Vielleicht. Aber ich kann nichts versprechen.«

Paterson ließ Rebus' Hand los. »Guter Mann«, sagte er, als wäre er gerade eben erst zu dieser Ansicht gelangt. Dann stieß er seine Tür auf und stieg aus.

»Geht besser, wenn du den Sicherheitsgurt löst«, erinnerte ihn Rebus. Ein oder zwei Augenblicke später war Paterson frei, schwankte über den Gartenweg zu seiner Haustür. Ein Bewegungsmelder spang an, und er winkte, ohne sich umzudrehen, ließ Rebus wissen, dass er den Rest jetzt alleine schaffen würde. Mit einem müden Grinsen legte Rebus den ersten Gang ein und überlegte, welche Strecke die einfachste nach Hause wäre.

Er brauchte zwanzig Minuten, Mick Taylor kam aus der Anlage, und alle Ampeln sprangen auf Grün, sobald er sich ihnen näherte. Das Handy in seiner Tasche brummte, aber er wartete, bis er draußen vor dem Haus geparkt hatte, dann nahm er es heraus und las die SMS. Sie stammte von Siobhan Clarke.

Können wir reden?

Rebus blieb zum Telefonieren im Wagen sitzen. Sie meldete sich sofort.

»Was ist?«, fragte er.

»Ich war schon zweimal bei dir vorm Haus – wollte das lieber persönlich machen.«

»Was willst du machen?«

»Vermitteln.«

Er war nicht sicher, ob er richtig gehört hatte. »Vermitteln?«

»Im Auftrag von Malcolm Fox. Er bittet um das Vergnügen, irgendwann morgen im Laufe des Tages mit dir zusammentreffen zu dürfen.«

»Und er hat zu viel Schiss, mich selbst darum zu bitten?«

»So was in der Richtung.«

»Und du ›vermittelst‹, weil ...«

»Weil ein freundliches Gesicht oft Wunder wirkt.« Sie hielt inne. »Aber ich weiß, dass du ihm sowieso eine Abfuhr erteilen wirst.«

»Wieso?«

»Weil er von der Abteilung für Inneres kommt, John – so wie du gepolt bist, wirst du ihm ins Gesicht spucken.«

Gepolt ... er erinnerte sich an Maggies Worte: *Du hast ständig unter Strom gestanden ...*

»Da ist was dran«, sagte er.

»Also, was soll ich ihm sagen? Aber bitte bedenke, dass ich ein zartes Pflänzchen bin.«

»Papperlapapp, DI Clarke.«

»Aber du sagst trotzdem Nein?«

»Ich sage: Oxford Bar morgen um zwölf im Hinterzimmer.«

Stille in der Leitung.

»Bist du noch dran?«, fragte er.

»Weiß nicht.«

»Morgen um zwölf«, bestätigte er.

»Einfach so?«

»Einfach so.«

»Ich werde nicht schlafen können, bevor du mir nicht verrätst wieso.« Sie hielt erneut inne. »Fast als hättest du's gewusst.«

»Ja, oder?«

»Du hast gewusst, dass er dich sprechen will?«, fuhr sie fort. »Wie kann das sein? Ich bin die Einzige, der er davon erzählt hat …«

»Magier verraten niemals ihre Tricks, Siobhan.«

»Du weißt, dass es mit Summerhall zu tun hat? Und den Saints of the Shadow Book?«

»Shadow Bible«, korrigierte Rebus sie.

»Und du hast das gewusst?«, beharrte sie.

»Eins weiß ich allerdings nicht …«

»Nämlich?«

»Bei diesem Treffen morgen, bist du dann auf meiner Seite oder auf seiner?«

»Was glaubst du wohl?«

»An deiner Stelle würde ich dort gar nicht erst auftauchen.«

»Und wer verhindert dann, dass du ihm eins überbrätst?«

»Ich werde ihm keins überbraten, Siobhan – ich will hören, was er zu sagen hat.«

»Anscheinend geht's um einen gewissen Billy Saunders.«

»Ja, natürlich«, sagte Rebus, beendete das Gespräch und stieg aus dem Wagen.

Tag drei

5

Am nächsten Tag saß Rebus um zwölf Uhr mittags mit einem Pint IPA an einem Ecktisch. Die Oxford Bar bestand aus zwei Räumen – in einem befand sich die eigentliche Bar, im anderen standen Tische und Stühle. Alte Kirchenbänke säumten die Wände des Hinterzimmers. Ein Kohlenfeuer brannte, und es roch nach Rauch, der den Gestank der Putzmittel vom Vormittag verdrängte. Ein großes Fenster zeigte auf die Young Street, trotzdem drang nur spärlich Tageslicht herein. Rebus hatte ein paarmal von seinem Bier getrunken. Außer ihm war niemand im Hinterzimmer, vorne war nur die Barfrau Kirsty, die Fernsehnachrichten leisteten ihr Gesellschaft. Als die Tür geräuschvoll aufging, erlaubte sich Rebus ein schmales Grinsen – Malcolm Fox war selbstverständlich pünktlich. Dann tauchte er höchstpersönlich auf, entdeckte Rebus und trat an dessen Tisch. Er zog einen Stuhl heran und setzte sich, machte sich nicht die Mühe herauszufinden, ob Rebus in seine ausgestreckte Hand einschlagen würde. Siobhan Clarke blieb in der Tür stehen und zeigte auf Rebus' Getränk. Er schüttelte den Kopf, sie ging zur Bar zurück und kehrte wenige Augenblicke später mit zwei Gläsern sprudelndem Mineralwasser wieder.

»Danke, dass Sie bereit waren, sich mit mir zu treffen«, sagte Malcolm Fox und stellte sein Glas umständlich auf einen Bierdeckel. Clarke zwängte sich neben Rebus auf die Kirchenbank, hielt aber zu beiden denselben Abstand und sagte nichts. »Darf ich fragen: warum hier?«

»Es gibt eine alte Edinburgher Tradition, derzufolge Ge-

schäfte in Pubs gemacht werden«, erklärte Rebus. »Außerdem wollte ich wissen, wie ernst Sie's meinen.«

Fox sah ihn an. »Inwiefern ernst?«

»Sie hätten es ja auch offiziell machen können – mich ins Präsidium bestellen –, stattdessen sitzen wir hier in meinem Revier. Das heißt, Sie meinen es verdammt ernst, man könnte fast sagen, Sie gehen bis zum Äußersten.«

Fox beschloss, die Bemerkung zu ignorieren. »Ich bin hier auf Geheiß der Generalstaatsanwältin. Sie prüft die mögliche Wiederaufnahme einiger alter Fälle.«

»Jetzt da das Gesetz abgeschafft wurde, das eine Doppelbestrafung verbietet.«

»Ganz genau.«

»Und sie hat Billy Saunders im Visier?«

»Fürs Erste.«

Rebus wandte sich an Clarke. »Wie viel hat er dir denn erzählt?«

»Vor dreißig Jahren«, erwiderte Clarke, »stand Saunders wegen Totschlags vor Gericht. Aber das Verfahren wurde eingestellt. Später saß er wegen eines anderen Vergehens und gab die Tat gegenüber einem Mitgefangenen zu. Was aber egal war, da er kein zweites Mal vor Gericht gestellt werden konnte.«

»Aber jetzt schon«, ergänzte Fox.

»Worauf wartet Elinor Macari dann noch?«, fragte Rebus.

»Das Verfahren gegen Saunders wurde aufgrund des Vorgehens des Summerhall CID eingestellt. Beweise wurden manipuliert, Vernehmungen nicht vorschriftsmäßig durchgeführt …«

»Ich meine, mich erinnern zu können, dass unser damaliger DI die Sache auf seine Kappe genommen hat.«

»Stefan Gilmour, meinen Sie? Zum Schluss hat er das, ja. Aber es gibt Stimmen, die behaupten, er habe lediglich den Deckel draufhalten wollen.«

»Worauf?«

»Billy Saunders hat als Informant für Summerhall gearbeitet. Ihr dachtet, er würde euch auf der Straße mehr nützen als hinter Gittern. Der Mann, den er getötet hatte, war ein Drecksack namens Douglas Merchant – Merchant hatte eine Affäre mit Saunders' Partnerin. Was Summerhall anging, so wart ihr froh, Merchant los zu sein. Und habt dafür gesorgt, dass sich die Anklage gegen euren Freund nicht halten ließ.«

»Das wurde nie bewiesen.«

»Soweit ich sehe, hat es auch nie jemand versucht. Stefan Gilmour hat gekündigt, die Wache wurde geschlossen, und die Bulldozer sind angerückt. Kein Summerhall mehr, keine Saints of the Shadow Bible.«

»Was ist daran so witzig?«, fragte Rebus, weil Fox ein Grinsen unterdrückte.

»Finden Sie das nicht ein bisschen übertrieben? Wer hat sich überhaupt den Namen ausgedacht?«

Rebus zuckte mit den Schultern. »Den gab es schon lange, bevor ich nach Summerhall kam.«

»Also in den siebziger oder sogar schon in den sechziger Jahren?«

Erneutes Schulterzucken. »Was versprechen Sie sich davon – mal abgesehen von ein paar Pfadfinderfleißpunkten bei der Generalstaatsanwältin?«

»Die Fallakten werden abgestaubt. Die Beweise, sofern sie noch existieren, neu untersucht. Die Hauptakteure vernommen …«

»Danach habe ich nicht gefragt.«

»Ich habe einen Auftrag bekommen, und ich erfülle ihn«, erklärte Fox.

»George Blantyre hatte einen Schlaganfall – viel Glück bei dem Versuch, ihn zum Reden zu bringen. Frazer Spence ist seit zehn Jahren tot.«

Fox nickte, ließ Rebus auf diese Weise wissen, dass ihm

das nicht neu war. »Aber Sie sind ja noch da«, verkündete er. »Ebenso wie Stefan Gilmour und Eamonn Paterson. Und einige andere, die mit dem Fall zu tun hatten.«

»Billy Saunders?«

»Fährt Taxi.« Fox hielt inne. »Sind Sie ihm zufällig mal begegnet?«

»Seit einem Vierteljahrhundert nicht.«

»So was lässt sich überprüfen«, warnte ihn Fox.

»Nur zu.« Rebus legte die Ellbogen auf den Tisch und beugte sich vor. »Aber rechnen Sie nicht damit, auf mehr als Spinnweben und Staub zu stoßen.«

»Darf ich annehmen, dass Sie Ihren ehemaligen Kollegen erzählen werden, dass ich vorhabe, sie zu kontaktieren?«

»Die werden Ihnen sagen, dass Sie Ihre Zeit verschwenden ebenso wie jede Menge Steuergelder.«

Fox ignorierte die Bemerkung. »Ich glaube, von George Blantyre habe ich eine Adresse. Stefan Gilmour wird leicht aufzufinden sein – er steht ja ständig in der Zeitung.« Dann zögerte er. »Wohnt Eamonn Paterson immer noch in der Ferry Road?«

»Soweit ich weiß.«

»Ich möchte bezweifeln, dass er seit gestern Abend umgezogen ist.« Fox hielt den Blick fest auf Rebus gerichtet. »Ich hab nur ein bisschen die Gegend erkundet«, erklärte er. »Und habe gesehen, dass Sie ihn abgesetzt haben. Schön, dass Sie nach wie vor ein so inniges Verhältnis haben.« Fox schwieg kurz. »Als der Fall Saunders aktuell wurde, gehörten Sie noch nicht lange zum Summerhall-Team.«

»Ungefähr sechs Monate, vielleicht auch sieben.«

»Der letzte Zugang unter den Jüngern der Saints?«

»Genau.«

»Vielleicht hatten Sie gar nichts damit zu tun – Gilmour und die anderen wussten vermutlich nicht, inwiefern sie Ihnen vertrauen konnten.«

»Meinen Sie?« Rebus lehnte sich zurück, die Bank knarzte.

»Sie sind gerade erst wieder in den aktiven Dienst zurückgekehrt. Eine solche Angelegenheit könnte Ihnen gefährlich werden …«

»Und Sie meinen, wenn ich Ihnen helfe, halten Sie mich aus der Sache raus.«

»Sie wissen, dass ich das nicht versprechen kann.« Aber Fox' Tonfall ließ auf das Gegenteil schließen.

»Und ich müsste nichts weiter tun, als meine ältesten Freunde verpfeifen?«

»Das habe ich nicht verlangt.«

»Sie sind ganz schön anstrengend, Fox. Ich sage Ihnen, was ich tatsächlich weiß.« Rebus schob sich von der Bank herunter und stand auf. »Vom Ende Ihrer Dienstzeit bei der Inneren trennt Sie nicht mehr viel. Das heißt, Sie müssen sich sehr bald schon zurück ins Getümmel stürzen und werden umgeben sein von Menschen wie mir – das wird ein großer Spaß, Inspector. Ich hoffe, Sie haben nichts dagegen, wenn's mal ein bisschen ruppig zugeht …«

»Soll das eine Drohung sein?«

Rebus verzichtete auf eine Antwort. Er schob seinen Arm in den Mantel. Das Bier ließ er stehen, nicht einmal zur Hälfte getrunken.

»In ein, zwei Tagen beginne ich mit den offiziellen Vernehmungen«, kündigte Fox an. »Und glauben Sie mir, die werden umfassend sein. Außerdem werden sie aufgezeichnet.« Er wandte sich um und sah Rebus verschwinden, ein paar Stufen zur Bar hinunter und zur Tür hinaus in die Welt.

Einige Augenblicke lang herrschte Schweigen, dann plusterte Fox die Wangen auf und blies geräuschvoll Luft aus.

»Ist doch ganz gut gelaufen«, meinte Siobhan Clarke.

»Insofern wir uns nicht prügelnd auf dem Boden gewälzt haben, ja, ich denke, da haben Sie recht.«

Clarke war aufgestanden. Fox fragte, ob er sie mitnehmen dürfe, aber sie schüttelte den Kopf. »Ist schneller, wenn ich zu

Fuß gehe«, erklärte sie. »Außerdem kriege ich dann den Gestank schneller aus der Nase.«

»Vom Kaminfeuer?«, fragte Fox.

»Nein, vom Testosteron«, korrigierte sie ihn.

»Auf jeden Fall danke ich Ihnen für Ihre Hilfe.«

»Ich habe nichts getan.«

»Sie haben Rebus hergebracht.«

»Er musste gar nicht überredet werden.«

Fox dachte einen Augenblick darüber nach. »Vielleicht hat Eamonn Paterson ihn vorgewarnt ...«

Clarke streckte die Hand aus, und Fox schlug ein.

»Viel Glück«, sagte sie.

»Das meinen Sie wirklich ernst, oder?«

»Bis zu einem gewissen Grad.«

Alleine im Hinterzimmer fiel Fox auf, dass sein Glas nicht exakt in der Mitte des Bierdeckels stand. Langsam und vorsichtig machte er sich daran, es zurechtzurücken.

Rebus hatte lange genug an der Kreuzung North Castle Street haltgemacht, um sich eine Zigarette anzuzünden und Eamonn Paterson zu Hause anzurufen.

»Ich bin's, John«, sagte er, als Paterson abhob.

»War ein schöner Abend gestern, nicht? Danke fürs Mitnehmen.«

»Ich hab gerade mit Malcolm Fox gesprochen.«

»Wer ist das?«

»Arbeitet für die Complaints, Macaris Kampfhund.«

»Das ging aber schnell.«

»Er hat uns alle im Visier. Denkt, wir haben am Fall Saunders gedreht, um einen guten Informanten auf der Straße zu behalten.«

»Als ob wir so was je gemacht hätten.«

»Das war's aber nicht, oder?«

»Was meinst du, John?«

»Ich meine, es war was anderes – etwas, das euch alle nervös gemacht hat. Türen wurden zugeschlagen, wenn ich vorbeigegangen bin … Gespräche brachen ab, sobald ich in die Kneipe kam.«

»Das bildest du dir ein.«

»So oder so, ihr werdet euch mit Fox auseinandersetzen müssen – der sieht vielleicht aus wie ein großer kuscheliger Teddybär, den man auf dem Jahrmarkt gewinnt, aber er hat scharfe Krallen, und er hat sie sein Leben lang gewetzt.«

»Und warum müssen wir mit ihm sprechen?«

»Weil Elinor Macari ihn mit allen notwendigen Befugnissen ausstatten wird. Er ist bereits dabei, dreißig Jahre alte Akten und Beweismittel wieder auszugraben. Wenn er auf der Matte steht, wird er perfekt vorbereitet sein.«

»Du hast es selbst gesagt, John – der Fall ist dreißig Jahre her –, vielleicht können wir uns gar nicht mehr so weit zurückerinnern.«

»Ich glaube kaum, dass das eine gute Verteidigungsstrategie sein wird, Eamonn. Nicht, wenn es in den Akten etwas zu finden gibt.« Rebus hielt inne. »Also frage ich dich jetzt: *Gibt's* da was zu finden?«

»Du warst doch selbst dabei, John. Du weißt, wie wir gearbeitet haben.«

»Ich weiß einiges darüber.« Rebus sah Siobhan Clarke aus der Young Street kommen. Sie entdeckte ihn und winkte. »Falls du mich ins Bild setzen willst, höre ich gerne zu – eventuell kann ich dir helfen.«

»John …«

»Überleg es dir«, fuhr ihn Rebus an und beendete das Gespräch. Dann an Clarke gewandt: »Hallo, na?«

»Ich wollte zum Gayfield Square. Gehst du in dieselbe Richtung?«

»Warum nicht?« Die beiden überquerten die Straße, wichen dem Verkehr aus und liefen die Hill Street entlang.

»Also, was denkst du?«, fragte sie ihn endlich.

»Du kennst mich, Siobhan. Ich denke nicht viel.«

»Und trotzdem hast du den Nagel auf den Kopf getroffen – Fox schiebt die dunkle Stunde vor sich her, in der er zum CID zurückmuss.« Sie hielt inne. »Du hast nichts dagegen, dass ich als Vermittlerin auftrete?« Er zuckte mit den Schultern. »Ich glaube, Fox hat von einer ›Schiedsrichterin‹ gesprochen.«

»Wir waren einfach nur ein Team, Männer unter sich, Siobhan, ganz typisch für den CID damals.«

»Nur dass ihr euch einen eigenen Namen gegeben habt.«

»Mir hat das nie so viel bedeutet wie den anderen. Wir hatten immer eine Kassette im Dienstwagen – The Skids mit ›The Saints Are Coming‹. War Pflicht, die aufzulegen.«

»Und wenn man nicht dran gedacht hat?«

»Hat sich jemand geärgert – meistens Gilmour.«

»Er ist heute Bauunternehmer, oder?«

»Hauptsächlich führt er Hotels. Macht Geschäfte mit einem berühmten Fußballer.«

»Und ist millionenschwer.«

»Wird behauptet.«

»Ich hab ihn auf den Plakaten der ›No‹-Kampagne gesehen … hast du noch Kontakt zu ihm?«

Rebus blieb stehen und drehte sich zu ihr um. »Ich hab ihn gestern Abend gesehen.«

»Ach?«

»Bei Dod Blantyre.«

»Das war das Treffen, von dem dein Freund Porkbelly gesprochen hat?«

Rebus nickte, sein Blick bohrte sich in ihren. »Das kannst du gerne an Fox weitergeben, wenn du willst. Seine Antennen werden garantiert drauf anspringen – ein eiligst anberaumtes Wiedersehen der Saints.«

»War es das?«

Rebus kratzte sich am Kinn. »Ich weiß es nicht«, gestand er. »Der Vorwand war ein Krankenbesuch bei Blantyre.«

»Weil er einen Schlaganfall hatte?«

»Aber er wusste über Macari Bescheid. Und die anderen wollten, dass ich rausfinde, was los ist.«

Clarke nickte. »Deshalb warst du auch bereit, mit Fox zu sprechen. Und das Telefonat eben …«

»Ich hab Paterson von dem Treffen berichtet«, bestätigte Rebus. Er war weitergegangen, Clarke holte ihn ein.

»Du treibst ein doppeltes Spiel?«, tippte sie. »Das heißt, du weißt nicht genau, was bei Billy Saunders los war.«

»Ich weiß nicht, ob es so einfach ist, wie Fox glaubt.«

»Dann sag ihm das.«

»Damit würde ich die anderen automatisch reinreiten.« Rebus schüttelte den Kopf. »Erst wenn ich sicher bin.«

»Willst du selbst Nachforschungen anstellen? Kannst du dir vorstellen, wonach das für Fox aussieht?«

»Ist mir scheißegal, wie das für deinen Freund Fox aussieht.«

Clarke packte ihn am Arm. »Du weißt, wessen Freundin ich bin.«

Rebus war erneut stehen geblieben. Er blickte an seinem Arm herunter auf ihre Hand, die diesen umklammerte. »Natürlich weiß ich das«, sagte er beinahe zärtlich. »Die von Malcolm Fox.«

Zwei oder drei Sekunden lang guckte sie stinksauer, bis Rebus breit grinste.

»Manchmal bist du wirklich so ein blöder Arsch«, sagte sie und ließ los, um die Faust zu ballen und ihm auf die Schulter zu hauen. Rebus zuckte zusammen und rieb die getroffene Stelle.

»Hast du mit Hanteln trainiert?«, fragte er.

»Öfter als du bestimmt«, blaffte sie zurück.

»Im selben Fitnesscenter wie dein Anwaltsfreund? Habt ihr noch weitere Billigdinner geplant?«

»Das ist nicht witzig.«

»Und warum lachst du dann?«, fragte Rebus im Weitergehen.

»Fox hat sich die Akten über den Fall unter den Nagel gerissen«, meinte Clarke schließlich.

»Ja, das hat er«, pflichtete ihr Rebus bei.

»Wenn du Nachforschungen anstellen willst …«

»Wird mich das nicht mehr kosten als meine Würde«, erwiderte Rebus.

»Aber eben in der Kneipe …«

»Wenn ich gleich eingeknickt wäre, hätte er Lunte gerochen.« Er schaute in ihre Richtung. »Es gibt Leute, die diesen Blick für widerwillige Bewunderung halten würden.«

»Solche Leute gibt es«, bestätigte Clarke. Wandte den Blick aber nicht ab.

In der Zentrale war man die Gesprächsprotokolle aus der Unfallnacht durchgegangen und hatte westlich der Stadt nichts weiter gefunden, außer dem Anruf der Fahrerin, die den Unfall gemeldet hatte. Rebus bat trotzdem um die Details ihres Anrufs und notierte sie sich. Er erinnerte sich, dass die Fahrerin nach ihrer Schicht im Supermarkt in Livingston auf dem Weg nach Hause gewesen war. Er rief sie auf ihrem Handy an und erwischte sie bei der Arbeit. Sie fragte, wie es Jessica Traynor ging.

»Sie erholt sich«, erklärte ihr Rebus. »Einstweilen habe ich noch ein paar Fragen an Sie, wenn das in Ordnung ist. Als Sie angehalten haben, ist Ihnen da etwas aufgefallen?«

»Nein.«

»Nichts, was darauf hinweisen würde, dass Miss Traynor zum Zeitpunkt des Aufpralls nicht alleine im Wagen saß?«

»War da noch jemand?«

»Wir versuchen uns gerade ein Bild zu machen, Mrs Muir.«

»Sie saß am Steuer.«

»Und die Tür war offen?«

»Ich denke schon.«

»Was war mit dem Kofferraum?«

»Keine Ahnung. Durch die Wucht kann er womöglich …«

»Sie wissen nicht mehr, ob er geschlossen war oder offen stand?«

»Nein.« Sie hielt inne, entschuldigte sich und fragte, ob es wichtig sei.

»Nein, eigentlich nicht«, versicherte ihr Rebus. »Und Sie haben kein anderes Fahrzeug gesehen? Keine Lichter sonst auf der Straße?«

»Nein.«

»Ich weiß, das ist viel verlangt, aber sind Ihnen in den letzten Minuten, bevor Sie den Unfallort erreicht haben, andere Autos entgegengekommen?«

»Ich habe an mein Abendessen gedacht. Und das Radio war an, wahrscheinlich hab ich mitgesungen.«

»Sie erinnern sich also nicht?«

»Nein.«

Rebus bedankte sich und legte auf. Wäre ihr ein jugendlicher Raser aus dem Nichts entgegengebrettert, hätte sie sich wahrscheinlich erinnert. Er stand auf und ging zu Christine Esson. »Was haben Sie für mich?«, fragte er.

Sie zeigte auf den Drucker. »Da Sie einer von der alten Schule sind, dachte ich, Sie wollen bestimmt einen Ausdruck.«

»Ist uns der Papyrus ausgegangen?« Er nahm die ungefähr dreißig ausgedruckten Seiten.

»Es gibt noch mehr«, meinte sie. »Aber hauptsächlich Fusionen und Firmenübernahmen – und alles Mögliche doppelt.«

»Das reicht für den Anfang«, sagte Rebus, kehrte an seinen eigenen Schreibtisch zurück und schob seinen Stuhl so zurecht, dass er die Beine ausstrecken konnte. Dann fing er an zu lesen, was das Internet über Owen Traynors Leben und

Wirken zu bieten hatte. Er war zweiundfünfzig Jahre alt, siebzehn Jahre mit Josephine Gray verheiratet, bis es zum erbitterten (und teuren) Scheidungskrieg kam. Traynor war mit Mitte zwanzig pleitegegangen, hatte sich innerhalb von zehn Jahren aber von den Schulden befreit. Er war in Croydon geboren und hatte einem Journalisten erklärt, er habe »die harte Schule des Lebens« besucht. In mehr als einem Artikel war die Rede von abrupten Stimmungsumschwüngen, sobald man auf ein Thema zu sprechen kam, das ihm nicht zusagte. Ein Journalist enthüllte sogar, Traynor habe gedroht, ihn an den Füßen aus dem Fenster baumeln zu lassen, aber so getan, als sei es ein Scherz. Der dann allerdings gar nicht mehr komisch war, als der empörte Journalist ankündigte, er werde den Vorfall nicht auf sich beruhen lassen – er wurde vor seiner eigenen Haustür überfallen und kam auf die Intensivstation. Anzeige wurde nie erstattet. Es hatte andere Gelegenheiten gegeben, bei denen Traynors Zorn aufgeflammt war, sein Temperament ging offensichtlich öfter mit ihm durch. Auf mindestens einer Rennbahn und in einem Londoner Fünf-Sterne-Hotel hatte er Hausverbot.

Offensichtlich ein aufbrausender Typ, Mr Owen Traynor.

Rebus gab die Nummer des Krankenhauses in sein Handy ein und erkundigte sich nach dem Gesundheitszustand von Jessica Traynor.

»Sie wurde entlassen«, bekam er mitgeteilt.

»So schnell?«

»Sie wird noch einige Termine beim Physiotherapeuten haben …«

»Aber sie kann schon Treppen steigen?« Rebus dachte an die steile Treppe hinauf zu ihrer Wohnung in der Great King Sreet.

»Ihr Vater hat ihr für ein paar Tage ein Hotelzimmer gebucht.«

Direkt neben seinem, vermutete Rebus. Er bedankte sich bei der Schwester, beendete das Gespräch und überflog seine

Notizen. Der Fall schien ihnen wie Sand durch die Finger zu rinnen. Er sah sich im Büro um. Page war bei einer Besprechung, hatte Clarke mitgenommen. Ronnie Ogilvie bereitete sich auf einen Gerichtstermin vor, bei dem er als Zeuge aussagen sollte. Christine Esson las Vernehmungsprotokolle. War es das, wonach er sich während seines Ruhestands gesehnt hatte? Er hatte die Flauten vergessen, die stundenlange Schreibtischarbeit, das sinnlose Rumsitzen. Er dachte an Charlie Watts – hatte der sein Leben als Rolling Stone nicht mal so ähnlich beschrieben? In fünfzig Jahren bei der Band habe er zehn Jahre lang Schlagzeug gespielt und während der restlichen vierzig darauf gewartet, dass endlich was passiert. Einsatz Peggy Lee: »Is That All There Is?«

»Scheiß drauf«, brummte Rebus und stand auf. Wahrscheinlich war gerade genug Zeit vergangen. Er klopfte seine Taschen ab, suchte nach Zigaretten, Streichhölzern, einem Telefon.

»Wollen Sie schon wieder gehen?«, stichelte Esson.

»Nur kurz raus.«

»Anstrengend, den Chef spielen zu müssen, oder?«

»Schauspielern ist meine leichteste Übung«, erklärte Rebus und ging zur Tür. »Bin gerade wieder zu einem neuen Vorsprechtermin unterwegs …«

Der kleine Parkplatz war eine Art Innenhof, eingerahmt von der grauen Polizeiwache. Rebus war fast immer der einzige Raucher hier. Er rief im Präsidium an und bat, zu Professional Standards durchgestellt zu werden – »oder wie auch immer die sich diese Woche nennen«. Die Nebenstelle klingelte ein halbes Dutzend Mal, bevor jemand ranging.

»Sergeant Kaye«, gab sich der Sprecher zu erkennen. Tony Kaye: Rebus hatte schon mal mit ihm zu tun gehabt.

»Ist Ihr Kollege da? Sagen Sie ihm, John Rebus möchte ihn sprechen.«

»Er ist in einer Konferenz.«

»Hält er sich jetzt für Lord Sugar oder was?«, regte sich Rebus auf.

»Eine Besprechung, Verzeihung, mir war nicht bewusst, dass Sie so großen Wert auf Grammatik legen.«

»Wortwahl, Sie Arschloch, nicht Grammatik.«

»Ach, denken Sie doch bei Gelegenheit daran, sich bei der Benimmschule Ihr Geld wiedergeben zu lassen, ja?«

»Sobald ich mit Ihrem Generalissimo gesprochen habe. Hat er die Besprechung zufällig mit der wohlriechenden Miss Macari?«

»Woher wissen Sie das denn?«

»Ich bin Detective. Ein *richtiger* Detective.«

»Sie vergessen, dass ich Ihre Akte kenne. Jede Menge Wörter mit sieben Buchstaben, aber ›richtig‹ wurde aus dem Wörterbuch gestrichen, an dem Tag, an dem Sie die Polizeischule verlassen haben.«

»Ich glaube, ich hab mich ein kleines bisschen in Sie verliebt, Sergeant Kaye. Ich gebe Ihnen mal meine Handynummer.« Er leierte die Nummer runter. »Sagen Sie Fox, ich denke, dass ich ihm helfen kann. Er soll mich anrufen, sobald Macari ihm die Trottelmaske vom Gesicht gezogen hat.« Er beendete das Gespräch, bevor Kaye antworten konnte. Als er auf das Display seines Handys starrte, musste er grinsen. Eigentlich mochte er Kaye, keine Ahnung, was der Mann bei den Complaints zu suchen hatte. Er öffnete die neu eingetroffene SMS.

Sie mich auch, stand da, gefolgt von drei Küsschen. Vermutlich abgeschickt von Kayes Handy. Rebus speicherte die Nummer unter seinen Kontakten und ging zwischen den Autoreihen auf und ab, rauchte friedlich zu Ende.

6

Wie sich herausstellte, hatte die Generalstaatsanwältin Fox ein eigenes kleines Büro im Gebäude des Sheriff Court in der Chambers Street zugewiesen, keine halbe Minute von ihrem eigenen Reich entfernt.

»Gemütlich«, sagte Rebus beim Eintreten. Das Gebäude selbst war relativ neu, aber er konnte sich kaum noch erinnern, wie es vorher hier ausgesehen hatte. Draußen war er an gestressten Anwälten vorbeigegangen, die in ihre Handys brabbelten, nicht weit von ihnen entfernt saßen ihre Klienten, die rauchten, sich gegenseitig wüste Geschichten erzählten und ihre Tätowierungen zeigten.

Fox saß in einem bis zur Decke holzvertäfelten Raum an einem Schreibtisch, der für seine unmittelbaren Bedürfnisse viel zu groß wirkte. Mit beiden Händen hielt er einen Stift. Rebus kam dies wie eine zu lange einstudierte Pose vor. Fox wirkte steif und wenig überzeugend, und vielleicht spürte er das auch selbst, denn er legte den Stift auf den Tisch, als Rebus ihm gegenüber Platz nahm.

»Dann können Sie mir plötzlich also doch helfen?«, fragte er. »Welch wundersame Bekehrung so kurz nach der Mittagspause.«

Rebus zuckte mit den Schultern.

»Wenn Sie schon vorhaben, von ganz weit oben auf meine Freunde zu scheißen, kann ich mich doch wenigstens vergewissern, dass Sie keinen Dünnschiss haben, das ist doch das Mindeste.«

»Eine bestechende Vorstellung.«

»Sind das die Akten?« Rebus deutete in Richtung zweier großer Pappkartons neben Fox.

»Ja. Mitte '83, um die Zeit herum, als Saunders Merchant getötet hat.«

»*Mutmaßlich* getötet hat«, korrigierte ihn Rebus. »Haben Sie die alle schon durchgesehen?« Er sah sein Gegenüber nicken. »Wäre mein Name in irgendeiner Weise ins Spiel gekommen, würden Sie mich sicher nicht hier haben wollen.«

Fox nickte erneut. »Allerdings haben Sie natürlich bis vor Kurzem für die Cold Case Unit gearbeitet. Dort hätten Sie jederzeit Zugang zu den Akten gehabt und dafür sorgen können, dass Belastendes aus Ihrer Zeit in Summerhall verschwindet.«

»Lassen Sie uns im Sinne der Sache davon ausgehen, dass ich das nicht getan habe und sauber bin.«

»In diesem einen besonderen Fall«, fühlte sich Fox genötigt hinzuzufügen.

»In diesem einen besonderen Fall«, wiederholte Rebus. »Und da bin ich wieder, werde beim CID zumindest geduldet.«

»Was Sie nicht gefährden wollen.«

»Und deshalb biete ich Ihnen meine Dienste an – so kann ich Sie im Auge behalten.«

»Wenn Sie nichts mit der Sache zu tun hatten, haben Sie von mir auch nichts zu befürchten.«

»Es sei denn, Sie versauen es und werfen mich mit allen anderen, die jemals in Summerhall gearbeitet haben, in einen Topf.«

Fox nahm erneut den Stift in die Hand – ein billiger gelber Kugelschreiber, den er aber zückte wie einen wertvollen Montblanc.

»Sie glauben mir also zu helfen, indem Sie von vornherein meine Fähigkeiten in Frage stellen?«

»Dann müssen wir uns später nicht mehr drüber streiten«, meinte Rebus.

»Und einstweilen soll ich Ihnen vertrauen? Es geht um die

ersten Beamten, mit denen Sie in Ihrer Laufbahn zu tun hatten, Männer, die Sie größtenteils während Ihres gesamten Berufslebens kannten – weshalb sollten Sie sich gegen sie wenden?«

»Deshalb bin ich nicht hier. Ich will nur sichergehen, dass Sie nicht Amok laufen.«

»Amokläufe entsprechen nicht meinem Stil.«

»Gut, denn die Saints – auch wenn sie längst im Ruhestand sind – haben noch jede Menge Munition zu verschießen.«

»*Sie* sind nicht im Ruhestand.«

Rebus nickte. »Und Sie werden mich als einen Teil ihres Arsenals betrachten.«

»Und das sind Sie nicht?«

»Das müssen Sie selbst rausfinden – wenn wir mit der Aktendurchsicht angefangen haben.« Rebus zeigte auf die Kiste. Fox starrte ihn an, blickte anschließend auf das Display seines Handys.

»Nur noch eine gute Stunde bis Feierabend.«

»Kommt drauf an, wann Sie Schluss machen«, entgegnete Rebus.

Ein weiterer prüfender Blick und dann ein langsames Nicken.

»Okay, Cowboy«, sagte Fox schleppend. »Dann wollen wir mal sehen, was Sie draufhaben.« Sie hoben die Kisten auf den Tisch und machten sich an die Arbeit.

Das Sandy Bell's war nicht die dem Sheriff Court nächstgelegene Bar, aber die von Rebus bevorzugte, und selbst Fox lenkte ein, indem er meinte: »Wahrscheinlich kennen Sie sich besser aus als ich.« Ganz hinten war noch ein kleiner Tisch, also setzten sie sich dorthin. Rebus holte eine Cola für seinen neuen Partner und ein IPA für sich selbst. Fox rieb sich die Augen und unterdrückte ein Gähnen. Er bestand darauf anzustoßen. Rebus trank zwei Finger breit von seinem Bier und schmatzte mit den Lippen.

»Trinken Sie grundsätzlich keinen Alkohol?«, fragte er. Fox schüttelte den Kopf. »Weil Sie's sich nicht erlauben können?«

Fox nickte, dann sah er ihn an. »Ich kann's nicht, und Sie sollten es nicht.«

Rebus hob sein Glas darauf und nahm einen weiteren Schluck.

»Hat Sie Ihre Frau wegen der Sauferei verlassen?«, fragte er.

»Dieselbe Frage könnte ich Ihnen stellen«, schoss Fox zurück.

»Und ich müsste zugeben, dass es so war.« Rebus dachte einen Augenblick nach. »Aber vielleicht stimmt das auch nur zum Teil. Bei unserem Job… ich konnte zu Hause keinen Dampf ablassen – ganz im Gegenteil. Also hat sich alles angestaut. Und die einzigen Leute, mit denen ich reden konnte, waren andere Polizisten. Dadurch fingen wir an, uns auseinanderzuleben…« Er atmete schwer aus, dann zuckte er mit den Schultern.

»Sie hätten sich früher vom Alkohol verabschieden können«, sagte Fox.

»So wie Sie, meinen Sie? Das erklärt, warum Sie immer noch glücklich verheiratet sind und einen so großen Freundeskreis haben?«

Fox wirkte ein kleines bisschen beleidigt, aber dann entspannten sich seine Schultern. »Touché«, sagte er.

»Wir gehen alle unterschiedlich mit dem Mist um, der uns widerfährt«, meinte Rebus.

»Was uns zu den Saints führt«, erklärte Fox. »Ein so enger Zusammenschluss von Leuten, da denkt man schnell, einzig relevant seien die Regeln, die man selbst aufstellt.«

»Ganz Ihrer Meinung.«

»Und damals waren die Parameter noch andere, nicht so streng wie heute.«

»Es gab jede Menge Spielraum«, erklärte Rebus.

»Erst recht, wenn man einen Fall nach dem anderen gelöst hat. Die Methoden wurden zu keinem Zeitpunkt von übergeordneter Stelle hinterfragt.«

Rebus dachte an Peter Meikle, an den Ausflug zu Arthur's Seat. Er zog eine Schnute und sagte nichts. Fox sah dies und bohrte weiter.

»Das ganze System hat sich geändert, nicht wahr? Früher ging es um Informationen und Kontakte. Hätten Sie jemanden wie Billy Saunders verloren, hätten Sie plötzlich nicht mehr so viele Fälle gelöst und Anerkennung von ganz oben eingeheimst. Egal, was er getan hatte, Sie mussten dafür sorgen, dass er auf freiem Fuß bleibt.«

»Ich höre immer ›Sie‹.«

Fox hob entschuldigend die Hand. »Ich meine die Saints ganz allgemein. Aber es muss doch eine Hierarchie gegeben haben, ich nehme an, Gilmour war der Chef – immerhin war er DI. War Saunders Gilmours Mann?«

»Das müssen Sie die beiden fragen.«

Fox funkelte ihn an. »Wissen Sie's wirklich nicht?«

»Mal angenommen er war's – was dann?«

Fox funkelte weiter. »Wissen Sie überhaupt etwas, das uns weiterbringt?«

»Jede Menge.«

»Wie zum Beispiel?«

»Später.« Rebus nahm erneut sein Glas.

»Und wenn ich Ihnen sage, dass ich es jetzt wissen muss.«

»Später«, wiederholte Rebus.

»Dann sollte ich Sie vielleicht einfach wieder zurück an den Gayfield Square schicken.«

»Vielleicht sollten Sie das. Aber überlegen Sie sich's gut – wenn Sie die Saints einzeln zur Vernehmung vorladen und ich neben Ihnen sitze, werden die sich zweimal überlegen, ob es Sinn hat, zu lügen oder die Wahrheit zu verzerren.«

»Es sei denn, Sie fungieren hier als deren Spitzel.«

»Das stellt natürlich ein gewisses Risiko dar«, pflichtete ihm Rebus mit einem Schulterzucken bei. »Aber bei dem Job, den Sie machen, glauben Sie wahrscheinlich, dass Sie gut darin

sind, Leute zu durchschauen.« Er sah Fox direkt in die Augen und hielt dessen Blick stand. »Fragen Sie sich, ob Sie mir vertrauen können.«

»Mal sehen«, sagte Fox schließlich. »Wir wollen einfach abwarten.«

»Aber ab morgen laden wir sie vor, ja?«

»Die Vernehmungen beginnen, wenn *ich* dazu bereit bin«, stellte Fox klar.

»Na schön«, sagte Rebus. Dann mit einer Handbewegung auf sein leeres Glas: »Ihre Runde übrigens.«

Aber Fox schüttelte den Kopf. »Ich hab ein Zuhause«, erklärte er. »Wir treffen uns morgen um zehn im Sheriff Court.«

»Das müssen Sie mit meinem Chef abklären.«

»James Page?«, vergewisserte sich Fox. »Ich bin ziemlich sicher, dass er auf Sie verzichten kann, Detective Sergeant Rebus …«

»Wie lange bist du schon hier?«

»Nicht lange. Ich war in der Gegend.« Clarke stand bei Rebus unten vorm Haus. »Hab dir gerade eine SMS geschickt.« Sie zeigte ihm ihr Handy.

»Du wohnst doch meilenweit entfernt«, sagte er.

»War noch was trinken.«

»Mit deinem Anwalt?«

»In Morningside.«

»The Canny Man?«

Sie schüttelte den Kopf. »Im Montpelier's.« Rebus verzog das Gesicht: nicht sein Laden. »Wohin bist du verschwunden?«, fragte sie. »Ich kam von der Besprechung zurück, und Christine meinte, du hättest dich verdrückt.«

»Hatte auch eine Art Besprechung.«

Sie überlegte einen Augenblick. »Mit Fox?« Rebus nickte.

»Und das kam ihm nicht verdächtig vor?«

»Warum sollte es?« Rebus hatte seinen Schlüssel aus der Tasche gekramt und schloss die Tür auf. »Kommst du mit rein?«

»Wenn das in Ordnung ist?«

»Solange du keine Weißweinschorle verlangst …« Er führte sie zwei Stockwerke über die Treppe rauf zu seiner Wohnungstür. Er schloss auf, hob die Post auf, dann machte er Licht im Flur. Sie folgte ihm ins Wohnzimmer. Der Aschenbecher neben seinem Sessel quoll über. Zwei Bierflaschen standen daneben, außerdem ein leeres Whiskyglas.

»Tee?«, fragte er.

»Ja, gerne.«

Als er in der Küche war, schob sie einige seiner LPs in die Hüllen. Sie wollte gerade die Bierflaschen aufheben, als er wiederauftauchte.

»Ich mach das schon«, sagte er.

»Ich leere nur den Aschenbecher.«

Sie kippte den Inhalt in den Abfalleimer in der Küche, während er die Flaschen auf die Arbeitsfläche neben die Spüle stellte. Er reichte ihr einen Becher.

»Du hast Glück«, sagte er. »Die Milch ist erst einen Tag über das Verfallsdatum.«

»Her damit.«

Sie gingen zurück ins Wohnzimmer. »Ist das jetzt so okay für dich?«, fragte er. »Oder verlangt dein krankhafter Ordnungswahn die Ergreifung weiterer Maßnahmen?«

Sie sagte nichts, setzte sich aufs Sofa und widerstand dem Impuls, die Zeitungen neben sich ordentlich auf einen Stapel zu schichten. Rebus legte eine Platte auf, drehte die Lautstärke runter. Miles Davis, dachte sie – aus der Zeit, bevor er komisch draufkam.

Rebus wollte gerade eine Zigarette aus der Schachtel ziehen, als ihm wieder einfiel, dass sie das nicht mochte.

»Dann hast du dich also selbst zu Fox versetzt?«, fragte sie schließlich.

»Sozusagen.«

»Und hast Zugang zur Saunders-Akte?« Sie sah ihn nicken.

»Und zu anderen Fällen im Zusammenhang mit Summerhall?« Schulterzucken diesmal. »Bist du schon mal auf die Idee gekommen, dass Fox sein eigenes Spiel spielt?«

»Was für ein Spiel?«

»Er wird sich fragen, ob du was vertuschen willst, ob plötzlich irgendwelche Berichte spurlos verschwinden …«

»Schon möglich.«

»Du glaubst, du hast ihn überzeugen können, dass du auf seiner Seite bist?«

»Nicht ganz – ich kann verstehen, dass er noch misstrauisch ist.«

Sie beugte sich auf dem Sofa vor. »Und ist da was? Gibt es was, das dich belastet?«

Rebus dachte darüber nach. »Wenn er gründlich genug sucht, könnte er die ein oder andere Leiche im Keller finden. Allerdings haben die meisten Nebendarsteller die Bühne längst verlassen – sind aus dem Dienst geschieden oder unter der Erde. Das heißt, er könnte zwar unter Umständen was finden, aber Beweise zusammenzutragen, die vor Gericht standhalten, wäre eine Heidenarbeit.«

Clarke starrte ihn an. »Wie unsauber war Summerhall?«

Er betrachtete seinen Tee. »Unsauber genug. Hast du mal *Life on Mars* im Fernsehen gesehen? Kam mir wie ein Dokumentarfilm vor …«

»Geständnisse wurden aus den Verdächtigen herausgeprügelt? Beweise untergeschoben? Hauptsache, die Bösen wurden verknackt?«

»Hast du dir schon mal überlegt, ob du meine Biografie schreiben willst?«

»Das ist nicht witzig, John. Erzähl mir, was mit Billy Saunders war.«

Rebus blies auf seinen Tee, nahm einen Schluck, dann zuckte er mit den Schultern. »Wahrscheinlich ist es so gelaufen, wie alle glauben.«

»Der Fall wurde manipuliert, damit er nicht ins Gefängnis kam und euch weiterhin nützlich bleiben konnte?«

Rebus nickte.

»Und das alles muss jetzt vertuscht werden, damit die Generalstaatsanwältin kein zweites Verfahren eröffnet«, stellte Clarke fest. »Wobei es auch noch ein anderes mögliches Szenario gibt.«

»Ich weiß«, sagte Rebus. »Saunders schlägt einen Deal für sich raus. Er schwärzt Summerhall an, bekommt dafür Strafmilderung.«

»Was Stefan Gilmour nicht gut bekommen würde.«

»Da könnte man gleich einer Kuh ein Maschinengewehr geben – die Kugeln würden kreuz und quer durch die Gegend fliegen.«

»Und du würdest von einem Querschläger getroffen.«

Wieder zuckte Rebus mit den Schultern. »Ich war nicht dabei, aber irgendwie eben doch – verstehst du, was ich meine?«

»Du warst Teil des Teams, hast aber nicht immer alles mitbekommen.«

Rebus erhob sich langsam, ging rüber zur Stereoanlage und starrte die Platte an, die sich auf dem Teller drehte, der Arm bewegte sich beinahe unmerklich ins Zentrum der Scheibe. »Das ist dreißig Jahre her, Siobhan. Alles war …« Er drehte sich zu ihr um. »Ist es fair, das alles hervorzukramen?«

Sie sah ihn an. »Da ist noch was, oder? Ich meine, okay, der Mann war Informant, aber er hat jemanden totgeschlagen. Selbst damals hättet ihr ihn wohl instinktiv fallen lassen. Bei einem geringeren Vergehen … vielleicht hättet ihr um Nachsicht gebeten … aber Mord?«

Er kehrte zu seinem Sessel zurück, ließ sich hineinsacken.

»Du weißt, dass ich recht habe, oder?«, fragte sie leise. »Und ich glaube, du hast es auch damals schon gewusst. Saunders musste etwas gegen Stefan Gilmour in der Hand haben. Als du neulich Gilmour begegnet bist, wie ging's ihm da? Als Blantyre

erzählt hat, dass der Fall wieder aufgerollt wird, wie hat er da reagiert?«

»Normal, er hat ganz normal reagiert.«

»Vielleicht kann er einfach nur gut schauspielern. Hast du im Fernsehen gesehen, wie er sich dafür stark gemacht hat, dass Schottland Teil des Vereinigten Königreichs bleibt?«

»Ich möchte bezweifeln, dass das gespielt war.«

»Aber er verkörpert eine Rolle.«

»Wegen Saunders ist er aus dem Dienst geschieden.«

»Ich weiß.«

»Er hat sich richtig verhalten.«

»Hat er noch Kontakt zu Saunders?«

»Warum sollte er?«

»Wenn Saunders ihn aus irgendeinem Grund in der Hand hatte …« Sie wartete, bis sich der Gedanke gesetzt hatte. »Und Saunders weiß, dass Macari es auf ihn abgesehen hat …«

»Will er vielleicht mit Stefan sprechen.«

»Gilmour kennt mindestens ein paar gewiefte Anwälte.«

Rebus nickte langsam.

»Wenn Saunders Stefan Gilmour in der Hand hat, hast du eine Ahnung, womit?«

»Nein.«

»Und wenn du tief genug gräbst und auf die Wahrheit stößt, gehst du dann damit zu Malcolm Fox, oder arrangierst du ein weiteres Treffen der Saints?«

»Darüber müsste ich nachdenken.«

»Und du glaubst, du kriegst das alles hin, ohne dass Fox Lunte riecht?«

»Ist mir eigentlich scheißegal, ob er Lunte riecht.«

»Wirklich?«

Rebus nickte. »Aber ich weiß, was Miles Davis sagen würde.«

Clarke verengte die Augen. »Was würde er denn sagen?«

»Er würde sagen: *So what.*«

Tag vier

7

»Wir können Saunders nicht vernehmen«, erklärte Malcolm Fox.

Er war in seinem Büro am Sheriff Court, entfernte den Deckel von dem Pappbecher, den Rebus ihm mitgebracht hatte. Rebus war als Erster eingetroffen, hatte sich durchs Gedränge geschoben, vorbei an den Justizbeamten und ihren Klienten – beide Gruppen ließen sich unschwer auseinanderhalten –, dann hatte er vor Fox' verschlossener Tür gestanden. Als Fox schließlich erschien, war Rebus gerade noch einmal in ein Café auf der George IV Bridge gegangen, hatte Tee geholt und Fox einen mitgebracht. Er hatte um einen Schlüssel gebeten, aber Fox hatte den Kopf geschüttelt, und Rebus hatte entschieden, ihn zum gegenwärtigen Zeitpunkt nicht weiter zu drängen. Dann hatte er Saunders Namen ins Spiel gebracht.

»Warum nicht?«, fragte er jetzt, probierte den Tee und fand ihn nicht besonders.

»Weil die Generalstaatsanwältin das von vornherein ausgeschlossen hat. Ich beschäftige mich mit Summerhall und ausschließlich mit Summerhall.«

»Aber Saunders gehört doch dazu.«

»Elinor Macaris Team wird Mr Saunders vernehmen.«

»Aber Sie wissen, dass *Ihre* Aufgabe dadurch erschwert wird«, beharrte Rebus.

»Trotzdem wünscht der Solicitor General es so.«

»Und Sie finden sich einfach damit ab?« Rebus klang amüsiert.

»Ich bin nicht wie Sie. Wenn mich ein Vorgesetzter mit einer

Aufgabe betraut, dann hinterfrage ich diese nicht.« Fox schlürfte seinen Tee, ließ ihn sich schmecken.

»Ich denke trotzdem, dass es uns helfen würde, den Saints die richtigen Fragen zu stellen, wenn wir uns zuerst Saunders' Version der Geschichte anhören dürften.«

»Dem widerspreche ich nicht. Wenn Saunders von Macaris Leuten vernommen wurde, lesen wir die Protokolle.«

»Also warten wir erst mal ab, bevor wir die anderen vorladen?«

»Ich glaube kaum, dass wir George Blantyre ›vorladen‹ können.«

»Dann befragen wir ihn zu Hause?«

Fox fixierte ihn mit einem Blick. »Sind Sie sicher, dass Sie dazu bereit sind?«

Rebus nickte.

»Und dann dürfen wir natürlich Ihre eigene Vernehmung nicht vergessen.«

»Natürlich nicht.«

»Tatsächlich wär's vielleicht sogar ganz gut, wenn wir das als Erstes hinter uns brächten …« Fox nahm seine Aktentasche vom Tisch und öffnete sie, zog einen linierten DIN-A4-Block heraus.

»Sollten wir nicht erst mal die Akten durchsehen?«, erkundigte sich Rebus und nickte in deren Richtung.

»Ich hab alles schon mehrfach durchgesehen.« Fox schlug den Block auf und blätterte ihn durch. Dutzende Seiten waren in seiner kleinen sauberen Handschrift beschrieben. Rebus sah sehr viele Fragezeichen und jede Menge Unterstrichenes. Er fragte sich, ob Fox ihn überlistet hatte, an Land gezogen wie einen gefräßigen Fisch. Fox starrte ihn an, lächelte fast unmerklich.

»Es könnte mir helfen, Sie einzuschätzen«, erklärte er. »Damit ich weiß, inwiefern Sie mir nützen können.«

»Kein Aufnahmegerät? Kein Videomitschnitt?«

»Nichts Offizielles«, sagte Fox mit demselben unmerklichen Lächeln. »Also...« Er blickte auf den Block vor sich, während er die Kappe von seinem Kugelschreiber zog. »Sie waren Detective Constable, als Sie nach Summerhall kamen? Im Oktober 1982?«

»November«, korrigierte ihn Rebus.

»Natürlich.«

Rebus sah, wie Fox ein kleines Häkchen an den Rand einer Seite machte.

Das wusstest du schon. Du wolltest mich nur testen, herausfinden, wann ich lüge...

»Und kannten Sie vor Ihrer Versetzung dorthin bereits einen der anderen CID-Beamten?«

»Einem oder zwei war ich schon mal begegnet.«

»Nämlich?«

»Blantyre und Paterson.«

»Die beide zu dem Zeitpunkt Detective Sergeant waren?«

»Ja.«

»Woher kannten Sie sie?«

»Wahrscheinlich vom Gericht – dem *alten* Sheriff Court. Wir saßen dort rum und warteten darauf, als Zeugen aufgerufen zu werden.«

»Und dann gab's ja auch noch den Police Club?«

»Da war ich nie. Wurde zu viel über die Arbeit geredet.«

»Sie waren außerdem Stammgast in der Oxford Bar. Damals sind viele Polizisten dort trinken gegangen – auch die Kollegen aus Summerhall?«

»Nicht dass ich mich erinnern könnte.«

»Das CID-Team war schon ziemlich eingespielt, als Sie dazustießen.«

»Ja? War das so?«

Fox ließ die Gegenfrage lächelnd zu. Demonstrativ sah er in seinen Aufzeichnungen nach. »DI Gilmour war bereits seit zwei Jahren dort, ebenso wie DS Blantyre. Als Sie dazukamen,

hatten DS Paterson und DC Spence jeweils acht Monate hinter sich.« Fox blickte auf. »Wurden Sie gleich in deren Reihen aufgenommen? Oder begegnete man Ihnen zunächst mit einer gewissen Skepsis?«

»Ich wurde ganz normal behandelt.«

»Und wie lange hat es gedauert, bis man Sie aufgenommen hat?«

»Sie meinen, bei den Saints?« Jetzt war es an Rebus zu lächeln. »Bei Ihnen klingt das nach einer großen Sache.«

»Wollen Sie damit sagen, dass es keine war?«

»Das war nur ein Name. Andere CID-Einheiten hatten auch welche – die von der F Division nannten sich die Cowboys, die von der C Division hießen ›The Marooned‹.«

»Allesamt deutlich schlichtere Titel als ›Saints of the Shadow Bible‹ – Sie müssen zugeben, dass das ziemlich geschwollen klingt.« Fox hielt inne. »Um nicht zu sagen protzig.«

»Waren Sie zu Schulzeiten nie Mitglied einer Bande? Vielleicht wurden Sie ja gemieden, ausgeschlossen, durften nur zugucken?«

»Ich hatte gefragt, wie lange Sie zum Team gehörten, bis man Ihnen gegenüber die Saints erwähnt hat.«

»Ein oder zwei Wochen.«

»Und gab es ein Initiationsritual?«

»Was haben Sie denn gehört?«

»Alles Mögliche von sechs große Bier kippen bis Kindermord.«

»Altweibergeschichten«, behauptete Rebus.

»Aber die Saints hatten einen bestimmten Ruf – es gab nicht viele, die dort eine Nacht in der Zelle verbringen oder verhört werden wollten.« Fox hielt inne, blätterte die Seiten seines Blocks um. »Stimmt das mit dem Vernehmungsraum B?«

»Was ist damit?«

»Braune und rote Schmierstreifen an den Wänden und auf dem Boden? Es soll nach abgestandenem Urin gestunken haben? Wörter wie ›Help‹ waren in den Tisch gekratzt?«

Rebus musste bei der Erinnerung daran grinsen. »Die Schmierstreifen kamen aus der Frittenbude – Brown Sauce und Ketchup. Und die Worte haben wir selbst in die Tischplatte geritzt.«

»Damit die Verdächtigen während ihrer Wartezeit was zu lesen haben?«

»Das hat sie nervös gemacht.«

»Und der Urin?«

»Ich hab vergessen, wer dahintersteckte. Wir wollten es niemandem gemütlich machen – das galt auch für den Stuhl. Jemand hat an einem Bein einen Zentimeter abgesägt. Entspannen konnte man sich darauf jedenfalls nicht ...« Rebus sah Fox an. »Nicht dass ich so was heutzutage gutheißen würde.«

»Na ja«, sagte Fox und machte sich eine Notiz, »ich kann nachvollziehen, was Ihnen daran gefiel.« Er hielt inne. »Wie waren damals die Beziehungen zur Abteilung für Inneres?«

»Zu den Complaints? Alles andere als gespannt. Solange man Ergebnisse brachte, haben die ein Auge zugedrückt. Sie dürfen nicht vergessen, dass wir euch damals noch für Abschaum gehalten haben.«

»Ich weiß Ihre Offenheit zu schätzen.«

»Gern geschehen.« Rebus' Handy brummte. Er sah aufs Display. Es war Siobhan Clarke. »Was dagegen, wenn ich rangehe?«, fragte er. Fox wirkte nicht begeistert, aber Rebus wartete seine Antwort ohnehin nicht ab.

»Was kann ich für dich tun?«, fragte er.

»McCuskey liegt im Sterben«, erklärte Clarke.

Rebus' Blick verengte sich. »Was?«

»Sieht nach einem schiefgegangenen Einbruch aus.«

»O Gott.«

»Er wurde ins Krankenhaus gebracht.«

»Eine gewisse Ironie hat das ja.«

»Wie meinst du das?«

»Jetzt ist er da, wo seine Freundin war.«

»Ich rede nicht vom Sohn – der Vater. *Pat* McCuskey. Unser lieber Justizminister.«

»Dann ist das also Zufall?«

»Das ist noch die Frage. Er wurde irgendwann heute früh in seinem Haus überfallen.«

»Und?«

»Das Haus befindet sich von der Stadt aus betrachtet auf der anderen Seite des Flughafens.«

»Nicht weit von der Unfallstelle?«

»Gar nicht weit«, bestätigte Clarke.

»Bist du schon dorthin unterwegs?« Rebus machte Zeichen, dass er Fox' Stift borgen wollte. Während Clarke die Adresse durchgab, notierte er sie seitlich auf seinen Pappbecher. Dann beendete er das Gespräch und gab den Stift zurück.

»Unser Justizminister wurde bei sich zu Hause überfallen«, erklärte er.

»Oh?«

»Ich muss los.«

Fox starrte ihn an. »Warum?«

»Wegen eines Falls, an dem ich mit DI Clarke arbeite.« Rebus unterbrach sich. »Das ist kein Trick – Sie können sie gerne zurückrufen, wenn Sie mir nicht glauben.«

»Ich glaube, nicht mal *Sie* würden so tief sinken.«

»Na, wenn das kein Vertrauensbeweis ist.« Rebus stand auf und nahm den Becher mit der Adresse.

Draußen kippte er den kalten Tee in den ersten Gulli, den er sah.

Das Haus war ein ausgebautes, zweistöckiges edwardianisches Gebäude am Ende einer Kiesauffahrt und ohne direkte Nachbarn. Allem Anschein nach handelte es sich um ein weitläufiges Grundstück, zu dem auch noch eine Koppel und ein paar Ställe gehörten. Die Straße draußen, die schon schmal genug

war, wurde jetzt von den Fahrzeugen der Journalisten und Neugierigen gesäumt. Kameras wurden geschleppt, Texte geprüft, Beiträge vorbereitet. Ein uniformierter Beamter stand an dem schmiedeeisernen Tor Wache und nahm Rebus' Dienstausweis genau unter die Lupe, bevor er ihn einließ. Ein tiefes Dröhnen ließ darauf schließen, dass ein Flugzeug vom Flughafen startete. Rebus sah den Passagierjet aufsteigen, kaum eine halbe Meile entfernt, dann wandte er sich wieder dem Haus zu. Der Kies reichte fast bis direkt an die Haustür, was bedeutete, dass heranrollende Fahrzeuge gehört werden mussten. Dasselbe galt für Eindringlinge zu Fuß. Aber er hatte natürlich keine Vorstellung davon, wie es hinten aussah – und Einbrecher kamen selten durch die Vordertür.

Ein Transporter der Spurensicherung parkte neben vier anderen Wagen. Rebus vermutete, dass der eher neue Landrover hierhergehörte, während die anderen von Besuchern stammten. Er fuhr mit einem Finger seitlich über Clarkes Astra, während er daran vorbei zur sperrangelweit geöffneten Haustür ging. Die holzgetäfelte Eingangshalle erinnerte ihn an den Sheriff Court und was man dort innenarchitektonisch versucht hatte, allerdings war sie im Gegensatz zu diesem wirklich antik. Die Ritterrüstung am Fuß der gewundenen Treppe sollte wahrscheinlich beweisen, dass der Besitzer Sinn für Humor besaß. Eine Vase war von einem kleinen Tischchen gefallen und lag nun in Scherben auf dem Parkett. Gedämpfte Stimmen drangen aus dem Wohnzimmer, und Rebus folgte ihnen, bis man ihm befahl, stehen zu bleiben. Eine junge Frau im weißen Overall reichte ihm zwei Überschuhe mit Gummizug und ermahnte ihn, bloß nichts anzufassen. Clarke trat neben ihn. Auch sie trug einen Overall und Überschuhe aus Papier und guckte ernst. Ein Video wurde gedreht, Fotos wurden gemacht, alle möglichen Flächen auf der Suche nach Fingerabdrücken abgepudert.

»Hier auf dem Boden wurde er gefunden«, erklärte sie.

»Seine Privatsekretärin hat sich Sorgen gemacht, weil sie ihn heute Morgen nicht wachbekommen hat. Um acht Uhr dreißig hätte er die erste Sitzung gehabt. Sein Fahrer kam, aber die Tür war abgeschlossen, und von drinnen kam kein Lebenszeichen.« Sie sah seinen Gesichtsausdruck. »Die Täter sind hinten rein – die Scheibe einer Verandatür wurde eingeschlagen. Vielleicht hielten sie das Haus für leer …«

Rebus sah sich im Zimmer um. Ein teurer Flachbildfernseher war offensichtlich unangetastet geblieben. Auf dem Boden lagen Papiere verstreut. Ein persischer Läufer war verdreht und zusammengeschoben.

»Was wurde mitgenommen?«, fragte er.

»Der Laptop, vermuten wir, außerdem beide Handys. Im Schlafzimmer wurden Schubladen aufgezogen – möglicherweise fehlt Schmuck.«

»Und seine Frau?«

»Kommt aus Glasgow her. Sie ist gestern Nacht dort geblieben, um Klienten zum Essen auszuführen und heute Morgen erneut zu treffen.«

»Klienten?«

»Sie ist Anwältin – gebürtige Amerikanerin.« Clarke zeigte auf das gerahmte Bild eines Paars. Es war umgeworfen worden und lag jetzt auf dem Stutzflügel. Hochzeitstag: Sie trug ein tief ausgeschnittenes, cremefarbenes Kleid, ihr strahlender Partner traditionelle Highland-Tracht.

»Weiß der Sohn schon Bescheid?«

»Hab ihm auf die Mailbox gesprochen und um Rückruf gebeten.«

»Vielleicht ruft er nicht an, weil er denkt, dass es um den Unfall geht.«

»Ich hab extra dazu gesagt, dass es was anderes ist.«

Rebus sah ein weiteres Foto. Es zeigte McCuskeys Frau auf einem Pferd. Sie war leger gekleidet – in Jeans und einem karierten Hemd, dazu keinerlei Hut oder Mütze.

»Was haben die Sanitäter gesagt?«

»Entweder hat er einen Schlag abbekommen oder sich irgendwo den Kopf aufgeschlagen, als sie ihn packen wollten. Am Hinterkopf hat er eine Beule so groß wie ein Straußenei, und die Ärzte machen sich Sorgen wegen innerer Blutungen.«

»Also ist es wirklich ernst?«

Clarke nickte langsam.

»Wenn sie zu Fuß gekommen sind, würde das erklären, weshalb sie nicht viel mitgenommen haben. Andererseits …«

»Wir befinden uns eine weite Wanderung von jeglicher Zivilisation entfernt.«

»Also hat wahrscheinlich doch ein Wagen gewartet.«

»Streifenbeamte suchen bereits den gesamten Umkreis ab.«

»Wann sprichst du mit der Presse?«

»Ich mach das nicht – Page ist schon unterwegs.«

»Hält er vorher noch schnell beim Friseur und beim Herrenausstatter?« Sie musste unwillkürlich grinsen. »Politiker werden einen Zwischenbericht verlangen«, warnte Rebus sie. »Er ist einer von ihnen, vergiss das nicht.«

»Ich hatte schon das Büro des Ministerpräsidenten am Telefon. Er will ihn im Krankenhaus besuchen, außerdem schicken sie jemanden vorbei, der sich persönlich davon überzeugt, dass wir gründlich vorgehen.«

»Ist auf dem Laptop etwas, das nicht publik werden darf?«

»Deshalb wollen sie noch mal zurückrufen.«

»Immerhin ist er der Justizminister.«

»Und der Kopf der ›Yes‹-Kampagne.«

»Ich glaube kaum, dass wir die Tat den Unionisten in die Schuhe schieben können, Siobhan.«

»Was aber nicht bedeutet, dass sich kein politisches Kapital daraus schlagen lässt – so wie Page sich das vorgestellt hat, als ihm klar wurde, wer Forbes ist.«

»Ich würde sagen, das kann er jetzt vergessen. Aber wir wol-

len uns auf den eigentlichen Vorfall konzentrieren – wieso glauben wir, dass es heute früh passiert ist und nicht schon gestern Nacht?«

»Mr McCuskey hat um halb zwölf noch mit seiner Frau gesprochen, da lag er bereits im Bett. Als er heute Morgen gefunden wurde, trug er Anzughose und Hemd, aber kein Jackett und keine Krawatte. In der Küche stand ein Pott Kaffee, und eine halbe Banane lag auf der Arbeitsfläche.«

Rebus nickte. »Und welche Tür wurde aufgebrochen?«, fragte er. Clarke ging mit ihm in die Eingangshalle, dann links weiter. Da waren zwei Türen, eine führte in eine moderne Küche, die andere in ein vornehmes Esszimmer mit bodentiefen Glastüren zur geräumigen Veranda hin. Auf dem Teppich lagen Scherben, was zu der These passte, dass die Scheibe von außen eingeschlagen wurde.

»Wenn McCuskey was gehört hat«, sagte Rebus, »wäre er dann nicht nachsehen gegangen?«

»Kann sein.«

»Aber er wurde im Wohnzimmer gefunden? Hatte er vielleicht den Fernseher eingeschaltet? Sich die Schlagzeilen des Tages angesehen? Ein Kaffee und eine Banane, und plötzlich kommt jemand reinspaziert.«

»Leuchtet mir ein.«

»Aber der Fernseher war aus? Wer war zuerst am Tatort?«

»Die Privatsekretärin – sie hat einen Schlüssel.«

»Sollten wir sie vielleicht nach dem Fernseher fragen?«

Clarke nickte zum Zeichen, dass sie die Frage auf ihre Liste setzen würde.

»Schwer zu sagen, was fehlt, solange die Ehefrau noch nicht da ist«, überlegte Rebus. Sie sahen sich an, als ein weiteres Fahrzeug knirschend vor dem Haus hielt. »Besser als jeder Wachhund«, meinte Rebus.

Doch als sie den Neuankömmling begrüßen wollten, sahen sie, dass es DCI James Page war. »Was macht *der* denn hier?«,

fragte Page Clarke und stocherte mit einem Finger in Rebus' Richtung.

»Das wollte ich Sie gerade fragen, Sir«, gab Rebus zurück.

»Ab durch die Mitte«, befahl Page. »Hier gibt es für Sie nichts zu tun.«

»Aye aye, Captain.« Rebus salutierte scherzhaft und zwinkerte Clarke verstohlen zu. Page stapfte an ihm vorbei ins Haus, gefolgt von Clarke. Rebus musste sich eingestehen, dass er sich in dem Mann getäuscht hatte. Kein neuer Anzug und kein frischer Haarschnitt.

Nur die Schuhe waren auf Hochglanz poliert, und er zog eine Rasierschaumduftwolke hinter sich her.

Auf sich gestellt wusste Rebus, dass er zwei Möglichkeiten hatte. Entweder ließ er sich weiter von Fox in die Mangel nehmen oder, und das tat er jetzt, er zog seine Überschuhe aus, steckte sie ein und machte einen Spaziergang über das Gelände.

Hinter dem Haus gab es nicht viel zu sehen. Clarke zeigte Page die zerbrochene Glasscheibe. Rebus überquerte den Rasen dort, wo eine Reihe altehrwürdiger Bäume das Haus vor der Landstraße verbarg. Hinter den Bäumen befand sich ein niedriges Steinmäuerchen mit schwarz lackiertem Eisengitter. Rebus spähte zwischen den Stäben hindurch. Würde ein Wagen hier seitlich ranfahren, würde er zum Hindernis werden – jeder, der mit seinem eigenen Wagen daran vorbeizukommen versuchte, würde sich daran erinnern. Drei uniformierte Beamte suchten das lange Gras ab.

»Was gefunden?«, fragte Rebus.

»Bis jetzt nicht.«

Rebus setzte seinen Rundgang fort. Hatte man erst einmal den Zaun überwunden und war hinter der Baumreihe hervorgetreten, musste man achtzig Meter bestens überschaubaren Rasen überqueren. Okay, frühmorgens wäre es noch dunkel gewesen, aber an strategisch ausgewählten Punkten

waren Bewegungsmelder angebracht. Rebus vergewisserte sich, und alle schienen zu funktionieren. Also waren die Eindringlinge vielleicht doch zu Fuß durch das Haupttor gekommen – hatten nahezu keine Geräusche auf dem Kies gemacht und sich im dichten Gestrüpp auf beiden Seiten der Auffahrt versteckt. Was dennoch bedeutete, dass sie irgendwo in der Nähe geparkt haben mussten. Er kehrte zu seinem Ausgangspunkt zurück und ging die Auffahrt hinunter. Am Tor gab es allerhand Getümmel, weil die Medienmeute glaubte, er habe Neuigkeiten für sie. Aber er schüttelte den Kopf und schob sich durch die Menge. Dann suchte er nach einer Parkbucht, einem Feldweg, einem Platz, an dem man ein Fahrzeug verstecken konnte. Rasch fand er zwei Stellen, die in Frage kamen, Journalistenfahrzeuge standen jetzt dort, die Erde war aufgewühlt. Zwei Reporter waren ihm gefolgt, stellten ihm Fragen, ohne Antworten zu bekommen. Erneut kam Bewegung in die Menge am Tor; Rebus' Verfolger trollten sich zurück zur Meute, als Page und Clarke vor sie traten. Der Streifenpolizist, der Wache schob, öffnete das Tor, und alle wussten, dass es jetzt ein offizielles Statement geben würde.

Bevor er anfing, warf Page einen Blick auf seine Schuhe, als wollte er sich vergewissern, dass sie auch ordentlich glänzten. Als er das Wort ergriff, entdeckte Clarke Rebus und ging auf ihn zu.

»Das wird sie hoffentlich eine Weile in Schach halten«, sagte sie leise.

»Die Ehefrau lässt sich Zeit.«

»Wahrscheinlich ist sie direkt ins Krankenhaus gefahren.«

»Fährst du da auch gleich hin?«

Sie nickte. »Ronnie Ogilvie hab ich schon vorgeschickt – falls McCuskey aufwacht.«

»Schon was von ihm gehört?«

Sie schüttelte den Kopf. »Ich frage mich, in welchem Zim-

mer er liegt – wär doch ein toller Zufall, wenn es dasselbe ist, das Jessica Traynor gerade geräumt hat.«

»Wahrscheinlich wäre das in diesem Fall nicht der letzte Zufall, Siobhan.«

Sie sah ihn an. »Nein«, stimmte sie ihm zu.

»Und dennoch hat keiner von uns beiden den Namen ausgesprochen …«

»Owen Traynor«, tat sie ihm den Gefallen. »Dessen Investor nach einem Streit zusammengeschlagen wurde.«

»Und auf der Intensivstation gelandet ist«, ergänzte Rebus.

»Aber hält Traynor sich überhaupt noch hier in der Stadt auf?«

»Soweit ich weiß, ist Jessica zu ihm ins Hotel gezogen.«

»Wissen wir in welches?«

»Das dürfte mit höchstens einem halben Dutzend Telefonaten zu klären sein.«

»Übernimmst du das?«

»Warum nicht?«

»Oder willst du lieber weiter an Fox arbeiten?«

»*Mit* ihm arbeiten, meinst du«, korrigierte Rebus sie.

»Ich weiß, was ich meine. Warst du bei ihm, als ich dich angerufen habe?«

»Ja.«

Clarke nickte und beobachtete, wie James Page, ganz in seinem Element, Fragen entgegennahm, klar und deutlich seine Antworten in die Mikrofone sprach und gleichzeitig darauf achtete, sich den Kameras von seiner besten Seite zu präsentieren.

»Eins musst du ihm lassen, er ist Profi«, meinte sie.

»Vor allem ist er pro alles, wogegen ich bin«, gab Rebus zurück, zog sein Handy aus der Tasche und ging die Straße weiter auf der Suche nach einem ruhigen Fleck zum Telefonieren.

8

Das Caledonian Hotel hieß eigentlich gar nicht mehr so. Laut den Schildern auf beiden Seiten des Haupteingangs war es jetzt das Waldorf Astoria und erst kürzlich grundlegend renoviert worden. Von der Westseite der Princes Street, wo sich das Hotel befand, blickte man derzeit auf eine heillos chaotische Straßenbahnbaustelle. Sowohl Shandwick Place als auch Queensferry Street waren für den Autoverkehr gesperrt, damit die Arbeiten fortgesetzt werden konnten. Fußgänger wurden über labyrinthische Umwege geschickt, zwängten sich durch enge Durchgänge, eingefasst von hohem Maschendraht, hinter dem sich die Straßenbahnschienen befanden. Rebus hatte seinen Saab direkt vor dem Hotel geparkt und sein POLIZEI-Schild aufs Armaturenbrett gelegt, aber der Portier an der Tür warnte ihn, er würde möglicherweise trotzdem einen Strafzettel bekommen.

»Hab schon mal gesehen, wie sie einem Leichenwagen einen verpasst haben – und einem Krankenwagen auch.«

»Gehört alles zur bunten Vielfalt Edinburghs«, erwiderte Rebus und trat ins Foyer. Von der Rezeption aus ließ er in Owen Traynors Zimmer anrufen. Rebus wurde gebeten, den Lift in den dritten Stock zu nehmen. Traynor wartete an der geöffneten Tür. Er war im Hemd, die Ärmel hochgekrempelt, auf Manschettenknöpfe hatte er erneut verzichtet, ebenso auf eine Krawatte. Die Hose wurde von dunkelblauen Hosenträgern gehalten. Dazu trug er glänzend schwarze Halbschuhe.

»Was ist denn jetzt schon wieder?«, blaffte der Mann.

»Darf ich reinkommen?«

Traynor zögerte, führte Rebus dann aber nicht in ein Zimmer, sondern in eine Suite, den Wohnzimmerbereich hatte er provisorisch in ein Büro verwandelt. Der Laptop war neu – unter dem Tisch stand noch die Verpackung. Auf dem Sofa lagen Tüten von Läden wie Ede & Ravenscroft und Marks & Spencer. Soweit Rebus auf dem Computerbildschirm sehen konnte, hatte Traynor Tabellen durchgesehen.

»Wie geht's Jessica?«, fragte Rebus.

»Sie ist in ihrem Zimmer – der Physiotherapeut ist bei ihr.«

»Könnten wir vielleicht mit ihr sprechen?«

Traynor starrte Rebus durchdringend an, dann sah er auf die Uhr. »In fünf Minuten ist die Sitzung zu Ende. Ich nehme an, Sie haben Neuigkeiten für uns?«

Rebus zuckte mit den Mundwinkeln.

»Möchten Sie was trinken?« Traynor wies auf die Minibar.

»Noch ein bisschen früh.«

»Sicher?«

Rebus sah ihn an. »Haben Sie Nachforschungen über mich angestellt?«

»Das Internet ist eine wunderbare Erfindung, Inspector.«

»Detective Sergeant, um genau zu sein.«

»Wieso das? Ich meine, Sie waren doch Inspector – haben Sie sich Ärger eingehandelt?«

»Bin denen zu lange auf die Nerven gegangen.«

»Nach den Geschichten zu urteilen, die über Sie kursieren, können Sie das ja recht gut. Andererseits haben Sie im Lauf der Jahre viele Fälle gelöst …«

»Mir war nicht bewusst, dass im Netz so viel über mich zu finden ist.«

»Man weiß nie, was man davon glauben darf – ich wette, Sie haben mich auch online aufgerufen. Stimmt nicht alles, was da steht.« In Traynors Augen lag ein kalter Glanz.

»Nur das meiste?«, vermutete Rebus.

»Ah, aber was …?«

Ein Klopfen an der Tür. Traynor antwortete, ein junger Mann trat ein.

»Wie geht es voran?«, fragte Traynor.

»Ich habe ihr ein paar Übungen gezeigt. Noch nichts zu Anstrengendes.«

Traynor nickte und griff in seine hintere Hosentasche, zog eine Brieftasche heraus. Der Physiotherapeut hob eine Hand.

»Wir schicken Ihnen die Rechnung, Mr Traynor.«

»Na schön.« Aber Traynor drückte dem Mann trotzdem zwanzig englische Pfund in die Hand. »Morgen um dieselbe Zeit?«

»Selbstverständlich.« Und mit einem Lächeln stopfte sich der Therapeut sein Trinkgeld in die Tasche und ging über den Korridor zum Fahrstuhl.

»Der kommt wohl nicht vom National Health Service?«, vermutete Rebus.

»Ganz bestimmt nicht.« Traynor drehte sich zu ihm um. »Sind Sie sicher, dass Sie mit Jessica sprechen müssen? Können Sie's nicht mir sagen?«

»Ich fürchte nicht.« Rebus hätte hinzufügen können: *Ich will sehen, wie sie reagiert …*

Nachdem er sich vergewissert hatte, dass er die Schlüsselkarten für beide Zimmer dabeihatte, schloss Traynor seine Tür ab und klopfte an die seiner Tochter, bevor er die Karte durch den Schlitz zog.

Ihr Zimmer war kleiner, aber auch hier war genug Platz für ein Sofa und Stühle.

Auf dem Tisch stand eine Vase mit frischen Blumen. Jessica trug ein schlichtes Kleid, ihre nackten Beine hatten blaue Flecken vom Unfall, ein Knöchel war verbunden. Sie trug immer noch die Kopfstütze und saß aufrecht auf dem Bett, drei Kissen im Rücken. Der Fernseher lief – ein Sender mit Musikvideos. Sie drehte die Lautstärke herunter, dann entdeckte sie Rebus.

»Oh«, sagte sie.

»Hallo, Miss Traynor.«

»Was wollen Sie?«

»Anscheinend gibt es etwas, das er nur uns beiden gleichzeitig mitteilen kann«, erklärte ihr Vater und verschränkte die Arme, um seine Bereitschaft zu signalisieren. Rebus wurde nicht gebeten, Platz zu nehmen, aber das war ihm recht. Er achtete darauf, dass er sowohl Vater als auch Tochter im Blick hatte, dann legte er los.

»Heute Morgen«, sagte er, »wurde Patrick McCuskey zu Hause überfallen.« Einen Augenblick lang beließ er es dabei, begnügte sich damit, die Reaktionen zu beobachten. Jessica schlug eine Hand vor den geöffneten Mund, als wollte sie einen Aufschrei ersticken.

»Forbes McCuskeys Vater?«, fragte Owen Traynor. »Der von der Regierung?«

»Der von der Regierung«, bestätigte Rebus, die Augen auf Jessica gerichtet.

»Geht's ihm … geht's ihm gut?«, fragte sie.

Rebus nickte in Richtung des Fernsehers. »Die Nachrichtensender wissen wahrscheinlich mehr als ich.«

Sie fand einen; es lief ein Bericht über den Nahen Osten, aber am unteren Bildschirmrand wurden Meldungen eingeblendet: *Schottischer Justizminister nach Einbruch in Lebensgefahr …*«

»Nur dass wir hier oben nicht von Einbruch, sondern von Diebstahl mit Hausfriedensbruch sprechen«, korrigierte Rebus.

»Ist Forbes was passiert?«, fragte Jessica Traynor. »War er dabei, als …?«

»Sein Vater war anscheinend allein. Kennen Sie das Haus, Miss Traynor?«

»Ich war ein paarmal dort.« Sie hielt inne. »Wie entsetzlich für Bethany.«

»Ich komme gerade von da – es ist nicht weit von der Stelle,

an der Ihr Wagen von der Straße abkam. Sie wollten nicht zufällig gerade dorthin oder sind von dort gekommen …?«

»Was wollen Sie damit sagen?« Traynor war mit geballten Fäusten einen Schritt auf Rebus zugegangen. Rebus hob beide Hände zum Zeichen, dass er sich geschlagen gab.

»Dad, schon gut«, griff Jessica Traynor ein. »Der Mann macht nur seinen Job …«

Aber Rebus wich Owen Traynors starrem Blick nicht aus. »Ich gehe nicht davon aus, dass *Sie* das Haus kennen, oder täusche ich mich?«, fragte er.

»Nein.«

»Nie da gewesen?«

»Nein.«

»Wollten Sie nicht mit Forbes über den Unfall sprechen? Vielleicht konnten Sie ihn nicht finden und haben stattdessen seinem Vater die Meinung gegeigt?«

»Nein.«

»Nur dass Sie keinen Wagen hier haben, deshalb hätten Sie wohl ein Taxi oder einen Mietwagen nehmen müssen, was sich sicher überprüfen ließe …«

Traynor schüttelte den Kopf, langsam und ausgiebig.

»Dad? Was will er damit sagen?«

»Nichts, Jessica.« Dann an Rebus gerichtet: »Ich weiß nicht mal, wo die Familie lebt.«

Rebus blickte skeptisch. »Als Sie im Netz Nachforschungen über den Freund Ihrer Tochter angestellt haben, wären Sie mit ein oder zwei Mausklicks bei Pat McCuskey gelandet. Bei einer Persönlichkeit des öffentlichen Lebens wie ihm bin ich sicher, dass sich irgendwo da draußen eine Anschrift finden lässt.«

Ein Grinsen huschte über Traynors Gesicht. Er wandte sich zum Bett.

»Er glaubt, mein Blut sei in Wallung geraten und ich hätte der Familie McCuskey eine Ansage gemacht.«

»Aber das hast du doch nicht getan, oder Dad?«

»Nein, hab ich nicht«, bestätigte Traynor und wandte sich wieder Rebus zu. »Das hab ich nicht«, wiederholte er.

»Dann ist das ein schrecklicher Zufall, oder Jessica?« Rebus hatte den Blick auf Traynors Tochter gerichtet. Sie knetete die Fernbedienung in ihrer Hand, starrte darauf.

»Ein Zufall«, wiederholte sie.

Aber Rebus merkte plötzlich, dass sie nicht daran glaubte.

»Er liegt im Koma«, sagte Fox, als Rebus in ihr gemeinsames Büro zurückkehrte. »Sein Zustand ist jetzt aber einigermaßen stabil, und er ist nicht mehr ganz so kurz davor, den Löffel abzugeben.«

Rebus zuckte mit den Lidern. »Woher wissen Sie das?«

Fox hielt sein Handy hoch, winkte kurz damit. »Wunder der Technik: WLAN«, erklärte er.

»Ich kriege so gut wie nie eine Verbindung«, brummte Rebus. Er betrachtete die Papierstapel, die praktisch jede verfügbare freie Fläche bedeckten. »Da war aber jemand fleißig.«

»Fand DCI Page Ihre Mitarbeit am Fall McCuskey entbehrlich?«

»Sie tun mir weh.« Rebus musterte erneut die Papierstapel. Zu den ursprünglich zwei Kisten waren circa zehn weitere gekommen. »Was haben wir denn hier?«

»Summerhall CID in seiner Gesamtheit, von den späten Siebzigern bis Mitte der Achtziger.«

»Und Sie sind sicher, das ist alles?«

»Wollen Sie damit sagen, Unterlagen sind abhandengekommen?«

»Ich will damit sagen, dass Abheften nicht immer Priorität hatte.«

»Schönschrift auch nicht, nach dem zu urteilen, was ich bis jetzt gesehen habe.«

Rebus hatte eine Akte aus dem Jahr 1983 aufgeschlagen.

Ganz oben auf dem Vernehmungsprotokoll sah er seinen eigenen Namen. Häusliche Gewalt in Dumbiedykes. Die Namen des Opfers und des Verdächtigen sagten ihm nichts.

»Das ist alles längst Geschichte«, sagte er.

»Ein paar Verfahrensweisen haben sich anscheinend seit der Steinzeit nicht geändert«, stimmte Fox zu.

»Aber wir konzentrieren uns auf den Fall Saunders, oder?«

»Den Mord an Douglas Merchant, ja.« Fox legte sachte eine Hand auf einen dicken Ordner.

»Das ist aber nicht das Zeug, das wir gestern durchgesehen haben«, stellte Rebus fest.

»Frisch ausgegraben.«

»Darf ich …?«

»Bitte sehr.«

Rebus nahm einen Ordner, fühlte dessen Gewicht. Er setzte sich damit hin, machte auf dem Schreibtisch vor sich Platz und klappte den Deckel auf. »Riecht schimmlig«, meinte er.

»Ein paar Seiten kleben aneinander.«

»Aber Sie haben sich das schon angesehen?« Fox nickte.

»Und wie häufig taucht mein Name auf?«

»So gut wie gar nicht.«

»Was auch der Grund ist, weshalb Sie nichts dagegen haben, dass ich mir das ansehe?« Rebus hielt inne. »Hören Sie, wenn ich auf Wetten stehen würde, hätte ich drauf gesetzt, dass Sie sich alles hier drin genau angesehen haben. Wenn ich was verschwinden lasse, werden Sie's merken – und das ist die Information, auf die Sie in Wirklichkeit aus sind.«

Fox' Gesichtsausdruck blieb undurchdringlich. »Lesen Sie erst mal«, sagte er. »Dann können wir darüber reden.«

»Das brauche ich nicht«, sagte Rebus. »Einen Fall wie den von Douglas Merchant würde ich wohl kaum vergessen. Er hat die Saints beinahe vernichtet und Stefan Gilmour arbeitslos gemacht.«

»Auf lange Sicht hat er aber niemandem geschadet – abge-

sehen natürlich von dem armen verschiedenen Mr Merchant.« Fox zeigte auf die Akte. »Da sind Fotos drin – Familienfotos. Ehefrau und Kind. Außerdem hatte er drei Schwestern, alle sagen, er habe sich immer um sie gekümmert, von klein auf. Soweit ich weiß, leben alle noch. Vielleicht denken sie mehrmals die Woche an ihn, vermissen ihn …«

»Wollen Sie sich beim Nachmittagsfernsehen bewerben?«

»Ich betrachte die Situation nur realistisch. Wenn jemand stirbt, hat das Auswirkungen – viele Menschen sind betroffen. Es geht nicht immer nur um die Saints, John. Die Saints bekamen einen Klaps auf die Finger, und das war's auch schon.«

Rebus dachte einen Augenblick darüber nach, dann fragte er, wann die Generalstaatsanwältin Billy Saunders vernehmen wolle.

»Bald. Sehr bald.«

»Er war ein Schlitzohr, vergessen Sie das nicht – vielleicht ist er immer noch eins. Woher sollen die Kollegen wissen, dass er ihnen keinen Bären aufbindet?«

Fox zuckte mit den Schultern. »Das ist nicht mein Problem.«

Rebus blätterte beiläufig in der Akte. Die Schrift auf einigen der schlecht betippten Seiten war völlig verblasst. Er erinnerte sich an die Schreibmaschine – ein fieses Ding, fast immer hatten sich die Buchstaben durchs Papier gedrückt. Das Handgeschriebene war teilweise verschwommen, wo Feuchtigkeit daran gekommen war. Er fand ein Foto des Toten – ein quadratischer Hochglanzabzug mit weißem Rand. Aufgenommen irgendwo in einem Pub, Merchant hob ein gedrungenes Whiskyglas, sein Blick war glasig, und sein Grinsen offenbarte Zahnlücken.

»Kannten Sie ihn?«, fragte Fox.

»Merchant?« Rebus schüttelte den Kopf, betrachtete immer noch das Foto.

»Aber Billy Saunders haben Sie vermutlich kennengelernt, wo er doch ein solcher Musterschüler unter den Informanten war.«

»So lief das nicht«, erklärte Rebus. »Wenn man einen Kontakt auf der Straße hatte, behielt man ihn möglichst für sich. Sonst wären die Kollegen unter Umständen auf die Idee gekommen, ihn abzuwerben. Man verabredete sich in Parks, oder man traf sich rein zufällig in einer lauten Bar, irgendwo, wo man nicht belauscht werden konnte. Man wurde um Feuer gebeten und bekam einen Namen ins Ohr geraunt, während das Streichholz aufflammte. Damals gab es keine Handys, Treffen waren gar nicht so leicht zu verabreden. Aber es musste von Angesicht zu Angesicht passieren – damit man sich in die Augen sehen konnte.«

»Und wozu war das nötig?« Fox klang aufrichtig interessiert.

»Weil es in der Regel einen Grund dafür gab, wenn ein Name weitergegeben wurde. Wollte jemand einen anderen in die Scheiße reiten – einen Konkurrenten zum Beispiel oder jemanden, der ihm in die Quere gekommen war?«

»Also ging es nicht immer nur um den finanziellen Anreiz?«

»Geld ist nie viel geflossen. Manche haben es bloß für den Nervenkitzel getan. Aber das bedeutete manchmal auch, dass man nur so zum Spaß eine Geschichte aufgetischt bekam.«

»Mit anderen Worten, Sie bekamen Lügen serviert?«

Rebus nickte.

»Und wer war damals Ihr Informant?«

»Ich hatte eigentlich keinen. Damals war ich noch dabei, ein Gefühl für die Sache zu entwickeln, dafür, wer etwas wusste und wer nicht, und wer möglicherweise bereit war, mir Informationen zuzustecken.«

»Es gab einen Reporter beim *Scotsman* namens Albert Stout …«

»An den erinnere ich mich – er hat uns das Leben zur Hölle gemacht.«

»Und sich intensiv mit dem Fall Merchant befasst – auch mit anderen.«

»Er hat die Polizei gehasst.«

»Das war auch mein Eindruck, als ich jetzt seine Artikel gelesen habe. Er stellt sie ständig in ein negatives Licht.«

»Er kann aber unmöglich noch am Leben sein.«

»Er ist siebenundachtzig und wohnt an einem Golfplatz in Gullane.«

»Verdammt. Der hat früher vierzig Zigaretten täglich geraucht.« Rebus hielt inne. »Werden Sie mit ihm reden?«

»Hab ihn auf meiner Liste. Ebenso wie den Pathologen, der die Autopsie an Douglas Merchant durchgeführt hat.«

Rebus kramte in seiner Erinnerung, suchte nach dem Namen. »Das war vor Professor Gates?«

»Sein Vorgänger, ja – Professor Norman Cuttle, der übrigens auch agile siebenundachtzig Jahre alt ist.«

»Wenn Sie eins sind, dann sind Sie gründlich«, sagte Rebus und achtete darauf, die Bemerkung nicht zu sehr nach einem Kompliment klingen zu lassen. »Bevor oder nachdem Sie mit Stefan Gilmour und den anderen gesprochen haben?«

»Kommt drauf an, wann wer Zeit hat. Apropos, wir waren heute Morgen ja schon dabei …«

»Waren wir das?«

»Es gibt noch jede Menge Lücken, Sie müssen mir helfen, sie zu füllen.« Fox zog erneut seinen DIN-A4-Block aus der Schublade. Rebus schaute auf die Uhr.

»Bekommen wir Überstundenzuschlag nach fünf?«

»Sie haben mir Ihre Dienste angeboten …«

»Das hab ich wohl tatsächlich«, gab Rebus zu und lehnte sich auf seinem Stuhl zurück.

An jenem Abend im Hinterzimmer der Oxford Bar hatte Rebus sein erstes Pint IPA bereits zur Hälfte geleert, als Eamonn Paterson eintraf und ihm anbot, Nachschub zu bringen. Rebus schüttelte den Kopf, weshalb Paterson nur mit einem Pint für sich selbst und zwei Tüten gesalzener Erdnüsse zurückkehrte.

»Sag nicht, dass ich nicht gut zu dir bin«, meinte er. Sie saßen in derselben Ecke, in der sich Rebus auch mit Fox unterhalten hatte. »Dann hast du's also geschafft, dich mit ihm an einen Tisch zu setzen, hm?«

Rebus hatte Paterson eine entsprechende SMS geschickt. Er nickte langsam, kniff sich in den Nasenrücken und unterdrückte ein Gähnen.

»Aber er vertraut mir nicht«, sagte er. »Alles liegt unter Verschluss, und nur Fox hat den Schlüssel.«

»Er hat Vorladungen verschickt. Ich soll morgen um drei bei ihm sein.«

»Rate mal, wen er noch zu sich bittet.«

»Wen?«

»Albert Stout und Norman Cuttle.«

»Verfluchte Scheiße.« Paterson blies die Wangen auf und ließ die Luft wieder raus.

»Er hat's auf Stefan abgesehen.«

»Wie kommst du darauf?«

»Saunders war Stefans Mann. Deshalb ist es nur logisch, dass Stefan auch die Fäden gezogen hat, um ihn vor Gericht rauszuhauen.« Rebus hielt inne, betrachtete Paterson über den Rand seines Glases hinweg. »Es sei denn, dir ist was anderes bekannt.«

»John …«

»Als ich die alten Akten durchgesehen habe, ist mir wieder eingefallen, dass ich mir damals dein Vertrauen erst verdienen musste. Kann es sein, dass du glaubst, Sachen vor mir verbergen zu müssen, sogar jetzt noch? In Fox' Büro kam ich mir vor wie auf einem Minenfeld – würde mir gar nicht gefallen, wenn einer meiner alten Kollegen eine Karte versteckt hätte, auf der sämtliche Sprengsätze verzeichnet sind.«

»Ich verheimliche dir nichts, John«, sagte Paterson leise.

»Und du kannst dich für Stefan und Dod verbürgen?«

Paterson dachte nach, dann zuckte er mit den Schultern.

»Jeder hat die ein oder andere Leiche im Keller – das weißt du doch am besten. Fängt sie an zu stinken, John? Ich kann's riechen – aber ich werde niemandem was davon erzählen.« Patersons Blick war jetzt durchdringender. »Finde so viel heraus, wie du kannst, und berichte uns davon. Dann sind wir alle auf der sicheren Seite.« Er ließ den Rest seines Getränks stehen, stand auf und stopfte sich die Hände in die Manteltaschen. »Und vergiss die Erdnüsse nicht, die ich dir mitgebracht habe – waren teuer genug ...«

Rebus sah ihm nach. Vor über dreißig Jahren hatten sie sich kennengelernt, und jetzt fragte er sich, ob er Paterson überhaupt je gekannt hatte.

Fox die Schuld zu geben war immer einfach.

Vielleicht zu einfach.

Rebus ging an die Bar und stellte sich zu den drei oder vier anderen Stammgästen. Aufmerksam verfolgten sie die Lokalnachrichten. Rebus sah Page bei seiner improvisierten Pressekonferenz. Darauf folgten Aufnahmen, die zeigten, wie ein Wagen vor dem Haus der McCuskeys vorfuhr, Bethany McCuskey saß auf dem Beifahrersitz, am Steuer ihr Sohn Forbes. Beide mit angespannter, besorgter Miene.

»Also kannst du doch Auto fahren, du kleines Arschloch«, brummte Rebus, trank sein Bier aus und bestellte ein weiteres. Während es gezapft wurde, ging er zum Rauchen auf die Straße. Hinter ihm berichtete der First Minister einem Interviewer im Fernsehen von seinem »tiefen Schock und Entsetzen«.

»Welche Folgen wird das für die Unabhängigkeitskampagne haben?«, fragte der Journalist, doch die Tür fiel zu, bevor Rebus die Antwort hörte. Clarke hielt mit ihrem Wagen am Straßenrand, als Rebus seine Zigarette erst zur Hälfte geraucht hatte.

»Was willst du trinken?«, fragte er, aber sie schüttelte den Kopf.

»Bin auf dem Sprung«, erklärte sie.

»Wieder der Anwalt?«

»Schon möglich.« Sie hatte frische Klamotten angezogen, einen Hauch Make-up aufgetragen. Und Parfüm – dezent, aber vorhanden. »Wie lief's mit Owen Traynor?«

»Er hat alles gestanden«, behauptete Rebus. Einen Augenblick lang fiel sie darauf rein, aber dann sah sie ihn böse an. »Tut mir leid, Shiv, wenn ich dich enttäuschen muss, aber er behauptet, er hat nichts damit zu tun.«

»Hast du ihn direkt drauf angesprochen?«

»Vor seiner Tochter«, ergänzte Rebus. »Ihre Reaktion fand ich interessant.«

»Inwiefern?«

»Ich hatte das Gefühl, dass sich die Zahnräder drehen; sie wusste nicht genau, was sie davon halten sollte. Ihr Dad hat sich inzwischen ein kleines Büro eingerichtet, damit er weiterarbeiten kann.«

»Das heißt, er bleibt noch?«

»Sieht so aus.«

»Ein Schuldiger würde sich verdrücken.«

»Da ist noch was – warst du im Haus, als die Frau ankam?«

»Nein.«

»Forbes saß am Steuer.«

Sie dachte einen Augenblick darüber nach. »Aber jetzt können wir ihn schlecht festnehmen, oder?«

»Wo sein Vater auf der Intensivstation liegt, meinst du?«

»Page würde an die Decke gehen.«

»Dabei sind doch die Medien gerade so in unseren Page verknallt.«

»Er lässt das halbe Büro Akten über Einbrüche in der Stadt studieren. Die üblichen Verdächtigen werden vorgeladen und verhört...« Sie sah ihn an. »Ich habe nicht das Gefühl, dass es jemand von hier war. Was meinst du?«

»Der Mann will schnelle Ergebnisse – damit ihn die Politiker auch lieb haben.«

»Kannst du's mal weitergeben? Sehen, ob jemand was gehört hat?«

»Ich hab nicht mehr die Kontakte, die ich mal hatte.«

»Das Problem ist, niemand hat welche. Diese Kunst scheint völlig ausgestorben.«

»Haben wir eine Liste der gestohlenen Gegenstände?«

»Wird gerade erstellt.«

»Besorg mir eine Kopie, dann sehe ich, was ich machen kann.«

»Danke. Sonst noch was, das ich wissen sollte?«

»Nur dass Foxy und ich jetzt die allerbesten Kumpels sind.«

»Irgendwie fällt es mir schwer, das zu glauben.« Sie konnte nicht anders als grinsen.

»Dann sagen wir mal, er taut allmählich auf.«

»Wirklich?«

Rebus machte eine kurze Kunstpause. »Nein, eigentlich nicht«, gab er zu. Sie grinste immer noch, als sie den ersten Gang einlegte und ihm mit den Fingern ihrer rechten Hand zuwinkte.

Zurück an der Bar wurde Rebus gefragt, ob Alistair Darling zur Vernehmung bestellt werden würde, schließlich sei er ja Anführer der ›No‹-Kampagne.

»Ja, oder sein Freund, dieser Stefan Gilmour«, meldete sich ein anderer zu Wort. »So einer kauft sich einfach frei«, meinte der Erste wieder. »Wenn du dir im letzten Moment überlegst, dass du eine bestimmte Fußballmannschaft doch nicht kaufen willst, hast du ja anscheinend ein bisschen Kleingeld übrig – hab ich recht, John?«

»Absolut, Dennis«, sagte Rebus und reichte dem Barmann seinen letzten Fünf-Pfund-Schein über den Tresen.

Alleine in ihrer Wohnung in der Great King Street warf sich Alice Bell Wasser ins Gesicht und trocknete sich mit einem Handtuch ab, dann starrte sie ihr Spiegelbild an. Ihre Augen

waren vom Weinen gerötet, und sie wusste, dass ihr Kissen auf dem schmalen Bett feucht war. Sie hatte die Rollläden in ihrem Zimmer runtergelassen, wollte die Welt möglichst aussperren. Ihre Knie drohten einzuknicken, als sie in die Küche ging, die Hände strichen über die Flurwände, wie um sie zu stützen. Mit einem Becher grünen Tee setzte sie sich an ihren Schreibtisch im Wohnzimmer. Ihr Laptop, ihre Aufzeichnungen und Bücher – all das bedeutete ihr nichts mehr. Ihre Kehle war wie zugeschnürt, ihr Herz klopfte. Plötzlich klingelte ihr Telefon in die Stille hinein, und sie schnappte vor Schreck nach Luft. Forbes' Name stand auf dem Display, also ging sie ran.

»Ich bin's«, sagte er. »Wie geht's?«

»Das sollte ich dich fragen. Tut mir leid wegen deinem Dad. Ich hab vorhin versucht, dich anzurufen …«

»Ich weiß, danke. Konnte gerade nicht drangehen.«

Sie hörte ihn geräuschvoll ausatmen.

»Und deine Mum?«, fragte sie.

»Hält sich wacker.«

»War's ein Einbruch …?«

»Natürlich.«

»Kein Zusammenhang …?«

»Lass uns gar nicht erst so anfangen, Alice, okay?«

»Wenn du dir sicher bist.«

»Natürlich bin ich nicht sicher!« Er hielt inne, seine Stimme wurde wieder ruhiger. »Hör zu, ich muss Schluss machen. Warst du bei Jessica?«

»Sie hat geschlafen.«

»Und du hast mit Owen gesprochen? Dir ist klar, dass er mir die Schuld gibt, oder? Er hat angerufen und es mir gesagt.«

»Du musst dich von ihm fernhalten.«

»Das hab ich vor. Jessica müsste in ein oder zwei Tagen nach Hause kommen, und mit ein bisschen Glück verzieht er sich dann wieder in den Süden.«

»Ich hab das Gefühl, das alles ist meine Schuld«, sagte Alice leise.

»Wir stecken zusammen drin, Alice. Und zusammen sind wir stark, denk dran. Wir sprechen uns morgen wieder, ja?«

»Okay«, sagte sie, lauschte weiter, als er auflegte. Dann legte sie das Telefon auf den Schreibtisch und starrte es an.

»Geteilt gehen wir unter«, flüsterte sie leise vor sich hin und klappte ihren Laptop zu.

Tag fünf

9

Rebus' Kneipentour begann am nächsten Vormittag, gleich als sie aufmachten – wobei er aber nichts Alkoholisches konsumierte. Clarke hatte ihm eine Liste der gestohlenen Gegenstände auf sein Handy geschickt, dazu Fotos, die ihr McCuskeys Versicherungsgesellschaft zur Verfügung gestellt hatte: eine Perlenkette, eine antike Brosche, ein paar Rolex-Uhren. Der Laptop war teuer, aber wer auch immer ihn gestohlen hatte, hatte das Kabel vergessen. Dasselbe galt für die fehlenden Handys – beide Ladegeräte hingen noch an den Steckdosen. Pat McCuskey selbst war noch nicht wieder bei Bewusstsein, wobei die Zeitungen das Wort »Koma« in der Berichterstattung aber vermieden. Mindestens ein Boulevardblatt brach eine Grundsatzdiskussion über Verbrechen und angemessene Bestrafung vom Zaun, und soweit Rebus gesehen hatte, hatten alle Zeitungen die Geschichte auf der Titelseite gebracht.

Die Kneipen, die er besuchte, befanden sich in unglamourösen Ecken der Stadt, von Granton bis Gorgie und von The Inch bis nach Sighthill. Ein paar der älteren gab es gar nicht mehr. Entweder waren sie verbarrikadiert, abgerissen oder durch Fast-Food-Läden ersetzt. Rebus kam sich vor wie ein Naturforscher, der nach langen Jahren zurückkehrt und feststellen muss, dass die Wildnis kultiviert wurde. Und in den Kneipen, die es noch gab, war kaum etwas bis gar nichts los, die Mitarbeiter schimpften auf das Rauchverbot und billigen Alkohol aus dem Supermarkt.

»Viele unserer alten Gäste bleiben lieber zu Hause, qualmen,

glotzen Pferderennen und ziehen sich ein Dutzend Dosen Bier aus dem Sonderangebot rein …«

Und auch das kam hinzu: Rebus' Netzwerk war löchrig geworden. Einige hatten ihren Lebenswandel geändert, andere waren gestorben, ohne dass er es mitbekommen hatte; manche waren inzwischen senil und zu Angehörigen in ferne Gefilde gezogen. *Der war schon lange nicht mehr da*, bekam Rebus zu hören. Oder: *Hab ihn ewig nicht gesehen.* In manchen Kneipen wussten die Mitarbeiter nicht mal, wen er überhaupt meinte.

»Der hat immer hier getrunken«, beharrte Rebus. »Großer Mann, dichtes silbriges Haar, Busfahrer …« Woraufhin er erneut Kopfschütteln erntete. Selbst die abgehärteten Stammgäste um elf Uhr vormittags hatten Mühe, sich an »Big Tony« und »Ecky Shake« zur erinnern. Jedem, der bereit war zuzuhören, zählte Rebus auf, was gestohlen wurde, und gab eine Karte mit seiner Telefonnummer an der Bar ab. Er hatte Fox eine SMS geschickt, um zu fragen, ob er vor der Vernehmung von Eamonn Paterson um drei Uhr gebraucht würde. Fox hatte geantwortet: *Dann haben Sie also mit ihm gesprochen? Sonst wüssten Sie's ja nicht.*

»Toll gemacht, John«, hatte Rebus vor sich hin gebrummt.

Er war unterwegs zur letzten Station seiner entmutigenden Tour, als sein Handy klingelte. Die Nummer kannte er nicht, aber er ging trotzdem ran.

Maggie Blantyres Stimme, er erkannte sie sofort.

»Hallo, Maggie. Alles klar?«

»Bestens. Sitzt du im Wagen?«

»Bin auf dem Weg nach Silverknowes.«

»Eine Strafexpedition?«

»So was in der Art. Ich wusste nicht, dass du meine Nummer hast.«

»Porkbelly hat sie mir gegeben.«

»Ach.«

»Mach dir keine Sorgen – ich hab ihm gesagt, du hättest neulich Abend was bei uns liegen lassen.«

»Wie geht's Dod?«

»Wie immer.« Sie hielt inne. »War schön, euch alle mal dazuhaben.«

»War schön, euch alle mal wiederzusehen – schade nur wegen der Umstände.«

»Dieser Fox hat angerufen und gefragt, ob Dod ein paar Fragen beantworten könnte. Dod meinte, du weißt was darüber.«

»Mehr oder weniger.«

»Und wenn er nicht reden will?«

»Ich denke, sein Arzt könnte ihm ein Attest schreiben.«

»Daran hab ich auch gedacht.« Erneute Pause. »Nicht, dass er was zu verbergen hat. Aber er ist dem wirklich nicht gewachsen.«

»Schon klar.«

»Wird Fox das auch so sehen?«

»Ist doch eigentlich egal, oder?«

»Dod will nicht, dass er unter der Erde liegt und seiner ganzen Karriere plötzlich ein Makel anhaftet. Das kannst du doch bestimmt verstehen.«

»Natürlich.«

Sie schien sich ein bisschen zu entspannen, als wäre sie erleichtert, ihre Sorgen teilen zu können. »Vielleicht sollten wir einen Kaffee zusammen trinken, wenn du aus Silverknowes zurück bist – wäre schön, dich zu sehen.«

»Bei euch zu Hause, meinst du?«

»Auf der Roseburn Terrace gibt's ein Café. Manchmal nehme ich mir eine Stunde frei und setze mich da rein. Dod scheint auch ohne mich klarzukommen …«

»Gibt's da auch was zu essen?«, fragte Rebus.

»Nur Sandwiches und Ofenkartoffeln.«

»Dann treffen wir uns um halb zwei.«

»Vorausgesetzt du bringst es übers Herz, dich von Silverknowes zu verabschieden.«

»Das natürlich vorausgesetzt«, pflichtete ihr Rebus lächelnd bei.

Er kam fünf Minuten zu früh, aber sie war bereits da, saß an einem Tisch am Fenster, das Fenster selbst war beschlagen.

»John«, sagte sie zur Begrüßung, stand auf und gab ihm ein Küsschen auf die Wange. Dann wieder die vertraute Berührung mit dem Daumen, um den Lippenstift zu verreiben. »Ich hab eine Kanne Tee bestellt – ist das okay?«

»Wunderbar.«

Sie wollte nichts essen, aber Rebus bestellte ein getoastetes Schinkensandwich. Als er sich von der Kellnerin ab- und Maggie Blantyre wieder zuwandte, musterte sie ihn eindringlich.

»Hab ich noch Lippenstift im Gesicht?«, fragte er und rieb sich über die linke Wange.

»Ich hab nur an früher gedacht. Ihr wart ein toller Haufen – echte Freunde.«

»Das bringt der Job so mit sich.«

»Und vieles mehr.«

»Trotzdem bin ich hier.«

»Das bist du«, sagte sie und hob ihre Tasse. Aber dann verschwand ihr Lächeln. »Manchmal frage ich mich …«

»Was?«

»Was aus uns hätte werden können, wenn wir ein bisschen mutiger gewesen wären?«

»Du meinst, wir beide? Damals dachten wir, wir sind von allen guten Geistern verlassen.«

»Aber im Rückblick …«

»Die Vergangenheit ist ein gefährlicher Ort, Maggie.«

»Das weiß ich – sieh dir nur mal an, was dieser Fox vorhat.«

»Fox ist es nicht, die Generalstaatsanwältin steckt dahinter – sie möchte Billy Saunders erneut vor Gericht bringen,

und deshalb muss sie aufpassen, dass sie vor dem Richter nicht plötzlich als die Gearschte dasteht.«

»Du hast eine wunderbare Art, dich auszudrücken.«

Rebus' Handy klingelte. »Ich muss drangehen«, entschuldigte er sich, als er Clarkes Namen auf dem Display sah.

»Natürlich.«

Er stand auf und verließ das Café. »Siobhan?«, sagte er zur Begrüßung.

»Pat McCuskey ist gerade eben gestorben«, sagte sie ohne jede Emotion in der Stimme.

»Mist.«

»Wir ermitteln jetzt wegen Mordes. In Torphichen wird ein Team zusammengestellt.« Womit sie das Präsidium der C Division am Torphichen Place meinte. Einleuchtend war das: Die Wache lag dem Tatort am nächsten. Wenn die Umstrukturierungsmaßnahmen erst einmal in Kraft traten, würde sich die sogenannte Specialist Crime Division um die schweren Fälle kümmern, aber noch war es nicht so weit.

»Ich kann in fünf Minuten da sein«, sagte Rebus.

»Dein Name wurde nicht genannt, John. Damit will ich nicht sagen, dass du in Zukunft nicht gebraucht wirst …«

»Aber *du* bist dabei?«

»Im Moment schon.«

»Und Page?«

»Nein, Page auch nicht – ebenso wenig Esson und Ogilvie. Anscheinend wird nur ein zusätzlicher DI gebraucht.«

Rebus hatte die Gelegenheit genutzt und sich eine Zigarette angezündet. Durch das Fenster konnte er sehen, dass sein Sandwich gebracht wurde. Mit einer Geste bat er die Kellnerin, es abzustellen.

»Wie sicher sind wir, dass es Mord war?«

»Da stimme ich dir zu – er kann gefallen sein, sich den Kopf angeschlagen haben. Nach der Autopsie sehen wir vielleicht klarer.«

»Auf der anderen Seite wird mehr Staub aufgewirbelt, wenn von Mord die Rede ist – der Druck auf den Täter erhöht sich. Kleinkriminelle, die vielleicht nicht damit gerechnet haben, dass jemand zu Hause ist …«

»Bist du schon dazu gekommen, deine Fühler in der Stadt auszustrecken?«

»So gut es ging.« Rebus hielt inne. »Die Medien werden sich darauf stürzen.«

»Von McCuskeys Kollegen ganz zu schweigen. Apropos, seine Privatsekretärin hat tatsächlich den Fernseher ausgemacht – du hattest recht.«

»Irgendwas Heikles auf dem Laptop?«

»Er ist mit einem Passwort gesichert.«

»Trotzdem nicht unbedingt Fort Knox, oder?«

»Die ›Yes‹-Kampagne ist was anderes als die Regierung.«

»Möglicherweise sind da also Sachen drauf, von denen sein Büro nichts weiß?«

»Wir überprüfen das.« Clarke hielt inne. »Und ich nehme an, damit wird der Sohn unantastbar.«

»Vielleicht, vielleicht aber auch nicht. Ich finde es immer noch seltsam, dass so was so kurz nach dem Unfall passiert.«

»Du meinst, jemand hat gerade genug Wertsachen mitgehen lassen, damit es nach Einbruch aussieht?«

»So ungefähr.«

»Findest du, ich sollte damit zu DCI Ralph gehen?«

»Hat Nick Ralph die Leitung am Torphichen Place?«

»Sein Name ist mehrfach gefallen.«

»Er hat einen guten Ruf. Und wenn er um deine Mitarbeit gebeten hat, hat er ihn wohl zu Recht.«

»Oh, wie lieb.«

»Auf der anderen Seite spricht gegen ihn, dass er offensichtlich einen großen Bogen um mich macht.«

Im Café schien Maggie Blantyre beunruhigt darüber, dass sein Mittagessen kalt wurde. Rebus nickte ihr zuliebe, zog ein

letztes Mal an seiner Zigarette und schnickte den Stummel in den Rinnstein. »Muss Schluss machen«, sagte er zu Clarke.

»Wenn du was über die gestohlenen Sachen rausbekommst…«

»Dann sag ich dir sofort Bescheid, damit du dir bei deinem Lehrer ein Fleißsternchen abholen kannst.«

»Mach das mal lieber, sonst stell ich dir auf dem Pausenhof ein Bein.«

Rebus beendete das Gespräch und ging wieder rein.

»Tut mir leid«, sagte er. Aber Maggie war schon aufgestanden, schob die Arme in die Ärmel ihres Mantels.

»Ich muss zurück«, sagte sie. »Ich hab dir was für meinen Tee hingelegt.«

Rebus sah den kleinen Münzstapel neben ihrer Untertasse.

»Wir sind kaum zum Reden gekommen«, bedauerte er.

»Vielleicht war's auch keine so tolle Idee.« Sie lächelte ihn an und berührte seine Krawatte mit den Fingerspitzen. »Aber ich bin sicher, Dod würde sich freuen, dich zu sehen, falls dir mal nach einem Besuch ist.«

»Maggie…«

»Setz dich und iss.« Sie klopfte ihm auf die Brust und ging.

Einen Augenblick blieb Rebus stehen, fragte sich, ob sie von ihm erwartete, dass er ihr nachging oder ein wenig überzeugender sein Bedauern aussprach. Aber sein Magen knurrte, und um drei musste er bereits wieder im Sheriff Court sein. Die Kellnerin fragte, ob alles in Ordnung sei.

»Bestens«, behauptete Rebus und setzte sich wieder an den Tisch. An Maggies Tasse war Lippenstift, und sie hatte genug Geld liegen lassen, um die gesamte Rechnung zu begleichen.

»Das sind schreckliche Nachrichten«, sagte Eamonn Paterson.

»Schrecklich«, stimmte ihm Malcolm Fox zu.

Die drei Männer befanden sich in dem Büro am Sheriff Court. Fox hatte einen Kassettenrekorder aufgestellt, aber keine Videokamera. Rebus fiel auf, dass er sich nicht die

Mühe gemacht hatte, die Unterlagen wegzuräumen – eher im Gegenteil. Fox hatte dafür gesorgt, dass sein Schreibtisch möglichst chaotisch wirkte, als würde hier mit allergrößtem Fleiß gearbeitet, Akten genaustens und eindringlichst studiert, Beweismaterial angehäuft. Er hatte seinen DIN-A4-Block ausgepackt – aber vielleicht war es auch ein anderer. Ganze Romane waren darin bereits niedergeschrieben, einige Abschnitte in Großbuchstaben oder unterstrichen. Keine Kritzeleien, kein verschwendeter Gedanke. Präzision und Diensteifer.

All das um einen Mann zu beeindrucken, der normalerweise jeden Trick durchschaute. Paterson hatte Rebus sogar zugezwinkert, als Fox sich an dem Kassettenrekorder zu schaffen machte. Wenn Spielchen gespielt werden sollten, würde sich Paterson als ebenbürtiger Gegner erweisen.

»Schön zu sehen, dass die alte Technik noch Verwendung findet.« Paterson zeigte auf den Kassettenrekorder.

»Nur sofern es dem Anlass angemessen erscheint.« Fox blickte auf. »Ich hab ganz vergessen zu fragen, ob Sie Tee oder Kaffee mögen – DS Rebus kann uns schnell was holen …«

»Nein, danke«, sagte Paterson und zwinkerte Rebus abermals verstohlen zu. Fox hatte ihnen mitgeteilt, wie die Dinge standen. Rebus war hier nur die Aushilfe, Fox der Herr im Haus.

»Wollen wir anfangen?«

»Ich bin bereit, wenn Sie es sind.« Paterson verschränkte die Finger vor der Brust, Fox schaltete das Gerät ein und starrte zu Beginn der Vernehmung erst einmal einige Augenblicke in die Luft, bevor er seine erste Frage lancierte.

»War die Armbrust Ihre Idee?«

»Die Armbrust?«

»Gab's in Summerhall nicht eine Armbrust? Mit der Darts gespielt wurde, bis das Dartboard auseinanderfiel?«

Paterson musste bei der Erinnerung grinsen. »Ich weiß nicht mehr, wessen Idee das war.«

»Bei einer Festnahme hatten Sie eine Armbrust beschlagnahmt. Anstatt sie als Beweismittel in die Asservatenkammer zu überführen, haben Sie sie eine Weile behalten. Erst als sie kurz vor der Verhandlung nicht aufzufinden war, kam jemand auf die Idee, bei Ihnen nachzufragen …«

»Okay, Sie haben Ihre Hausaufgaben gemacht – können wir jetzt zu den wichtigen Fragen übergehen?«

»Aber das *ist* wichtig, Mr Paterson. Sie scheinen den CID als Ihr eigenes kleines Reich betrachtet zu haben – in dem ausschließlich Ihre eigenen Regeln galten. Das rote Licht in Vernehmungszimmer B? Wenn Sie jemanden vor sich hatten, der leichtgläubig genug war, machten Sie ihm weis, es handele sich um einen Lügendetektor. Ich frage mich, wie viele Geständnisse Sie auf diese Weise bekommen haben …«

Paterson lächelte freundlich.

»Die Schnapsflaschen in DI Gilmours Büro, versteckt hinter einem Bücherregal – das Regal hatte Rollen, damit Sie schneller an den Alkohol kamen.«

»Danach müssen Sie ihn selbst fragen.«

»Aber ich frage Sie.« Fox sah auf seine Notizen. »Versuchen wir's mal damit: Häufig wurden Aussagen nur unterschrieben, aber nicht eigenhändig verfasst. Sie haben behauptet, etwas mit eigenen Augen gesehen zu haben, dabei waren Sie gar nicht vor Ort gewesen. Und wenn doch, dann achtete Gilmour darauf, dass alle dieselbe Geschichte erzählten – weil er sich die Version nämlich ausgedacht hatte. Sie mussten sich dann nur noch an die Vorgaben halten.«

Patersons Blick wanderte zu Rebus. »John, sag dem Mann …«

Aber Fox schlug mit der Hand auf den Tisch. »DS Rebus ist hier nur als Beobachter. Mich müssen Sie überzeugen.«

»Wovon überzeugen?« Patersons Blick durchbohrte Fox. »In meinen Ohren klingt das, als hätten Sie sich längst eine Meinung gebildet – typisch für euch verdammte Complaints. Sie

sollten uns danken und mit Orden auszeichnen – wir waren gut in dem, was wir gemacht haben. Wir haben die Kriminellen von der Straße geholt. Und Schluss.«

»Billy Saunders nicht. Beweise, die gegen ihn sprachen, gingen verloren. Aussagen steckten voller Unstimmigkeiten. Zeugen änderten ihre Geschichten, nachdem sie mit Ihnen gesprochen hatten …«

»Wir können uns alle darauf einigen, dass Fehler gemacht wurden – Stefan Gilmour musste seinen Hut nehmen.«

Fox lehnte sich vier oder fünf Zentimeter zurück. »Was, glauben Sie, wird Billy Saunders zu Protokoll geben?«

»Wie meinen Sie das?«

»Der Staatsanwalt wird sich mit ihm unterhalten. Möglicherweise wird Saunders einen Deal aushandeln und mildernde Umstände herausschlagen.«

»Und?«

»Er hat dreißig Jahre lang den Mund gehalten, vielleicht glaubt er, jetzt sei es an der Zeit auszupacken und zu erzählen, was wirklich geschehen ist.«

»Sie meinen, er legt ein Geständnis ab?«

»Vielleicht nicht in Bezug auf den Mord – aber das Vertuschen hinterher.«

»Pfusch trifft es eher.«

»Sie meinen, dass er das auch so sehen wird?«

»Ist mir völlig egal.«

»Wann haben Sie ihn zum letzten Mal gesehen?«

»Billy Saunders? Vor zwanzig oder fünfundzwanzig Jahren.«

»Obwohl Sie in derselben Stadt leben?« Fox hielt inne und studierte demonstrativ seine Notizen. »Als DI Gilmour den Dienst quittiert hat, wer übernahm da den Kontakt zu Mr Saunders?«

»Sie meinen, wessen Informant er danach war?« Paterson sah Rebus an. »So richtig warm wurde er mit keinem von uns, oder John?«

»Nicht, dass ich wüsste«, fühlte sich Rebus bemüßigt zu antworten.

»Dabei hätte ich gedacht, dass er Ihnen noch was schuldig war«, erklärte Fox. »Ich meine, was für Leckerbissen er Ihnen über die Jahre auch zugeschoben haben mag, Sie haben ihn von einer Mordanklage reingewaschen ...«

»Nicht absichtlich«, korrigierte ihn Paterson.

»Trotzdem hatte er Ihnen genutzt, und plötzlich ließen Sie ihn einfach so gehen?«

»Fast, als wäre es um mehr gegangen«, warf Rebus ein.

»Du warst doch dabei, John«, schoss Paterson zurück. »Was denkst du denn?«

»Das waren damals ganz andere Zeiten.«

»Und genau in diesem Punkt irren Sie sich alle beide«, sagte Fox und wandte sich von einem zum anderen. »Das waren keine anderen Zeiten – Sie haben nur so getan als ob, als könnten Sie Ihre eigenen Gesetze machen. Schlechte Angewohnheiten schlichen sich ein, und nur weil inzwischen viel Zeit vergangen ist, heißt das nicht, dass Sie heute alle eine reine Weste haben.«

»Das Gedächtnis spielt einem so allerhand Streiche«, beharrte Paterson. »Egal welche Geschichte Saunders Ihnen auftischen wird, man weiß nie, ob es die Wahrheit ist.«

»Aber sein Kurzzeitgedächtnis dürfte intakt sein.«

»Was meinen Sie?« Patersons Augen hatten sich zu Schlitzen verengt.

»Im Büro des Staatsanwalts hat heute Mittag ein Treffen mit ihm stattgefunden. Sind Sie sicher, dass es ein Vierteljahrhundert her ist, seit Sie ihn zuletzt gesehen haben?« Er wartete, bis sowohl Paterson als auch Rebus genickt hatten.

»Nun, laut Mr Saunders erhielt er erst heute Morgen einen Anruf aus Ihrer alten Abteilung.«

Rebus brauchte nur einen Moment, um auf den Namen zu kommen. »Stefan Gilmour?«

»Genau der«, bestätigte Fox.

»Was wollte er?«

»Wissen, was genau Mr Saunders auszuplaudern gedenkt.«

»Stefan hat mit ihm *gesprochen*?« Paterson klang, als könne er es nicht glauben, aber Fox nickte langsam.

»Anscheinend legt man bestimmte schlechte Angewohnheiten niemals ab«, meinte er und blätterte erneut seine Notizen durch.

Nach weiteren zehn verkrampften Minuten war die Vernehmung zu Ende. Fox bedankte sich bei Paterson und erklärte ihm, Rebus würde ihn rausbringen.

»Ich bin sicher, Sie beide möchten sich kurz unterhalten, sobald ich außer Hörweite bin.«

Keiner von beiden machte sich die Mühe zu widersprechen. Draußen auf der Chambers Street nahm Paterson sein Handy und rief Stefan Gilmour an.

»Die Mailbox«, nuschelte er ein paar Sekunden später. Er hinterließ trotzdem eine Nachricht, bat Gilmour, ihn anzurufen, und setzte noch hinzu: »Du weißt schon, worum es geht, du bescheuerter Idiot.«

»Kurz und bündig«, sagte Rebus. Paterson starrte in den Himmel und gab ein Geräusch von sich, das kurz davor war, sich zu einem Knurren auszuwachsen.

»Worauf hat er's bloß abgesehen, John?«

»Sag du's mir.«

»Will er uns wirklich in die Scheiße reiten?«

»Aber Fox hat recht, oder? Es ging um mehr als nur darum, einen guten Informanten auf der Straße zu behalten.«

Paterson bohrte einen Finger in Rebus' Brust. »Das hast *du* gesagt, nicht Fox!«

»Nur weil er's vorher zu mir gesagt hat.«

»Angeblich bist du doch auf unserer Seite, John.«

»Ach ja? Und was ist mit Stefan – welchen Dienst erweist er euch, wenn er hinter unserem Rücken Billy Saunders anruft?«

»Weiß der Himmel«, brummte Paterson mit hängenden Schultern.

»Die Saints, das ist lange her, Porkbelly«, sagte Rebus leise. »Damals hat es noch Sinn ergeben, füreinander einzutreten – aber vielleicht gilt das heute nicht mehr.«

»Du willst, dass ich mich mit dir gemeinsam gegen Stefan stelle?« Paterson schüttelte jetzt langsam, aber entschieden den Kopf.

»Ich sage, wir müssen tun, was richtig ist.«

»Dann sag mir, John – war es ›richtig‹, als du was mit Dod Blantyres Frau angefangen hast? War's ›richtig‹, dass wir, die wir's wussten, die Klappe gehalten haben?«

»Darum geht es hier nicht.« Unwillkürlich war Rebus das Blut in die Wangen gestiegen.

»Doch – Geheimnisse und Lügen und der ganze andere Mist, den wir verbreitet haben und mit dem wir uns rumzuschlagen hatten. Ich hab nicht gehört, dass du da drin zugegeben hast, Aussagen unterschrieben zu haben, die nicht deine eigenen waren. Aber wir beide wissen, was los war. Damals ist *sehr* viel passiert, und vielleicht braucht es nur einen einzigen kleinen Riss, damit der ganze Damm bricht …« Paterson hielt inne, blickte Rebus von oben bis unten an. »Also überleg dir gut, auf wessen Seite du dich stellst, John. Und überlass Stefan mir – ich sorge dafür, dass er Saunders nicht noch mal zu nahe kommt.«

Rebus sah Patersons ausgestreckte Hand. Er schlug ein und erwiderte den festen Handschlag, anscheinend wollte Paterson gar nicht mehr loslassen.

»Na schön«, sagte Rebus und zog endlich die Hand zurück. Er sah Paterson hinterher. Kehrte ins Gebäude zurück und ging zur Toilette. Als er sein Gesicht in dem mit Seifenwasser verspritzten Spiegel betrachtete, entdeckte er einen Rest Lippenstift auf der rechten Wange. Fluchend wischte er ihn weg. Vielleicht war er Fox aufgefallen, obwohl er nichts gesagt hatte.

Paterson hatte ihn ganz gewiss entdeckt und auch gleich die Identität der Küsserin erraten – hatte sie nicht auch Paterson um Rebus' Telefonnummer gebeten?

Fox war in seinem Büro, räumte auf, die Show war vorbei.

»Weitergekommen?«, fragte Rebus.

Statt zu antworten, stellte Fox eine Gegenfrage: »Haben Sie Stefan Gilmour erreicht?«

»Nein«, gestand Rebus. »Paterson hat ihm eine Nachricht auf die Mailbox gesprochen.«

»Unglaublich dumm von ihm, Saunders zu kontaktieren.«

»Dem kann ich nicht widersprechen«, erwiderte Rebus und ließ sich auf einen Stuhl sacken.

»Und sind Sie selbst zu irgendwelchen Schlussfolgerungen gelangt, Detective Sergeant Rebus?«

»In welcher Hinsicht?«

»Entweder gehören Sie zu mir oder zu den anderen. Bis eben dachten Sie vielleicht noch, Sie könnten bei Bedarf die Seite wechseln.«

»Die einzige Schlussfolgerung, die ich ziehen kann, lautet: Sie sind unglaublich gerissen!«

»Wahrscheinlich muss ich so tun, als hätten Sie's als Kompliment gemeint.«

»Hab ich irgendwie auch.« Rebus rang sich ein müdes Lächeln ab.

»Tut mir leid, wenn ich Sie zum Teeholer degradiert habe.«

»Sie mussten Paterson zeigen, wer der Chef ist.«

»Und Ihnen vielleicht auch.«

Rebus nickte. »Und was jetzt?«

»Unsere erste Vernehmung muss abgetippt werden. Das überlasse ich Ihnen, wenn es Ihnen nichts ausmacht – ich habe gleich einen Termin mit Elinor Macari.«

»Um zu hören, was Billy Saunders sonst noch so gesagt hat?«

»Ganz genau.«

»Soll ich abschließen?«

Fox musterte Rebus, dann schüttelte er den Kopf.

»Sie vertrauen mir immer noch nicht, oder?« Rebus versuchte verletzt zu klingen.

Fox antwortete nicht. Er steckte eine dicke Mappe in seine Aktentasche zu seinem Notizblock. »Wenigstens haben Sie endlich den Lippenstift abgewischt«, sagte er und ließ die Schnallen zuschnappen.

10

Einige der Gesichter, die Clarke draußen vor dem Haus der McCuskeys gesehen hatte, erkannte sie nun auch auf dem schmalen Gehweg am Torphichen Place. Pkws und Transporter bekamen Strafzettel, ohne dass sich deren Besitzer sonderlich daran zu stören schienen. Dieselben Fahrzeuge hatten die eigentlich dreispurige Straße auf nur eine einzige verengt, und nun hatte sich ein Stau gebildet, die Fahrer beobachteten den Medienrummel.

Endlich im Polizeigebäude angekommen – und nachdem sie alle möglichen ihr zugebrüllten Fragen ignoriert hatte –, zeigte Clarke ihren Dienstausweis und wurde durch eine verschlossene Tür ins Herz des Gebäudes vorgelassen. Die eilig gebildete Ermittlungskommission schien jeden Zentimeter des ersten Stocks mit Beschlag belegt zu haben – Schreibtische wurden verschoben, zusätzliche Stühle gebracht, Kommunikationssysteme angeschlossen. Clarke zwängte sich durchs Gedränge, bis sie im ruhigen Zentrum angekommen war und sich bei DCI Ralph vorstellen konnte. Er war über einen Meter achtzig groß, trug das dunkle Haar in der Mitte gescheitelt und einen sauber gestutzten Bart. Er verzichtete auf einen Handschlag oder Begrüßungsfloskeln und teilte ihr stattdessen mit, in zehn Minuten gebe es ein Briefing, sie möge sich bis dahin nützlich machen.

»Olivia wird Sie einarbeiten«, erklärte er und nickte in Richtung einer jungen Frau, die einen Drucker an ihm vorbeischleppte.

»Olivia Webster«, sagte die Beamtin, um sich vorzustellen, während Clarke ihr folgte. »Ich bin DC.«

»Ich bin DI Clarke.«

»Siobhan Clarke – ich weiß, wer Sie sind.«

»Sind wir uns schon mal begegnet?«

Webster schüttelte den Kopf. Sie hatte langes braunes Haar und graue Augen, einen blassen Teint. »Hab nur gehört, dass Ihr Name erwähnt wurde.« Sie stellte den Drucker auf einen der Tische, neben einen Bildschirm. »Ich bin erst seit sechs Wochen hier – Versetzung aus Dundee.« Sie starrte die Aufbauten auf dem Schreibtisch an.

»Tastatur?«, schlug Clarke vor.

Webster grinste. »Ich wusste doch, dass irgendwas nicht stimmt.« Sie sah sich im Raum um. »Irgendwo muss doch noch eine sein ...« Dann zog sie wieder los, ließ Clarke stehen, ohne jede Ahnung, was sie tun sollte oder konnte. Sie blickte aus einem Fenster, bis die Pressemeute unten sie entdeckte und ihr zuwinkte.

»Nicht viel Platz hier für Pressekonferenzen.« DCI Ralph stand neben ihr. »Wir gehen ins Hotel an der Ecke.«

»Schlau.«

Er betrachtete sie. »Sie waren doch am Tatort, kurz nachdem Mr McCuskey gefunden wurde?« Eine Feststellung mehr als eine Frage. »Deshalb möchte ich, dass Sie sich auf den Einbruch als solches konzentrieren – auf den ganzen Kleinkram vor Ort, wenn Sie so wollen.«

Clarke nickte, um ihr Einverständnis zu signalisieren. »Ein Kollege beschäftigt sich bereits mit den gestohlenen Gegenständen – hört sich in gewissen Kreisen um.«

»Gut.«

»Vielleicht können wir ihn dazuholen?«

»Zum Team, meinen Sie?« Er machte eine abfällige Handbewegung in Richtung des Chaos hinter sich. »Haben Sie den Eindruck, dass uns Leute fehlen?«

»Käme mir vernünftig vor, da er auch in die vorläufigen Ermittlungen mit einbezogen war.«

»Es handelt sich dabei nicht zufällig um Ihren alten Freund, oder? Den berüchtigten John Rebus?«

»John hat nicht nur Kontakte, er war auch mit mir an einem Unfallort nicht weit vom Haus der McCuskeys entfernt. Die junge Frau, die aus dem Wrack geborgen wurde, ist die Freundin von Forbes McCuskey. Wir sind nicht sicher, ob sie zum Zeitpunkt des Unfalls tatsächlich alleine im Wagen saß.«

Ralph wurde nachdenklich. »Das ist ein ungewöhnlicher Zufall.«

»Genau das haben wir uns auch gedacht. Würde DS Rebus zum Team dazustoßen, hätte er bereits einige Vorkenntnisse ...«

»Lassen Sie mich später noch mal darüber nachdenken.«

Er sah auf die Uhr, konzentrierte sich dann auf das Geschehen im Raum, schien mit den Fortschritten zufrieden. Olivia Webster hatte eine schmutzige Tastatur gefunden und schloss sie jetzt an. Ein weiterer Beamter, der eben eine große weiße Tafel gewischt hatte, hängte jetzt Fotos vom Tatort daran auf. McCuskey war weggebracht worden, bevor ihn jemand fotografieren konnte, aber es gab eine Aussage, in der beschrieben wurde, wie er auf dem Wohnzimmerboden gelegen hatte, das Gesicht nach unten, die Beine in einem seltsamen Winkel abgespreizt. Außerdem Nahaufnahmen von der eingeschlagenen Verandatür und von dem durchwühlten Zimmer. Von zwei Zimmern sogar. Clarke ging rüber und betrachtete die Fotos des ehemaligen Jugendzimmers des Sohnes – sie hatte es sich vor Ort nicht angesehen und ärgerte sich jetzt darüber. An den Wänden hingen Plakate von Bands, in den Regalen standen Romane, außerdem gab es ein Bett mit knallroter Bettwäsche. Die Daunendecke lag auf dem Boden, einige der Bücher waren überall verstreut, ein Poster war zerrissen. Die Schubladen waren halb aufgezogen. Trotzdem war anscheinend nichts in dem ganzen Zimmer, das es wert war mitgenommen zu werden. War hier Wut im Spiel? Als wäre Forbes McCuskey ebenso Zielscheibe gewesen wie seine Eltern? Clarke dachte

erneut an Owen Traynor. Ob sie ihn zu einem offizielleren Vernehmungsgespräch vorladen sollten?

DCI Ralph klatschte in die Hände, bat alle Anwesenden um Aufmerksamkeit. Jedermanns Blicke richteten sich auf ihn. Beamte kamen vom Gang und aus den Nebenräumen herein. Clarke wurde mit dem Rücken an die Tafel gedrückt, konnte nicht mehr sehen als die Spitze von Nick Ralphs Kopf. Um sie herum piepten und vibrierten Handys.

»Können wir die Dinger vielleicht ausschalten?«, bat Ralph.

Sie zog ihr eigenes aus der Tasche. Eine SMS von Malcolm Fox, aber die konnte sie auch später lesen. Jetzt machte sie das Handy aus und konzentrierte sich auf ihren Job.

»Lassen Sie uns loslegen«, sagte Nick Ralph.

Am frühen Abend verließ Rebus seine Mietwohnung und ging in einen Laden in der Marchmont Road, um Zigaretten und Speck zu kaufen. Er hatte fast die Arden Street erreicht, als er Forbes McCuskey auf der anderen Straßenseite entdeckte. McCuskey hatte ihn erkannt. Einen Augenblick lang blieb er stehen, dann ging er auf Rebus zu.

»Verfolgen Sie mich? Haben Sie mich auf dem Kieker?«

»Ich bin zufällig hier vorbeigekommen«, sagte Rebus, zögerte ihm zu verraten, dass sie beide in derselben Straße wohnten.

»Belästigung ist das.«

»Ist es nicht. Tut mir übrigens sehr leid wegen Ihrem Vater.«

Der Zorn des jungen Mannes legte sich ein bisschen, seine guten Manieren gewannen die Oberhand.

»Danke«, sagte er.

»Wir werden tun, was wir können, um den Täter zu finden.«

Forbes McCuskey nickte zerstreut. Jetzt, da er dem Detective die Stirn geboten hatte, wusste er anscheinend nicht mehr weiter.

»Unter anderem wird auch Jessicas Vater vernommen«, fuhr Rebus sachlich fort.

»Wozu?«

»Weil seine Tochter gerade erst in einen Autounfall verwickelt war und er nicht davon überzeugt ist, dass sie selbst die Schuld daran trug. Und weil er erwiesenermaßen ein ziemliches Temperament hat.«

»Und dann fällt er aus Rache über meinen Vater her?«

»Weil er *Sie* nicht zu Hause antrifft.«

McCuskey schüttelte den Kopf, hielt dann aber inne. »Na ja«, sagte er, »ich nehme an, Sie müssen allen Eventualitäten nachgehen ...«

»Sie können sicher sein, dass wir das tun.« Rebus zeigte auf das Haus, in dem McCuskey wohnte. »Ich hätte gedacht, dass Ihre Mutter Sie vielleicht braucht.«

»Tante Dorothy ist bei ihr. Ich hole nur ein paar Sachen.«

»Und Ihre Mutter kommt zurecht, in dem Haus ...?«

»Ich habe ihr vorgeschlagen, in ein Hotel zu ziehen.«

»Aber doch nicht ins Caledonian, oder?«, warnte ihn Rebus.

McCuskey nickte, um zu signalisieren, dass er verstanden hatte. »Da ist Jessica ...«

»Und direkt nebenan wohnt ihr Vater. Haben Sie sie besucht?«

McCuskey schüttelte den Kopf.

»Aber sie wird sich doch gemeldet haben, nachdem sie gehört hat ...?«

»Ich habe mit ihr gesprochen, ja.« McCuskey fixierte Rebus. »Sind Sie wirklich einfach so vorbeigekommen?«

»Ich wohne dahinten«, gab Rebus zu, weil er keinen Nachteil darin erkennen konnte. »Wollte gerade zu Margiotta's. Ich wohne in der Nummer siebzehn, zweiter Stock – falls Sie reden wollen.«

»Reden? Worüber denn?«

»Vielleicht darüber, warum Sie uns angelogen haben.«

»Ich hab gelogen?«

»Sie haben gesagt, Sie hätten keinen Führerschein, aber ich

habe Sie am Steuer gesehen, Ihre Mutter saß auf dem Beifahrersitz.«

Der junge Mann schüttelte den Kopf. »Ich hab gesagt, ich fahre nicht, ich habe nie behauptet, dass ich's nicht könnte, wenn's drauf ankäme.«

»Sie wollten uns in die Irre führen, Mr McCuskey. Und das Einzige, was Sie damit erreicht haben, ist, dass ich jetzt noch neugieriger bin zu erfahren, was am Unfallabend wirklich passiert ist.«

»Hören Sie doch endlich auf.«

»Die Sache ist noch nicht abgeschlossen – und nach dem, was Ihrem Vater passiert ist …« Rebus ließ das Ende des Satzes unausgesprochen und machte sich auf den Weg. »Nummer siebzehn«, erinnerte er McCuskey noch einmal. »Mein Name steht an der Klingel …«

Zu Hause in seiner Wohnung zog Forbes McCuskey sein Handy aus der Tasche und telefonierte.

»Ich bin's«, sagte er. Dann als Antwort auf eine Frage: »Ja, mir geht's gut. Ein bisschen benommen, ehrlich gesagt. Ich habe gerade mit diesem Rebus gesprochen.« Er lauschte einen Augenblick, spazierte durch die Küche und öffnete den Kühlschrank auf der Suche nach etwas Trinkbarem. »Anscheinend wohnt er in derselben Straße wie ich, was ziemlich nervt, und er redet immer noch von dem Unfall. Anscheinend denken die, dass Jess' Vater hinter dem Einbruch steckt. Das kann ganz gut für uns sein, ein bisschen Druck rausnehmen.« Er hielt erneut inne, hörte zu, trank aus einem Tetrapack Milch. »Nein, nicht *den* Druck. Apropos, ich versuch lieber mal, Jess zu erreichen …«

Er beendete die Verbindung und ging in sein Zimmer, ließ sich aufs Bett fallen und starrte an die Decke. Unter der Matratze hatte er noch ein bisschen Dope gebunkert und würde es gleich rauchen. Vielleicht auch ein bisschen Wein trinken oder

einen Tequila. Hauptsache, er musste nicht mehr an seinen Vater denken und was passiert war – und was hätte passieren können.

»Du Vollidiot«, brummte er vor sich hin, legte den Unterarm auf die Augen. »Was zum Teufel hast du getan …?«

Und ganz allmählich kamen ihm die Tränen.

»Darf ich raufkommen?«

»Wo sind Sie?«, fragte Siobhan Clarke.

»Ich stehe draußen.«

Sie ging zum Fenster und sah hinaus. Ihre Wohnung lag im ersten Stock eines schmucklosen Gebäudes in einer Nebenstraße der Broughton Street. Fox stand mitten auf der Straße, das Handy ans Ohr gepresst.

»Was ist los?«, fragte sie ihn.

»Das sage ich Ihnen lieber persönlich.«

Sie sah sich in ihrem Wohnzimmer um. Durchaus herzeigbar – *mehr* als das. Trotzdem wollte sie nicht, dass Fox es sah. »Ich komme runter«, sagte sie. »Um die Ecke ist eine Bar, in die können wir gehen.«

»Ich trinke nicht«, rief ihr Fox ins Gedächtnis. »Und eigentlich handelt es sich auch nicht um einen Freundschaftsbesuch.«

»Bin in zwei Minuten unten«, sagte sie, beendete das Gespräch und fragte sich, ob sie sich hübsch machen sollte.

Die Bar hieß The Basement, weil sie in einem Keller lag und man über eine kurze Treppe aus Steinstufen vom Gehweg aus hineingelangte. Sie war düster, und die Einrichtung wirkte wie aus der Kulisse der *Alien*-Filme entwendet. Fast ebenso weit entfernt, nur in der entgegengesetzten Richtung, gab es auch ein traditionelles Pub, aber Clarke hatte sich für diese Kneipe entschieden, weil sie glaubte, Fox würde sich hier unwohler fühlen. Die Gäste waren jung, die Musik ebenso ungemütlich wie die Tische und Stühle. Clarke

bestellte ein Glas Weißwein und Fox einen Tomatensaft mit Tabasco.

»Man kann sich ja kaum denken hören«, beschwerte er sich, woraufhin Clarke einlenkte und ihn hinaus in den kleinen Hof führte, wo sonst die Raucher standen. An der Wand waren eine Bank und zwei Lattentische, außerdem ein paar Korbstühle. Sie setzten sich mit ihren Getränken einander gegenüber. Der Abend war kühl, und Clarke zog den Mantel enger um sich, freute sich darüber, dass sie besser ausgerüstet war als Fox, der nur einen dünnen dunkelblauen Anzug mit Hemd und Krawatte trug.

»Besser?«, fragte sie.

»Auf jeden Fall ruhiger.« Er knöpfte sein Anzugsjackett zu und fing an. »Ich mach's kurz – es geht um Sie und David Galvin.« Er lauerte auf ihre Reaktion, und sie konnte nicht anders, als sich ihre Überraschung anmerken zu lassen, sie riss die Augen auf, und ihr Glas stoppte auf halbem Wege zum Mund.

»Was ist mit ihm?«

»Er ist Anwalt.«

»Das weiß ich.«

»Bei der Staatsanwaltschaft.«

»Was nicht abwegig ist.«

»Sind Sie beide ein Paar?«

»Was zum Teufel geht Sie das an?«

Fox hob beschwichtigend die Hand. »Es sollte mich eigentlich gar nichts angehen – aber Professional Standards wurde anonym kontaktiert und der Inhalt der Mitteilung an mich weitergeleitet.«

»Anonym?«

Fox nickte. »Anscheinend von einem Kollegen Galvins. Möglicherweise hegt jemand einen Groll gegen ihn.«

»Und was ist der Inhalt dieser Nachricht?«

»Man hat uns einfach nur davon in Kenntnis gesetzt, dass Sie beide sehr viel Zeit miteinander verbringen und sich intim kennen …«

Wäre sie weniger wütend und gereizt gewesen, hätte sie seine Ausdrucksweise amüsiert. Stattdessen bat sie ihn mit versteinerter Miene fortzufahren.

»Viel mehr war's nicht«, gestand er mit einem Schulterzucken. »Unser Informant sagt, wir sollen uns Ihr Verhältnis genau ansehen, möglicherweise sei daran etwas nicht ganz statthaft.«

»Sie meinen, ich könnte David beeinflussen und umgekehrt?«

»Möglich.« Fox rutschte auf seinem Stuhl herum, sein Getränk blieb bislang unberührt. »Wie viele Leute wissen von Ihnen und Mr Galvin?«

»Ich habe niemandem davon erzählt.« Sie starrte ihn durchdringend an. »Wobei ich nicht der Meinung bin, dass wir etwas zu verbergen haben …«

»Natürlich nicht.« Fox hielt inne. »Und von seiner Seite aus …?

»Anscheinend hat er zumindest *einer* Person etwas verraten.« Sie nahm ihr Handy. »Am besten frage ich ihn.« Aber dann warf sie einen Blick auf ihr erleuchtetes Display. »Sobald ich ein Netz bekomme.«

»Vielleicht sollten Sie bis morgen warten«, riet ihr Fox. »Lassen Sie sich Zeit, darüber nachzudenken.«

»Sie gehen immer auf Nummer sicher, oder? Handeln nie im Affekt?«

»Das bringt der Beruf so mit sich«, sagte er schulterzuckend.

Nach einem Augenblick des Zögerns steckte Clarke ihr Handy wieder ein und nahm ihren Wein. Sie trank ein paar Schlucke, dann fragte sie ihn, wie es mit Rebus lief.

»Schwer zu sagen.«

»Weil Sie's mir nicht sagen wollen oder weil Sie's nicht wissen?«

»Eher Letzteres. Ich bin nicht sicher, woran ich bei ihm bin. In seinem Kopf geht so vieles vor sich …«

»Das Gefühl kenne ich.« Clarke hob erneut ihr Glas. »Er erinnert mich an einen Schach-Crack, der gleichzeitig zwölf verschiedene Partien spielt.«

»Kein schlechter Vergleich«, stimmte ihr Fox lächelnd zu. »Und wenn es aussieht, als würde er auch nur eine davon verlieren …«

»Geht man besser schnell in Deckung, bevor die Fetzen fliegen.«

Jetzt grinsten beide, und es schien auch gar nicht mehr so kalt zu sein.

»Danke, dass Sie mir davon erzählt haben«, sagte Clarke in die Stille hinein. »Von der geheimnisvollen Botschaft, meine ich. Was wird der nächste Schritt sein?«

»Die Sache wandert auf den Stapel mit den unerledigten Aufgaben, ganz unten hin. Und wird vielleicht nie wieder ausgegraben. Dank der Umstrukturierung könnten jede Menge Akten für immer und ewig in den Kellergewölben verschwinden.«

»Ist das moralisch einwandfrei?«

»Sie meinen, Rebus hat bereits abgefärbt?«

»Diesen Effekt kann er haben.« Clarke merkte, dass ihr Glas leer war.

»Noch einen?«, fragte sie.

»Ich hab den Saft hier noch nicht mal getrunken. Aber sehen Sie … und verstehen Sie's nicht falsch oder so …«

»Raus damit«, drängte sie ihn.

»Ich hab mich gefragt, ob Sie schon gegessen haben – ich nämlich nicht, und ich bin am Verhungern.«

»In der Broughton Street gibt es alles, was Sie brauchen«, sagte Clarke. »Und um die Wahrheit zu sagen, ein Curry könnte jetzt auch für mich genau das Richtige sein …«

Tag sechs

11

Am nächsten Vormittag fuhr Rebus zum Gayfield Square. Vor Fox im Sheriff Court einzutreffen und dann vor verschlossener Tür zu stehen war sinnlos. Die DCs Esson und Ogilvie hatten eine Kanne Kaffee gekocht, und – ein besonderer Bonus – James Page war weit und breit nicht zu sehen.

»Er ist eingeschnappt«, erklärte Esson.

»Weil ihm Nick Ralph kein Bonbon geschenkt hat?«, vermutete Rebus.

»Außerdem kann er's jetzt nicht mal an Ihnen auslassen, weil Sie uns von der Generalstaatsanwältin abspenstig gemacht wurden.«

»Jetzt tut er mir fast schon leid.« Rebus nahm einen Schluck Kaffee, dann verzog er das Gesicht.

»Den hat Ronnie gekauft«, erklärte Esson. Rebus sah Ronnie Ogilvie an.

»Hab das ›entkoffeiniert‹ auf der Packung übersehen.«

»Und das ›billig und scheußlich‹ offensichtlich auch«, ergänzte Rebus. »Das ist vielleicht eine Kombination, mein Lieber.« Rebus' Handy machte ihn auf einen Anruf aufmerksam. Er sah Ogilvie und Esson Blicke tauschen.

»Der Klingelton ist BB King«, teilte er ihnen mit. »Also fangen Sie gar nicht erst an.« Dann ins Handy: »Guten Morgen, Inspector Fox – was kann ich für Sie tun?«

»Elinor Macari möchte uns sprechen. Wie schnell können Sie hier sein?«

»Im Sheriff Court? Bei Gegenwind in zehn Minuten. Was gibt's?«

»Wissen Sie noch, dass Ihr Freund sich mit Billy Saunders unterhalten wollte?«

»Laut Saunders«, präzisierte Rebus. »Wir haben Stefan Gilmours Version noch nicht gehört.«

»Na ja, das werden wir jetzt wohl schneller als erwartet. Billy Saunders ist verschwunden.«

»Verschwunden?«

»Heute Morgen wurde sein Wagen auf einem Brachgelände in Niddrie gefunden. Der Mann, der die Minicab-Zentrale leitet, hatte seit Schichtbeginn die ganze Nacht nichts mehr von ihm gehört. Anscheinend hat er den letzten Auftrag in einem Pub namens The Gimlet angenommen …«

»Nicht weit von der Calder Road?«

»Hätte ich mir denken können, dass Sie's kennen.«

»Ich war da und hab mich nach den Sachen erkundigt, die aus dem Haus der McCuskeys gestohlen wurden.«

»Jedenfalls sollte die Fahrt in die Niddrie Marischal Road gehen.«

»Üble Gegend«, meinte Rebus. »Hat der Fahrgast einen Namen?«

»Robinson.«

»Wahrscheinlich falsch.«

Fox konnte sich nicht verkneifen zu fragen: »Wie kommen Sie denn darauf?«

»Wenn er in den Gimlet geht, ist die Wahrscheinlichkeit relativ hoch, dass er Dreck am Stecken hat. Und niemand fährt wegen der Michelin Restaurants mitten in der Nacht nach Niddrie. Unser zwielichtiger Fahrgast hatte also vermutlich etwas Zwielichtiges vor.«

»Und möchte lieber nicht, dass sein Name im Protokoll auftaucht?« Rebus konnte Fox beinahe nicken hören. »Zehn Minuten, haben Sie gesagt?«

»Gibt's da einen Kaffee?«

»Falls Sie die heiligen Hallen der Generalstaatsanwältin mei-

nen, ich denke, ich habe hier irgendwo eine Nespresso-Maschine gesehen.«

»Sie redegewandter Mistkerl. Bin schon unterwegs …«

Elinor Macaris Assistentin brachte das Tablett.

»Riecht hervorragend«, sagte Rebus und nahm einen kleinen weißen Becher. Dazu gab es sogar Kekse, und er suchte sich einen vom Teller aus. Macari saß an ihrem Schreibtisch und wollte keinen Kaffee. Sie trank stilles Wasser aus einer Flasche und sah aus, als hätte sie mindestens eine Stunde im Fitnesscenter hinter sich. Ihre Haut glühte. Als die Assistentin ging, bat sie Fox um dessen Bericht.

»DS Rebus sollte wahrscheinlich anfangen«, meinte Fox, was dieser dann auch tat, indem er das Gimlet und die Kundschaft dort beschrieb. Danach warf die Generalstaatsanwältin die leere Flasche in einen Papierkorb und presste die Hände flach aneinander.

»Geplante Vorgehensweise?« Ihr Blick bohrte sich in Rebus.

»Saunders ist noch nicht lange verschwunden. Vielleicht hat er was vor und kommt in ein, zwei Tagen fröhlich anspaziert, nachdem er sich in einem Casino oder beim Kartenspiel um seine komplette Barschaft gebracht hat.«

»Oder er wurde dafür bezahlt, dass er sich rar macht – kennen wir zufällig jemanden mit Geld, der Interesse daran haben könnte?«

»Wir werden mit Stefan Gilmour sprechen«, unterbrach Fox. »Wir werden auch Saunders' letzten Fahrgast aufspüren.«

»Was noch?«, fragte die Generalstaatsanwältin.

»Wir können seine Angehörigen und seine Freunde befragen, uns von seinem Handybetreiber eine Liste seiner Anrufe geben lassen …«

Sie nickte, als wäre sie endlich mehr oder weniger zufrieden.

»Darf ich Sie etwas fragen?«

»Was denn, DS Rebus?«

»Sie haben Saunders doch vernommen, kann ihn das verschreckt haben?«

»Möglich«, räumte Macari ein. »Eigentlich war für heute noch ein weiterer Termin vorgesehen.«

»Vielleicht hat er sich deshalb aus dem Staub gemacht.« Rebus hielt inne. »Hat er Ihnen etwas verraten?«

»Er war sehr einsilbig.«

»Wollten Sie ihm einen Deal anbieten?«

»Nicht von vornherein. Aber falls Sie sich Sorgen machen, kann ich Ihnen gerne versichern, dass Ihr Name nicht erwähnt wurde – das ist der einzige Grund, weshalb Sie hier sitzen. Malcolm hat mir seine Überlegungen erläutert, und ich kann nachvollziehen, weshalb er glaubt, Sie könnten ihm behilflich sein … bis zu einem gewissen Grad.«

»Ich nehme an, ich werde merken, wenn dieser Grad erreicht ist?«

»Glauben Sie mir, das werden Sie.«

»Na schön. Aber in der Zwischenzeit haben wir uns unseren Kaffee und einen Keks verdient.«

Zum Dank für seine Mühe erntete Rebus einen Blick, den Elinor Macari sonst nur einem kaputten Rudergerät geschenkt hätte. Fox erhob sich, stellte seinen Becher aufs Tablett.

»Wir haben Ihnen genug Zeit gestohlen«, sagte er.

Rebus tat es ihm gleich, zögerte gerade lange genug, um sich einen zweiten Vollkornkeks vom Teller zu stibitzen. Macari sagte nichts, sah aber beide unverwandt an, bis sie das Büro verlassen hatten. Kaum war die Tür hinter ihnen zugefallen, griff sie zum Teller und nahm sich den letzten verbliebenen Keks, betrachtete ihn fast dreißig Sekunden lang und biss dann genussvoll hinein.

Das Gimlet würde erst in einer Stunde aufmachen, also fuhren sie zuerst nach Niddrie. Dort, wo die Verwahrlosung am größ-

ten war, war der Wohnbestand abgerissen und ersetzt worden. Dazwischen gab es immer noch brachliegende Flächen, und auf einer solchen hatte man den Ford Sierra gefunden.

»Der Schlüssel steckte im Zündschloss«, erklärte Fox, als sie unweit der Fundstelle hielten. »Zum Glück haben ihn sich die Jugendlichen hier aus der Gegend nicht für eine Spritztour unter den Nagel gerissen.«

»Aber warum eigentlich nicht?«

Fox zuckte nur mit den Schultern. »Jedenfalls hat der Chef der Minicab-Firma heute Morgen jemanden losgeschickt, um den Wagen zu holen.«

»Was bedeutet, dass Beweise verunreinigt wurden«, meinte Rebus.

»Beweise?«

»Das ist das Zeug, das wir suchen und vor Gericht präsentieren.«

Fox sah ihn böse an. »Sie glauben, Saunders könnte etwas zugestoßen sein?«

»Nicht so richtig.«

»Aber die Möglichkeit besteht.«

»Wenn sich jemand aus dem Staub machen will, fährt er normalerweise an einen Bahnhof oder einen Busbahnhof. Nicht aber Saunders. Er hat sein Auto in der hinterletzten Ecke abgestellt.«

»Um uns von seiner Spur abzulenken.«

»Oder weil er in der Nähe einen Freund hat, der ihn aufnimmt.« Rebus verengte die Augen wegen des Zigarettenqualms, den er selbst produzierte.

»Dann reden wir mit seinen Angehörigen und Freunden?«

»Und mit seinem Chef – mal sehen, ob er noch mehr über den Auftrag aus dem Gimlet weiß.«

»Und wir müssen ins Gimlet – irgendjemand dort muss doch wissen, wen er eingesammelt hat.«

»Aber die Jungs dazu zu bringen, es uns zu verraten, wird

alles andere als einfach. Da drin sitzen nicht unbedingt Gin Tonic saufende Kaschmirpullis.«

»Aber man kennt Sie doch.«

»Was nicht heißt, dass man mich mag.«

»Dann sollte ich vielleicht das Reden übernehmen.«

»Das möchte ich sehen.«

»Wird mir ein Vergnügen sein«, sagte Malcolm Fox und hätte beinahe die Brust herausgestreckt.

Doch zuerst fuhren sie zu Billy Saunders nach Hause, ein bescheidenes, kieselverputztes Reihenhaus in Blackhall. Saunders war immer noch mit Bettina verheiratet, der Grund seines Streits mit Douglas Merchant.

»Stellen Sie mich lieber nicht vor«, sagte Rebus zu Fox.

»Falls er Ihren Namen ihr gegenüber schon mal erwähnt hat?«

Rebus nickte.

Die Frau war zu Hause, zeigte sich aber wenig begeistert, die beiden zu sehen. Sie blieben stehen, da sämtliche Sitzgelegenheiten im Wohnzimmer entweder von Katzen oder Wäsche oder beidem in Beschlag genommen wurden. Sie war sicher, dass Billy wiederauftauchen würde. Sie glaubte, er habe einfach nur die Nachtschichten satt. Wahrscheinlich würde er sich mal ordentlich ausschlafen.

Ob er Freunde in Niddrie habe?

Hatte er nicht.

War zwischen ihnen als Paar alles in Ordnung?

Wenn sie damit andere Frauen meinten, so weit käm's noch.

Ob sie wusste, dass ein Wiederaufnahmeverfahren gegen Billy angestrengt werden sollte? Hatte er sich deshalb Sorgen gemacht?

Würden sie sich keine machen?

Irgendwelche Adressen, wo sie ihn suchen könnten? Und eine Kopie seiner letzten Handyrechnung …

War das nicht ein bisschen viel verlangt?

Dann räusperte sich Rebus und erkundigte sich nach Douglas Merchant.

»Was ist mit dem?«

»Angeblich hat Billy ihn umgebracht, weil er mit Ihnen geschlafen hat.«

Bettina Saunders gab einen schweineartigen Grunzlaut von sich. »Das war ein Haufen Geschwätz – irgendjemand hat das Gerücht in die Welt gesetzt, und Billy hat rotgesehen.«

»Dann hat er Merchant also tatsächlich umgebracht?«, fiel ihr Fox ins Wort.

»Das hab ich nicht gesagt.« Sie sah ihn böse an. »Billy kann sehr wütend werden, aber er würde niemandem was tun – deshalb kam vor Gericht ja auch nichts raus. Da saß der Falsche auf der Anklagebank.«

»Einem anderen Häftling gegenüber hat er seine Schuld aber gestanden.«

»Knastbrüder reden viel, wenn der Tag lang ist, oder? Wenn man verbreitet, man hätte jemanden umgebracht, lassen einen die anderen in Ruhe.«

»Sie kennen sich ja bestens aus.«

»Jahre meines Lebens sind damit draufgegangen, Billy im Knast zu besuchen.«

»Wenn er sich meldet, sagen Sie uns Bescheid?«

»Sie stehen ganz oben auf meiner Liste.«

»Ich bin nicht ganz sicher, ob ich Ihnen das glaube.« Aber Fox bedankte sich trotzdem.

Die Befragung des Taxiunternehmers verlief ähnlich. Saunders' Ford parkte unten an der Straße, sodass sie ihn sich sogar ansehen konnten. Keine Anzeichen von Beschädigung; nichts wies auf einen Kampf hin.

»Also ich glaube«, sagte Saunders' Chef und verschränkte seine nackten fleischigen Arme vor der Brust, »dass der Gast

keine Kohle hatte und abgehauen ist. Billy ist ihm hinterher – und dann ist was passiert. Er ist nicht der Fitteste, vielleicht ist er irgendwo zusammengeklappt. Oder er wurde in einen Hinterhalt gelockt.« Er zuckte mit den Schultern, als stünden solche Unwägbarkeiten bereits in der Arbeitsplatzbeschreibung.

Wieder im Saab, fragte Fox Rebus, ob es jetzt Zeit für einen Besuch im Gimlet sei.

»Ich denke, Sie sind so weit«, sagte Rebus und ließ den Motor an. »Früher gehörte der Laden einem Gauner namens Frank Hammell. Wenn man einen gestohlenen Fernseher oder eine Stereoanlage brauchte, war man dort an der richtigen Adresse.«

»Wo steckt Hammell jetzt?«

»Er ist raus aus dem Geschäft.«

»Klingt, als wäre das keine freiwillige Entscheidung gewesen.«

»Kann man so sagen …«

Als sie ihr Ziel erreicht hatten, ging Fox vor. Rebus legte ihm eine Hand auf den Arm.

»Kleine Planänderung – vielleicht lassen Sie doch lieber mich zuerst reden.«

Er war bereits erkannt worden – nicht von der tätowierten Barfrau, sondern von dem jungen, gut gekleideten Mann, der auf einem Hocker saß und sein Gespräch mit ihr unterbrach, als Rebus eintrat.

»Darryl Christie«, sagte Rebus.

»Mr Rebus.« Christie rührte sich nicht, blieb sitzen. Er musterte Rebus von oben bis unten. »Kann ich etwas für Sie tun?«

Rebus ignorierte die Frage und wandte sich an Fox. »Dieser junge Pisser hier ist der Grund, weshalb Frank Hammell den Laden aufgeben musste, und eine ganze Reihe ähnlicher Kneipen dazu. Ich weiß, was Sie denken – der kann noch nicht lange mit der Schule fertig sein –, aber lassen Sie sich davon nicht täuschen.«

Wie um die Behauptung zu bestätigen, rieb sich Christie

mit der Hand über die Akne an seinem Kinn, grinste und entblößte seine Milchzähne, zumindest sahen sie so aus. Rebus schaute sich nach Sicherheitsleuten um.

»Hast du deine Jungs gar nicht dabei?«, fragte er. »Es sei denn, der Alte mit dem Rum dahinten in der Ecke ist ein Meister der Verstellungskunst.«

»In der Stadt ist alles friedlich, Mr Rebus. Und Personal kostet viel Geld.«

»Waren Sie zufällig auch gestern Abend hier, Mr Christie?«, unterbrach Fox. »Einer Ihrer Gäste hat um zirka 20.45 Uhr ein Taxi gerufen. Wir suchen den Fahrer.«

»Fragen Sie Lavinia«, riet ihm Christie und zeigte auf die Barfrau.

»Ich arbeite nur tagsüber«, korrigierte sie ihn.

»Stimmt.« Christie schüttelte den Kopf wegen seines Irrtums. »Dann war wahrscheinlich Colin oder Johnny hier.«

»Zusätzlich noch jemand an der Tür?«, fragte Rebus.

Christie dachte einen Augenblick nach. »Deano, denke ich. Sie meinen, er müsste das Taxi gesehen haben? Was hat der Fahrer denn ausgefressen?«

»Das geht Sie nichts an, Mr Christie«, sagte Fox beinahe entschuldigend.

»Sie gefallen mir«, erklärte Christie. »Sie haben die richtige Einstellung – wahrscheinlich arbeiten Sie noch nicht lange mit Rebus zusammen. Und weil Sie mich beeindruckt haben …« Christie zog sein Handy aus der Tasche und machte drei Anrufe: bei beiden Barmännern und beim Türsteher. Nichts.

»Keiner hat was gesehen«, verkündete er mit einem fadenscheinigen Lächeln.

»Na, so was«, murmelte Rebus.

»Wenn Sie mir vielleicht weitere Informationen anvertrauen wollen …« Christie wandte sich an Fox, und Fox machte schließlich den Mund auf, um zu antworten.

»Sagen Sie ihm nichts«, fuhr ihn Rebus an. »Wir machen das

auf die harte Tour. Nicht dass er mir nicht noch was schuldig wäre …«

»Weil Sie Kenny Magrath eingebuchtet haben?« Christie war von seinem Hocker gesprungen. »Dafür soll ich Ihnen danken?«

Aber Rebus hatte sich schon umgedreht, die Hand wieder auf Fox' Arm gelegt. »Kommen Sie«, sagte er.

Draußen stieg er in den Wagen, knallte die Tür zu und klammerte sich mit beiden Händen ans Lenkrad.

»Da gibt's wohl eine Vorgeschichte«, vermutete Fox.

»Seine Schwester war Annette McKie. Kenny Magrath hat sie getötet, und ich habe ihn ins Gefängnis gebracht.«

»Dafür müsste Christie Ihnen doch dankbar sein.«

»Er hätte Magrath lieber tot gesehen – wahrscheinlich hat sich daran nichts geändert.«

Fox nickte. »Wäre ich da alleine rein …«

»Dann hätte er genau dasselbe Spiel gespielt. Sie haben doch seinen Tonfall gehört, als er mit seinen Leuten telefoniert hat – er wollte Ihnen auf keinen Fall etwas Brauchbares liefern.«

»Sie glauben, dass er was mit Saunders' Verschwinden zu tun hat?«

Rebus starrte die abstoßende Fassade des Pubs an. »Ich wünschte«, sagte er.

»Aber Sie glauben es nicht – womit wir wieder da wären, wo wir angefangen haben.«

»Wir machen's einfach auf die harte Tour, wie gesagt.«

»Das heißt?«

»Wir holen uns die Genehmigung, Saunders' Anrufe zu überprüfen.«

»Und ansonsten drehen wir Däumchen?«

»Was glauben Sie wohl?«

»Ich denke, wir fahren nach Glasgow und laden uns selbst zu einer Plauderstunde bei einem extrem gut vernetzten Geschäftsmann namens Stefan Gilmour ein.«

»Bingo«, sagte Rebus.

Fox warf einen letzten Blick auf das Gimlet. »Und Sie wollen mir wirklich weismachen, dass der Junge da was in der Stadt zu sagen hat?«

»Die Zeiten ändern sich, Malcolm. Die Alten sind abgemeldet, wie man so schön sagt.«

»Anwesende natürlich ausgenommen.«

»Natürlich«, sagte Rebus und ließ den Motor an.

»Brauche ich meinen Anwalt?«

»Sie sind nicht festgenommen, Mr Traynor.«

Ralph und Clarke hatten Owen Traynor in eines der kleineren, aufgeräumteren Büros im ersten Stock am Torphichen Place gebracht. Hinter verschlossener Tür hörte man die Mitarbeiter der Ermittlungskommission scheinbar geschäftig herumwuseln, tatsächlich aber hofften sie nur darauf, das ein oder andere im Vorübergehen mitzuhören.

»War ein einziger Spießrutenlauf hierher«, beschwerte sich Traynor. Er trug seinen Anzug, aber keine Krawatte. »Wenn es wieder um Jessicas Unfall geht …«

»Gewissermaßen ja«, unterbrach ihn Nick Ralph. »DI Clarke hat mir gesagt, Ihrer Tochter geht es besser?«

Traynor nickte.

»Aber bezüglich der Unfallursache bestehen Unklarheiten.«

»Sie kam auf einer vereisten Stelle ins Schlittern.«

»Also ist sie selbst gefahren?«

»So hat sie's mir jedenfalls erzählt.«

»Interessante Wortwahl«, schaltete sich Clarke ein. »Klingt, als wüssten Sie nicht so genau, ob Sie ihr das abnehmen.«

»Das haben Sie Ihrem Freund Rebus zu verdanken – er hat alles aufgewühlt, Forbes McCuskeys Namen ins Spiel gebracht. Demnächst fragt er mich noch, ob ich was mit dem Einbruch bei seinen Eltern zu tun hatte.«

»Hatten Sie denn was damit zu tun?«

Traynor starrte Clarke an. »Ich *wusste* doch, dass es darum geht«, knurrte er. »Sie versuchen verzweifelt, jemandem die Schuld in die Schuhe zu schieben – egal wem.«

»Wir interessieren uns für Zufälle, Mr Traynor«, sagte DCI Ralph vollkommen ruhig und vernünftig.

»Soweit ich weiß, ist der Sohn das einzige Bindeglied zwischen beiden Ereignissen, aber ich sehe nicht, dass er vorgeladen oder vernommen würde. Sähe in der Presse nicht gut aus, oder? Also erscheint stattdessen mein Foto!«

»Nur der Klarheit wegen«, fuhr Ralph fort, den Ausbruch ignorierend, »Sie sind Patrick und Bethany McCuskey nie begegnet? Waren nie bei ihnen zu Hause?«

»Ich wusste nicht mal, wo McCuskey wohnt, bis ich's in den Nachrichten gesehen habe.«

»Und Sie geben Forbes McCuskey nicht die Schuld an Jessicas Unfall?«, setzte Clarke hinzu.

Traynor starrte sie erneut an. »Nein, überhaupt nicht«, behauptete er, wobei sie ihm ansah, dass er log, denn sein Blick glitt verdächtig von ihrem ab.

»Wenn ich Sie richtig verstanden habe, haben Sie Freunde bei der Met«, sagte Nick Ralph und lehnte sich ein klein wenig in seinem Stuhl zurück.

»Unglaublich, wen man so alles beim Golfspielen kennenlernt.« Traynor zog an einer Hemdmanschette.

»Trotzdem hatten Sie in der Vergangenheit das ein oder andere Mal Schwierigkeiten.«

»Wer sagt das?«

»Sie waren vorübergehend zahlungsunfähig.«

»Ich bin immer wieder auf die Füße gekommen.«

»Anders als Ihre Investoren.«

»Was haben die damit zu tun?«

»Nur dass Sie bekanntermaßen ein Mann mit einem gewissen Temperament sind.«

»Das heißt aber nicht, dass ich gewohnheitsmäßig Politiker

verprügele. Außerdem war ich den ganzen Vormittag in meinem Hotel, und die Mitarbeiter dort können das bestätigen.«

Traynor blickte von einem Detective zum anderen, als wollte er sie herausfordern, seine Aussage anzuzweifeln. »Sie verschwenden Ihre Zeit – und was noch entscheidender ist – meine.«

»Mögen Sie Forbes McCuskey?«, fragte Clarke in die Stille hinein.

»Der Junge scheint in Ordnung zu sein.«

»Und wenn doch er und nicht Jessica den Unfall verursacht hat und er geflohen ist, ohne ihr zu helfen …?«

»So hat sie den Hergang nicht geschildert.«

»Vielleicht hatte sie einfach Angst vor Ihrer Reaktion, wenn Sie die Wahrheit erfahren.«

Traynor starrte sie an, dann wandte er sich an Ralph. »Sind wir hier fertig?«

»Es sei denn, Sie wollen dem Gesagten noch etwas hinzufügen.«

»Nein«, erklärte Traynor.

Olivia Webster wurde gerufen, um Traynor rauszubringen. Clarke und Ralph standen zusammen im Gang und sahen ihm nach.

»Mit dem Kerl will man sich lieber nicht anlegen«, meinte Nick Ralph. »Andererseits habe ich nichts entdecken können, das darauf schließen ließe, dass ein Einbruch seinem Stil entspricht.« Er rieb sich nachdenklich das Kinn. »Was Neues über die gestohlenen Gegenstände?«

»Bis jetzt nicht.«

Ein Beamter tauchte im Türrahmen auf, winkte, um Ralphs Aufmerksamkeit auf sich zu lenken. »Anruf aus dem Büro des First Minister«, erklärte er.

»Wunderbar«, murmelte Ralph und stolzierte den Gang hinunter.

12

Rebus und Fox saßen in einem Café und sahen Aufnahmen der Polizeiwache in den Fernsehnachrichten. Sie befanden sich in einem Glasgower Vorort und waren dankbar für das Navi auf Fox' Handy.

»Die Straßenführung hier hab ich nie ganz kapiert«, meinte Fox, als sein Scotch Broth gebracht wurde.

»Willkommen im Club.« Rebus lehnte sich ein bisschen zurück und ließ sich von der Kellnerin einen Steak Pie vorsetzen. Pommes, Salat und ein Brötchen mit Butter waren dabei.

»Helfen Sie mir«, sagte Rebus zu Fox.

»Da muss ich passen, mein Lieber«, erwiderte Fox und steckte sich die Serviette in den Hosenbund. Nach einem Blick auf die Uhr an der Wand sagte er: »Und Sie haben nur ungefähr zwanzig Minuten, dann müssen wir weiter.« Das gesagt, nahm er seinen Löffel zur Hand und machte sich ans Werk.

»Haben Sie immer schon gedacht, dass Sie mal zu den Complaints gehen werden?«, fragte Rebus.

»Denkt das überhaupt jemand?«

»Vielleicht nicht, aber Sie scheinen ja ganz begabt zu sein – wenn man bedenkt, wie viele Kollegen Sie auf den Tod nicht ausstehen können.«

»Zu denen auch Sie gehören.«

»Jetzt vielleicht weniger als vorher.«

Fox würzte seine Suppe mit weißem Pfeffer. »Jemand muss aufpassen, dass wir uns keine Freiheiten herausnehmen.«

»Den Satz haben Sie geübt.« Rebus zog sich ein Stück Knorpel aus den Zähnen. »Aber jetzt, wo wir uns besser ken-

nen, würden Sie sich schlechter fühlen, wenn Sie mich auffliegen lassen müssten?«

Fox sah ihn an. »Kann sein«, gestand er.

»Aber Sie würden mich trotzdem auffliegen lassen?«

»Wenn es einen Grund gäbe.«

»Das ist schon ein beschissener Job. Sagen wir mal, ich würde irgendein Arschloch zu einem Geständnis bewegen wollen, das ich ihm dann auch entlocke, aber sagen wir mal, ich müsste dazu den ein oder anderen Kniff anwenden …?«

Fox lächelte. »Sie meinen, damit sind Sie automatisch auf der Seite der Guten?«

»Sie nicht?«

»Ich bin kein Erbsenzähler, John, jede Situation ist anders, und die besonderen Umstände werden immer berücksichtigt.«

»Der typische Spruch eines Erbsenzählers.« Aber Rebus lächelte.

Fox sah erneut auf die Uhr.

»Sie meinen nicht, dass uns Stefan ein paar Minuten Spielraum lässt?«, fragte Rebus.

»Würden Sie's an seiner Stelle tun?«

»Guter Einwand«, musste Rebus zugeben und schob sich eine weitere Fuhre Steak Pie in den Mund.

»Hey, sehen Sie mal.« Fox zeigte auf den Fernseher. Rebus sah, wie Unruhe in die Medienmeute draußen vor der Wache am Torphichen Place kam, als ein Mann sich einen Weg hindurchbahnte. Schnitt, dann wurde derselbe Mann beim Verlassen des Gebäudes gezeigt, während ein Sprecher aus dem Off erklärte, es handele sich um den »Londoner Unternehmer Owen Traynor, dessen Tochter mit Patrick McCuskeys Sohn liiert ist …«

»Gut gemacht, Siobhan«, nuschelte Rebus leise vor sich hin, bevor er den Pie verloren gab und sich über die Pommes hermachte.

Es war ein dreistöckiges Hotel, ganz und gar aus Rauchglas und Chrom, leicht zu erreichen, sowohl von der M8 als auch von der M74 – Geschäftsreisende konnten hier Station machen, Termine wahrnehmen, essen oder übernachten. Stefan Gilmour und sein Partner, der ehemalige Profifußballer Barney Frewin, hatten das Hotel von Grund auf neu gebaut, und seit der Eröffnung waren erst drei Wochen vergangen. An den Wänden der Lobby hingen gerahmte Fotos, die die Gäste bei der offiziellen Eröffnungsfeier zeigten, darunter auch Frewin und einige seiner früheren und aktuellen Fußballkumpels, außerdem Gilmours Freundin und ein paar bekannte Gesichter aus dem Showbiz.

»Immer noch eine Schönheit«, musste Fox zugeben. Dann, als er sich Rebus' Blick bewusst wurde: »Hab sie früher im Fernsehen gesehen…«

Sie wollten sich gerade an der Rezeption anmelden, als Stefan Gilmour ihnen höchstpersönlich entgegenkam und Rebus begrüßte. Die beiden schüttelten sich die Hände, und Rebus stellte Fox vor.

»Wir wollen's kurz machen«, sagte Gilmour und klang ungeduldig dabei. Er war in Hemdsärmeln, von einem Sakko keine Spur. Er rief den Lift, und als alle drei drin waren, zog er eine Schlüsselkarte durch den Schlitz und drückte auf den Knopf, auf dem PH stand.

»Penthouse«, erklärte er. »Ist heute frei, deshalb können wir's nutzen.«

Die Türen gingen auf, und sie standen in einem privaten Flur, die Türen führten in ein Wohnzimmer, ein Badezimmer und ein Schlafzimmer. Bodentiefe Fenster boten Ausblick auf die Glasgower Innenstadt und die Berge dahinter. Andererseits sah Rebus vor allem Autobahnen und Industrieanlagen.

»Beeindruckend«, sagte Fox, als Gilmour sich auf einem der beiden Sofas niederließ, die Arme auf der Rückenlehne ausgestreckt.

»Ich habe gerade Owen Traynor im Fernsehen gesehen«, sagte Gilmour. »Was ist denn da los?«

»Kennst du ihn?«, fragte Rebus.

»Wir haben mal ein Hotel in Croydon zusammen geplant – ist dann aber doch nicht dazu gekommen, Traynor gehörte zum Verband der beteiligten Unternehmer. Jetzt taucht er plötzlich in Edinburgh auf …«

»Ursprünglich stammt er aus Croydon«, erklärte Rebus.

»Deshalb wäre er ja so nützlich gewesen, John.«

»So faszinierend das alles sein mag«, unterbrach Fox, »deshalb sind wir nicht hier.«

»Warum denn?« Gilmour schlug ein Bein über das andere.

Rebus blieb am Fenster stehen, während sich Fox in einen Sessel setzte.

»Wegen Billy Saunders«, erwiderte Fox.

»Ich weiß – war blöd von mir, ihn anzurufen.« Gilmour hob die Hände, streckte die Arme aus.

»Woher hattest du seine Nummer?«, fragte Rebus.

»Der Mann fährt Taxi, John – was glaubst du wohl, wie schwer das war?«

»Ich vermute, Geld hat den Besitzer gewechselt.«

»Kein Kommentar.«

»Na schön«, meldete sich Fox wieder zu Wort, »vielleicht haben Sie einen ›Kommentar‹ über Mr Saunders plötzliches Verschwinden abzugeben?«

Gilmour guckte verwirrt.

»Sein Wagen wurde auf einem Brachgelände gefunden«, erklärte Rebus. »Gerade als ihn die Generalstaatsanwältin zu einer ausführlichen Vernehmung laden wollte.«

»Oha, Moment mal.« Gilmour beugte sich vor, die Ellbogen ruhten jetzt auf seinen Knien, die Finger hatte er verschränkt. »Das wollen Sie ja wohl nicht *mir* in die Schuhe schieben.«

»Was genau haben Sie zu ihm gesagt?«, erkundigte sich Fox.

»Ich wollte nur wissen …« Gilmour brach ab, fixierte Fox.

»Ich bin kein Polizist mehr, schon seit dreißig Jahren nicht mehr. Es gibt nichts, was mich davon abhält, einen Mann zu fragen, was er auszusagen gedenkt.«

»Haben Sie ihn gefragt, oder haben Sie ihm gedroht?«

»Drohungen entsprechen nicht meinem Stil.« Gilmour sprang auf die Füße. Er zeigte auf Fox, richtete seine Frage aber an Rebus. »Wie hältst du's bloß mit so einem Kotzbrocken aus?«

»Dann haben Sie Billy Saunders also gefragt, was er aussagen würde?«

Gilmour stand keinen Meter von Rebus entfernt und nickte schließlich, anstatt zu antworten.

»Und?«, drängte Rebus ihn weiterzusprechen.

»Und nichts – er wollte nicht mit mir reden. Ich glaube kaum, dass unsere kleine Unterhaltung länger als zwanzig Sekunden gedauert hat.« Gilmour hielt inne. »Ich möchte wetten, ihr habt bereits einen Antrag gestellt, die Liste seiner Anrufe durchsehen zu dürfen – da werdet ihr sehen, dass ich nicht lüge.«

»Hast du ein zweites Mal angerufen?«, fragte Rebus.

»Ich hab's versucht, aber er ist nicht drangegangen.«

»Und Sie haben ihm zu keinem Zeitpunkt einen Anreiz angeboten?«, bohrte Fox von seinem Sessel aus weiter.

»Ob ich ihn bestechen wollte, meinen Sie?« Gilmour schüttelte den Kopf. »Ich sage Ihnen aber, was ich denke – ich denke, ihr habt ihn verschreckt. Dreißig Jahre sind vergangen, und plötzlich soll er wieder auf die Anklagebank. Da hätte ich wahrscheinlich auch das Weite gesucht.«

»Trotzdem kann es nicht leicht für Sie sein, Mr Gilmour«, meinte Fox. »Sie haben jetzt all das hier.« Er machte eine Handbewegung, betrachtete den Raum und alles darin. »Was Sie in der Vergangenheit getan haben, halten Sie für lange vergessen. Jetzt ist das hier Ihr Leben – es sei denn, Billy Saunders berichtet im Zeugenstand von dem, der Sie früher waren.«

»Ein guter Polizist war ich früher, einer der den Kopf für an-

dere hinhält und dafür sorgt, dass sich die Menschen nachts in ihren Betten ein kleines bisschen sicherer fühlen dürfen.« Gilmour kam herüber und baute sich vor Fox' Sessel auf. »Über Sie höre ich dagegen, dass Sie's beim CID nie so richtig zu was gebracht haben, dass Sie mehr oder weniger auf Knien um die Stelle bei den Complaints betteln mussten.«

Fox stand langsam auf, das Blut war ihm in die Wangen gestiegen. »Sie wissen, dass die Sache damit nicht erledigt ist? Das Verfahren kann mit oder ohne Billy Saunders wieder aufgenommen werden. Ich werde Sie und Ihre kleine Bande Stück für Stück auseinandernehmen.«

»Damit meint er uns, John«, rief Gilmour Rebus zu.

»Vor allen Dingen meine ich Sie«, stellte Fox klar. »Saunders war *Ihr* Spitzel, und ich denke, dass Sie ihn absichtlich vom Haken gelassen haben. Ob Ihnen dabei geholfen wurde, ist ohne Belang.«

»Douglas Merchant war ein Dreckschwein und hat bekommen, was er verdient. Wer auch immer ihn umgebracht hat, sollte Beifall bekommen und keine Gefängnisstrafe.«

»Reden Sie sich das nur ein«, riet ihm Fox. »Je öfter Sie und Ihr Freund Paterson davon sprechen, umso weniger überzeugend klingen Sie.«

»Sind wir jetzt hier fertig? Ich habe nichts gehört, das mir auch nur fünf Minuten lang den Schlaf rauben wird. Billy Saunders kann erzählen, was er will; sein Wort steht gegen die Aussagen des Summerhall CID. Sie werden niemals mehr in der Hand haben als Gerüchte.« Gilmour schob sein Kinn vor und wäre Fox beinahe auf die Zehenspitzen getreten, so nah kam er ihm. Fox öffnete den Mund und wollte gerade etwas erwidern, als die Fahrstuhltür aufging.

»Bist du schon da, mein Großer?« Die flötende Stimme einer Frau. »An der Rezeption haben sie mir gesagt, ich soll rauffahren und warten …« Sie kam ins Zimmer und blieb stehen, ihre Lippen formten ein O.

»Ihr nächster Termin?«, riet Fox, den Blick unverwandt auf Gilmour gerichtet.

»Sie sollten jetzt besser gehen«, erwiderte Gilmour frostig.

Die Frau war jung, ungefähr Mitte zwanzig. Rot gefärbte Haare und ein kurzer Mantel, unter dem sie vermutlich ein noch kürzeres Kleid trug. Rebus glaubte sie von den Fotos in der Lobby wiederzuerkennen. Ein Fußballer hatte den Arm um sie gelegt. Parfümduft erfüllte den Raum, verdrängte den Sauerstoff.

»Wir gehen«, sagte Rebus und bewegte sich Richtung Flur. Gilmour mied jeden Blickkontakt, und das war gut so. Möglicherweise feuerte Fox zum Abschied noch eine Spitze ab, aber wenn, dann hörte Rebus sie nicht mehr. Die beiden stellten sich gemeinsam in den Fahrstuhl, die Tür schloss sich, und sie fuhren hinunter. Gesagt wurde erst wieder etwas, als Rebus vor den Party-Schnappschüssen stehen blieb und sich vergewisserte, ob er die Besucherin richtig eingeordnet hatte.

»Seine Frau so zu hintergehen«, meinte Fox, schüttelte den Kopf und drückte eine Fingerspitze auf dem Gesicht von Gilmours Freundin platt.

Oben im Penthouse erhielt Gilmour einen Anruf auf seinem Handy. Er wollte ihn ignorieren, doch dann entdeckte er den Namen auf dem Display.

»Bin gleich wieder da«, blaffte er seine Besucherin an, zog sich ins Badezimmer zurück und schloss die Tür. »Lange nichts gehört.«

»Hat auch lange genug gedauert, bis du drangegangen bist.«

»Ich hab wahnsinnig viel um die Ohren. Was kann ich für dich tun?«

»Ich möchte dich um einen Gefallen bitten. Hast du noch Kontakt zur Polizei in Edinburgh?«

»Möglich.«

»Könnte nichts schaden, wenn mir jemand dort freundlich gesonnen wäre.«

»Worum geht's, Owen?«

»Ich will wissen, was in der Nacht geschehen ist, in der Jessica den Unfall hatte.«

»Klär mich auf.«

»Meine Tochter, Stefan. Ihr Wagen kam von der Straße ab, die Polizei glaubt, ihr Freund sei gefahren. Dann wird sein Vater zu Hause überfallen, und ich stecke mit drin.«

»Der fragliche Vater ist Pat McCuskey?«

»Ich brauche jemanden, der mich auf dem Laufenden hält.«

»Der Beste, der mir einfällt, ist John Rebus.«

»Bloß nicht dieses Arschloch!«, zischte Traynor.

»Dann hast du ihn schon kennengelernt?«

»Gut genug, um ihm ein paar reinhauen zu wollen. Also kannst du mir helfen?«

»Ich weiß nicht.«

»Du warst damals schon ein Mistkerl und bist es immer noch.«

»Ich kann mich umhören, vielleicht ein paar Strippen ziehen.«

»Mach aber keinen zu großen Wirbel. Und ruf mich an, wenn du was Neues rausbekommst.«

Die Leitung war tot, und Gilmour starrte sein Handy an. »Nicht nötig, sich zu bedanken«, schimpfte er. Er hörte, wie sein Gast im Wohnzimmer Musik auflegte. Anstatt zu ihr zu gehen, schloss er die Badezimmertür ab, setzte sich aufs Klo, stützte den Kopf in die Hände und überlegte, was sich wegen Billy Saunders unternehmen ließ.

Als Rebus' Handy am Abend klingelte, wusste er gleich, wer es war. Der Steak Pie lag ihm immer noch schwer im Magen, weshalb er sich für ein flüssiges Abendessen in Form von zwei Flaschen IPA entschieden hatte. Er wollte gerade die zweite öffnen, als er den Anruf erhielt.

»Ich möchte mich entschuldigen«, sagte Stefan Gilmour.

»Wofür?«

»Es ist nicht so, wie du denkst, John.«

»Ist sie eine dieser Fußballerfrauen, von denen man in der Boulevardpresse liest?«

»Sie hat ein gewisses Gespür dafür, wie man auf Gästelisten kommt.«

»Dein Geheimnis ist bei mir sicher.«

Schweigen in der Leitung.

»Ich mein's ernst«, sagte Rebus. »Andererseits, für Fox kann ich meine Hand nicht ins Feuer legen.«

Er lauschte, als Gilmour Luft durch die Zähne sog. »Ich muss wissen, auf wessen Seite du stehst, John.«

»Eine mir in letzter Zeit immer wieder gern gestellte Frage.«

»Ich kann nicht glauben, dass du zusehen willst, wie mich ein dahergelaufener Wichser wie Fox fertigmacht.« Eher eine Feststellung als eine Frage.

»Ein bisschen Vertrauen könnte helfen«, gab Rebus zurück. »Wie wär's, wenn du mir verraten würdest, womit dich Saunders in der Hand hat? Verstehst du, ich vermute nämlich, dass du ihn deshalb anrufen wolltest – vielleicht um ihm mitzuteilen, dass es nicht mehr relevant ist, oder dass du ihn ebenfalls in der Hand hast.«

»Niemand hat irgendjemanden in der Hand, John.«

»Ich glaube, du lügst.«

»Dann bleibt mir nicht mehr viel zu sagen übrig.« Gilmour hielt inne. »Wahrscheinlich ist es sinnlos, dich zu bitten, ein gutes Wort bei deinem neuen Freund für mich einzulegen?«

»Du meinst, ich soll ihn bitten, das mit deiner kleinen Freundin zu vergessen?«

»Ein oder zwei Kisten Malt wäre mir das wert – du trinkst doch immer noch gerne einen, oder?«

»Nicht jedermann ist käuflich, Stefan. Und wenn du mich für einen Freund halten würdest, würdest du's nicht mal versuchen.«

»Na schön.« Gilmour gab sich geschlagen. »Ich denke nur, es ist verrückt, Zeit und Geld für einen Fall zu verschwenden, der zu nichts führt. Und selbst wenn er vor Gericht kommt, dann nur, damit sich Elinor Macari aufplustern kann. Für sie ist das ein einziger Egotrip – ihre Art der Welt zu sagen, dass sie die Klausel zur Doppelbestrafung zu Recht abgeschafft hat. Mit Gerechtigkeit hat das nichts zu tun, John – wir sind nur Schachfiguren.«

»Du bist heutzutage nicht gerade eine Schachfigur, Stefan.«

»Aber Macari möchte mich dazu machen. Und weißt du, warum? Wegen der ›No‹-Kampagne. Sie wurde von der SNP auf ihren Posten befördert und war ihr Leben lang Parteimitglied. Plötzlich wittert sie die Chance, dem öffentlichen Gesicht der ›No‹-Kampagne eins auszuwischen.«

»Mit anderen Worten: dir?«

»Natürlich!«

»Wurdest du um einen Kommentar zu Pat McCuskey gebeten?«

Der Themenwechsel schien Gilmour zu verwirren. »Ja«, lenkte er schließlich ein.

»Du musst die eine oder andere Auseinandersetzung mit ihm gehabt haben.«

»Ständig. Aber er war ein toller Mann. Wenn wir die öffentlichen Debatten hinter uns hatten, war er immer noch für einen Drink und ein paar Späße zu haben.«

»Klingt, als hättest du ihn recht gut gekannt. Die Familie auch?«

»Seine Familie hat er aus allem rausgehalten.« Gilmour hielt inne. »Bethany hab ich ein paarmal getroffen.«

»Hast du ihr schon dein Beileid ausgesprochen?«

»Natürlich. Das will ich ja die ganze Zeit schon sagen – die Polizei sollte lieber sämtliche Kräfte auf die Lösung dieses Falls konzentrieren, nicht auf Billy Saunders.«

»Kannst du dir vorstellen, warum jemand ein Interesse daran

haben könnte, Pat McCuskey zu überfallen?«, fragte Rebus.

»Es war doch Einbruch, oder?«

»Hundertprozentig sicher sind wir nicht.«

Gilmour schien einen Augenblick nachzudenken. »Du glaubst doch nicht ernsthaft, dass Owen Traynor die Finger im Spiel hatte, oder?«

»Ausschließen können wir gar nichts.«

»Bei jemandem zu Hause einbrechen? Ihn verprügeln, nur weil er der Vater von Forbes ist?«

»Es sind schon seltsamere Sachen passiert. Also erzähl mir, was du über Pat McCuskey weißt.«

»Wie schon gesagt, war ein netter Kerl.«

»Keine Leichen im Keller?«

»Soweit ich weiß, nicht.« Gilmour hielt inne. »Hast du vor, für die Unabhängigkeit zu stimmen, John? Wenn die Leute von der ›Yes‹-Kampagne das mit Susanna spitzkriegen …«

»Deinem Penthouse-Gast?«

»Dann weiß ich, dass sie's von dir oder Fox haben.«

»Was ist mit der Rezeptionistin, die deine Freundin ohne Rücksprache nach oben geschickt hat? Hat sie ihren Job verloren? Wenn du sie gefeuert hast, musst du sie auch auf deine Liste setzen. So ist das, Stefan, wenn wir mit dem Lügen, dem Betrügen und dem Verheimlichen erstmal anfangen, wird der Aufwand plötzlich riesengroß.«

»Nur du hast keine Leichen im Keller, John.« Gilmour rang sich ein verbittertes Schmunzeln ab. »Du bräuchtest einen Raum von der Größe eines Ikea-Möbelhauses, um sie alle unterzubringen.«

Die Verbindung brach ab, Gilmour hatte unbedingt das letzte Wort behalten wollen. Rebus trank sein Bier und drehte die Platte um. Rory Gallagher: »Sinner Boy«. Er trank auf den Gitarristen und ließ sich in seinen Sessel fallen, um nachzudenken. Dann nahm er sein Handy und rief Clarke an.

»Was?«, blaffte sie.

»Schlechtes Timing?«

»Ich ruf dich in einer halben Stunde zurück.«

Dann war die Leitung wieder tot. »Das machst du heute Abend gar nicht schlecht, John«, sagte er zu sich selbst und hob die Flasche an die Lippen.

Clarke wartete darauf, dass David Galvin von der Toilette zurückkehrte. Sie saß in einer Bar in New Town – sie hatte sie ausgesucht, das hier war ihr Revier. Zunächst waren sie höflich geblieben, Galvin hatte sich entschuldigen wollen. Aber dann hatte er die Hände gerungen und gefragt, wofür er sich eigentlich entschuldigte: »Ist ja nicht so, dass ich bei den Complaints angerufen hätte!« Danach hatten sie weitergestritten – wenn auch ohne erhobene Stimmen; in New Town machte man so was nicht.

Galvin schob den Tisch von sich weg, um aufzustehen und dem Ruf der Natur zu folgen, rammte ihr dabei die Kante an den Bauch. Clarke vermutete, in Wirklichkeit wollte er in Ruhe seine Gedanken sammeln. Als er weg war, dachte sie an den Termin im Bute House am Charlotte Square, von dem sie gerade erst gekommen war. Nur Nick Ralph und sie, außerdem der First Minister und einer seiner Berater. Der First Minister wollte auf den aktuellen Stand gebracht werden, obwohl er anscheinend bereits längst über alles Bescheid wusste. Er verlangte »schnelles und entschiedenes Handeln«. Auf seiner Krawatte waren lauter kleine Andreaskreuze, und er hatte seinen Gästen nichts zu trinken angeboten. Ungefähr alle dreißig Sekunden klopfte ein Mitarbeiter an, trat ein und reichte dem First Minister einen Zettel. Manchmal nickte er und manchmal steckte er den Zettel in die Tasche. Leicht konnte das nicht sein, einen solchen Laden zu regieren und eine Zukunft zu planen, die die Hälfte der Bewohner ablehnte.

»Schnell und entschieden«, hatte der First Minister wiederholt. »Jetzt wo das neue Modell in Kraft ist, wollen wir der Welt

zeigen, wozu Police Scotland fähig ist.«

»Noch nicht ganz in Kraft«, hatte Ralph ihn korrigiert und einen bösen Blick geerntet.

Clarke sah Galvin jetzt zurückkommen, die Hände aneinanderreibend, als wollte er den Anwesenden zeigen, dass er nicht vergessen hatte, sie sich zu waschen. Er kam an ihren Tisch und blieb einfach dort stehen, schüttelte langsam den Kopf, als wäre er von ihr enttäuscht. Dann verließ er die Bar, ohne sich noch einmal umzudrehen.

»Blödmann«, flüsterte Clarke vor sich hin. Sie nahm noch einen Schluck Wein und rief Rebus an. »Tut mir leid«, sagte sie.

»Ging's um etwas, das ich wissen sollte?«

»Absolut nicht.«

»Du klingst, als wärst du in einem Pub.«

»Haarscharf kombiniert.«

»Alleine?«

»Seit dreißig Sekunden.« Sie seufzte und rieb sich über die Brauen. »Also was kann ich für dich tun, John?«

»Ich hab Owen Traynor im Fernsehen gesehen – habt ihr gut gemacht, ihn vorzuladen.«

»Jetzt ist er wütend, mehr hat's nicht gebracht.«

»Wut ist gut. Wer wütend ist, bei dem setzt das Denken aus.«

»Trotzdem haben wir nichts aus ihm rausbekommen. Und du?«

»Billy Saunders ist verschwunden.«

»Interessant.«

»Fox glaubt, Stefan Gilmour hat ihm ein paar Pfund zugesteckt, damit er sich verdünnisiert.«

»Und?«

»Stefan streitet es ab.«

»Und du und Malcolm – sind noch immer nicht die Fetzen geflogen?«

»Anscheinend kommen wir ganz gut miteinander klar.« Re-

bus hielt inne. »Darf ich dir noch eine kleine Granate in den Fuchsbau werfen?«

»Wenn's sein muss.«

»Stefan Gilmour kannte Pat McCuskey – und zwar ziemlich gut.«

»Einleuchtend.« Jetzt war es an ihr innezuhalten. »Du willst doch nicht sagen …?«

»Natürlich nicht. Aber es hat mich nachdenklich gemacht. Ich weiß, dass wir von Anfang an politische Motive ausgeschlossen haben, aber andererseits hat sich die schottische Politik auch noch nie von einer so hässlichen Seite gezeigt wie jetzt. Da draußen wimmelt es nur so vor Hitzköpfen, und die meisten sind wegen irgendwas sauer. Dein Chef kommt mir nicht wie einer vor, der ein mögliches Motiv außer Acht lassen möchte …«

»Ich werde es ihm gegenüber erwähnen.« Sie rieb sich immer noch die Brauen.

»Sicher, dass du meine Gesellschaft nicht brauchst? Ich bin für einen geistreichen Schlagabtausch immer zu haben.«

»Mir geht's gut, John.«

»Ist es wegen deinem Anwalt?«

»Ich hab gesagt, mir geht's gut.«

»Na ja, wenn du mal jemanden zum Mitsaufen brauchst …«

Sie lächelte müde und beendete den Anruf. Der Wein war ausgetrunken. Sie hatte nur ein Glas gehabt und wollte auch kein zweites. Er stieß ihr sauer auf. Fünf oder zehn Minuten zu Fuß, und schon war sie zu Hause. Sie zahlte und ging. Die Luft war kühl und der Nachthimmel klar. Ihr fiel ein, dass Rebus erzählt hatte, wenn er nicht schlafen konnte, würde er in der Stadt herumfahren. Ziellos, einfach nur die Fahrt genießen. Das könnte sie auch machen. Oder sie könnte sich aufs Sofa hauen und glotzen, was im Fernsehen lief, egal was. Ein Buch – wann hatte sie zum letzten Mal ein Buch in die Hand genommen? Doch als sie in ihre Straße einbog, öffnete sich

eine Autotür.

»Siobhan?«

Clarke zuckte zusammen, ihre Augen schossen nach links und nach rechts. Man konnte nie vorsichtig genug sein. Sie erkannte aber die Stimme und ging auf den sportlichen Alfa Romeo zu.

»Was machst du hier?«, fragte sie.

»Was glaubst du wohl?«

Das Lächeln, das mit der Frage einherging, war herzlich, wenn auch professionell. Laura Smith – zierlich, kurzes braunes Haar – war die ranghöchste Gerichtsreporterin des *Scotsman* und seit der jüngsten Einsparungsmaßnahmen auch die einzige.

»Spring rein«, sagte Smith. Und bevor Clarke widersprechen konnte, war die Journalistin wieder im Wageninneren verschwunden und hatte die Tür zugeschlagen. Musik lief. Der Motor war allerdings ausgeschaltet, und der Innenraum kühlte ab.

»Wie lange stehst du schon hier?«, fragte Clarke und schob sich auf den Beifahrersitz.

»Eine halbe Stunde vielleicht.«

»Du hättest die halbe Nacht hier stehen können.«

»Das bringt der Job so mit sich.«

»Ich wusste gar nicht, dass du meine Adresse kennst.«

Als Smith eine Augenbraue hochzog, wusste Clarke, dass die Bemerkung dumm gewesen war. Smith beschäftigte sich beruflich mit Straftaten – anscheinend verfügte sie über alle geeigneten Mittel.

»Du willst mich über den Fall McCuskey ausquetschen«, erriet Clarke.

»Ihr habt Owen Traynor vorgeladen.«

»Dir entgeht aber auch nichts.«

»Der Mann hat eine Vergangenheit.«

»Allerdings.« Clarke sah zu, wie Smith mit den Fingern im

Takt zur Musik auf das Lenkrad trommelte. Sie erkannte die Melodie nicht und hätte sie unter »Disco« eingeordnet, falls es so etwas überhaupt noch gab.

»Und er hat eine Tochter namens Jessica«, fuhr Smith fort, »die vor ein paar Tagen ihren VW Golf zu Schrott gefahren hat. Ein wunderbar gerader Straßenabschnitt, auf dem sie irgendwie die Kontrolle über den Wagen verliert.«

»Und wieder muss ich sagen, dass du erschreckend gut informiert bist.«

»Kein Grund, ironisch zu werden.« Laura Smith schaltete die Musik aus und drehte sich mit dem ganzen Körper Clarke zu. »Jessica ist mit Forbes McCuskey zusammen, dessen Vater nach einem Einbruch in das Haus der Familie gestorben ist.« Sie hielt inne. »Und ihr ladet Owen Traynor vor. Darf ich raten, welches Motiv er gehabt haben könnte ...«

»Wir haben nur ein paar Einzelheiten überprüft, Laura.«

»Da bin ich sicher. Wie war's übrigens beim First Minister?« Zufrieden angesichts des erstaunten Gesichts von Clarke, grinste Smith erneut. »Ich habe meine Spione überall«, erklärte sie.

»Er will, dass wir den Täter fassen.«

»Verständlich. Einstweilen muss er ein neues Gesicht für die ›Yes‹-Kampagne auftreiben, ohne gefühllos zu erscheinen. Rebus dagegen macht sich wohl nicht die Finger schmutzig?«

»Ich bin nicht seine Mutter.«

»Wie hat er es geschafft, sich in die Ermittlungen zum Fall Saunders einzuschleichen?«

Clarke sah sie finster an. »Du läufst Gefahr, ein bisschen zu selbstgefällig rüberzukommen, Laura.«

»Nur gut informiert, hast du selbst gesagt«, korrigierte Smith sie. »Du weißt, dass Stefan Gilmour seinen Dienst wegen Saunders quittiert hat? Und jetzt ist er die Galionsfigur der ›No‹-Kampagne ...«

»Wirst du irgendwas davon drucken?«

Smith guckte nachdenklich. »Ein paar unwiderlegbare Tatsachen wären nicht verkehrt. Nach der Leveson-Inquiry streichen uns die Anwälte alles raus, was nicht hieb- und stichfest belegt werden kann.«

»Ich bin zu nah an den Ermittlungen dran«, sagte Clarke, schüttelte den Kopf. »Man würde sofort mit dem Finger auf mich zeigen ...«

»Du weißt, dass ich dafür sorgen kann, dass das nicht passiert – alles eine Frage der Formulierung.«

»Im Moment weiß ich nicht mehr als du«, behauptete Clarke.

»Aber es wird der Zeitpunkt kommen, an dem du's tust. Die Zeitungen werden ständig online aktualisiert – wenn ich auch nur zehn Minuten vor der Meute Bescheid weiß, haben wir's zuerst veröffentlicht.«

Clarke schüttelte erneut den Kopf. Smith schob gespielt enttäuscht die Unterlippe vor.

»Ich komme nicht mit leeren Händen«, verkündete sie. »Vielleicht hat es auch gar nichts zu bedeuten, aber zum Zeichen meiner ...«

»Was?«, fragte Clarke.

»Du gehst nicht einfach weg und vergisst mich?«

»Spuck's aus.«

Smith hielt einige Augenblicke inne, dann holte sie tief Luft. »Ich hab gehört«, sagte sie, »Forbes McCuskey sei die richtige Adresse für illegale Substanzen der feineren Sorte. Schicke Studentenpartys in von Mami und Papi finanzierten Wohnungen.«

»Der Sohn des Justizministers?«

»Feine Sache, oder? Ich hab's aus zwei normalerweise sehr verlässlichen Quellen. Hab ihn sogar ein kleines bisschen beschattet – mit einem Fotografen an meiner Seite. Leider nicht erwischt.«

»Also reden wir von haltlosen Gerüchten.« Clarke klang zwar skeptisch, hatte aber trotzdem eine Frage. »Woher be-

kommt er das Zeug?«

Smith zuckte mit den Schultern. »Bin nicht sicher, ob es aus Edinburgh kommt – kennt ihr keine Dealer, die Stoff herschicken?«

»Ich kümmere mich drum.«

»Kleine Warnung – er trauert um seinen Vater, vergiss das nicht.«

»Und das bedeutet, dass du derzeit nichts damit anfangen kannst.«

Smith schüttelte den Kopf. »Würde ich die Info sonst weitergeben?«, fragte sie mit dem zuckersüßen Lächeln des Profis.

Rebus war im Sessel eingeschlafen, als ihn sein Handy weckte. Er erkannte die Nummer nicht, ging aber trotzdem dran, massierte sich die Augen mit der freien Hand, bis er wieder klar sah.

»John Rebus«, sagte er.

»Hören Sie auf, meinem Dad so zuzusetzen!«

»Jessica?« Rebus ging zum Plattenspieler und hob den Tonarm von der Auslaufrille. Die B-Seite von *Beggars Banquet* – wie hatte er's bloß geschafft dabei einzuschlafen? »Ich wusste nicht, dass Sie meine Nummer haben.«

»Sie haben Forbes Ihre Karte gegeben.«

»Stimmt, das hab ich.«

»Jetzt hören Sie mir mal zu – lassen Sie ihn einfach in Ruhe!«

»Forbes oder Ihren Dad?«

»Dad hat *nichts* getan – er hat das nicht verdient …« Sie schien ein Schluchzen zu unterdrücken.

»Hat er's an Ihnen ausgelassen, Jessica?«, fragte Rebus.

»Natürlich nicht – aber ich sehe, dass ihn das fertigmacht. Sogar im Fernsehen wurde über ihn gesprochen, und jetzt kriegt er lauter Anrufe von irgendwelchen Leuten.«

»Sind Sie noch im Hotel?«

»Morgen checke ich aus.«

»Ziehen Sie dann wieder in Ihre Wohnung? Und was ist mit Ihrem Vater?«

»Er wird in London gebraucht. Das hat ihm noch gefehlt, dass jetzt so eine Sache über ihm schwebt.«

»Dann sagen Sie mir, was passiert ist«, sagte Rebus.

»Was meinen Sie?«

»Am Abend des Unfalls ...«

Schweigen in der Leitung. Einen Augenblick lang dachte er, sie habe aufgelegt. Aber dann knisterte es, als sie geräuschvoll ausatmete.

»Ich kann nicht«, sagte sie. »Die bringen mich um.«

»Wer bringt Sie um?« Er ließ ihr Zeit zu antworten, aber sie tat es nicht.

»Sie sind die Tochter von Owen Traynor – niemand wird Sie umbringen.«

»Ich kann einfach nicht. Fragen Sie mich nicht noch mal.«

»Morgen stehe ich bei Ihnen vor der Tür. Hat Forbes was damit zu tun? Oder vielleicht sein Vater?«

Jetzt hatte sie tatsächlich aufgelegt. Rebus rief zurück, aber es sprang nur die Mailbox an. Er fügte ihre Nummer seinen Kontakten zu, dann tippte er sich mit dem Handy an die Wange, während er das Gespräch noch einmal in Gedanken durchging.

Die bringen mich um.

Wer zum Teufel waren ›die‹?

Kein Wort über Forbes McCuskey, nur dieser ominös bedrohliche Plural. Wusste Owen Traynor davon, oder vermutete er etwas? Was würde er tun, wenn jemand seine Tochter bedrohte? Würde er rotsehen? Hatte er Freunde, an die er sich wenden konnte?

Morgen stehe ich bei Ihnen vor der Tür ...

Vor seinem geistigen Auge kehrte er zu Dod Blantyres Haus zurück, Maggie stand davor, strahlend schön. Ihre Worte im Café: *Was hätte aus uns werden können, wenn wir ein bisschen*

mutiger gewesen wären? Und Stefan Gilmour: *Nur du hast keine Leichen im Keller, John.*

Wenn wir mit dem Lügen, dem Betrügen und dem Verheimlichen erst mal anfangen ...

In seinem Hirn verschwamm jetzt alles: zu viele Zusammenhänge, zu viele unbestimmte Verbindungsstränge.

Er machte sich einen Becher Tee, legte *Solid Air* auf und setzte sich wieder in den Sessel, um eine Nacht lang über alles nachzudenken.

Tag sieben

13

»Du meinst nicht, dass dir diese Laura Smith einen Bären aufbindet?« Rebus saß in einem Café in der Morrison Street auf halber Strecke zwischen dem Torphichen Place und dem Bahnhof Haymarket. Eigentlich bemühte er sich, diesen Teil der Stadt möglichst zu meiden – die Hälfte der Straßen waren anscheinend wegen der Bauarbeiten für die neue Straßenbahn gesperrt. Er hatte die letzte Lücke auf einem Parkplatz an der West Approach Road ergattert und war von dort aus gelaufen.

Am Vormittag servierte man den Gästen hier, die größtenteils direkt aus dem Zug kamen, Kaffee und süße Brötchen. Tische gab es keine, nur ein langes Bord am Fenster mit einer Reihe von Barhockern davor. Siobhan Clarke saß auf einem davon, während Rebus es vorzog zu stehen. Er hatte den Deckel von seinem Kaffee genommen und pustete, während Clarke kleine Fetzen feuchten Blätterteig von ihrem Croissant zupfte und sich in den Mund steckte.

»Kann sein«, gab sie zu. »Aber warum sollte sie?«

»Sie weiß nicht mehr, als dass Forbes McCuskey seinen Kommilitonen Drogen andreht? Aber nicht, in welcher Größenordnung und ob es sich um Gras oder Heroin handelt?«

Clarke schüttelte den Kopf. »Ich frage mich, was ich damit anfangen soll«, sagte sie schließlich.

»Du meinst: Gehst du gleich damit zu Nick Ralph, oder wartest du, bis du ein paar Details ausgearbeitet hast?«

»So ungefähr.« Sie sah auf ihrem Handy nach der Zeit.

»Pressekonferenz?«

Sie nickte. »Hotel hier in der Straße in zwanzig Minuten.«

»Autopsieergebnisse?«

»Die bekommen wir wohl erst später.« Sie sah ihn an. »Schlecht geschlafen?«

»Nicht besonders.«

»Warst du überhaupt im Bett?«

»Rechtzeitig zum Morgenkonzert.« Er erzählte ihr von Jessica Traynors Anruf.

»Ein vergeigter Drogendeal?«, spekulierte Clarke, die ein klein wenig munterer zu werden schien. Ihr Getränk – einen dreifachen Espresso – hatte sie bereits getrunken und wippte jetzt nervös mit dem Knie.

»Möglich. Weißt du noch: der Kofferraum? Der auf den ersten Fotos vom Unfallort noch geschlossen war…«

»Aber sperrangelweit offen stand, als wir ankamen. Heißt das, jemand hat was rausgenommen?«

»Forbes McCuskey gerät in Panik und haut ab. Dann überlegt er es sich aber anders, bleibt in der Nähe. Als Jessica mit dem Krankenwagen abtransportiert und der Streifenwagen weg ist…«

»Kommt er zurück, macht den Kofferraum auf und räumt ihn aus?« Clarkes Augen waren ein bisschen größer geworden. »Das Haus seiner Eltern ist fußläufig erreichbar, also bringt er die Drogen dorthin.«

Rebus nickte. »Vielleicht haben die ursprünglichen Besitzer sie zurückgefordert – weil der Deal geplatzt ist.«

»Forbes ist nicht da, dafür treffen sie auf seinen Vater.«

»Das ist reine Spekulation, Siobhan«, warnte Rebus sie. Er musste es selbst am besten wissen, denn er hatte die halbe Nacht damit zugebracht, die Teile zusammenzufügen.

»Wir müssen unbedingt mit Forbes sprechen, oder?«

»Wäre vielleicht einfacher, mit seiner Freundin anzufangen. Ab heute ist sie wieder zu Hause in ihrer Wohnung, und ihr Vater ist außer Sichtweite.«

»Was sie zum schwächsten Glied in der Kette macht.« Clarke nickte, wirkte aber nicht besonders überzeugt. Sie sah, dass am Tresen keine Schlange mehr war. »Ich brauche noch einen Kaffee zum Mitnehmen.«

»Bist du sicher?« Er nickte in Richtung ihres Knies. »Ich würde sagen, du schlägst jetzt schon einen flotteren Rhythmus an als jede Neil Young Tribute Band.«

»Der spielt übrigens in Glasgow, wusstest du das – Neil Young, meine ich.«

»Am dreizehnten Juni«, bestätigte Rebus.

»Hast du eine Karte?«

Er schüttelte den Kopf. »Gab keine Sitzplätze mehr.«

»Und in deinem Alter hast du's lieber bequem.« Clarke grinste.

»Es gibt wenig, wofür ich stehen bleibe«, erwiderte Rebus. »Das solltest du inzwischen wissen …«

Er ging mit ihr zum Hotel und stellte sich während der ersten Minuten von DCI Ralphs Vortrag hinten in den Raum. Ein paar politische Journalisten schienen sich zur sonst üblichen Pressemeute gesellt zu haben. Rebus kannte ihre Gesichter von den Fernsehtalkrunden der vorangegangenen Nacht. Wie ihre Stimmen klangen, wusste er nicht – er hatte den Ton abgedreht, stattdessen eine Platte aufgelegt. Sie hatten größtenteils Handys oder iPads in den Händen, einige wenige Notebooks, und sie wirkten der Welt überdrüssig. Vielleicht sehnten sie sich nach dem Scheinwerferlicht in Westminster und den zur vollen Stunde läutenden Glocken von Big Ben. Fast taten sie Rebus leid, als er das Hotel verließ und zu seinem Wagen zurückkehrte. Er rief Fox an, um sicherzugehen, dass er nicht vor verschlossener Tür stehen würde.

»Ich dachte, wir arbeiten heute mal so richtig was ab«, meinte Fox. »Ich habe Termine für die Gespräche mit Albert Stout und Norman Cuttle vereinbart.«

»Soll ich was mitbringen – ein Hörrohr oder eine Tüte Pfefferminz?«

»Als ich mit ihnen telefoniert habe, klangen sie beide noch ganz agil.«

»Und wo sind Sie jetzt?«

»Im Büro von Elinor Macari. Sie hat mich auf den aktuellen Stand im Fall Billy Saunders gebracht.«

»Und der wäre?«

»Die Wache in Craigmillar leitet die Ermittlungen – offensichtlich ohne große Begeisterung.«

»Der Mann ist ja noch nicht lange verschwunden«, gab Rebus zu bedenken.

»Trotzdem hat Macari schon einen ihrer Mitarbeiter losgeschickt, damit er den Kollegen auf die Sprünge hilft.«

»Treffen wir uns später bei Macari?«

»Warum nicht?«, sagte Malcolm Fox.

Allerdings, warum nicht?, dachte Rebus bei sich, beendete das Gespräch und bog an der Ampel links ab.

Albert Stout wohnte alleine in einem edwardianischen Haus mit freiem Blick über den Golfplatz Muirfield. Das Haus war bestimmt einiges wert, allerdings würden seine neuen Besitzer es auch von Grund auf sanieren und modernisieren müssen. Die Heizkörper der Zentralheizung waren genauso alt wie das Gemäuer und strahlten ungefähr ebenso viel Wärme ab wie ein Streichholz. Ein feuchter Mief lag in der Luft, die Fensterrahmen lösten sich auf, und der Teppichboden gammelte an den Rändern. Überall lagen Bücher und Zeitungen, Stout hatte erklärt, er säße an seinen Memoiren.

»Die Branche macht's nicht mehr lange, also wird es eher ein *ave atque vale.*«

»Kennen Sie Laura Smith?«, erkundigte sich Rebus.

»Ich habe gehört, sie macht ihren Job recht gut – den Umständen entsprechend.«

Stout schlurfte in Pantoffeln herum, führte sie ins Wohnzimmer. Hier lag noch mehr herum – ungeöffnete Post, Kisten mit Fotos, Becher und Teller. »Einmal die Woche kommt jemand zum Saubermachen vorbei«, entschuldigte er sich.

»Bekommen Sie außerdem noch Hilfe?«, fragte Fox.

»Die von der Stadt wollten mir jemanden auf den Hals hetzen, aber ich bin in meinen Gewohnheiten zu festgefahren. Es gibt hier aber einen Knopf, den ich im Notfall drücken kann…« Stout sah sich vergeblich nach dem Gerät um.

Auf seiner Strickjacke und seiner braunen Cordhose waren Fettflecken. Er hatte Hängebacken und sich seit zwei Tagen nicht mehr rasiert. Das ihm verbliebene Haar war silbergrau und widerspenstig, aber seine Augen waren hellwach. Als sich die drei Männer setzten, fuchtelte er mit dem Zeigefinger in Rebus' Richtung.

»Jetzt erinnere ich mich an Sie«, sagte er. »Dank Ihnen habe ich im Lauf der Jahre eine ganze Menge Platz für meine Kolumnen eingeräumt bekommen.«

»Ich hoffe, das ist jetzt keine Ironie«, gab Rebus zurück. Dann: »Rauchen Sie immer noch zwei Päckchen täglich?«

Stout verzog das Gesicht. »Der Arzt hat gesagt, ich soll aufhören.«

»Wir möchten mit Ihnen über einen bestimmten Fall sprechen«, unterbrach Fox, der lieber auf der äußersten Sofakante hockte, als die Berge von Zeitschriften hinter sich beiseitezuschieben. »Summerhall CID und der Tod von Douglas Merchant. Sie haben mehrfach darüber berichtet…«

»Weil das ein Skandal war – Polizisten waren damals wie kleine Tyrannen.« Er hielt inne und blickte in Rebus' Richtung. »Nichts für ungut.«

»Kein Problem«, versicherte Rebus ihm kühl.

»Da wurden Geständnisse gefälscht, Unschuldige belastet, Beweise untergeschoben – wir haben alle davon gewusst, konnten aber nichts dagegen tun.«

»Sie meinen, der Presse war das alles bekannt?«

»Ziemlich einfache Sache war das – man hat dem Desk Sergeant oder einem anderen, der für die Gewahrsamszellen zuständig war, einen ausgegeben, und schon bekam man den gesamten Tratsch zu hören. Davon ist fast nichts in den Zeitungen erschienen.«

»Warum nicht?«

»Die Redakteure haben's wieder rausgenommen. Die haben sich an die großen Tiere im Präsidium gewandt, dann wurden in aller Stille ein paar Worte gewechselt, und der Artikel verschwand in der Schublade.«

»Die Redakteure steckten mit der Polizeiführung unter einer Decke?«

Stout nickte, schob die Hände in die Taschen seiner Strickjacke.

»Aber die Artikel, die Sie über den Mord an Merchant geschrieben haben, sind doch im *Scotsman* erschienen«, drängte Fox weiter.

»Aber keinesfalls alle, einige, ja. Das war damals eine sichere Sache, wissen Sie? Ein hochrangiger Beamter war bereits von seinem Posten zurückgetreten.«

»Stefan Gilmour?« Fox sah den alten Mann nicken.

»Was ihm auf lange Sicht anscheinend nicht geschadet hat«, brummte Stout. »Würde mich nicht wundern, wenn er kurz vor dem Ritterschlag steht.«

»Die Beamten aus Summerhall behaupteten, es seien einfach nur Fehler gemacht worden.«

»Blödsinn, Billy Saunders musste geschützt werden.«

»Weil er Stefan Gilmours Informant war? Oder glauben Sie, dass es noch andere Gründe gab?«

»Daran hab ich auch schon gedacht. Damals wimmelte es vor Typen wie Saunders – einen davon wegen einer Haftstrafe zu verlieren, hätte Gilmours Welt wohl kaum aus den Fugen geraten lassen.«

»Also, was halten Sie davon?«

»Haben Sie ihn schon mal gefragt?«, Stout gestikulierte Richtung Rebus. »Ich erinnere mich, dass Sie zur selben Zeit wie Gilmour in Summerhall waren.«

»Ich tappe im Dunkeln ebenso wie alle anderen«, erklärte Rebus. »Aber wir sind im Gespräch mit Eamonn Paterson und George Blantyre.«

»Und natürlich mit Gilmour selbst«, ergänzte Fox.

»Nur nicht mit Frazer Spence«, sagte Stout leise. »Die arme Sau. Das war einer von meinen, wissen Sie.«

»Einer der Beamten, die sich von Ihnen was spendieren ließen?«, vergewisserte sich Fox.

Stout nickte. »Erst ein paar Jahre später, nach dem Fall Merchant, aber ja.« Er schien sich einen Augenblick in Gedanken zu verlieren. »Über Summerhall wollte er nicht reden. Und kaum kam die Sprache auf Merchant, hat er dichtgemacht.«

»Wusste er was?«

»Er hatte Angst, wirkte gehetzt, vielleicht ist das die bessere Umschreibung – als hätte er irgendwas in eine Schublade gepackt, abgeschlossen und nie wieder öffnen wollen.«

»Wird Summerhall in Ihren Memoiren eine Rolle spielen, Mr Stout?«, fragte Rebus. Fox wirkte gereizt wegen der Unterbrechung.

»Vielleicht als Nachtrag, der erst nach meinem Tod zur Veröffentlichung freigegeben wird – damit mich niemand mehr verklagen kann.« Ein Funke blitzte in den Augen des alten Journalisten auf.

»Sie haben mit Frazer Spence gearbeitet, John«, sagte Fox. »Wissen Sie, warum er sich ›gehetzt‹ fühlte?«

»Keine Ahnung.«

»Von denen war keiner wirklich sauber«, sagte Stout säuerlich, die Augen auf Rebus gerichtet.

»Wohingegen Journalisten ja von jeher der Inbegriff der Tugend sind«, erwiderte Rebus.

»Unter uns gab es das ein oder andere schwarze Schaf«, räumte Stout ein. »Aber was ihr gemacht habt, war institutionalisiertes Lügen, institutionalisierte Gewalt, massivste Drohungen.«

»Das müssen Sie gerade sagen, Sie ...«

»DS Rebus«, unterbrach Fox mit erhobener Stimme. »Vielleicht würde Ihnen ein bisschen frische Luft guttun.«

Nachdem sie sich einige Sekunden lang angestarrt hatten, stand Rebus auf.

»Schon möglich. Hier drin stinkt's nach falscher Frömmigkeit. Ich lasse Sie mit dem alten Heuchler da allein ...«

Draußen ging er die kurze Kiesauffahrt auf und ab, zog an einer Zigarette. Fox tauchte erst gute fünf oder sechs Minuten später auf. Stout hatte sich nicht die Mühe gemacht, ihn an die Tür zu bringen und zu verabschieden.

»Alles klar?«, fragte Fox.

»Scheinheiliges Arschloch«, fing Rebus an. »Sie können davon ausgehen, dass es in seinem Buch vor Lügen und Halbwahrheiten nur so wimmelt. Albert Stout war sich nicht zu fein, seine Sekretärinnen zu begrapschen oder jemanden dafür zu bezahlen, seine oder ihre Geliebte auszuspionieren.«

Fox schloss den Volvo auf und stieg ein. Rebus wünschte, er wäre mit dem Saab da, aber der parkte noch in der Chambers Street. Er zögerte ein paar Sekunden, sog das Letzte aus seiner Zigarette und warf Stout den Stummel vor die Haustür. Anschließend stieg er auf der Beifahrerseite ein.

»Haben Sie sich abgeregt?«, fragte Fox. Er schien einen gewissen Spaß daran zu haben, Rebus in Rage zu erleben.

»Lassen Sie uns einfach losfahren, ja?«

Fox ließ den Wagen an. Rebus war bereits aufgefallen, dass er das Tempolimit niemals überschritt. In einer 40-Meilen-Zone fuhr er nicht schneller als 39; in einer 30-Meilen-Zone hielt er sich an die 29. Ein einziges Mal hatte Rebus vorgeschlagen, einen Zahn zuzulegen, und Fox war stattdessen vom

Gas gegangen. Also hielt er den Mund, als sie zurück stadteinwärts fuhren, diesmal nach Colinton zu Professor Norman Cuttle. Fox stellte die schottischen Nachrichten ein, schaltete das Radio aber gleich wieder aus.

»Ständig geht es nur um die Volksabstimmung«, maulte er. Dann: »Mr Stout hat was Interessantes dazu gesagt – nachdem Sie rausgegangen waren. Ein ganzes Kapitel seines Buchs beschäftigt sich mit den Wahlen '79 und den darauffolgenden Jahren. Damals durchlebte die SNP eine echte Flaute. Ein paar ihrer Anhänger fanden, es sei an der Zeit, einen Schritt weiter zu gehen. Vor zwei Jahren hatte ich mal einen Fall …«

»Bei den Complaints?«

»Dort ging es los. Haben Sie mal von einem gewissen Dark Harvest Commando gehört? Der SNLA? Die haben sich Waffen besorgt und Politiker und Prinzessin Diana mit Brandbomben attackiert – der Londoner Regierung haben sie Anthrax geschickt.«

»Ich erinnere mich dunkel.«

»Stout hat über einige der Verfahren berichtet. Ist schon ein interessanter Mann.«

»Ein Arschloch ist er, und die Tatsache, dass Sie das anders sehen, sagt einiges über Sie aus, wenn ich das so sagen darf.«

»Aber glauben Sie, was er gesagt hat, stimmt? Dass die Redakteure Artikel einfach wieder rausgenommen haben?«

»Wird das dann Ihr nächstes archäologisches Abenteuer – leitende Beamte, die sich mit Chefredakteuren abgegeben haben?«

»Ich schätze, die sind inzwischen alle tot.«

»Muss Sie ja nicht davon abhalten.«

»Das hier ist mein letzter Auftrag für Professional Standards.«

»Es sei denn, Sie können die Generalstaatsanwältin davon überzeugen, dass Sie weiterhin in dieser Funktion gebraucht werden.«

»Dasselbe könnte auch für Sie gelten, wissen Sie das?«

Rebus wandte sich an Fox. »Inwiefern?«

»Bis vor Kurzem haben Sie alte, ungelöste Fälle bearbeitet. Wenn das Gesetz abgeschafft wird, das eine Doppelbestrafung verbietet, wird es einige ›archäologische Abenteuer‹ zu bestehen geben. Wer würde sich besser dafür eignen als jemand, der auf dem Gebiet der ungelösten Fälle bereits Erfahrungen gesammelt hat?«

»Ich mag meine Leichen lieber mit noch ein bisschen Restwärme.«

Fox zuckte mit den Schultern. »Ist Ihre Beerdigung«, sagte er.

»Was soll das heißen?«

»Das heißt, dass Sie zwar wieder beim CID sind, aber die Zeit gegen Sie arbeitet – in zwei oder drei Jahren knallen Sie erneut frontal gegen die Rentnerwand. Wären Sie für die Generalstaatsanwaltschaft tätig, würde das keine Rolle spielen.«

»Ich kenne mehr als genug ehemalige Polizisten, die für Anwälte arbeiten – keiner von denen macht einen glücklichen Eindruck.«

»Weil sie Prognosen schreiben müssen. So wäre das aber nicht.«

»Nein, der Tod wär's«, behauptete Rebus und schaltete das Radio wieder ein.

»Den erwähnen Sie bei unserem nächsten Termin lieber nicht«, riet ihm Fox, als die Waterboys zu singen anfingen.

Professor Norman Cuttle lebte in einem Pflegeheim mit Blick auf Colinton Dell. Im Fernsehzimmer wurden Tee und Kekse auf einem Rollwagen serviert. Cuttle stand langsam von seinem Stuhl auf und begrüßte seine beiden Besucher, anschließend schlug er vor, sich in den Garten zu »verfügen«, wo es ruhiger sei.

Ruhiger und kälter. Wobei sich Rebus aber nicht beklagte.

Beim Betreten des Pflegeheims hatte er Mantel und Jackett ausgezogen, denn eine Mitarbeiterin hatte erklärt, die Heizung müsse voll aufgedreht sein, andernfalls gäbe es Beschwerden. Er erinnerte sich an die drückende Hitze in Dod Blantyres Haus und an Maggies Bedürfnis, ihr immer mal wieder zu entfliehen.

Dieselbe Mitarbeiterin brachte eine karierte Reisedecke für Professor Cuttle, die sie ihm um Beine und Oberkörper legte. Der Professor saß auf einer funkelnagelneu wirkenden Holzbank. Eine kleine Tafel war daran befestigt, die den Spender als ehemaligen Bewohner des Pflegeheims auswies.

Der auch dort gestorben war, vermutete Rebus.

Cuttle war ein bisschen steifer als Albert Stout und benötigte ein Hörgerät. Er war auch sehr viel dünner, durch seine papierne, mit blauen Venen durchsetzte Haut war beinahe sein Schädel zu erkennen. Rebus erinnerte sich an ihn als einen vorsichtigen Mann, der sich den Leichen in seiner Obhut mit großer Sorgfalt und so respektvoll näherte, als stünden deren Angehörige um ihn herum. Er entschuldigte sich dafür, sich nicht an Rebus zu erinnern.

»Wir sind uns nicht oft begegnet«, sagte Rebus. »Ihren Nachfolger kannte ich ein bisschen besser.«

»Professor Gates?«

Rebus nickte und knöpfte seinen Mantel zu. Von Norden her wehte ein kalter Wind, die Wolken verdichteten sich. Da Fox und Cuttle auf der Bank saßen, blieb für Rebus kein Platz mehr, also stellte er sich seitlich daneben, weil er ihnen die Aussicht auf die Wälder nicht nehmen wollte.

»Wir sind wegen Douglas Merchant hier«, begann Fox.

»Ja, an den habe ich gerade erst gedacht. Hab im Radio gehört, dass Billy Saunders verschwunden ist.«

»Sie haben damals die Autopsie vorgenommen.«

»Gemeinsam mit Professor Donner – er war damals Chefpathologe.«

»Wahrscheinlich erinnern Sie sich nicht mehr an die Details …« Fox öffnete die Aktentasche, die er mitgebracht hatte, und zog eine schmale braune Mappe heraus. Darin war der Bericht der Autopsie. Cuttle betrachtete die Seiten, scheinbar tief in Gedanken versunken.

»Das hat Donner geschrieben«, sagte er. »Die Handschrift ist winzig, dabei aber ausgezeichnet lesbar. Ich hatte keine Ahnung, dass unsere Unterlagen so lange aufbewahrt wurden.«

»Wir haben Glück, dass sie überlebt haben«, sagte Fox.

»Allerdings, ja.«

»Sie haben auch vor Gericht ausgesagt?«

»Das habe ich. Aber dann wurde das Verfahren eingestellt.«

»Aufgrund verunreinigter Beweismittel?«

Cuttle nickte. »Man hatte Blutspuren des Opfers an der Kleidung von Billy Saunders gefunden.« Er hielt inne. »Dummerweise war diese aber zusammen mit Gegenständen aus dem Besitz des Opfers in ein und demselben Asservatenbehälter aufbewahrt worden.«

»Sodass das Blut auch von einem anderen Gegenstand darauf übergegangen sein konnte?«

»Das hat man befürchtet.«

»Ein simpler Fehler.« Fox beobachtete Cuttle, der die Unterlagen durchging, darunter auch die Fotos des Verstorbenen, sowohl vom Tatort als auch aus dem Leichenschauhaus. »Merchant wurde in einer schmalen Gasse hinter seiner Stammkneipe getötet. Ein oder zwei Stunden zuvor hatte er sich mit Billy Saunders gestritten. Anschließend verließ Saunders das Pub und wurde später betrunken und voller Blutspritzer eine halbe Meile vom Tatort auf der Straße festgenommen. Laut seiner Version war er über die Leiche gefallen und darüber so entsetzt gewesen, dass er die Straße einfach weitergetaumelt war. Der Polizei gegenüber behauptete er, er habe keine Ahnung gehabt, dass es sich bei dem Toten um Douglas Merchant gehandelt habe.«

»Hm«, sagte Cuttle, wobei es ihm gelang, ein Höchstmaß an Skepsis in eine einzige Silbe zu legen. »Der Mann hatte aufgeschürfte Fingerknöchel und eine geplatzte Lippe, wie nach einer Prügelei. Außerdem ein paar Wunden, die von den Schlägen eines Gegners hätten stammen können. Die DNA-Technik war damals noch nicht so fortgeschritten wie heute – die Haut unter den Fingernägeln beider Männer wurde nie miteinander verglichen …«

»Aber Sie sind ziemlich sicher, dass Billy Saunders der Täter war?«

»Hmm«, sagte Cuttle erneut.

»Und die Beamten vom Summerhall CID haben dazu beigetragen, dass die Klage abgewiesen wurde?«

»Dazu kann ich nichts sagen.«

Rebus räusperte sich. »Als Inspector Fox fragte, ob Saunders der Täter sei, hatte ich den Eindruck, dass Sie nicht hundertprozentig von seiner Schuld überzeugt sind – oder irre ich mich?«

»Seine Geschichte war nicht ganz unplausibel. Natürlich wurden die naheliegendsten Schlussfolgerungen gezogen – die beiden hatten gestritten; Merchant hatte ein Verhältnis mit Saunders' Frau …« Cuttle zuckte mit den Schultern und zog die Decke ein bisschen fester um sich. »Auf der Eisenstange, die am Tatort gefunden wurde, fanden sich keine verwertbaren Fingerabdrücke.«

»Angeblich wurde sie abgewischt«, fiel Fox ein.

»Was aber nie bewiesen werden konnte – vieles von dem, worüber wir hier sprechen, ist reine Mutmaßung.«

»Wenn Billy Saunders es nicht war, wer dann?«, fragte Fox.

»Das ist eine Frage für die Polizei, es sei denn natürlich …«

Fox beugte sich zu dem alten Mann herunter. »Es sei denn, es war ein Polizist, meinen Sie?«

»Das würde erklären, weshalb Beweismaterial manipuliert wurde, möglicherweise hatte der Täter Gewissensbisse bekom-

men und wollte nicht, dass ein unschuldiger Mann ins Gefängnis wandert …«

Fox nahm Cuttle die Unterlagen aus der Hand. »Warum finden sich diese Überlegungen nicht in dem Bericht?«

»Weil ich ihn nicht geschrieben habe«, erwiderte Cuttle ruhig.

»Aber Sie haben mit Professor Donner gesprochen? Ihm Ihre Vorbehalte geschildert, oder?«

»Kann sein.«

»Und er hat es vorgezogen, sie außer Acht zu lassen?«

Wieder zuckte Cuttle mit den Schultern. »Wir hatten in der Zeit so viel zu tun: Ständig fiel irgendwo ein Penner tot um oder erlag seinen Verletzungen; wir hatten nie genug Personal – ich kann mich jetzt nicht mehr erinnern, ob Krankheit oder Fehlplanung schuld daran waren. Wenig später musste das Leichenschauhaus geschlossen werden, wissen Sie noch? Man hat Asbest im Mauerwerk gefunden …«

Einen Augenblick lang wurde sein Blick leer. Dann blinzelte er und sah Rebus an. »Lebt Professor Gates noch, wissen Sie das?«

Rebus schüttelte den Kopf. »Ich glaube, ich habe Sie auf seiner Beerdigung gesehen – ist inzwischen auch schon wieder ein paar Jahre her.«

»Ich weiß es nicht mehr. Seltsam, normalerweise habe ich keine Probleme, mich an die Vergangenheit zu erinnern – aber fragen Sie mich bloß nicht, was es gestern zum Mittagessen gab.«

»Ich muss Ihnen eine eher unangenehme Frage stellen, Professor«, sagte Fox und presste die Handflächen aneinander. »Hat einer der Detectives vom CID Summerhall in irgendeiner Weise versucht, Druck auf Sie auszuüben?«

»Druck?«

»Sie gebeten, etwas in Ihrem Bericht zu ändern oder im Zeugenstand für die Verteidigung auszusagen, nicht für die Anklage?«

»Nichts dergleichen.« Cuttle schüttelte entschieden den Kopf. »Niemals irgendetwas dergleichen.«

Fox bohrte weiter, aber Cuttle schüttelte immer wieder energisch den Kopf, so heftig, dass Rebus schon fürchtete, er könne sich verletzen.

»Alles in Ordnung?« Eine Pflegekraft war in den Garten gekommen. Bis Sonnenuntergang würde es nicht mehr lange dauern, das Tageslicht schwand bereits. »Vielleicht möchten Sie wieder reinkommen, hm?«

»Ja«, sagte der Professor, während ihm Fox und die Pflegekraft auf die Füße halfen. »Allmählich steigt mir die Kälte in die Knochen.«

»Drinnen wartet eine schöne heiße Tasse Tee. Und im Fernsehen fängt gleich *Pointless* an – das mögen Sie doch, oder?«

»Mag ich das?«

»Na, wir werden ja sehen …«

Rebus und Fox blieben auf der Bank sitzen.

»Haben Sie genug gehört?«, fragte Rebus.

Fox schob den Bericht in die Tasche zurück. »Sie haben gehört, was der Mann gesagt hat – vielleicht ist es Saunders doch nicht gewesen.«

»Das kann nicht Ihr Ernst sein.«

Fox drehte sich zu ihm um. »Wir haben einen Grund gesucht, weshalb Gilmour sich wegen eines Informanten derart verausgabt hat. Die Theorie eben ist die beste, die ich bislang gehört habe.«

»Warum sollte Gilmour Merchant umbringen? Warum sollte überhaupt jemand außer Billy Saunders Merchant umbringen?«

»Sie haben recht – vielleicht hat Stefan Gilmour es nicht selbst getan. Vielleicht war's jemand, der ihm nahestand.«

Rebus verdrehte die Augen. »Wissen Sie, wie dumm Sie gerade klingen?«

»Ich verstehe, warum Sie sich das einreden wollen. Gilmour

hat anscheinend jemanden geschützt, und damit kommen wieder alle Saints ins Spiel … einschließlich Sie selbst, John.«

Rebus wollte Fox' am Mantelaufschlag packen, aber Letzterer hatte ausgezeichnete Reflexe. Er fing die Hand ab und schob sie weg, hielt Rebus stand und stellte sich auf die Zehenspitzen.

»Überlegen Sie sich das gut«, sagte er. »Sie sind zwanzig Jahre älter als ich und kommen die Scotsman Steps nur noch hoch, wenn oben ein Drink auf Sie wartet.«

»Sie dagegen sind körperlich in Bestform, oder wie?«

»Nicht unbedingt, John – aber ich muss mich ein bisschen fitter halten als Sie …«

Rebus dachte einen Augenblick darüber nach, dann rang er sich ein schicksalsergebenes Lächeln ab. »Na schön, okay, Actionman«, sagte er. »Lassen Sie ab von Ihrer Mission!«

»Den Schuh zieh ich mir nicht an. Sie wissen ganz genau, dass Sie an meiner Stelle dieselben hypothetischen Überlegungen anstellen würden.«

»Wäre aber nicht schlecht, wenn Sie sich den Schuh anziehen würden.«

Fox' verengte die Augen. »Warum?«

Rebus blickte auf das von Fox bevorzugte Schuhwerk. »Weil Ihre braun sind«, erklärte er. »Wenn ich eins von Uncle Frank gelernt habe …«

»Dann keine braunen Schuhe?«

»Keine braunen Schuhe«, pflichtete ihm Rebus bei.

»Und wer ist Uncle Frank?«

»Frank Zappa.« Rebus sah Fox' ratlosen Gesichtsausdruck. »Der Musiker.«

»Ich höre kaum Musik.«

»Auch das spricht gegen Sie«, stellte Rebus gedehnt und kopfschüttelnd fest.

Abends trafen sich Rebus und Clarke in der Great King Street.

»Wir haben die Ergebnisse der Autopsie«, erzählte sie ihm. »Keine Anzeichen für eine körperliche Attacke auf McCuskey. Er hat sich den Schädel an der Kante des steinernen Kamins aufgeschlagen, Hirnblutungen haben ihm den Rest gegeben.«

»Und wird der Fall trotzdem weiterhin als Mord behandelt?«

Sie zuckte mit den Schultern. »Das hat die Staatsanwaltschaft noch nicht entschieden. Aber wer auch immer dort eingebrochen ist, könnte sich damit verteidigen, dass McCuskey bereits bewusstlos war. Er ist gestolpert und gefallen, vielleicht weil er gehört hat, dass eine Scheibe zu Bruch ging.«

Rebus nickte. »Keinerlei Spuren an der Leiche?«

»Nichts, das eindeutige Schlüsse zuließe.« Clarke hielt inne. »Bist du bereit?«

Als er nickte, drückte sie auf die Klingel zu Jessica Traynors Wohnung.

»Hallo?« Die Stimme, die aus der Sprechanlage drang, war die von Alice Bell.

»Hier ist Detective Inspector Clarke. Ist Jessica da?«

»Was wollen Sie?«

»Wir müssen mit ihr sprechen.«

»Sie soll sich erholen.«

»Dauert nur fünf Minuten, Alice.«

Einige Sekunden später brummte der Türöffner. Clarke stieß die Tür auf, und Rebus folgte ihr die gewundene Treppe hinauf.

Alice Bell stand im Wohnungseingang. Clarke lächelte und erkundigte sich, wie es Jessica ging.

»Ganz gut, denke ich.«

»Kommt sie mit der Treppe klar?«

»Ich glaube kaum, dass sie die in der kommenden Woche häufig benutzen wird.« Bell führte sie hinein. Jessica Traynor, jetzt ohne Nackenstütze, lag auf dem Sofa im Wohnzimmer, ein Knöchel war noch verbunden, Fernbedienung und iPad

dicht bei ihr. Auf dem einzigen Tisch im Raum lagen aufgeschlagene Bücher, daneben ein Laptop, auf dessen Bildschirm der erste Absatz einer Hausarbeit zu sehen war. Bell setzte sich an den Tisch, während Rebus und Clarke stehen blieben.

»Wenn Sie uns vielleicht eine Minute allein lassen würden«, sagte Rebus zu Bell.

»Ich will, dass sie bleibt«, protestierte Jessica Traynor.

»Manches lässt sich besser ungestört sagen«, warnte Rebus sie, aber Traynor schüttelte den Kopf.

»Geht's Ihnen denn schon ein bisschen besser?«, erkundigte sich Clarke.

»Angeblich ja. Ich nehme Co-Codamol gegen die Schmerzen. Macht auf sehr angenehme Weise benommen.«

»Hat man Ihnen das verschrieben?«, fragte Rebus. »Oder bekommen Sie's von Ihrem Freund?«

»Was soll das denn heißen?«

»Wir haben gehört, dass er dealt, Jessica«, erklärte Clarke.

»Blödsinn!«, bellte Traynor. »Wer hat das erzählt?«

»Sie behaupten also, es stimmt nicht?«

»Natürlich nicht«, fiel Alice Bell ein. »Wir müssten es doch wissen, oder?«

»Wahrscheinlich schon«, stimmte Clarke zu. »Aber ich könnte verstehen, wenn Sie's nicht zugeben wollen.«

»Ihnen mag das neu sein«, sagte Jessica Traynor, »aber Forbes' Vater ist gerade gestorben. Sie wollen ihn allen Ernstes auf eine Wache zerren und ihm Dealerei vorwerfen? Nur weil jemand irgendeinen Mist behauptet?«

Rebus machte einen Schritt auf das Sofa zu. »Als Sie mich gestern Abend angerufen haben, Jessica, waren Sie kurz davor, mir etwas zu erzählen. ›Die bringen mich um‹, haben Sie gesagt. Das klingt, als gäbe es da draußen Leute, die Ihnen Angst machen, Leute, vor denen Ihr Vater Sie nicht beschützen kann.«

»Sie hat es Ihnen bereits gesagt«, sagte Alice Bell und stand

auf. »Sie nimmt Schmerzmittel. Meistens weiß sie gar nicht, was sie redet.« Sie hatte sich auf die Armlehne des Sofas gesetzt, direkt neben Jessica Traynors Kopf. Jetzt streichelte sie ihr übers Haar. »Sie sollte eigentlich gar nicht mit Ihnen reden.«

Rebus blickte Traynor starr an. »Wer sind diese Leute, Jessica?«, fragte er. »Wer will Sie dafür bestrafen, dass Sie mit uns sprechen? Waren diese Leute auch an dem Unfallabend dabei? Sind sie hinter Forbes her?«

»Es wird Zeit, dass ich noch eine von denen hier nehme.« Sie zog eine Flasche mit Pillen unter sich hervor. »Holst du mir bitte ein bisschen Wasser?«

Alice Bell stand auf und ging in die Küche. Kaum hatte sie das Zimmer verlassen, ging Rebus auf Traynor zu, hockte sich vor sie, sein Gesicht nur wenige Zentimeter von ihrem entfernt.

»Wir können helfen, Jessica. Vielleicht sind wir die Einzigen, die das können. Sie müssen uns nur vertrauen.«

Die Augen der Studentin waren glasig, aber sie hörte zu.

»Reden Sie mit Forbes«, fuhr Rebus fort. »Sagen Sie ihm, dass wir auf Ihrer Seite sind, dann rufen Sie uns an …«

Er stand gerade wieder auf, als Alice Bell mit einem halb vollen Glas zurückkehrte.

»Ich denke, es wird Zeit, dass Sie gehen«, sagte Bell mit entschlossener Stimme. Die Kindersicherung am Schraubverschluss der Tablettenflasche überforderte ihre Freundin, sie nahm sie ihr ab und machte sie auf.

»Zu viele von den Dingern sind nicht gut«, riet ihr Clarke.

»Dann nehm ich lieber ein paar mehr.« Traynor schüttelte drei kleine Tabletten in ihre Handfläche und warf sie sich in den Mund, nahm Bell das Glas ab und trank. Danach seufzte sie zufrieden und legte den Kopf aufs Sofa, schloss die Augen.

»Passen Sie auf, dass sie nicht zu viele davon nimmt«, warnte Clarke.

»Gehen Sie jetzt«, wiederholte Alice Bell und zeigte zur Tür.

Siobhan Clarke lag ausgestreckt auf dem Sofa, im Fernsehen lief eine Kochsendung, und ein Fertiggericht aus der Mikrowelle stand auf einem Tablett auf ihrem Schoß, als ihr Handy klingelte. Es war Laura Smith, die wissen wollte, ob es etwas Neues gab.

»Ich hab Feierabend«, erklärte ihr Clarke und stocherte mit der Gabel in ihrem Essen.

»Ich hab gehört, die Autopsie hat keine neuen Erkenntnisse gebracht.«

»Dann weißt du ja genauso viel wie ich.«

»Kannst du wirklich abschalten? Ich meine zu Hause?«

»Sonst wäre ich eine ganz schön traurige Existenz.«

»So wie ich. Meine Arbeitszeiten werden ständig länger.«

»Du Arme. Scheucht dich dein Chef so herum?«

»An ihm liegt's nicht; das bringt der Job einfach so mit sich.«

»Dann hör auf zu telefonieren und geh raus spazieren, guck dir einen Film an oder so ...«

»Schön wär's. Hast du irgendwas mit dem Tipp anfangen können, den ich dir gegeben habe?«

»Wegen Forbes und den Drogen? Sie streiten es alle ab.«

»Na, so was. Und das Gespräch mit Owen Traynor ...?«

»War reine Routine.«

»Ich hab mich neulich mal hier in der Redaktion mit den Kollegen aus dem Politik-Ressort unterhalten – weißt du eigentlich, dass er mit Stefan Gilmour befreundet ist?«

»Natürlich«, log Clarke, die plötzlich interessiert war, aber hoffte, dass man es ihr nicht anhörte. »Aber ich bin beeindruckt, dass deine Kollegen aus der Politik so was wissen.«

»Seitdem er für die ›No‹-Kampagne Werbung macht, gibt's bei den Befürwortern der Unabhängigkeit eine kleine Mappe über Gilmour. Traynors Name steht auch drin. Vor ein paar Jahren haben sie gemeinsam Geschäfte gemacht.«

»Spielt eigentlich keine Rolle«, sagte Clarke und machte sich eine Notiz auf der ersten Seite einer alten *Evening News*.

»Möglicherweise ließe sich aber immer noch politisches Kapital daraus schlagen. Jetzt wo Pat McCuskey nicht mehr da ist, würden die ›Yes‹-Kampagnen-Leute gerne ein bisschen Dreck am Stecken seines Gegenspielers entdecken.«

»Das kann ich mir vorstellen.«

Vorübergehend herrschte Stille, dann seufzte die Journalistin.

»Ich labere überflüssiges Zeug, oder?«

»Das ist dein gutes Recht, Laura.«

»Vergiss nicht, dass du das mit Forbes McCuskey von mir hast.«

»Mach ich nicht.« Clarke beendete das Gespräch und verglich das Gericht im Fernsehen mit dem, was sie auf dem Teller hatte. »Kein Kommentar«, sagte sie und schaufelte sich eine weitere Gabel voll in den Mund.

Tag acht

14

Etwas, das Professor Cuttle gesagt hatte – *Wir hatten in der Zeit so viel zu tun: Ständig fiel irgendwo ein Penner tot um oder erlag seinen Verletzungen* –, trieb Rebus am darauffolgenden Morgen an die Summerhall-Akten. Malcolm Fox war irgendwo anders im Haus zu Elinor Macari zitiert worden. Draußen regnete es, der Himmel war schwarz. Rebus hatte seinen Mantel zum Trocknen aufgehängt, seine Schuhe ausgezogen und auf die Heizung gestellt. Er tapste auf nassen Socken durch das Büro, schlug Aktenordner und Mappen auf, suchte nach sämtlichen Unterlagen aus den Tagen und Wochen vor dem Mord an Douglas Merchant.

»Ich störe doch nicht, oder?«, fragte Fox, als er zurückkehrte. Er trug zwei Pappbecher Tee. »Nehmen Sie Zucker? Ich weiß es nicht mehr.« Er kramte zwei Tütchen aus seiner Jackentasche.

»Danke«, sagte Rebus, entfernte den Deckel von dem ihm angebotenen Becher. »Ist Macaris Kaffeemaschine kaputt?«

»Mir ist Tee lieber.« Fox nahm einen Schluck, zuckte zusammen, weil das Getränk noch kochend heiß war.

»Sie haben die Tür offen gelassen.«

»Vielleicht hab ich auch einfach nur vergessen abzuschließen.«

»Oder fangen Sie an, mir zu vertrauen?«

Fox blies über seinen Tee. »Die Sache ist die, John – Sie wollten um jeden Preis zurück in den aktiven Dienst. Man hat Ihnen gesagt, Sie würden in Ihrem Dienstgrad heruntergestuft, und Sie waren einverstanden. Um Status kann es Ihnen nicht gehen, Ihnen geht es um den Job an sich. Hab ich recht?«

»Mehr oder weniger. Also fangen Sie wirklich an, mir zu vertrauen?«

»Vertrauen beruht immer auf Gegenseitigkeit.« Fox zeigte auf die Unterlagen vor Rebus. »Erzählen Sie mir, was Sie da treiben.«

»Ich versuche, einen zeitlichen Ablauf zu skizzieren«, erklärte Rebus möglichst vage. »Was wollte Macari?«

»Billy Saunders ist immer noch nicht wiederaufgetaucht. Sein Handy wurde nicht benutzt, aber mit seiner Karte wurden zweihundert Pfund an einem Automaten abgehoben.«

»Wann?«

»In der Nacht, in der er verschwand. Bei der Bank of Scotland in Newington.«

»Dann gibt es zwei Möglichkeiten, er lebt und ist abgehauen oder …«

»Jemand hat ihm die Karte geklaut und ihm die PIN-Nummer entlockt.«

»Hat Macari gesagt, zu welcher von beiden sie tendiert?«

Fox' Mundwinkel zuckten. »Sie möchte, dass Stefan Gilmour offiziell vernommen wird.«

»Weil er mit Saunders sprechen wollte?« Rebus sah Fox nicken. »Laden wir ihn vor?«

»Nur ich, John, und jemand von der Staatsanwaltschaft. Sie stehen Gilmour viel zu nahe.«

»Schönen Dank auch für das Vertrauensvotum.«

»Sie wissen, dass ich recht habe.« Er hielt inne, seine Aufmerksamkeit richtete sich auf die Akten. »Verraten Sie mir noch mal, wozu wir eine Skizze der zeitlichen Abläufe brauchen …«

»Ich dachte, Sie hätten darum gebeten.«

»Hab ich das?« Fox zog die Brauen zusammen.

»Ich dachte, Sie wollten, dass ich irgendwie beschäftigt bin«, log Rebus unbekümmert weiter.

»Na schön«, sagte Fox schließlich. Ihm war aufgefallen, dass

Rebus nur Socken trug, und er hatte zur Heizung geschaut. »Meine braunen Schuhe sind wenigstens wasserabweisend«, meinte er.

Rebus schlug eine weitere Mappe auf und las.

An die meisten Fälle erinnerte er sich, aber nicht an alle. Eine Brandstiftung in Craigmillar ... eine Reihe von Überfällen auf kleine Lebensmittelgeschäfte, ein Drogensüchtiger hatte sich mit einer Spritze bewaffnet ... mehrere sexuelle Übergriffe spät nachts in den Meadows (offiziell konnte kein Zusammenhang nachgewiesen werden, keiner der Fälle wurde je aufgeklärt). Ein Constable war außerhalb seiner Dienstzeit von einem Mob von Fußballfans in einem Pub in der Forrest Road angegriffen worden. In Greyfriars Kirkyard wurde ein Penner tot aufgefunden, alles wies darauf hin, dass er verprügelt worden war. Überfälle an Geldautomaten, aggressive Bettler, eine Bande osteuropäischer Taschendiebe. In manchen Nächten waren die Zellen in Summerhall proppenvoll. In einem Versteck in Dumbiedykes war ein Cannabis-Lager entdeckt und ein gestohlener Wagen gefunden worden, zuerst hatte man einen Getränkeladen damit gerammt und anschließend geplündert.

Alles nichts Besonderes.

Gelegentlich tauchte Rebus' Name auf, ebenso wie seine Unterschrift – und zwar unter Berichten, die er entweder selbst oder nicht selbst getippt hatte. Als er in einem anderen Ordner Namen von verhafteten Verdächtigen mit denen der Zelleninsassen verglich, fand er eine Seite, deren untere Hälfte herausgerissen war.

»Nur damit Sie's wissen«, sagte er und machte Fox Zeichen, sich das anzusehen, »so war das schon, als ich die Akte aufgeschlagen habe.«

Fox nickte. »Ist mir schon vor einer ganzen Weile aufgefallen.«

Der letzte Eintrag auf der oberen Hälfte bezog sich auf einen Verdächtigen, der eine Woche vor dem Mord an Merchant festgenommen worden war, und der erste Eintrag auf der darauffolgenden Seite stammte vom selben Tag.

»Circa vier Stunden fehlen«, meinte Fox. »Vom späten Nachmittag bis zum Abend.«

»Was, glauben Sie, ist passiert?«

»Gäbe es den zuständigen Sergeant noch, würde ich ihn fragen.«

»Ist er gestorben?«, fragte Rebus.

»Magnus Henderson.«

»An den erinnere ich mich«, sagte Rebus. »Freundliches rotes Gesicht, aber wenn er jemanden in den Schwitzkasten nahm, wurde schnell klar, dass man's nicht mit dem Weihnachtsmann zu tun hatte.«

»Hat sich an der Costa del Sol zur Ruhe gesetzt. Vor zwei Jahren ist er einem Herzinfarkt erlegen.« Fox tippte mit dem Zeigefinger auf die Mappe. »Meinen Sie, da war was drin, das verschwinden sollte?«

»Ich bin sicher, dass das Ihr erster Gedanke war.«

»Da haben Sie recht, aber wenn Sie oder einer der anderen Saints kein Geständnis ablegen …«

Rebus zuckte mit den Schultern. »Es gibt auch noch die Festnahmeprotokolle und andere Unterlagen, die eine Antwort liefern könnten.«

»Ansonsten hat der zuständige Kollege vielleicht auch einfach nur einen Namen falsch geschrieben und die Seite rausgerissen, um sich die Peinlichkeit zu ersparen.«

»Oder der Häftling wurde handgreiflich und hat nach den Akten gegriffen«, schlug Rebus vor. »Ich könnte mich umhören.«

»Bei Ihren alten Freunden? Glauben Sie wirklich, Stefan Gilmour würde etwas zugeben? Oder Eamonn Paterson?«

»Wahrscheinlich nicht.« Rebus' Handy klingelte.

»Guten Morgen, DI Clarke«, sagte er, als er sich meldete. »Genießt du das Wetter?«

»Hast du's schon gehört?«, fragte sie.

Rebus biss die Zähne aufeinander und starrte Fox an. »Was gehört?«

»Heute Morgen wurde ein Toter aus dem Kanal gefischt. Laut EC-Karte in seiner Tasche ist es William Saunders.«

»Billy Saunders ist tot?«

Fox nahm sein eigenes Handy und gab eine Nummer ein.

»Sieht so aus«, sagte Clarke. »Die Leiche wurde aber noch nicht offiziell identifiziert.«

»Aus dem Kanal gefischt?«

»An einer abgeschiedenen Stelle in der Nähe von Dumbryden – nicht weit von der Wester Hailes Police Station.«

Fox gab die Information an die Generalstaatsanwältin weiter. Den Blick hielt er weiter auf Rebus gerichtet, bereit, eventuelle erste Erkenntnisse ebenfalls zu übermitteln.

»In der Nähe von Dumbryden«, wiederholte Rebus pflichtschuldigst.

»Und noch was, John …«

»Ist er gesprungen, gefallen oder wurde er gestoßen?«, unterbrach Rebus sie.

»Das will ich dir ja gerade sagen. Es heißt, er sei erschossen worden.«

»*Erschossen*?«

»Erschossen«, sagte Fox in sein Handy und riss die Augen noch ein Stückchen weiter auf.

»Erschossen«, wiederholte Siobhan Clarke.

Stützpunkt der Ermittlungen sollte Wester Hailes sein. Die inzwischen von dem Fall Pat McCuskey wieder abgezogenen Beamten wurden jetzt einem neu gebildeten Team zugeteilt. Als Rebus und Fox am Kanal eintrafen, war Clarke bereits zur Leiterin der Ermittlungen bestimmt worden. DC Olivia Webster

war bei ihr, Clarke hielt einen großen schwarzen Regenschirm und stellte sie einander vor. Regentropfen rannen Rebus von den Haaren in die Augen. Absperrband war quer über den Kanalweg gezogen, Schaulustige hatten sich am gegenüberliegenden Ufer versammelt. In der Umgebung gab es nicht viel mehr als Industrieanlagen und brachliegendes Gelände. Enten kauerten im dichten Schilf, die Köpfe unter den Flügeln versteckt.

»Ziemlich trostlos«, meinte Rebus und sah sich um.

Der Kanal war zwar heutzutage sauberer als früher, trotzdem trieb allerhand Abfall auf der öligen Oberfläche, und die Mauern in der Nähe dienten einheimischen Taggern als Leinwand.

»Gibt's hier Überwachungskameras?«, fragte Fox.

»Im Industriegebiet, ja«, erklärte Clarke. »Wir sehen sie uns nachher mal an.«

»Was wollte er hier?«

»Keine Ahnung.«

»So viele Waffen kann es in der Stadt nicht geben.«

»Auf jeden Fall eine mehr, als wir dachten«, erwiderte Clarke.

»Ich meine, wo kam sie her? Das muss doch jemand wissen.«

Sie nickte. Griesgrämig dreinblickende Streifenbeamte durchkämmten die Umgebung in alle Richtungen. Sie trugen Regenkleidung, und Rebus erkannte einige wieder, die auch schon die Gegend um Pat McCuskeys Haus abgesucht hatten.

»Der Taucher wird seine Freude haben«, sagte Clarke.

»Glaubst du, die Waffe liegt da drin?« Rebus zeigte auf den Kanal.

»Kann schon sein.«

»Wie viele Kugeln?«

»Nur eine. Aus geringem Abstand, mitten in die Brust.«

Rebus suchte ein Stück Weg ab. »Blutspuren?«

»Bis jetzt noch keine gefunden.«

»Dann ist er wahrscheinlich durch die Wucht des Schusses ins Wasser gefallen. Wurden Patronenhülsen gefunden?«

»Mein Gott, John, wir haben eben erst angefangen.« Clarkes Stimme klang kühl.

»Ist denn noch Platz im Team?«, fragte er. »Malcolm und ich wissen genauso viel über Saunders wie alle anderen …«

»Wir haben bereits eine Aufgabe«, erinnerte ihn Fox.

»Meinen Sie nicht, dass aus zwei verschiedenen gerade eine wurde?«

»Wir müssten uns das erst von der Generalstaatsanwältin genehmigen lassen.«

»Sparen Sie sich die Mühe«, unterbrach ihn Clarke. »Keiner von euch beiden kommt ins Team.«

»Die Taucher sind da«, verkündete ein Streifenbeamter auf der anderen Seite der Absperrung. Clarke verschwand in seine Richtung, dicht gefolgt von Olivia Webster. Rebus zog sich den Regenmantel über den Kopf, baute ein kleines Zelt auf, unter dem er sich eine Zigarette anzündete.

»Wissen Sie, warum Sie unerwünscht sind?«, fragte Fox.

»Ich denke schon«, erwiderte Rebus. »Wegen meiner Verbindung zu Summerhall.«

Fox nickte langsam. »Wir müssen mit Macari sprechen. Jetzt, wo Saunders tot ist, ist das Wiederaufnahmeverfahren …« Er verschluckte das Ende des Satzes.

»Ins Wasser gefallen?«, ergänzte Rebus.

»Weshalb ich wahrscheinlich schneller als gedacht zum CID zurückkehren werde.«

»Und die Kollegen feiern ein Freudenfest«, sagte Rebus und zog erneut an seiner Zigarette. Clarke kehrte zurück, den Regenschirm über sich, die Schuhe schmutzig.

»Hast du's dir anders überlegt?«, riet Rebus.

»Wir werden eure Notizen brauchen«, sagte sie mit Blick auf Fox. »Alles, was Sie über Saunders haben.«

»Sobald Sie sich bei Elinor Macari grünes Licht dafür geholt haben«, stimmte Fox zu.

»Ich schreib's ganz oben auf meine Liste«, brummte sie.

»Malcolm könnte dein Team bereichern, weißt du«, erklärte ihr Rebus. »Und da er gerade keine Aufgabe hat …«

Clarke musterte Rebus, als würde sie sich fragen, wo der Haken war. Dann nickte sie steif.

»Schön«, sagte sie, machte abermals kehrt und ging.

»Sagen Sie bloß, ich bin nicht gut zu Ihnen«, sagte Rebus zu Fox und tätschelte ihm den Arm.

Im Leichenschauhaus zogen Clarke und Fox Schutzkleidung über, aber an der Tür zu den Räumen, in denen die Autopsie stattfand, hielt Clarke inne und sah Fox an.

»Sind Sie sicher, dass Sie dem gewachsen sind?«, fragte sie.

»Hab so was eine ganze Weile nicht mehr gemacht.«

Von irgendwoher aus dem Gebäude wurde plötzliches Wehklagen laut.

»Die Witwe«, vermutete Fox.

Clarke nickte. »Planänderung«, beschloss sie. »Sie kennen sie – schauen Sie, ob Sie was aus ihr rausbekommen.«

»Haben Sie Angst, dass ich Sie da drin blamiere?« Fox zeigte auf die Tür.

»Ich bin sicher, Sie würden das wunderbar durchstehen, Malcolm. Die Frage ist nur, wo Sie sich am besten nützlich machen können.«

»Sie sind die Chefin, Siobhan.«

»Danke.« Sie stieß die Tür auf und verschwand dahinter, ließ Fox nach einem kurzen Blick auf Edelstahltische und funkelnde Instrumente stehen. Im Umkleideraum zog er die Schutzkleidung wieder aus und ging in den Wartebereich, wo Saunders' Witwe Bettina, von einer Freundin getröstet, um ihren Mann weinte.

»Die wollen ihr nicht mal seine Sachen aushändigen«, beschwerte sich die Freundin bei Fox.

»Sie bekommt sie so schnell wie möglich zurück«, sagte Fox, wobei er sich nicht sicher war, ob das stimmte. Das Leichen-

schauhaus war ein unscheinbarer Betonklotz in Cowgate, und Cowgate selbst eine schmale, klaustrophobische Schlucht, in die dank zahlreicher Bars und Clubs ausschließlich nachts Leben kam. Fox war seit mehreren Jahren nicht mehr hier im Leichenschauhaus gewesen, da ungeklärte Todesfälle nicht in den Aufgabenbereich der Complaints fielen. Als junger Streifenpolizist war er bei einigen Autopsien zugegen gewesen, hatte den Blick aber stets abgewandt und möglichst versucht, die unterschiedlichen Gerüche nicht einzuatmen.

»Mein Name ist übrigens Fox«, erklärte er der Freundin.

»Und ich bin Taylor – Taylor Craddock.«

»Bettina, wir sind uns schon mal begegnet«, sagte er zu der Witwe. Zu ihren Füßen stand ein unberührter Becher Tee.

»Ich weiß«, sagte sie, rieb sich die Augen und schniefte. Sie hatte blaue Flecken an den Fingerknöcheln, die Überreste steinalter Tätowierungen.

Craddock erklärte, die Identifizierung sei traumatisch gewesen. »Aber er hat ganz friedlich ausgesehen, Bettina, du musst zugeben, dass er nicht gelitten haben kann …«

Es folgten weitere Gemeinplätze, aber Bettina Saunders hörte nicht mehr zu. Sie konzentrierte sich mit roten Augen auf die Wand gegenüber. Dort war nichts außer einem gerahmten Plakat einer Heidelandschaft mit Schäfchenwolken und blauem Himmel. Fox beschloss, Taylor Craddock in den Fokus zu nehmen.

»Hat sich Billy nach seinem Verschwinden noch mal gemeldet?«

Sie schüttelte den Kopf.

»Wir müssen alle seine Schritte nachvollziehen und möglichst herausfinden, warum er sich so verhalten hat.«

»Kann das nicht warten?«, schimpfte Craddock. »Die Frau steht unter Schock.«

»Das sehe ich, aber je schneller wir anfangen, umso besser.«

»Besser für Sie oder besser für Bettina?« Craddock geriet

allmählich in Rage. Bettina Saunders legte eine Hand auf den Arm ihrer Freundin.

»Schon gut, Taylor. Der Mann will nur helfen.« Sie fixierte Fox. »Billy hatte Angst davor, wieder vor Gericht zu müssen. Verständlich, dass er abgehauen ist.«

»Aber er ist gar nicht abgehauen, oder?«, fuhr Fox leise fort. »Er ist in der Stadt geblieben.«

»Wo sollte er denn hin? Er ist in Edinburgh geboren und aufgewachsen.«

»Hatte er Freunde in der Nähe? Ich meine, in der Nähe des Kanals, wo er gefunden wurde?«

Sie dachte einen Augenblick nach, dann schüttelte sie den Kopf.

»Und er hat Sie nicht angerufen? Nicht mal eine SMS geschickt, damit Sie sich keine Sorgen machen?«

»Nichts.« Sie senkte den Blick. »Aber er war sehr aufgedreht. Eines Morgens rief jemand an – damit ging's los.«

Stefan Gilmour …

Ein Mitarbeiter des Leichenschauhauses stand im Eingang.

»Inspector Fox?«, fragte er. »Haben Sie kurz Zeit?«

Fox schenkte den beiden Frauen ein entschuldigendes Lächeln und hoffte, dass sie ihm seine Erleichterung nicht ansahen. Der Mitarbeiter führte ihn in ein kleines Büro, wo eine durchsichtige Plastiktüte auf dem Schreibtisch lag.

»Die Habseligkeiten des Verstorbenen«, erklärte er. »Sie müssen mir das quittieren.«

Fox begutachtete den Inhalt der Tüte. Daneben lag der Ausdruck einer Liste, in der jeder einzelne Gegenstand verzeichnet war. Fox überprüfte sämtliche Posten.

»Hundertfünfzig Pfund in bar«, meinte er.

»Trotzdem hat er dem Zustand seiner Kleidung nach im Freien übernachtet.«

»Ach ja?«

»Dreckig, gelinde gesagt.«

»Apropos, wo ist seine Kleidung?«

»Im kriminaltechnischen Labor.« Der Mitarbeiter hielt inne. »Wir haben nichts von dem Geld eingesteckt, falls Sie das denken.«

Fox schüttelte den Kopf. »Er war kurz vorher am Geldautomaten und hat zweihundert abgehoben. Viel hat er nicht ausgegeben, was ja auch hinkommt, wenn er im Freien übernachtet hat.« Er nahm die Tüte. »Hat das Wasser sein Handy zerstört?«

»Könnte wieder funktionieren, wenn's trocken ist.«

Viel mehr war nicht da – ein Taschentuch, Kaugummi, Hausschlüssel, Kleingeld und die Automatenkarte der Bank of Scotland, außerdem Treuekarten von Costa Coffee und Tesco.

»Keine Uhr?«, fragte Fox.

»Keine Uhr.«

Er überprüfte die Liste ein zweites Mal, bevor er seinen Namen unten auf die Seite setzte. »Ist die Autopsie schon zu Ende?«

»Wird vielleicht noch eine halbe Stunde dauern. Die Kugel haben sie aber schon. Klemmte zwischen zwei Wirbeln. Sie müssen das Datum dazuschreiben.«

Fox setzte das Datum zu seiner Unterschrift, woraufhin der Mitarbeiter zufrieden zu sein schien.

»Waren Sie bei der Identifizierung dabei?«, fragte er.

Der Mitarbeiter nickte.

»Welchen Eindruck hat die Witwe gemacht?«

»Sie hat sich wacker gehalten.«

»Hat sie was gesagt?«

»Nichts Ungewöhnliches. Glauben Sie, dass sie's war – Verbrechen aus Leidenschaft, oder so? Dann sollten Sie ihre Hände auf Schmauchspuren untersuchen …«

Fox musterte den jungen Mann. »Sie gucken zu viele Krimis.«

Der Mitarbeiter zuckte mit den Schultern. »So aufregend

ist das hier nicht – wobei wir ja immer noch den Justizminister hier haben. Heute soll er für die Beerdigung freigegeben werden.«

»Viel los diese Woche, oder?«

»Wir waren in den Nachrichten. Bei den Frauen zieht das leider trotzdem nicht so richtig, wenn man sagt, dass man hier arbeitet.«

»Kann ich mir vorstellen.«

»Es sei denn, man steht auf Goths …«

15

»Die Kugel wird noch analysiert«, erklärte Siobhan Clarke ihrem Team. Die Kollegen hatten sich in einem Großraumbüro im ersten Stock der Wester Hailes Police Station um sie herum versammelt. Es gab etwas weniger Platz, als ihnen allen lieb gewesen wäre – und die einzigen dem Ansehen nach bequemen Stühle waren hart umkämpft. Schreibtischrotation war unumgänglich, und niemand hatte bislang einen Wasserkocher auftreiben können. Draußen im Dumbryden Drive standen ein paar Journalisten, aber nicht viele. Schießereien waren zwar selten in der schottischen Landeshauptstadt, aber der Tod eines Taxifahrers konnte mit dem eines bedeutenden Politikers nicht mithalten. Fox hatte keinen Zweifel daran, dass auch das miese Wetter eine Rolle spielte. Eine neue Kaltfront machte sich bemerkbar, und inzwischen gab es Eisregen. Dumbryden war nicht unbedingt einladend; die Fenster der Wache im Erdgeschoss waren mit Gittern geschützt. Hier würde es keine Pressekonferenzen in funkelnagelneu eröffneten Hotels geben … die Hotels hätten erst noch gebaut werden müssen.

»Derzeit kann ich Ihnen nicht viel mehr sagen. Es handelt sich um ein Kaliber neun Millimeter, wahrscheinlich aus einer Handfeuerwaffe abgefeuert. Der Pathologe meinte, die Waffe wäre wohl nicht mehr ganz brandneu, aber ich bin nicht sicher, was das bedeutet, bis wir mehr von der Ballistik und der Kriminaltechnik erfahren haben. Deshalb möchte ich mich im Moment auf die Schritte des Opfers konzentrieren, angefangen in der Nacht, in der Saunders vermisst wurde, bis zu sei-

nem Tod am Kanal. Er muss etwas gegessen haben – die letzte Nahrungszufuhr bestand aus einem Käsezwiebelsandwich und einer Tüte gesalzener Chips, dazu ein Irn Bru …«

»Klingt nach einem Lunchpaket«, meinte Olivia Webster. »So wie man es an einer Tankstelle oder in einem Supermarkt bekommt.«

Clarke suchte Fox. »Waren Quittungen bei seinen Sachen?«

Fox schüttelte den Kopf. »Wir haben seine Kleidung aber auch noch nicht – ich denke, da könnte noch was in den Taschen stecken.«

»Würden Sie das überprüfen?«, bat ihn Clarke. Dann an alle Anwesenden: »Wir müssen Befragungen an der Haustür durchführen, wir fangen am Fundort an und schwärmen aus. Das Industriegebiet gehört auch dazu. Es muss Aufnahmen aus Überwachungskameras geben, ansonsten können wir uns vielleicht mit Wachleuten unterhalten, die dort Nachtdienst hatten. Läden und Tankstellen in der Gegend – wir müssen Fotos von Saunders in Umlauf bringen.«

»Wie sieht's mit Lokalmedien aus?«, fragte ein anderer.

Clarke nickte. »Zeitungen und Internet – Fernsehen, wenn möglich. Wir müssen einen Aufruf starten, damit sich bitte alle melden, die irgendetwas gesehen haben.«

»Auf seinem Handy könnte noch was sein«, sagte Fox. »Ist zwar zweifelhaft – wir haben schon bei seinem Netzbetreiber nachgefragt –, aber es lohnt sich bestimmt, da noch mal nachzuhaken.«

Clarke nickte zustimmend. »Inspector Fox hier«, erklärte sie den anderen Anwesenden, »hat im Auftrag der Generalstaatsanwaltschaft die Möglichkeit geprüft, ein altes Verfahren gegen William Saunders wiederaufzunehmen. Mr Saunders war vor dreißig Jahren angeklagt wegen Mordes an einem Mann namens Douglas Merchant. Aufgrund von Ermittlungsfehlern ließ sich die Anklage damals jedoch nicht aufrechterhalten …«

»Ermittlungsfehler oder bewusste Verdunkelung«, korrigierte Fox sie.

»So oder so«, fuhr Clarke fort, »sobald ich von Elinor Macari grünes Licht bekommen habe, werden die entsprechenden Akten hergebracht. Und da Inspector Fox sich damit bereits bestens auskennt, richten Sie bitte eventuelle Fragen diesbezüglich an ihn.«

»Ein guter Ansatzpunkt«, ergänzte Fox, »könnten die beiden Detectives sein, die für die begangenen Fehler verantwortlich waren. Einer von beiden, Stefan Gilmour, hat Saunders telefonisch kontaktiert. Wir haben ihn bereits vernommen, aber jetzt, da es um Mord geht …«

Clarke hatte die ganze Zeit genickt. »Wir laden ihn vor«, sagte sie.

»*Der* Stefan Gilmour?«, fragte jemand.

»Ist der Einzige, den ich kenne«, bestätigte Clarke.

Fox war beeindruckt. Clarke hatte ihre Autorität beim Team geltend gemacht, sofort für Ordnung gesorgt und den Ermittlungen eine Richtung gegeben. Gleichzeitig hatte eine gewisse Ungezwungenheit geherrscht, sodass sich alle entspannt ihren zugeteilten Aufgaben widmen konnten. Clarke zwängte sich jetzt durch die Menschentraube zu dem Schreibtisch, den sie sich mit einem Kollegen teilte.

»Besorgen Sie mir noch die Akten aus der Generalstaatsanwaltschaft?«, erinnerte sie Fox.

»Ich habe den Antrag gestellt, warte noch auf den Bescheid.«

»Wir können auch einfach rüberfahren und sie holen …«

»Ich würde Elinor Macari lieber nicht auf den Schlips treten – jetzt, wo wir noch ganz am Anfang stehen.«

Clarke schien zu spüren, dass er recht hatte.

»Ich werde nachhaken«, sagte Fox. »Sie glauben, das passt zusammen, oder?«

»Man soll keine voreiligen Schlüsse ziehen, aber auch nichts von vornherein ausschließen.«

»Aus der Witwe war nichts herauszubekommen.«

»Ich hoffe, Sie denken nicht, dass ich Sie schonen und Ihnen die Autopsie ersparen wollte?«

»Wir wissen wohl beide, dass Sie genau das getan haben.«

»Sie haben sie schon mal besucht, damit waren Sie einfach der naheliegendste Kandidat für die Aufgabe.«

Fox nickte und beschloss, das Thema ruhen zu lassen. »Gut, dass die Kugel gefunden wurde«, sagte er.

»Und die Hülse«, unterbrach ihn Olivia Webster und kam mit einem Telefon in der Hand zu ihnen rüber. »Sie lag im Wasser.«

»Sonst noch was?«

»Bislang nicht.«

»Die Beweise deuten darauf hin, dass er im Freien übernachtet hat«, sagte Fox. »Möglicherweise nicht weit von der Stelle, wo er gefunden wurde.«

»Im Industriegebiet?«, meinte Clarke. »Vielleicht sollten wir uns dort mal umsehen – sobald Sie noch mal versucht haben, jemanden bei der Generalstaatsanwaltschaft zu erreichen.«

Weil er nichts Besseres zu tun hatte, kehrte Rebus an den Gayfield Square zurück, wo man DCI James Page mit einem stark reduzierten Team sitzengelassen hatte. Er kochte innerlich, lief zwischen seinem schrankgroßen Büro und der gegenüberliegenden Wand auf und ab.

»Ist ja nicht so, dass ich Siobhan das nicht zutrauen würde«, meinte er.

»Da gebe ich Ihnen recht«, sagte Rebus. »Immer ärgerlich, wenn das eigentliche Geschehen woanders stattfindet.«

Page sah ihn finster an, unsicher, ob ihm Sympathie oder Spott entgegengebracht wurde. Rebus' Gesichtsausdruck ließ keinerlei Schlüsse zu.

»Ich vermute, Ihr kleines Abenteuer mit Malcolm Fox findet nun ein abruptes Ende«, erwiderte Page schließlich.

»Ein paar Sachen sind schon noch zu erledigen«, log Rebus und sah auf die Uhr. »Ich müsste eigentlich längst drüben sein und ihm helfen ...«

»Dann dürfen wir Sie also morgen wieder in alter Frische an Ihrem Schreibtisch erwarten?«

»Selbstverständlich.« Rebus deutete noch einen Gruß an und ging.

Draußen stellte er sich auf den Parkplatz und rauchte. Keine Nachrichten auf dem Handy, und ins Büro am Sheriff Court zu fahren hatte keinen Sinn – Fox hatte abgeschlossen, und Rebus hatte ihn nicht um den Schlüssel gebeten. Stattdessen gab er Stefan Gilmours Nummer ein. Der Anrufbeantworter sprang an, und Rebus legte auf. Einen Augenblick später aber erschien eine SMS auf seinem Display. Sie kam von Gilmour – *Bin in einer Besprechung. Habe von S. gehört. Mach dir keine Sorgen.*

S stand für Saunders. Worüber sollte sich Rebus keine Sorgen machen? Wegen des Verdachts gegen die Saints oder wegen des Verdachts gegen Gilmour? Oder wollte er damit sagen, er, Gilmour, mache Rebus keine Vorwürfe, weil er selbst nun ins Zentrum der Aufmerksamkeit gerückt war?

»Verdammt noch mal, John«, nuschelte Rebus vor sich hin, als er das, was von seiner Zigarette übrig war, unter seiner Schuhsohle zertrat.

Er stieg in seinen Saab und fuhr an den Torphichen Place. Die Medienpräsenz hatte nachgelassen – vielleicht waren die Ergebnisse der Autopsie inzwischen an die Presse herausgegeben worden. Im Innern des Gebäudes begrüßte ihn DCI Ralph mit einem Kopfnicken. Er wirkte nervös, was wahrscheinlich erklärte, weshalb er die Ankunft eines Fremden in seiner Mitte nicht hinterfragte. In dem Büro herrschte eine bleierne, beinahe einschläfernde Atmosphäre. Rebus kannte sie bereits aus

Dutzenden anderer Ermittlungsverfahren. Adrenalin und eingespielte Arbeitsabläufe bestimmten die Anfangsstadien der Ermittlung, aber wenn Fortschritte ausblieben, schlich sich Trägheit ein. Alle Anrufe waren erledigt, alle Vernehmungen geführt. Ständig beackerte man wieder dieselben Felder, schon weil es nichts anderes zu tun gab. Oder man begab sich auf wenig Erfolg versprechende Pfade, die einer nach dem anderen in Sackgassen endeten. All das fraß ungeheuer viel Kraft und Mut. Besonders ärgerlich war es, wenn das Team dann auch noch auseinandergerissen wurde – Rebus hatte das Gefühl, dass der Weggang von Clarke und denen, die sie mitgenommen hatte, deutlich spürbar war. Viele Stunden harte Arbeit waren investiert worden, und inzwischen erwartete man Antworten. Ohne diese brach das Selbstbewusstsein ein, der Teamgeist verflog.

Ein kurzer Rundgang durch den Hauptraum verriet Rebus all dies. Er ging in ein kleineres Büro, in dem ein einsamer Detective Constable, das Jackett über der Stuhllehne und die Ärmel hochgekrempelt, an einem Computer arbeitete. Ein Wasserkocher stand auf dem Tisch, und Rebus fragte, ob er sich einen Tee machen dürfe.

»Wenn Sie was in die Kasse werfen?«, erwiderte der junge Mann.

Rebus nickte und entdeckte die Blechdose mit dem Schlitz im Deckel und dem seitlich darauf geklebten Schriftzug GELD. Er schaltete den Kocher ein und fragte den Beamten, ob er etwas wolle.

»Geht auf mich.«

»Dann nehme ich einen Kaffee, danke. Ein Stück Zucker, ohne Milch.«

Rebus nickte erneut und machte sich an die Arbeit. Er fischte Kleingeld aus seiner Jackentasche, kehrte dem Kollegen den Rücken, schüttelte die Dose, damit der Inhalt klapperte, und stellte sie wieder hin, dann steckte er die Münzen in die Tasche zurück.

»Keine Milch, ein Stück Zucker«, sagte er und stellte den Becher auf der Schreibtischkante ab. Dann fragte er den jungen Mann nach seinem Namen.

»Alan Drake.«

»Freut mich.« Rebus streckte ihm die Hand entgegen. »Ich bin John Rebus.«

»Ich weiß.«

»Wahrscheinlich hat man Sie vor mir gewarnt, hm? Der große böse Wolf oder so.«

»Nein, aber … na ja, *Sie* kennt doch jeder.«

»Das meiste, was Sie gehört haben, können Sie gleich wieder vergessen.« Rebus nahm seinen Becher und warf den Teebeutel in einen Abfalleimer.

»Sie waren der Ausbilder von DI Clarke«, stellte der junge Mann fest.

»Niemand ›bildet‹ Siobhan ›aus‹ – von mir hat sie nur gelernt, wie man's *nicht* machen soll.« Rebus war um den Tisch herumgekommen, sodass er sehen konnte, woran Drake arbeitete.

»Der Terminkalender des Toten«, erklärte der junge Beamte. »Die Leute in seinem Büro haben uns sehr geholfen …«

»Der Justizminister war ein vielbeschäftigter Mann«, meinte Rebus. »Was ist mit der Nacht unmittelbar vor seinem Tod? Gibt es da einen Eintrag?«

»Einer seiner seltenen freien Abende«, erwiderte Drake. »Er hat eine Folge einer Fernsehserie namens *Spiral* gesehen. Das Abendessen kam aus der Tiefkühltruhe, dann hat er sich auf den nächsten Tag vorbereitet. Ein Dutzend E-Mails beantwortet – persönliche ebenso wie geschäftliche – und ein paar Anrufe getätigt.«

»Ich sehe, dass Sie die Aufstellungen haben.« Rebus zeigte auf die Ausdrucke.

Drake nickte. »Festnetz und Mobil. Ich habe die Namen aller Personen, mit denen er gesprochen oder per SMS kommuniziert hat.«

»Wurden sie schon befragt?«

»Einige nur telefonisch.«

»Diese hier auch?« Rebus tippte mit dem Finger auf den Namen Alice Bell.

»Sie teilt sich die Wohnung mit der Freundin des Sohns des Verstorbenen, studiert Kunstgeschichte, und Mr McCuskey hatte einen Rundgang durchs Parlament für sie arrangiert – anscheinend gibt's da eine größere Gemäldesammlung. Waren Sie mal drin?«

Rebus nickte langsam. »Vor Jahren, kurz nach der Eröffnung. War aber was Offizielles, an Bilder kann ich mich nicht erinnern.« Er hielt inne. »Gab es zwischen den beiden noch weitere Anrufe?«

»Drei oder vier im Verlauf eines Monats.«

»Um den Parlamentsbesuch zu verabreden?«

»Genau – ist Ihnen was aufgefallen, das ich übersehen habe?«

»Nein, gar nicht – scheint mir alles sehr gründlich zu sein«, sagte Rebus. »Wem haben Sie die Ergebnisse gezeigt ...?«

»DCI Ralph. Eigentlich hätte ich sie DI Clarke zeigen müssen, aber sie ist nicht da.« Drake sah zu Rebus auf. »Sie leitet jetzt die Ermittlungen in einem *echten* Mordfall.«

»Man weiß nie, mein Junge – dieser könnte sich doch noch als einer entpuppen.« Rebus stellte seinen halb leeren Becher auf das nächstgelegene Fensterbrett. »Sie müssen nur fleißig weiter im Dreck wühlen ...«

Rebus verbrachte den Rest des Nachmittags in der Central Library auf der George IV Bridge. Ein Bibliothekar zeigte ihm, wie man das Mikrofilmlesegerät im Edinburgh Room bediente. Er interessierte sich für die Lokalzeitungen in den vier Wochen vor dem Überfall von Billy Saunders auf Douglas Merchant. In den Polizeiakten hatte er nichts Seltsames oder Ungewöhnliches gefunden – abgesehen von der herausgerissenen Seite in einem der Ordner. Als er die Tagesmeldungen auf dem großen

Bildschirm vor sich aufrief, versuchte er, sich möglichst nicht ablenken zu lassen; was bei so vielen Berichten und Artikeln, die Erinnerungen weckten, schwierig war. Margaret Thatcher hatte für Juni Parlamentswahlen anberaumt, und Jimmy Savile machte Werbung für Fernreisen mit der Bahn. Aberdeen besiegte unter Alex Ferguson Real Madrid in der Nachspielzeit und gewann den Europapokal der Pokalsieger. British Leyland steckte in der Krise, ebenso wie Timex und Ravenscraig. Es wurde diskutiert, das Rauchen auf dem Oberdeck der Busse zu verbieten, und im Playhouse wurde *Annie* gespielt – Rebus erinnerte sich, wie Rhona und Sammy ihn mitgeschleppt hatten und er die Vorstellung verschlief. Eine Werbung für ein Geschenkbuch von Kensitas Club erinnerte ihn daran, dass er ein paar von Sammys Weihnachtsgeschenken von eingelösten Zigarettencoupons gekauft hatte. Das Balmoral Hotel hieß noch North British Hotel, und Piratenvideos wurden beschlagnahmt. Er glaubte, sich erinnern zu können, dass in Summerhall ein Stapel die Runde gemacht hatte – *Gandhi* war einer der beliebtesten. Ein Computer kostete ungefähr so viel wie ein Neuwagen, und Bowie sollte im Murrayfield Stadion auftreten. Stefan Gilmour hatte die Saints ins Konzert geschmuggelt, und Rebus hatte es sich an einem feuchten grauen Juniabend alkoholumnebelt angesehen …

Er wollte gerade Pause machen, rausgehen und eine rauchen, als ihm auffiel, dass sich der Raum leerte. Die Studenten klappten ihre Laptops zu und packten ihre Taschen. Rebus ging rüber zum Schreibtisch und fragte, um wie viel Uhr Schluss sei.

»Um fünf«, bekam er mitgeteilt.

Das hieß, er hatte noch zehn Minuten. Statt Pause zu machen, beschleunigte er sein Lesetempo. Bislang hatte er wenig mehr getan, als die Todesanzeigen zu überfliegen, jetzt konzentrierte er sich auf die Nachrichten. Er entdeckte einen ihm bekannten Namen.

Philip Kennedy.

Plötzlich und unerwartet, friedlich zu Hause ... Trauerfeier ... im engsten Kreise, Bitte keine Kränze ...

Der kleine Phil Kennedy. Slippery Phil. Rebus glaubte, sich zu erinnern, wie Stefan Gilmour die Nachricht erhalten und sich vor Freude die Hände gerieben hatte – ein Mistkerl weniger, der ihnen Scherereien machte. Anhand des Geburtsdatums errechnete er, dass Kennedy kurz vor seinem dreiundvierzigsten Geburtstag gestorben war. Rebus konnte sein Gesicht noch vor sich sehen – pockennarbig, rot und voller Sommersprossen. Ein Gesicht, wie man es in Kindercomics sieht: leicht überzeichnet wie ein zu groß geratenes Kind. Ein Nichtsnutz mit breitem Grinsen, ein Einbrecher, der immer ein Messer dabeihatte und seine Opfer zu Tode erschreckte, wenn diese ihn überraschten. Ältere und gebrechliche Menschen waren seine Spezialität; nicht einmal betreute Wohnungseinrichtungen waren vor Kennedys nächtlichen Besuchen sicher. Oft folgte er seinen Opfern vom Postamt, wo sie ihre Rente geholt hatten, bis nach Hause, peilte zunächst die Lage und kehrte später mit einer Skimaske über dem Gesicht und einem Messer mit zwölf Zentimeter langer Klinge zurück. Eine Frau starb vor Angst, und eine andere stürzte und brach sich das Hüftgelenk, verbrachte den Rest ihrer Tage in Angst und mit Schmerzen.

Plötzlich und unerwartet, friedlich zu Hause ...

Vielleicht lag darin eine gewisse Gerechtigkeit. Er suchte ein paar Tage früher, fand aber keine Angaben darüber, wie Kennedys Leiche gefunden wurde. Rebus kaute auf seiner Unterlippe. War es Frazer Spence gewesen, der eines Tages beschwingten Schrittes hereingekommen war und die Neuigkeit verkündet hatte? Und hatte sich Stefan Gilmour wirklich zufrieden die Hände gerieben? War Porkbelly Paterson zu dem Zeitpunkt im Büro gewesen? Wie hatte er reagiert? Rebus konnte sich nicht erinnern. Aber alle hatten sie Kennedy zu

dem ein oder anderen Zeitpunkt vernommen und teilweise auch vor Gericht gegen ihn ausgesagt. Er war sechs Tage vor dem Überfall auf Douglas Merchant gestorben – gut möglich, dass ihre toten Körper im Leichenschauhaus nebeneinander in Schubladen lagen. Professor Cuttles Worte fielen ihm wieder ein: *Wir hatten in der Zeit so viel zu tun: Ständig fiel irgendwo ein Penner tot um oder erlag seinen Verletzungen* ... Rebus fragte sich, was Slippery Phil widerfahren sein mochte. Es gab einen, der die Antwort vielleicht kannte. Derselbe, der ihn höchstwahrscheinlich auch aufgeschnitten hatte ...

Bis Clarke und Fox am Flussufer eintrafen und sich unter dem Absperrband hindurchduckten, war es bereits dunkel. Endlich hatte es aufgehört zu regnen, und der Himmel war klar, die Temperatur sank rasant. Scheinwerfer waren aufgebaut worden, um den Bereich zu beleuchten, in dem die Taucher immer noch suchten. Die Patronenhülse war aus dem Wasser geborgen worden, aber bislang noch keine Waffe. Aus den Aufzeichnungen der Überwachungskameras im Industriegebiet war hervorgegangen, dass Saunders in einer Seitenstraße übernachtet hatte, zugedeckt mit einer Filzunterlage und auf ausgeklappten Pappkartons. In der Seitenstraße selbst wurden Essensreste und Verpackungen gefunden, die darauf schließen ließen, dass er Lebensmittel aus einem nahegelegenen Supermarkt geholt und gegessen hatte – die Aufzeichnungen der Kameras dort wurden ebenfalls überprüft. Sein Handy war getrocknet und funktionierte noch. Als es geladen war, stellte sich heraus, dass er selbst keine Anrufe getätigt und nur einige wenige erhalten hatte – vor allem von seiner Frau und aus dem Büro der Generalstaatsanwaltschaft, beide hatten Nachrichten hinterlassen und ihn gebeten, sich zu melden.

»Warum hat er es nicht benutzt?«, fragte Clarke.

»Weil er Angst hatte, dass man ihn dadurch orten kann?«, vermutete Fox. »Technisch wäre das möglich gewesen.«

»Wollen Sie damit sagen, er hatte Angst vor uns?«

Woraufhin Fox unverbindlich mit den Schultern gezuckt hatte. »Vor seinem Verschwinden hatte er eines Morgens einen Anruf erhalten – die Nummer wurde unterdrückt, und das Gespräch dauerte nur eine halbe Minute. Ich nehme an, das war Stefan Gilmour. Auf jeden Fall stimmt es mit dem überein, was Gilmour Rebus und mir erzählt hat.«

»Ich brauche einen vollständigen Bericht von Ihnen, Malcolm – alles, was Sie mir über Summerhall und Saunders mitteilen können.«

»Auch über John Rebus?«

»Ja. Gefälligkeiten können wir uns keine erlauben, verstanden?«

»Verstanden. Darf ich Sie was fragen?«

»Was?«

»Leiten Sie zum ersten Mal Ermittlungen in einem Mordfall?«

»Und wenn?«

»Nur so – ich wollte Ihnen dafür danken, dass Sie mir das Gefühl geben, nützlich zu sein.«

»Nützlich sind Sie, wenn ich den Bericht von Ihnen bekomme.« Sie kletterten die Uferböschung hinauf zum Kanalpfad, aber Clarke machte plötzlich halt und drehte sich zu ihm um. »Also hatten die Jungs in Summerhall wirklich Dreck am Stecken, oder?« Er nickte, sah ihr direkt in die Augen. »Und John?«

»Ich weiß es nicht«, gestand er. »Möglich, dass er gar nichts damit zu tun hatte.«

»Sie sagen das nicht nur, weil ich mit ihm befreundet bin?«

»Wir wissen beide, dass Rebus mehr als einmal hart am Wind gesegelt ist – öfter, als wir zählen können. Ich bin sicher, dass Sie ihm einige Male aus der Patsche geholfen haben ebenso wie viele andere Kollegen im Verlauf der Jahre, was ihnen teilweise nicht gut bekommen ist. Ich habe keine Ahnung,

welche Art von Panzer sich Rebus zugelegt hat, aber bislang erfüllt er seine Funktion. Kann sein, dass er in Summerhall mit jugendlichem Idealismus gestartet ist. Aber als er dort wegging, hatte er seine Lektionen gelernt.«

»Von Gilmour, Blantyre und Paterson?«

Fox nickte erneut, und Clarke pfiff durch zusammengebissene Zähne. »Die Frage ist«, sagte er, »wie viel er von dem ganzen faulen Zauber der Saints heute noch glaubt? Wird er seine ehemaligen Kollegen decken?«

»Sie meinen, aus falsch verstandener Loyalität?« Jetzt war es an Clarke zu nicken. Ihr Handy brummte, und sie schaute aufs Display. Eine SMS von Laura Smith: *Bring mich auf den neuesten Stand bei William Saunders, dann sind wir quitt.*

»Was Wichtiges?«, fragte Fox.

»Überhaupt nicht.«

»David Galvin?«

Clarke funkelte ihn an. »Der ist Geschichte, Malcolm.«

Sie drehte sich um, als jemand unten am Kanal rief. Einer der Taucher stand im Wasser, das ihm nur bis zur Brust reichte. Er schwenkte etwas, einen kleinen dunklen Gegenstand, mit schleimig grünen Algen behangen.

»Sieht mir schwer nach einer Schusswaffe aus«, meinte Fox. Dann sah er Siobhan Clarke erleichtert lächeln.

Tag neun

16

Am nächsten Morgen fuhr Rebus noch einmal in das Pflegeheim in Colinton. Professor Cuttle sei unpässlich, wurde ihm mitgeteilt, die Pflegerinnen fürchteten, er habe sich im Garten verkühlt.

»Neulich hatte er Besuch«, erklärte eine. »Und die beiden haben ihn länger draußen aufgehalten, als gut für ihn war.«

»Leute gibt's, hm?«, erwiderte Rebus verständnisvoll und schüttelte den Kopf.

»Er ist auf seinem Zimmer, eingemummelt im Bett. Kann ich Ihnen einen Tee bringen …?«

Rebus lehnte dankend ab und folgte ihr über einen Gang, in dem es entfernt nach Talkumpuder roch. Sie klopfte an eine Tür und öffnete sie.

»Besuch für Sie«, flötete sie und trat einen Schritt zurück, um Rebus vorbeizulassen. Er bedankte sich nickend und schlug ihr, kaum drinnen, sachte die Tür vor der Nase zu.

Cuttle wirkte blasser und schmaler denn je. Er brauchte einen Augenblick, bis ihm einfiel, woher er Rebus kannte.

»Anscheinend haben Inspector Fox und ich Sie zu lange draußen in der Kälte aufgehalten«, entschuldigte sich Rebus und ließ sich auf einem Klappstuhl neben dem Bett nieder.

»Frische Luft ist doch angeblich gesund«, sagte Cuttle schulterzuckend. Er hatte mit Hilfe eines Vergrößerungsglases eine Boulevardzeitung gelesen.

»Was Interessantes?«, fragte Rebus und zeigte auf die Zeitung.

»Der Tote in der Stadt – anscheinend wurde die Tatwaffe gefunden.«

Rebus nickte. »Auf jeden Fall wurde *eine* Waffe gefunden – ich möchte behaupten, dass im Laufe der Jahre eine ganze Reihe interessanter Gegenstände im Kanal gelandet sind.« Er schlug ein Bein über das andere, versuchte, es sich auf einem Stuhl bequem zu machen, der wenig dafür geeignet war.

»Hatten Sie je mit Schussverletzungen zu tun?«, fragte er.

Cuttle wurde nachdenklich. »Ein- oder zweimal – zum ersten Mal als ganz junger Mann. Damals war Professor Donner mein Lehrer.« Er hielt inne. »Spielt mir mein Gedächtnis Streiche, oder wurden *Sie* nicht auch mal von einer Kugel getroffen?«

»Zum Glück musste ich nicht auf den Seziertisch«, bestätigte Rebus. »Das war 1987 – ich war noch nicht zum Detective Sergeant befördert worden. Hab eine Kugel in die Schulter bekommen.«

»Donner und ich haben die Autopsie an dem Schützen durchgeführt.« Cuttle nickte vor sich hin.

»Ich bin beeindruckt, dass Sie sich noch an so viele Leichen erinnern.«

»Das liegt daran, dass sie für mich nie einfach nur ›Leichen‹ waren – es waren Menschen, jeder mit einer eigenen Lebensgeschichte, einer Identität.«

»Ich hatte gehofft, Sie würden mir vielleicht noch mehr über einen bestimmten Fall erzählen können – Philip Kennedy. Er starb mit gerade mal zweiundvierzig Jahren ganz plötzlich zu Hause in Moredun. Das war in der Woche, bevor Douglas Merchant zu Ihnen ins Leichenschauhaus kam.«

»Plötzlich zu Hause?«, wiederholte Cuttle. »Kennedy, Kennedy, Kennedy …« Er durchforstete sein Gedächtnis.

»Auch bekannt als Slippery Phil.«

»Ach ja. Der Lothian and Borders Police bestens bekannt. Ich bin sicher, dass der CID bei der Autopsie dabei war. Die wollten sich vergewissern, dass der Mann auch wirklich tot war und sich nicht noch einmal aus ihren Fängen befreite.«

»Der CID, das heißt …?«

»DI Gilmour, denke ich. Wahrscheinlich auch DS Blantyre. Das Opfer war daheim die Treppe runtergefallen. Kopfverletzungen und, ich glaube, Genickbruch. Professor Donner hat an jenem Tag seziert. Ich habe ihn nur unterstützt.« Cuttle brach ab, sein Blick verengte sich.

»Was ist?«

Aber Cuttle schüttelte den Kopf. »Der Mann hatte schwer getrunken. Von den Dämpfen aus seinem Magen ist uns ganz schwindlig geworden.« Er brach erneut ab, verlor sich in Gedanken. »Er war Einbrecher, nicht wahr? Äußerst gewaltbereit. DI Gilmour war froh, dass er ihn los war …«

Rebus' Handy vibrierte. Er nahm es aus der Tasche und sah nach, wer es war: DCI James Page. Zweifellos fragte er sich, weshalb Rebus nicht zur Arbeit erschienen war. Rebus steckte das Handy wieder ein.

»Dieser Mann, Fox«, sagte Cuttle, »der neulich mit Ihnen hier war …«

»Ja?«

»Ermittelt er gegen Summerhall?«

»Ja.«

»Insbesondere in Hinblick auf den Mord an Douglas Merchant durch William Saunders?« Cuttle sah Rebus nicken. »Warum interessieren *Sie* sich dann für Philip Kennedy? Sie wollen Fox doch nicht in die Parade fahren?«

»Ganz und gar nicht.«

»Weil Saunders tot aufgefunden wurde, nicht wahr? Schwer, da keine Verbindung zu vermuten.«

Rebus starrte den alten Mann an. »Ob Ihr Autopsiebericht von Kennedy noch irgendwo aufzufinden sein wird?«

»Professor Donner hat ihn damals geschrieben, nicht ich. Und um Ihre Frage zu beantworten, ich halte das für sehr zweifelhaft. Ein Unfalltod – wahrscheinlich ohne jedes Interesse für die Nachwelt.«

»Dann verschwende ich wohl meine Zeit.« Rebus stand auf.

»Ich freue mich, Ihnen dabei behilflich gewesen zu sein, Detective Inspector Rebus.«

»Eigentlich nur Detective Sergeant.«

»Derselbe Dienstgrad wie 1987?«, fragte Cuttle mit kühlem Lächeln. Die Frage schmerzte Rebus wie ein Schnitt mit dem Skalpell.

Stefan Gilmour war in einem Streifenwagen aus Glasgow zur Wester Hailes Police Station gebracht worden. Er wirkte wütend, als er an bestürzten Journalisten und einer wild gewordenen Fotografenmeute vorbei ins Gebäude geführt wurde.

»Für die Leute von der ›Yes‹-Kampagne wird das ein Fest«, hatte er gegenüber jedem gemault, der bereit war, ihm zuzuhören, darunter schließlich auch Siobhan Clarke und Malcolm Fox. Zu dritt saßen sie jetzt in einem provisorisch eingerichteten Vernehmungszimmer, die Aufnahmegeräte waren betriebsbereit. Sie warteten nur noch auf die Ankunft von Gilmours teurem Anwalt.

»Das ist keine Festnahme«, versuchte Clarke ihn zu beschwichtigen.

»Trotzdem«, erwiderte Gilmour. Er warf Fox immer wieder abschätzige Blicke zu, fragte sich, wie viel er Clarke wohl von ihrer Begegnung in Glasgow erzählt hatte.

Der Anwalt stellte sich bei seinem Eintreffen als Alasdair Traquair vor und entschuldigte sich für seine ›Säumigkeit‹, bevor er sowohl Clarke als auch Fox eine geprägte Visitenkarte überreichte, die nach Sandelholz-Aftershave roch.

»Ziemlicher Zirkus da draußen«, meinte er. »Was der Sache nicht gerade dienlich sein dürfte – dabei befinden wir uns in einer so bezaubernden Ecke der Stadt …«

Traquair legte ein schwarzes, ledergebundenes Notizbuch auf den Tisch, schlug es auf, schraubte erst die Kappe von seinem Füller, sah dann auf die Uhr und notierte die Zeit.

»Wollen wir anfangen?«, schlug er vor.

»Ihr Klient«, folgte Clarke der Aufforderung, »wurde vernommen – informell – bezüglich des Verschwindens einer ihm früher bekannten Person namens William Saunders. Inzwischen wurde Mr Saunders tot aufgefunden, weshalb wir eine offizielle Darstellung der Ereignisse für angebracht halten.«

»So wie ich das verstehe, Detective Inspector«, erwiderte Traquair gedehnt, »gibt es gar keine Ereignisse – lediglich ein einziges abgebrochenes Telefonat zwischen Mr Gilmour und dem Verstorbenen.«

»Entspricht das den Tatsachen, Mr Gilmour?«, fragte Clarke. Gilmour sah erst seinen Anwalt an, bevor er antwortete.

»Das tut es«, erklärte er.

»Sie hatten die Nummer von William Saunders?«

»Sonst hätte ich ihn schlecht anrufen können.«

»Wie sind Sie in deren Besitz gelangt? Ich hatte den Eindruck, Sie hätten den Kontakt zu ihm verloren …«

Ein weiterer Blick Richtung Anwalt, der lediglich mit zuckenden Mundwinkeln signalisierte, dass Gilmour antworten dürfe, sofern er dies wünsche.

»Das war nicht schwer«, erklärte Gilmour. »Ich habe die Dienste eines entsprechenden Dienstleisters beansprucht.«

Er beugte sich vor, als wollte er sein Gegenüber ins Vertrauen ziehen. »In der Geschäftswelt ist es manchmal ganz hilfreich, das eine oder andere über seine Partner in Erfahrung zu bringen.«

»Und besagter Dienstleister hilft Ihnen in solchen Fällen?«

Gilmour nickte. »Das sind private Ermittler. Man gibt ihnen einen Namen, eine Kfz-Zulassung oder eine Geschäftsadresse. Wirklich beeindruckend, was die so ausgraben.«

»Und was haben die in Bezug auf William Saunders ›ausgegraben‹?«

»Ich wollte nur seine Telefonnummer.«

»Wussten die privaten Ermittler, weshalb?«

Gilmour schüttelte den Kopf. »Sehen Sie, die Sache ist ganz einfach.« Er legte die Ellbogen auf den Tisch, sodass der Anwalt sein Notizbuch ein Stück beiseiteschieben musste. »Ich hatte gehört, dass die Generalstaatsanwältin einen alten Fall wieder aufnehmen will, mit dem sowohl Billy Saunders wie auch die Einheit des CID zu tun hatte, die damals unter meiner Leitung stand. Fehler bei der Ermittlungsarbeit haben dazu geführt, dass ich aus dem Polizeidienst ausgeschieden bin. Verständlich, dass mich die Organisatoren der ›Yes‹-Kampagne heute dafür teeren und federn lassen möchten – glauben Sie nur nicht, dass die nicht schon versucht haben, mich mit Schmutz zu bewerfen.« Ein weiterer Blick Richtung Fox, dann fuhr er sich mit der Zunge über die trockenen Lippen. »Wir alle wissen, welchem politischen Lager die Generalstaatsanwältin angehört, und die schlechten Umfrageergebnisse sind ja hinlänglich bekannt …«

»Sie wollen behaupten, dass politische Motive der Sache zugrunde liegen?«

»Weshalb sonst wird das alles jetzt aufgewärmt?«

»Weil sich die Gesetzeslage geändert hat.«

»Und Sie glauben nicht, dass der Zeitpunkt gewissen Leuten gelegen kommt? Macari hat die Änderung durchgedrückt, weil sie es auf mich abgesehen hat – das sieht doch ein Blinder!« Gilmour lehnte sich so ungestüm auf seinem Stuhl zurück, dass dieser unter ihm knarzte.

»Haben Sie gegenüber William Saunders davon gesprochen?«, fragte Clarke.

Gilmour fuhr sich mit der Hand durchs Haar und schüttelte den Kopf. »Ich habe ihn nur gefragt, was er gegenüber Macari aussagen wollte.«

»Und?«

»Und nichts – er hat aufgelegt.«

»Sie haben ihm nicht gedroht?«

»Auf keinen Fall.«

»Oder ihm einen Anreiz geboten, gleich welcher Art?«

»Antworten Sie nicht«, schaltete sich der Anwalt ein. Traquair hörte auf zu schreiben und schickte ein professionelles Lächeln über den Tisch. »Mein Klient hat Sie umfassend über den Inhalt seines Gesprächs mit William Saunders aufgeklärt. Er hat rückhaltlos kooperiert. Ich sehe keinen Grund, weshalb dieser Dialog fortgesetzt werden müsste.«

»Haben Sie sich mit ihm getroffen, Mr Gilmour?«, fragte Clarke.

»Wirklich, DI Clarke, ich muss darauf bestehen …« Traquair hatte seinem Klienten eine Hand auf den Unterarm gelegt, als wollte er ihn davon abhalten zu antworten.

»Ich möchte den Namen der Ermittleragentur«, fuhr Clarke fort. »Ich möchte von deren Seite bestätigt bekommen, dass Sie nicht mehr als eine Telefonnummer verlangt haben.«

»Einwände dagegen?«, fragte Traquair Gilmour.

»Nein«, sagte Gilmour und starrte Clarke durchdringend an. Dann: »Muss sich John Rebus demselben Prozedere unterziehen? Wird er auch in einem Streifenwagen hierher verfrachtet, während draußen die Medienmeute lauert? Und was ist mit Blantyre und Paterson? Oder bin ich der Einzige, dessen Auftritt Sie ins Fernsehen bringt, DI Clarke?«

»Wir brauchen die Kontaktdaten der Schnüfflerfirma«, erinnerte Clarke den Anwalt noch einmal im Aufstehen. »Und Sie werden denen vorher sagen müssen, dass sie mit uns reden dürfen – ich will mir keinen Blödsinn von wegen ›Schweigepflicht‹ anhören.«

»Selbstverständlich«, erwiderte Traquair, klappte sein Notizbuch zu und schraubte die Kappe wieder auf seinen dicken, schwarzen Füller.

»Diese Ermittlerfirma«, unterbrach ihn Fox. »Sollte die in Ihrem Auftrag auch schon im Dreck der ›Yes‹-Kampagne wühlen?«

Gilmour blickte ihn nur finster an, sein Anwalt tat es ihm

gleich. Im Gehen schlug Gilmour mit der Faust gegen die Tür des Vernehmungsraums. Erst hinterher begriff Clarke, was das sollte. Sie zeigte Fox den Aufkleber. BESSER ZUSAMMEN, stand darauf. NEIN zum Austritt.

»Der Mann hat Sinn für Humor«, sagte Fox und zog den Aufkleber mit dem Fingernagel ab. »Ich frage mich, was der Anwalt ihm für eine Rechnung ausstellt.«

»Auf jeden Fall eine saftige. Ach und übrigens, Ihre Schlussbemerkung eben …«

»Ja?«

»Hätte auch von Rebus kommen können.«

»Ist das gut? Was meinen Sie?«

Sie kehrten ins Büro zurück und sahen aus dem Fenster ein Taxi vorfahren, Anwalt und Klient kämpften sich durchs Gedränge und stiegen hinten ein. Ein besonders hartnäckiger Fotograf rannte dem Taxi noch im Wegfahren hinterher, knipste ein paar Mal durch die Heckscheibe.

»Diese privaten Ermittler werden uns genau das erzählen, was Gilmour ihnen vorgibt«, warnte Fox.

Clarke nickte. »Meinen Sie, wir haben es ihm zu leicht gemacht?«, fragte sie.

»Nein«, versicherte ihr Fox. »Aber er hat recht, was die anderen betrifft – widmen wir ihnen dieselbe Aufmerksamkeit?«

»Keiner von denen hat sich an Billy Saunders rangemacht«, gab Clarke zu bedenken.

»Zumindest nicht über seine Handynummer«, präzisierte Fox. »Aber wer auch immer ihm in jener Nacht auf dem Kanalweg begegnet ist, war nicht zufällig dort. Das war eine Verabredung.«

»Aber wie kam sie zustande?«

»Ich nehme an, ein paar öffentliche Telefonzellen gibt es noch in der Stadt.«

»Das sind doch Nadeln im Heuhaufen«, sagte Clarke.

»Eine Nadel im Heuhaufen«, pflichtete Fox ihr bei.

Eine Stunde später drängte sich das Team im Büro, um sich von Clarke über die neuesten Erkenntnisse in Bezug auf die sichergestellte Schusswaffe aufklären zu lassen. Sie las eine ausgedruckte E-Mail vom ballistischen Institut in Glasgow vor. Man hatte um eine schnelle Einschätzung gebeten, der Bericht war also nicht abschließend. Darin enthalten war aber auch die entscheidende Information, dass die Kugel in Billy Saunders' Rückgrat aus dieser Waffe abgefeuert worden war.

»Dabei«, erklärte Clarke, »handelt es sich um eine Browning L9A1 Neun-Millimeter-Pistole, wahrscheinlich aus den frühen achtziger Jahren. Das Modell wurde seit den fünfziger Jahren und bis vor Kurzem standardmäßig bei der britischen Armee verwendet. Offensichtlich sind nach dem Falklandkrieg einige davon verschwunden. Die Seriennummer wurde runtergefeilt, und weder am Griff noch am Lauf wurden verwendbare Fingerabdrücke gefunden. Drei Kugeln stecken im Magazin, und auch diese scheinen bereits einige Jahrzehnte auf dem Buckel zu haben. Die Waffe befand sich nicht unbedingt im besten Zustand und wurde vermutlich lange nicht benutzt. Treffsicherheit ist nur bei geringer Entfernung gegeben.« Clarke blickte von dem Ausdruck auf und merkte, dass sich Fox aus dem Raum geschlichen hatte. Die anderen Angehörigen des Teams machten sich Notizen oder runzelten konzentriert die Stirn.

»Ideen?«, fragte Clarke und suchte die Gesichter ab.

»Wir müssen die Herkunft der Waffe zurückverfolgen ...«

»Jemand muss wissen, wo sie herkommt ...«

»Wir sollten Kontakt zu den Armeestützpunkten in der Stadt aufnehmen ...«

»Wissen wir, wer hier illegal Waffen verkauft?«

»Gehen wir inzwischen von einem geplanten Mord aus? Falls ein bezahlter Killer in Frage kommt, könnte es ein ehemaliger Soldat gewesen sein ...«

»Nur dass ein bezahlter Killer die Waffe nicht einfach wegschmeißen würde, oder? Er würde sie auseinandernehmen und in Einzelteilen entsorgen …«

»Kann die Waffe dem Opfer gehört haben …?«

»Gibt es weitere Tests, die wir durchführen können …?«

Nachdem Clarke sich dies einige Minuten lang mit verschränkten Armen angehört hatte, löste sie die Besprechung auf, verteilte neue Aufgaben an alle, die welche brauchten. Dann ging sie Fox suchen und fand ihn im angrenzenden Zimmer bei der Durchsicht einer Kiste mit Aktenordnern.

»Was ist das?«, fragte sie.

»Das sind die Summerhall-Akten«, erklärte er. »Sind heute Morgen mit dem Segen der Generalstaatsanwaltschaft hier eingetroffen.«

»Und?«

»Und das hier.« Er hatte gefunden, wonach er gesucht hatte, und legte die relevanten Dokumente auf den Schreibtisch. »Fiel mir ein, als Sie die Falklands erwähnten.«

Clarke warf einen Blick auf den Bericht. Er war auf Oktober 1982 datiert und betraf einen Armeeveteranen, der spät nachts in seiner Sozialwohnung Krach geschlagen hatte. Die Nachbarn hatten sich beschwert, und die Polizei war gekommen – und das nicht zum ersten Mal –, um die Ruhestörung zu unterbinden. Die Beamten fanden eine kleine Menge Cannabis und auf dem Wohnzimmertischchen, gut sichtbar daneben, eine Browning.

Clarke hielt inne und sah Fox an. Fox nickte und bedeutete ihr weiterzulesen. Der Name des ehemaligen Soldaten war Laurie Martin. Er wurde schließlich wegen Drogenbesitzes angezeigt, kam aber mit einem Bußgeld und der Empfehlung davon, sich einer Therapie zu unterziehen.

»Von posttraumatischen Belastungsstörungen hatte damals wohl noch niemand was gehört«, meinte Fox.

»Hab ich was verpasst?« Clarke hatte das Blatt umgedreht, aber da stand nichts weiter. »Die Waffe taucht im Anklageprotokoll nicht mehr auf.«

»Nein«, sagte Fox.

»Wie kommt das?«

Er zuckte nur mit den Schultern. »Zufall?«, meinte er.

»Offensichtlich sind Sie nicht dieser Ansicht. Eine Pistole – dieselbe Marke und vermutlich auch ein ähnliches Baujahr wie die, mit der Billy Saunders erschossen wurde ...« Sie schüttelte langsam den Kopf.

»Sollten wir Stefan Gilmour noch einmal vorladen?«

»Wozu? Sein Name taucht hier gar nicht auf.« Clarke überflog den Bericht noch einmal. »Ist das alles? Kein Nachweis darüber, dass die Waffe in die Asservatenkammer weitergeleitet wurde? Keine Erwähnung vor Gericht?«

»Ich könnte ein bisschen nachbohren – Gerichte haben ihre eigenen Archive ...«

»Klingt mir nach einem weiteren Heuhaufen.« Sie hatte ihr Handy genommen und suchte eine Nummer.

»Lassen Sie mich raten«, sagte Malcolm Fox.

Rebus saß in der Great King Street in seinem Wagen, als ihn der Anruf erreichte.

»Hallo, Siobhan«, sagte er.

»Wo bist du?«

»Auf dem Parkplatz am Gayfield Square«, log er. »Ich versuche Energie zu sammeln, um die Gesellschaft von DCI Page weitere ein bis zwei Stunden zu ertragen.«

»Hast du gehört, dass wir die Waffe gefunden haben?«

»Mit der Billy Saunders erschossen wurde? Ja, herzlichen Glückwunsch ...«

»Es handelt sich um eine Browning, wahrscheinlich aus dem Falklandkrieg. Klingelt da was bei dir?«

»Sollte es?«

»Die Seriennummer wurde irgendwann entfernt, falls dir das auf die Sprünge hilft.«

»Ich weiß nicht, ich …«

»Laurie Martin, John. Ein ehemaliger Soldat, dem die Rückkehr ins zivile Leben nicht leichtfiel. Er wurde nach einem Zwischenfall von zwei Streifenbeamten nach Summerhall gebracht.«

»Warte mal, wann war das?«

»Oktober '82.«

»Ich hab erst im November in Summerhall angefangen.«

»Der Name Laurie Martin sagt dir nichts?«

»Nein.«

»Es gab eine Beschwerde wegen Ruhestörung, die Kollegen kamen zu ihm nach Hause. Er hat sie in die Wohnung gelassen, und dort lag die Pistole auf dem Wohnzimmertisch.«

»Und?«

»Irgendwann taucht die Waffe in den Unterlagen dann nicht mehr auf. Anscheinend wurde sie nicht mal unter den Beweismitteln aufgeführt.«

»Wäre ziemlich spekulativ zu behaupten, dass es dieselbe Waffe war, mit der Saunders erschossen wurde.«

»Und das ist dir alles neu?«

»Pfadfinderehrenwort.«

»Meinst du, es lohnt sich, mit den anderen darüber zu sprechen?«

»Mit den Saints, meinst du?«

»Wir hatten Gilmour heute Morgen hier.«

»Ach, ja?«

»Er bleibt bei seiner Version.«

»Das ist wohl sein gutes Recht.«

»John …«

»Ich bin nicht der Feind, Siobhan. Egal, was passiert, vergiss das nicht.«

»Was willst du damit sagen?«

»Dahinter steckt doch Fox, oder? Er kennt sämtliche Summerhall-Akten in- und auswendig. Pass auf, dass er dich nicht aufs Glatteis führt …«

Rebus legte auf und zündete sich eine Zigarette an, schnickte die Asche aus dem Fenster. Dann rief er Eamonn Paterson an.

»Hier ist John«, sagte er. »Kannst du sprechen?«

»Hab nichts Besseres zu tun«, erwiderte Paterson. »Was hast du auf dem Herzen?«

»Stefan wurde vernommen.«

»Wegen Billy Saunders? Nachvollziehbar.«

»Die haben die Tatwaffe.«

»Ja, hab ich im Radio gehört.«

»Aber du hast nicht gehört, dass sie glauben, sie habe ursprünglich einem ehemaligen Soldaten namens Laurie Martin gehört.« Schweigen in der Leitung, Rebus horchte auf eine Antwort. »Laurie Martin war vor meiner Zeit, aber ich erinnere mich an die Browning. Sie lag in einer Schublade, und nach ein paar Drinks wurde sie zum Spaß rausgeholt. Laurie Martins Pistole, so war das doch, oder?«

»Der Mann war ein Kriegsheld, John. Hat sich über diese verfluchten Inseln geschleppt, und niemand hat es ihm gedankt. In der Nacht hat er uns seine Geschichte erzählt – der Kollege aus dem Zellentrakt hat uns geholt, damit wir sie uns anhören. Der Mann brauchte psychiatrische Hilfe, und im Knast hätte er die nicht bekommen.«

»Also habt ihr die Waffe klammheimlich verschwinden lassen? Schade, dass ihr vergessen habt, sie aus dem Festnahmeprotokoll zu streichen.«

»Was soll ich dazu sagen, John?«

»Ich will, dass du mir erzählst, was daraus geworden ist.«

»Aus der Waffe? Ich habe nicht die leiseste Ahnung. Als Summerhall geschlossen wurde, lag sie nicht mehr in meiner Schublade.«

»Jemand hat sie mitgenommen.«

»Ich weiß es nicht.« Paterson hielt inne. »Das können die doch auf keinen Fall mit dem Mord an Saunders in Verbindung bringen, oder?«

»Woher soll ich das wissen? Selbst wenn es nebensächlich wäre, in Fox' Augen ist es ein weiteres Puzzleteilchen. Wir haben es jetzt mit Mordermittlungen zu tun, Eamonn – also bilde dir bloß nicht ein, es sei nichts Ernstes.«

»Ich bin ja nicht blöd.«

»Ich auch nicht. Du tust dir einen Gefallen, wenn du das nicht vergisst. Okay, Themawechsel – erzähl mir alles, was du über Slippery Phil Kennedy weißt.«

»Noch ein Name aus tiefster Vergangenheit. Was hat Kennedy mit alldem zu tun?«

»Erzähl du's mir.«

»Da gibt es nichts zu erzählen – er ist zu Hause verunglückt, nachdem er sich volllaufen ließ. Ein hinterlistiges kleines Arschloch war das. Wir hätten ihn hinter Schloss und Riegel bringen sollen, haben wir aber nicht. Verfahren eingestellt wegen ›mangelnder Beweise‹, so lautete das Urteil, als wir ihn endlich einmal vor Gericht gebracht hatten.«

Wenn einem Angeklagten seine Schuld nicht überzeugend nachgewiesen werden konnte, sah das schottische Recht diese Möglichkeit vor. Man verließ das Gericht als freier Mann, juristisch völlig unbefleckt. Jedem Detective musste so etwas fürchterlich gegen den Strich gehen: *Fast hättet ihr mich geschnappt, aber nicht ganz.* Rebus hatte schon erlebt, wie absolute Schwerverbrecher stolz und erhobenen Hauptes aus dem Gerichtssaal spaziert waren, nachdem das Gericht die Beweislage für ›unzureichend‹ erklärt hatte. Sie grinsten den Beamten frech ins Gesicht, die Hunderte von Stunden darauf verwendet hatten, die Anklage zu begründen – aber das Gericht nicht überzeugen konnten.

Viel Glück beim nächsten Mal, wollten sie damit sagen.

»Warst du bei der Autopsie dabei?«, fragte Rebus.

»Nein.«

»Gilmour oder Blantyre?«

»Das ist lange her, John.« Paterson verstummte, als würde er nachdenken. »Ich bin ziemlich sicher, dass Frazer Spence dabei war. Ja, Frazer hatte an dem Tag den Kürzeren gezogen.«

Lügner, dachte Rebus. *Aber warum?* Professor Cuttle hatte ihm die Namen bereits genannt – Gilmour und Blantyre.

»Ich sehe aber immer noch nicht, inwiefern Kennedy was mit der anderen Sache zu tun hat«, sagte Paterson jetzt.

»Ich auch nicht.« *Hier, schluck eine von meinen Lügen – ein fairer Tausch ist kein Diebstahl.*

Rebus beendete das Gespräch, rauchte fertig und schnickte die Zigarette aus dem Wagenfenster. Er starrte zum obersten Stock des gegenüberliegenden Gebäudes hinauf, dann stieg er aus, ging zur Haustür und drückte auf die Klingel mit der Aufschrift TRAYNOR / BELL.

»Hallo?«

Er erkannte die Stimme und beugte sich zur Sprechanlage vor. »Hier ist Detective Sergeant Rebus«, erklärte er.

»Jessica will sie nicht sehen.«

»Ich will gar nicht zu ihr, Alice – ich möchte zu Ihnen.«

»Wieso?«

»Wenn Jessica oben ist, kommen Sie wahrscheinlich am besten runter.«

»Wieso? Was hab ich denn getan?«

»Weiß sie von Ihnen und unserem lieben verschiedenen Justizminister? Und weiß Forbes, dass Sie was mit seinem alten Herrn hatten?«

»Sie Arschloch«, erwiderte sie. »Verschwinden Sie, und lassen Sie uns in Ruhe.«

»Das geht nicht, Alice. Ich brauche erst noch ein paar Antworten.«

»Verpissen Sie sich!« Ein Klicken der Sprechanlage verriet ihm, dass die Verbindung unterbrochen war. Er richtete sich

auf, wartete ein paar Sekunden, dann ging er zu seinem Wagen zurück, machte es sich hinter dem Lenkrad bequem. Er wollte sich gerade einer neuen Zigarette widmen, als Alice Bell die Tür aufriss, hinaustrat und die Straße rauf- und runterspähte. Sie wirkte unruhig, ballte die Fäuste. Als sie den Saab entdeckte, kniff sie die Augen zusammen, ihre Lippen wurden zu einem schmalen entschlossenen Strich. Rebus gab ihr ein Zeichen, sich zu ihm zu setzen, und sie gehorchte, zog die Beifahrertür auf, stieg ein und schlug die Tür zu.

»Sie sind gemein«, sagte sie.

»Als die Ermittler bei Ihnen waren, haben Sie ihnen erzählt, Forbes' Vater habe Ihnen das schottische Parlament zeigen wollen. Soweit ich weiß, haben sie die Geschichte geschluckt.« Er hielt inne. »Ich war erst nicht sicher, aber dass Sie jetzt hier sitzen, bestätigt meinen Verdacht.« Erneute Pause. »Also wollen Sie's mir erzählen?«

»Was soll ich Ihnen erzählen?«

Rebus lehnte sich an die Kopfstütze, den Kopf halb ihr zugeneigt. »Bislang wurden nur die jüngsten Telefonverbindungen von Pat McCuskey überprüft. Ich kann auch ein bisschen weiter zurückgehen und herausfinden, wann es angefangen hat…«

»Vor drei Monaten«, sagte sie schließlich. »Dreieinhalb.«

»Wie haben Sie sich kennengelernt?«

»Forbes hat Jessica und mich mit zu sich nach Hause genommen. Seine Eltern waren auch da. Als ich erwähnt habe, dass ich mich für Alison Watt interessiere, hat mir Pat erzählt, dass im Parlamentsgebäude ein Gemälde von ihr hängt.« Jetzt zögerte Alice Bell. »So fing es wohl an.«

»Forbes und Jessica…?«

»Wissen nichts davon.«

»Wie oft haben Sie sich getroffen, Sie und er?«

»Achtmal.« Fast klang es, als sei sie stolz darauf, dass sie es so genau wusste.

»Bei ihm zu Hause?«

Sie schüttelte den Kopf. »Nie.«

»Wo dann?«

»Er hat einen Freund mit einer Wohnung in der Holyrood Road. Der Freund ist häufig in London …« Jetzt wurde sie rot. »Ich weiß, dass er sehr viel älter ist als ich und … und er ist der Vater von Forbes, aber …«

»Das ist hier kein Beichtstuhl, Alice.«

»Sie glauben doch nicht …«

»Dass sein Tod etwas mit Ihnen zu tun hat?« Rebus schüttelte den Kopf. »Es sei denn, Sie wollen mich eines Besseren belehren.«

»Dann verstehe ich nicht, warum …«

Rebus drehte sich zu ihr um. »Ich brauche Informationen, Alice. Ich muss wissen, was in der Unfallnacht geschehen ist. Mein Bauch sagt mir, dass Jessica sich Ihnen anvertraut hat.«

»Hat sie nicht.«

»Ich denke, Sie lügen.«

»Ich lüge nicht!«

»Wenn Sie es so haben wollen, dann erzähle ich unseren gemeinsamen Bekannten von Ihrem kleinen Geheimnis – Jessica und Forbes zuallererst, dann den Kollegen, die im Fall McCuskey ermitteln …«

Ihre Augen funkelten jetzt. »Sie *sind* gemein«, sagte sie mit vor Zorn zitternder Stimme.

»Mir wäre die Formulierung ›hart, aber fair‹ lieber.«

»Was ist daran fair?«

»Sehen Sie, ich mache es Ihnen leichter. Forbes versorgt seine Freunde mit Drogen. Meiner Theorie nach ist an dem Abend ein Deal geplatzt, und er hat den Wagen auf der Flucht zu Schrott gefahren. Dann hat er sich aus dem Staub gemacht und Jessica im Stich gelassen. Jetzt frage ich Sie: Halten Sie das für fair?«

»Ich weiß nicht, wofür ich das halte.« Sie blinzelte ein paar-

mal, als fiele es ihr schwer, ihre unmittelbare Umgebung scharf zu sehen. Dann holte sie tief Luft und fasste sich. Rebus wartete ab, wusste, dass sie ihm entgegenkommen würde.

»Forbes bekommt das Zeug hier aus einer Bar.«

»In der Innenstadt?«

Sie schüttelte den Kopf. »Die Kneipe heißt The Gimlet. Ich glaube, in Gorgie oder jedenfalls nicht weit von da.«

»Ganz in der Nähe«, stimmte ihr Rebus leise zu. »Wer ist sein Kontaktmann? Der Besitzer? Ein Mann namens Darryl Christie?«

Sie schüttelte immer noch den Kopf. »Ein Türsteher. Deano oder so ähnlich.«

»Deano«, bestätigte Rebus.

»Mehr weiß ich nicht.«

»Und seit dem Unfall gab es keine im Flüsterton geführten Gespräche zwischen Forbes und Jessica? Keine gedämpften Stimmen am Telefon, wenn sie glaubt, dass Sie gerade nicht zuhören.«

»Nichts«, sagte Alice Bell, und ihr Blick durchbohrte ihn.

»Ist sie jetzt oben?«

Bell nickte. »Telefoniert mit ihrem Vater – wegen der Beerdigung morgen.«

»Was ist damit?«

»Ihr Vater wollte hingehen. Jessica konnte ihn überreden, es nicht zu tun. Anscheinend hat er Forbes angerufen und ihm vorgeworfen, Jess fast umgebracht zu haben. Sie hat Angst, dass er eine Szene macht…« Ihr Blick verhärtete sich. »*Sie* haben ihm den Floh doch selbst ins Ohr gesetzt.«

»Wir beide wissen, dass Forbes gefahren ist, Alice.«

Sie hatte die Hand am Griff und stieß die Tür auf. »Sie trampeln auf Unschuldigen herum, wissen Sie das. Und ich habe das Gefühl, dass es Ihnen sogar Spaß macht.« Jetzt stand sie auf dem Bürgersteig. Er sah ihr nach, als sie die Straße überquerte und im Haus verschwand. Kaum war sie drinnen,

merkte er, dass die Beifahrertür noch offen war. Aber er kam nicht dran. Er würde aussteigen, ums Auto gehen und sie zuschlagen müssen. Als Rachemaßnahme eher geringfügig, aber doch effektiv.

Rebus konnte nicht anders, als sie dafür zu bewundern.

17

»Bist du Deano?«

»Wer will das wissen?«

Es war acht Uhr abends, und aus dem Gimlet dröhnte Musik. Eine Tafel draußen verkündete, dass heute Achtziger-Jahre-Abend war. Der Türsteher trug einen langen schwarzen Wollmantel und ein schwarzes Polohemd. Seine Hände steckten in den Manteltaschen, und er stand breitbeinig da.

»Detective Sergeant Rebus«, sagte Rebus und klappte seinen Dienstausweis auf. »Ist der Chef drin?«

»Heute Abend nicht.«

»Hast du eine Ahnung, wo ich ihn finde?«

»Nein.«

Rebus tat, als wäre er aufgeschmissen, kratzte sich am Kopf.

»Sieht wohl so aus, als hättest du Pech«, sagte der Türsteher.

»Ich nicht, Deano«, erwiderte Rebus. *»Du.«*

Der Mann war einige Zentimeter größer als Rebus und schleppte ähnlich viel Gewicht mit sich herum, der Unterschied waren die Muskeln. Ein einziger Blick auf Deanos Nacken verriet Rebus, dass er regelmäßig ein Fitnessstudio besuchte. Kleine Kerben in den Augenbrauen ließen darauf schließen, dass er mal geboxt hatte, oder immer noch boxte. Sein Blick aus kleinen, argwöhnischen Augen traf den von Rebus.

»Und wieso?«, fragte er.

»Ich wollte mit Darryl persönlich sprechen, aber wahrscheinlich muss ein Anruf genügen. Wir kennen uns schon sehr lange, dein Chef und ich. Ich dachte, es ist nur fair, wenn ich ihn warne …«

Ein paar Stammgäste trafen ein, zwei Männer, die nur wenige Jahre jünger waren als Rebus.

»Deano, alles klar?«, sagte einer.

Deano nickte, machte einen Schritt zur Seite, um sie vorbeizulassen. Als die Tür aufging, drang ein Schwall Duran Duran an Rebus' Ohr. Jemand sang laut mit, wofür sich die Band wohl kaum bedankt hätte. Die Tür schlug wieder zu, und Deano nahm erneut sein Blick-Duell mit Rebus auf.

»Wovor warnen?«, fragte er.

»Jemand dealt im Gimlet. Wie schon gesagt, ich kenne Darryl, und so blöd ist er nicht. Ich will nicht behaupten, dass er sich nicht drauf einlassen würde, aber ich möchte bezweifeln, dass er's hier in seinem eigenen Laden tut, wo man ihm doch ganz schnell auf die Schliche kommen würde.« Rebus hielt inne. »Verstehst du, was ich meine?«

Der Türsteher versuchte, es sich nicht anmerken zu lassen, aber er ballte unwillkürlich die Fäuste und trat von einem Fuß auf den anderen. Kleine Anzeichen, die Rebus verrieten, dass er richtiglag und der Mann nervös wurde.

»Darryl wird's wissen wollen«, drängte Rebus weiter. »Das Ganze spielt sich direkt *hier* vor seiner Nase ab und auch noch ohne seine Erlaubnis. Das bedeutet, du machst deinen Job nicht. Hab gehört, der betreffende Dealer soll sogar hier arbeiten. Darryl wird sicher wissen wollen, wenn einer seiner eigenen Leute riskiert, dass er Ärger mit der Drogenkommission bekommt. Wer weiß, was da noch alles zum Vorschein kommt, wenn die den Laden hier erst mal auseinandernehmen?«

»Ich hab keine Ahnung, wovon du redest.«

»Dann gibt's ja auch kein Problem.« Rebus streckte eine Hand aus und klopfte dem Türsteher auf die Schulter. »Ich ruf Darryl einfach an und erzähl ihm alles.«

»Könnte doch auch ein Gast sein«, platzte es aus Deano heraus.

»Wie bitte?«

»Der das Dope verkauft – kann doch auch einer von den Gästen sein.«

Rebus schüttelte den Kopf und setzte eine mitfühlende Miene auf. »Ich hab gehört, es ist einer aus dem engeren Kreis. Einer wie du …« Er hatte sein Handy genommen und ging jetzt demonstrativ die Liste seiner Kontakte durch. »Da haben wir ihn ja«, sagte er und hielt sich das Handy ans Ohr.

»Warte mal«, sagte Deano.

»Was?«

»Steck das Handy ein.«

Rebus tat, wie ihm geheißen, und wartete, bis sich die Zahnrädchen im Gehirn des Türstehers gedreht hatten.

»Wenn du so sicher bist, dass ich es bin, wieso machst du dann so ein Theater? Wieso erzählst du mir, dass du's weißt?«

»Weil Darryl nichts davon erfahren muss. Du hilfst mir, ich helfe dir.«

»Ich bin kein Spitzel.«

»Keine Angst – ich interessiere mich nicht für deinen Boss und seine Geheimnisse.«

»Wofür sonst?«

»Du verkaufst Drogen an einen jungen Mann namens Forbes McCuskey.«

»Ist das so? Wer hat das behauptet?«

»Für den Scheiß hab ich keine Zeit, Deano.« Rebus nahm das Handy wieder ans Ohr.

Der Türsteher packte Rebus' Handgelenk.

»Okay, okay«, sagte er und sah die Straße runter. »Ich kenne Forbes McCuskey.«

»Jetzt kommen wir der Sache schon näher. Hast du von dem Autounfall gehört?«

Deano guckte aufrichtig ratlos. »Hatte er einen Unfall?«

»Seine Freundin war bei ihm. Draußen auf der Straße nach Kirkliston, auf der anderen Seite vom Flughafen.«

»Und was hat das mit mir zu tun?«

»Du warst nicht zufällig in der Gegend?«

Deano schüttelte den Kopf.

»Wie läuft das, wenn Forbes was von dir kauft?«

»Er parkt da drüben auf der anderen Seite«, der Türsteher nickte in Richtung der Stelle, an der Rebus' Saab parkte, »kurbelt die Scheibe runter, ich gehe rüber, er sagt, was er braucht, und ich nenne ihm meinen Preis.«

»Der ein bisschen höher ausfällt als sonst, weil er ein reicher Student ist?«

»Ich bin immer fair.« Tatsächlich wirkte der Mann gekränkt.

»Du weißt aber schon, dass er der Sohn des Justizministers ist?« Deano nickte. »Und du bist nie in Versuchung geraten, das auszunutzen?«

»Hab's erst jetzt kapiert, als sein Vater gestorben ist. Hab ein Foto von ihm vorne auf der Zeitung gesehen.«

»Bist du sicher, dass du's erst da geschnallt hast? Ein paar Zeitungen würden für die Geschichte eine Menge Geld zahlen.«

»Ich kann sie aber wohl kaum verkaufen, ohne mich selbst reinzureiten.«

»Auch wieder wahr«, pflichtete ihm Rebus bei. »Und wenn Darryl mitbekommt, dass du hier ohne seine Genehmigung auf eigene Rechnung dealst…«

Deano richtete sich auf, machte die Schultern breit.

»Wie viel hast du McCuskey verkauft?«

»Genug, dass es für seine Freunde auch noch reicht.«

»Koks? Ecstasy?«

»Je nach Bedarf, ein bisschen Gras noch dazu.«

»Und woher beziehst *du* den Stoff?«

Der Türsteher schüttelte langsam und entschieden den Kopf. »Mehr kriegst du nicht von mir.«

»Ich hab noch gar nicht richtig angefangen, Junge.« Rebus brauchte einen Augenblick, um seine Gedanken zu sammeln.

»Forbes ist selbstständig? Und er hat nicht für dich gearbeitet?«

»Nein.«

»Wann hast du ihn das letzte Mal gesehen?«

»Vor zwei Wochen.«

»Ist das normal?«

»Vielleicht hat er jetzt andere Sachen zu tun.«

»Kann sein, aber ich frage mich, wie oft er bei dir vorbeigekommen ist. Vielleicht hat er einen anderen Großhändler gefunden.«

»Du glaubst, das war's, was er in der Nacht vorhatte, als die den Unfall hatten?«

Rebus zuckte mit den Schultern. Ein Wagen rollte langsam an der Bar vorbei. Ein billiges Modell mit getuntem Auspuff. Zwei junge Männer vorne, zwei hinten. Hip-Hop dröhnte aus den Boxen. Sie sahen, dass Deano nicht alleine war, und schienen auch zu merken, in welcher Art von Gesellschaft er sich befand. Mit jaulendem Motor raste der Wagen davon.

»Hab dir wohl gerade einen Deal versaut«, entschuldigte sich Rebus.

»Die kommen schon wieder«, sagte Deano. »Sind wir fertig?«

»Eine letzte Frage noch.« Rebus zündete sich eine Zigarette an, bot seinem Gegenüber auch eine an, erntete aber ein Kopfschütteln. »Ein Taxifahrer namens Billy Saunders hat vor vier Tagen jemanden hier abgeholt. Das war das letzte Mal, dass er gesehen wurde. Später haben sie ihn mit einer Kugel in der Brust aus dem Kanal gefischt.«

»Hab davon gehört.«

»Und vermutlich wurdest du inzwischen auch schon vernommen?« Der Türsteher nickte. »Was hast du gesagt?«

»Ich hab gesagt, dass ich keine Ahnung habe, wen er an dem Abend abgeholt hat – oder ob überhaupt ein Taxi gekommen ist.«

»Hab ich mir gedacht«, sagte Rebus. »Aber jetzt wirst du

mir die Wahrheit sagen. Verstehst du, Darryl hat mir längst gesteckt, dass du an dem Abend an der Tür warst. Von hier aus wurde ein Taxi nach Niddrie bestellt – das auch in Niddrie angekommen ist. Also muss jemand aus diesem Pub dringegessen haben, und als er hier raus ist, musste er an dir vorbei.«

»Vielleicht hab ich gerade Pause gemacht.«

Rebus kniff die Augen zusammen, um sie vor dem Zigarettenqualm zu schützen, lehnte sich ein kleines bisschen zurück, übertrieben verwundert.

»Lügen mag ja zur Stellenbeschreibung gehören, Deano, aber du hast es wirklich nicht drauf. Willst du's vielleicht noch mal versuchen?«

»Was, wenn ich denjenigen kenne? Dann ist er wegen Mord an dem Fahrer dran.«

Rebus schüttelte den Kopf. »Saunders hatte Ärger am Hals. Er hat den Wagen stehen lassen und zwei Nächte draußen geschlafen. Niemand glaubt, dass der Fahrgast was damit zu tun hatte. Wir müssen nur wissen, ob Saunders auf der Fahrt was gesagt hat oder nervös wirkte oder vielleicht telefoniert hat…«

»Die Antwort lautet nein«, sagte Deano. Die Tür zur Bar schlug auf, und ein Mann und eine Frau torkelten in inniger Umarmung heraus, kicherten wie die Teenager, die sie längst nicht mehr waren. Sie ignorierten Rebus und den Türsteher und gingen in Richtung der Wohnblocks hinter dem Gimlet davon. Die Frau machte kurz halt, um ihre hohen Hacken auszuziehen, hielt sich dabei an dem Mann fest.

»Dann bist du selbst mit ihm gefahren?«, fragte Rebus leise. Deano nickte schließlich.

»Eine dringende Lieferung?«, riet Rebus. »Oder war der Lagerbestand aufgebraucht und musste aufgefüllt werden?«

»Er sollte warten. Ich hab ihm gesagt, ich bin in fünf bis zehn Minuten wieder da. Hab ihm einen Zwanziger als Anzahlung in die Hand gedrückt. Und als ich wieder rauskam, war er weg.«

»Hat er gewusst, was da vor sich ging?«

»Nein.«

»Bist du vorher schon mal mit ihm gefahren?«

»Nicht, dass ich wüsste.«

»Und du hattest den Eindruck, dass es ihm gut ging?«

»Ich hab fast die ganze Fahrt über SMS geschrieben.«

»Als du ihm das Geld gegeben und ihn gebeten hast zu warten …«

»Da hat er bloß genickt.« Deano hielt inne. »War vielleicht wirklich ein bisschen komisch. Ich meine, er hat nichts gesagt, als wäre er abgelenkt. Hat einfach nur auf die Windschutzscheibe gestarrt, und ich hab ihm den Zwanziger auf den Beifahrersitz geschmissen.« Er fixierte Rebus. »Das erzähle ich aber auf keinen Fall sonst noch mal jemandem.«

»Darüber muss ich nachdenken.«

»Dann streite ich alles ab. Dein Wort gegen meins.«

»Ich frage mich, wem dein Boss eher glauben wird, Deano. Möglicherweise ist die Polizei dann deine geringste Sorge.«

Rebus überquerte die Straße und stieg in sein Auto. Ließ den Motor an und winkte dem Türsteher noch einmal zu, dann fuhr er los. Deano sah dem Wagen bis zur Abzweigung hinterher. Und auch als er bereits außer Sichtweite war, starrte er ihm noch nach, als könnte sich um die Ecke etwas versteckt haben, das plötzlich zum Vorschein kommen und sein Leben von Grund auf und für immer verändern würde. Ein entferntes Dröhnen verriet ihm, dass der Hip-Hop-Schlitten wieder in der Gegend war. Er drehte sich um und ging in den Gimlet, wusste aber, dass dieser ihm nur vorübergehend Schutz bieten konnte.

»Man könnte meinen, du hast kein Privatleben«, sagte Rebus. Er hatte Clarkes Astra vor seinem Wohnhaus entdeckt. Jetzt stieg sie müde lächelnd aus dem Wagen.

»Du siehst aber auch nicht aus, als kämst du von einer Party«, erwiderte sie.

»Verbrechensbekämpfung kennt keine Nachtruhe, Siobhan. Aber für dich mache ich vielleicht mal eine Ausnahme. Setzt dir die Masse an Arbeit zu?«

»Ich will Pannen vermeiden.«

»Die Wahrscheinlichkeit, dass euch Fehler unterlaufen, steigt aber mit zunehmendem Schlafmangel der Chefin.« Rebus suchte den Haustürschlüssel. »Kommst du mit rauf?«

»Wie stark ist dein stärkster Tee?«

Rebus schüttelte den Kopf. »Du bekommst eine warme Milch, junge Frau. Und danach fahre ich dich nach Hause, wenn du zum Fahren zu müde bist …«

In der Wohnung war es kalt, und Rebus drehte die Heizung im Wohnzimmer auf. Er schloss sein Handy an das Ladegerät in der Steckdose an, machte gleichzeitig Tee. Clarke kam in die Küche spaziert und schaute in den Kühlschrank.

»Hast du Hunger?«, fragte er.

»Mir ist gerade der Appetit vergangen.« Sie machte die Tür zu, um den vertrockneten Käse und die blassgrauen Würstchen nicht mehr zu sehen.

»Wir können was kommen lassen.«

Aber sie schüttelte den Kopf und sah zu, wie er die Teebeutel aus beiden Bechern fischte. Wieder im Wohnzimmer, legte sie ihren Kopf auf die Sofalehne, schloss die Augen.

»Mach dich lang, wenn du willst«, sagte Rebus und ließ sich in seinen Sessel sacken. »Dann erzählst du mir, was dich belastet.«

»Du meinst, wie beim Therapeuten?« Sie lächelte, immer noch mit geschlossenen Augen. »Ich erzähle dir von meinen Problemen und du mir von deinen.«

»Klinge ich, als hätte ich welche?«

Sie legte ihren Kopf schief und sah ihn an. »Schon. Fangen wir mit der Waffe an. Du weißt was darüber, Pfadfinderehrenwort hin oder her. Spuck's aus.«

Rebus starrte sie über den Rand seines Bechers an. »Da gab

es so eine Pistole«, gab er zu. »Das heißt aber noch nicht, dass es dieselbe war.«

»Die ihr einem ehemaligen Armee-Veteranen abgenommen hattet? Und was ist damit passiert? Lag sie einfach so auf der Wache rum und jeder konnte sie sich borgen?«

»Die Saints glauben, dass sie nur eine alte Schuld beglichen haben. Der Soldat hatte seinem Land gedient, und sie wollten verhindern, dass er in den Knast wandert.«

»Das hatten aber nicht die Saints zu entscheiden, John.«

»Ich weiß.«

»Mit wem hast du gesprochen? Mit Paterson?« Er nickte. »Was hat er gesagt?«

»Die Pistole lag in seiner Schreibtischschublade. Eines Tages, kurz bevor das Büro aufgelöst wurde, war sie nicht mehr da.«

»Nur eine Handvoll Leute hatte dort Zugang«, stellte Clarke fest.

»Wissen wir mit Sicherheit, dass es dieselbe Waffe war?« Er sah, mit welchem Blick sie ihn bedachte. »Okay, eine naheliegende Vermutung, aber mehr auch nicht.«

»Wer auch immer Saunders erschossen hat, wird Schmauchspuren an Fingern und Kleidung haben.«

»Und wenn es ein ehemaliger Polizist war, weiß er das und hat längst was dagegen unternommen.« Er hielt die rechte Hand hoch, wackelte mit den Fingern. »Willst du mal riechen, Inspector?«

»Sei nicht so eklig.« Sie hob ihren Becher und trank.

»Hör zu, tut mir leid, dass ich's dir nicht gesagt habe. Ich wollte vorher noch ein paar Sachen überprüfen.«

»Deshalb hast du Paterson angerufen und ihn gewarnt?«

»Ich hab ihn nicht gewarnt…«

»Jemand, der dich nicht so gut kennt wie ich, könnte es aber so darstellen. John, ich habe die Leitung in einem Mordfall übernommen, und das Letzte, was ich brauche, sind Steine, die du mir in den Weg legst.«

»Schon klar.«

»Du warst doch auch bei der Armee, oder? Hast du mal eine Browning gehabt?«

»Dreizehn Patronen, und man wusste nie, ob das Ding nicht gleich losgeht und man sich selbst in den Oberschenkel oder den Knöchel schießt.«

»Wie das?«

»Die Sicherung war alles andere als idiotensicher. Nach Möglichkeit sollte man keine Patrone im Magazin lassen.«

»Aber sonst kinderleicht handhabbar, oder? Könnte jemand, der nie im Leben einen Schuss abgegeben hat, damit klarkommen?«

Rebus nickte und erkundigte sich anschließend nach der Vernehmung von Stefan Gilmour.

»Er hatte einen teuren Anwalt im Schlepptau.«

»War nicht anders zu erwarten.«

»Lässt ihn aber nicht weniger verdächtig wirken.«

»Das sehen die Medien wohl ähnlich.«

Clarkes Handy hatte sich bemerkbar gemacht, ihr mitgeteilt, dass sie eine neue SMS empfangen hatte. Sie schaute aufs Display.

»Unheimlich«, meinte sie. »Wenn man vom Teufel spricht: Laura Smith.«

»Die Gerichtsreporterin vom *Scotsman*?«

Clarke nickte. »Sie glaubt, ich schulde ihr was für die Info über Forbes McCuskey und seine Dealerei.«

»Sie würde sich sicher freuen, wenn du ihr verrätst, dass du eine Verbindung zwischen Summerhall und der Mordwaffe gefunden hast.«

»So weit sind wir noch nicht.« Sie sah ihn erneut an. »Was ist mit McCuskey?«

»Dem Vater oder dem Sohn?«

»Beide, denke ich.«

Rebus stand auf und ging zum Erkerfenster, zog es auf und

ging in die Hocke, sodass er eine Zigarette anzünden und den Rauch nach draußen blasen konnte.

»Sehr rücksichtsvoll«, sagte Clarke. »Also wegen der McCuskeys …«

»Wahrscheinlich weißt du genauso viel wie ich, was den Einbruch angeht.«

»Gibt's Hinweise, dass der Sohn was damit zu tun hatte?«

»Nein …«

»Klingt aber, als wärst du der Sache schon näher gekommen.«

»Das hörst du an der Art, wie ich ›nein‹ sage?«

Sie nickte. »Dann können wir ja endlich klären, ob du glaubst, dass du mir vertrauen kannst.«

»Ich vertraue dir.«

»Dann raus damit.«

Rebus hob einen Finger. »Du zuerst – wie läuft es mit Fox?«

»Er ist okay. Ein schlauer Kopf, auch wenn er kriminalistisch ein bisschen eingerostet ist.«

»Vertraust du *ihm*?«

»Ich denke schon, ja.«

»Obwohl immer noch die Möglichkeit besteht, dass er in Elinor Macaris Interesse handelt?«

»Ich vertraue ihm«, behauptete Clarke. »Jetzt du.«

Rebus blies Rauch durch den Spalt im Fenster. »Forbes McCuskey ist keine große Nummer. Meine Vermutung ist, dass er nur so viel kauft, wie er in seinem direkten Umfeld loswird – wahrscheinlich will er sich damit wichtigmachen. Das Zeug bekommt er von einem Türsteher im Gimlet.«

»Das ist doch Darryl Christies Kneipe?«

»Genau. Wobei Christie aber nichts davon weiß.« Rebus hielt inne. »Also wenn du den Türsteher vernimmst – er heißt Deano –, dann halte dich ein bisschen zurück. Er könnte uns eines Tages noch sehr nützlich sein, vorausgesetzt, Christie schmeißt ihn nicht raus.«

»Und warum sollte ich diesen Deano vernehmen?«

»Weil er Billy Saunders' letzter Fahrgast war in der Nacht, in der er verschwand. Musste wohl Nachschub besorgen in Niddrie. Meinte aber, Saunders sei ihm nicht besonders ängstlich vorgekommen. Der Wagen sollte warten, hat er aber nicht gemacht.«

»Sonst noch was?«

Rebus schüttelte den Kopf.

»Und das wolltest du mir alles gleich morgen früh erzählen?«

»Natürlich.« Er zeigte auf den Becher. »Wie ist der Tee?«

»Ich glaube, die Milch ist abgelaufen.«

»Manchmal tut sie's trotzdem noch.« Er hielt inne. »Wenn du den Wagen stehen lassen willst, kann ich dich nach Hause fahren. Ich will nicht, dass du am Steuer einnickst.«

Sie unterdrückte ein Gähnen, schüttelte aber gleichzeitig den Kopf.

»Weißt du, dass dein Freund Gilmour mit Owen Traynor dicke ist?«

»Ja.«

»Und das hast du auch für dich behalten?«

»Anscheinend ja wohl nicht – wer hat's dir gesagt?«

»Laura.«

»Dann schuldest du ihr ja *noch* einen Gefallen.«

»Der strahlende Ritter der ›Better-Together‹-Bewegung wirkt allmählich ein klein wenig angeschlagen.«

»Deshalb gehe ich auch nicht wählen. Meine Exfrau hat '79 die Dezentralisierungskampagne unterstützt. Ich bin bald wahnsinnig geworden.«

»Aber ein Neuanfang ist doch eine Chance«, stichelte Clarke.

»Weißt du, mit Neuanfängen ist das so eine Sache, Siobhan …«

»Was?«

»Meistens bleibt doch alles dieselbe alte Scheiße.«

Als Malcolm Fox am Bett seines Vaters saß, dachte er an Pro-

fessor Norman Cuttle. Es hatte ihm bereits auf der Zunge gelegen, und am liebsten hätte er Rebus erzählt, dass auch sein Vater in einer dem Heim in Colinton nicht unähnlichen Einrichtung untergebracht war. Mitch Fox döste. Malcolm sah sich im Zimmer um, sah die wenigen ausgewählten Möbelstücke aus seinem alten Haus, die Mitch hatte behalten wollen. Alles andere war entweder zwischen Malcolm und seiner Schwester aufgeteilt oder verkauft worden. Ein Spuckefaden trocknete auf Mitchs unrasiertem Kinn zu einer salzigen Kruste ein. Die Haut wirkte rot und wund. Malcolm würde es gegenüber den Pflegerinnen erwähnen müssen. Bestimmt hatten sie irgendeine Ausrede parat – wie immer –, aber er würde trotzdem nachfragen, nur damit sie wussten, dass er aufpasste.

Fox war müde, aber er wollte bleiben, bis sein Vater aufwachte, um sich ordentlich zu verabschieden. Sie hatten über die jüngsten Nöte des Hearts FC gesprochen, ein bisschen Smalltalk über das Wetter und die Straßenbahnen gehalten. Mit einem lauten Schnarchen wachte Mitch Fox jetzt blinzelnd auf.

»Bin eingenickt«, gestand er.

»Spricht wohl für meine Konversationskünste.«

»Gibst du mir mal das Glas, bitte?«

Eigentlich war es kein Glas, sondern ein Becher aus durchsichtigem Plastik, der vom Boden abspringen würde, ließe man ihn fallen. Darin befanden sich noch zwei Finger breit lauwarmes Wasser, und Mitch schluckte es herunter, schüttelte den Kopf, als ihm sein Sohn anbot nachzuschenken. Er legte sich wieder in die aufgeschichteten Kissen zurück und musterte Malcolm.

»Bist du jetzt fertig bei den Complaints?«

»Mehr oder weniger.«

»Und beim CID nehmen sie dich wieder auf?«

»Meinst du, ich hab's verlernt?«

»Wird nicht einfach werden.«

»Ich hab einen dicken Panzer.«

»Das ist aber genau das Problem – du bestehst aus nichts anderem. Deshalb hat es dir bei den Complaints auch gefallen. Papierkrieg ist dir lieber als Blut, Schweiß und Tränen.«

»Ist es wieder so weit?«

»Wofür?«

»Immer wenn ich dich besuche, musst du mir ein Messer zwischen die Rippen rammen.«

»Mach ich das?«

»Das weißt du genau.«

Fox war aufgestanden, um in dem beengten Raum auf und ab zu gehen. Vor wenigen Wochen hatte er einen Brief erhalten, in dem man ihm mitteilte, er könne Geld sparen, wenn sich sein Vater ein Zimmer mit einem anderen Heimbewohner teilen würde. Er war versucht gewesen, auf das Angebot einzugehen, nicht weil er sich die Gebühren nicht leisten konnte, sondern um Mitchs blödes Gesicht zu sehen – um einen kleinen, grausamen Sieg zu erringen.

»Warum grinst du?«, fragte sein Vater jetzt.

»An den Augen hast du jedenfalls nichts.«

»Das ist keine Antwort auf meine Frage.«

»Ich hab nur überlegt, ob ich mir auf der Heimfahrt noch was beim Chinesen hole.«

»Du isst nicht ordentlich.«

»Besser als andere Leute. Apropos, hast du Jude gesehen?«

»Deine Schwester macht sich auch Sorgen um dich.«

»Sag ihr, das ist nicht nötig.«

»Sie hat gesagt, ihr habt euch verkracht.«

»Ich hab ihr vergangene Woche fünfzig Pfund zugesteckt, und als ich am nächsten Tag noch mal bei ihr war, hatte sie ihren Alkohol- und Kippenvorrat aufgestockt und nichts zu essen gekauft. Und keinen Penny mehr übrig.«

»Jemand muss sich um sie kümmern.«

»Nein danke, ich nicht.«

»Wer denn sonst, wenn nicht du?«

»Glaubst du vielleicht, ich hab's nicht versucht?«

»Ach ja, Geld verteilen, das kannst du gut, aber manchmal braucht es ein bisschen mehr.«

»Ich besuche dich sooft ich kann. Gott weiß warum, weil es ja doch immer im Streit endet.«

»Würde mich trösten, wenn ich wüsste, dass ich mir um euch beide keine Sorgen machen muss.«

»Wir kommen schon klar.« Fox streckte die Arme aus und zuckte mit den Schultern. »Ich wünschte, ich könnte behaupten, wir stünden beide kurz vor der Nominierung für den Nobelpreis, aber so ist es nun mal nicht.«

Mitch Fox lächelte bitter. »Ihr zwei wart immer schon so. Deine Mutter hat das wahnsinnig gemacht.«

»Daran kann ich mich nicht erinnern.«

»Nein, du konntest kein Wässerchen trüben. Hast den Einkauf nach Hause geschleppt, den Tisch gedeckt ... aber immer, wenn du was ausgefressen hattest, hast du Jude die Schuld in die Schuhe geschoben, die wildesten Lügenmärchen erzählt und keine Miene dabei verzogen.«

»Brauchst du noch lange, um mich fertigzumachen?« Fox blickte demonstrativ auf seine Armbanduhr. »Ich hab noch eine Verabredung mit ein paar Chinanudeln ...«

»Glaubst du wirklich, du kommst zurecht, wenn sie dich wieder zum CID lassen?«

»Ich arbeite sogar jetzt schon an einem Mordfall – bislang hat noch niemand beleidigende Sprüche über mich an die Klowand geschrieben.«

»Das ist immerhin etwas, denke ich.« Mitch Fox' Lider senkten sich wieder, sein Mund blieb einen Zentimeter weit offen stehen.

»Ich gehe jetzt besser, Dad«, sagte Fox und kehrte zum Bett zurück, berührte die Hand seines Vaters. »Hast du am Wochen-

ende Lust auf ein Eis an der Küste?«

»Wird denn auch ein anständiger Wind wehen?«

»In Portobello? Ich denke, das kann ich dir garantieren.«

»Und ist Jude auch eingeladen?«

»Ich frage sie«, sagte Fox und drückte ein letztes Mal die fleckige Hand, spürte, wie sein Vater den Händedruck erwiderte.

Tag zehn

18

Das Mortonhall-Krematorium war selten überfüllter gewesen. Die Straßen in der Umgebung wurden zwar nicht von Schaulustigen gesäumt, aber Journalisten und Kamerateams parkten mit Pkws und Transportern auf den Bürgersteigen und wurden jetzt durch Absperrungen auf der gegenüberliegenden Straßenseite vom Eingang zum Krematorium ferngehalten. Der Parkplatz war voll, und die Trauernden warteten auf das Eintreffen des Leichenwagens mit dem Sarg von Patrick McCuskey. Rebus bezweifelte, dass auch nur ein Zehntel so viele Menschen Billy Saunders' Trauerfeier besuchen würden. Mit etwas Glück würden bei seiner Beerdigung die ersten beiden Reihen der kleinen Kapelle voll, wohingegen heute bei McCuskey die große Kapelle Angehörigen und engen Freunden vorbehalten blieb, alle anderen mussten dem Verstorbenen draußen im wärmenden Sonnenschein die letzte Ehre erweisen. Eine Verstärkeranlage war aufgebaut, sodass der Gottesdienst übertragen werden konnte. Einige Gäste fragten einander, ob ihnen ein Platz drinnen zustand. Sie unterbrachen ihre Gespräche, als eine Karawane mit Staatskarossen eintraf, darin hochstehende Politiker aller Parteien sowie die gesamte Polizeispitze und der Lord Provost. Ein livrierter Chauffeur öffnete die hintere Tür eines Jaguar, und Stefan Gilmour stieg aus. Er war alleine angereist, und Rebus fragte sich, ob die ›No‹-Kampagne damit ein Signal senden wollte. Als erst kürzlich in Zusammenhang mit einem Mordfall Vorgeladener könnte er möglicherweise als angeschlagen gelten. Die meisten Blicke richteten sich auf den First Minister und seinen Stellvertreter, aber Rebus beobachtete Gil-

mour. Makelloser dunkelblauer Anzug, weißes Hemd, schwarze Krawatte und Sonnenbrille. Gilmour zupfte seine Manschetten zurecht und knöpfte sein Jackett zu. Dann entdeckte er Rebus. Während die Politiker nacheinander in die Kapelle gingen, schlug er die entgegengesetzte Richtung ein. Rebus stand auf dem Bürgersteig neben einer Reihe abgedeckter Bänke. Er nickte seinem ehemaligen Kollegen zur Begrüßung zu.

»Was machst du denn hier?«, fragte Gilmour mit gereiztem Unterton, nahm die Sonnenbrille ab und steckte sie ein.

»McCuskey meine letzte Aufwartung.«

»War ein guter Mann, trotz seiner politischen Ansichten. Seid ihr der Aufklärung schon ein Stück näher gekommen?«

»Soweit ich weiß, nicht. Aber bei Billy Saunders gab's Fortschritte.«

»Ach ja?«

Beide Männer taten, als interessierten sie sich für den Eingang zur Kapelle und die Leute, die sich dort drängten.

»Die Waffe ist aufgetaucht.«

»Hab ich gehört.«

»Könnte sich herausstellen, dass es sich um die Browning handelt, die eine ganze Zeit lang bei Porkbelly in der Schreibtischschublade lag.«

»Das wird schwer zu beweisen sein.«

»Trotzdem möglich, dass du noch einmal vernommen wirst.«

»Das hat mir gerade noch gefehlt«, nuschelte Gilmour.

»Na ja, es ist nur so, Stefan, dass die Browning ungefähr zur selben Zeit verschwunden ist, wie du deine Papiere bekommen hast.«

»Ich bin freiwillig aus dem Dienst geschieden«, korrigierte ihn Gilmour. »Weshalb mir jetzt eine saftige Rente durch die Lappen geht.«

»Hättest du's nicht getan, hätten uns die Complaints Stück für Stück auseinandergenommen.«

»Und jede Menge gefunden – vergiss das nicht, John.«

»Wie sollte ich?«

Gilmour drehte sich zu Rebus um. »Sag bitte nicht, du glaubst, dass einer von uns Saunders umgebracht hat?«

»Warum nicht? Damals waren wir zu fast allem fähig – warum soll das heute anders sein?« Rebus hielt Gilmours starrem Blick stand. »Wir waren böse Cops, Stefan. So war's nun mal. Und du bist derjenige von uns allen, der vermutlich am meisten zu verlieren hat.«

»Mag sein, aber ich war's nicht. Was würdest du sagen, wenn ich dir erzähle, dass Frazer Spence die Waffe mit nach Hause genommen hat?«

»Ich würde sagen, du lügst. Der Einzige von den Saints, der dafür nicht in Frage kommt, ist Frazer.«

»Ich möchte bezweifeln, dass Dod Blantyre sich aus eigener Kraft zum Kanal schleppen kann.«

»Bleiben du, ich und Porkbelly übrig – und ich weiß, dass ich es nicht war.«

»Und wenn es keiner von uns war? Saunders hat gesessen, der kannte mehr als genug Irre. Da draußen kann es jede Menge Leute geben, die ihm an den Kragen wollen. Du vermutest nur, dass es sich um dieselbe Waffe handelt, aber dafür gibt es keine Beweise.«

»Als du ihn angerufen hast, wolltest du ihn bestechen?«

»Ich hab mir keine Chancen ausgerechnet. Ich meine, er hätte das Geld genommen und wäre dann immer wieder gekommen, um sich noch mehr zu holen.«

»Mit anderen Worten, du wärst ihn nie wieder losgeworden?«

»Genau.«

»Ein Eingeständnis, das nicht unbedingt für dich spricht.« Rebus hielt inne. »Was wusste er, Stefan? Was hätte er Macari und ihrem Team verraten können? Ich habe mir die alten Akten angesehen, und aus der Woche vor dem Mord an Merchant fehlt eine halbe Seite. Das hat mich auf die Idee gebracht. Kann Saunders etwas gewusst haben? Er kommt zu

dir, schlägt einen Deal vor – er vergisst das Ganze, wenn du ihn bei seiner nächsten Festnahme raushaust. Du konntest ja nicht wissen, dass er vorhatte, irgendein armes Schwein totzuschlagen, also bist du drauf eingegangen.«

»Der Leichenwagen kommt«, sagte Gilmour, nickte in Richtung der Tore. Eine langsame Fahrzeugkarawane, die Motoren beinahe lautlos. Kränze bedeckten den Sarg, ließen nur vage glänzende Messinggriffe und lackiertes helles Holz durchscheinen. Im Wagen dahinter saßen die Witwe des Justizministers und sein Sohn. Der First Minister und sein Stellvertreter hatten die Kapelle nun noch einmal verlassen und flankierten die Tür, die Hände wie im Gebet gefaltet, die Köpfe gesenkt.

»Weißt du nicht, was du sagen sollst, Stefan?«, flüsterte Rebus seinem Nebenmann ins Ohr. Gilmour streckte das Kinn in die Höhe, als er zusah, wie die Fahrzeuge hielten. Der First Minister versicherte der Witwe sein Beileid, begleitet von einem Küsschen auf die Wange. Sie war schwarz gekleidet und trug eine Sonnenbrille, die ihr halbes Gesicht bedeckte.

»Du machst einen Fehler, John. Mir klingt das alles, als wolltest du nicht mehr zu den Saints gehören.«

»Ich will dir was sagen, Stefan. Ich habe mit Porkbelly gesprochen, und er war auch dafür, Frazer die Waffe unterzujubeln, genau wie du. Anscheinend seid ihr bereit, jeden anderen mit Scheiße zu bewerfen, Hauptsache, ihr könnt eure eigenen Hälse retten.«

»Du hältst dich vielleicht für sauber, aber das bist du nicht«, gab Gilmour zurück. »Du weißt, dass wir die Pistole behalten haben – wieso bist du damals nicht zu den Chefs gegangen? Weißt du noch, Vernehmungsraum B, als ich reinspaziert bin und du einem Verdächtigen an die Kehle wolltest? Hab den Namen gerade vergessen, aber wenn nötig, fällt er mir wieder ein. Die Drogen, die wir dem Barmann untergeschoben haben, den wir nicht leiden konnten? Die Nutten, die wir nach einer Stunde in Gewahrsam wieder freigelassen haben, weil sie uns

ein paar Pfund oder ein Versprechen zugesteckt hatten? Die Restaurantrechnungen, die wir nie vorgelegt bekamen? Zweihundert Zigaretten hier, eine Kiste Malt da … Wir könnten Geschichten erzählen, was?«

Gilmours Blick bohrte sich in Rebus' Augen.

»Ich hab's auf meine Kappe genommen, John«, fuhr er fort. »Und ich hab's für uns alle getan. Vergiss das nicht, wenn du die Katze aus dem Sack lassen willst.«

Er ging Richtung Kapelle, bahnte sich vorsichtig, aber entschlossen einen Weg durch die Menge. Als er vor Forbes McCuskey stand, schüttelte er dem jungen Mann die Hand und sagte ein paar Worte. McCuskey wandte den Kopf und schien Rebus zu erkennen. Aber dann arbeitete sich Gilmour durchs Gewühl voran, wusste augenscheinlich genau, welche Hände zu schütteln sich für ihn lohnen würde. Ein Schulterklopfen vom First Minister, obwohl er ein politischer Gegner war. Ein leichtes Kopfnicken seitens des Lord Provost. Ein herzliches Lächeln vom Chief Constable. Und dann gingen alle hinein, Orgelmusik dröhnte über die Verstärkeranlage. Rebus ging zurück zum Friedhofsgarten und zündete sich eine Zigarette an. Unter den Trauernden entdeckte er eine junge Frau auf Krücken. Jessica Traynor bewegte sich gestützt von Alice Bell auf die Kapelle zu. Keine von beiden sah Rebus, aber als sie Forbes McCuskey erreicht hatten, brach Jessica in Tränen aus und legte den Kopf auf seine Schulter. Ihr Freund fuhr ihr mit einer Hand durchs Haar und sagte anscheinend ein paar Worte, wahrscheinlich so was wie: »Mach dir keine Sorgen.«

Mach dir keine Sorgen.

Dabei sah er aber Alice Bell an, nicht Jessica Traynor.

Rebus erreichte die Wester Hailes Police Station und musste feststellen, dass Deano bereits dort war. Er wurde gerade von der Anmeldung in den Vernehmungsraum gebracht.

»Schönen Dank auch«, fauchte er, als er Rebus sah.

»Sag einfach, was du weißt, und mach dir keine Sorgen«, riet ihm Rebus.

Er zeigte seinen Ausweis vor und fragte, wo er die Büros der Ermittlungskommission finden würde.

»Die haben sich hier überall ausgebreitet«, kam die lakonische Antwort.

Er schob den Kopf in ein paar Räume, bis er gefunden hatte, wonach er suchte – die Kisten mit den Summerhall-Akten. Sie standen in einem kleinen Büro auf dem Schreibtisch. Eine der Kisten war offen, und Rebus nahm an, dass es die war, auf die er es abgesehen hatte. Der Ordner war noch an derselben Stelle, der abgerissenen Seite, aufgeschlagen, und andere Unterlagen lagen darauf. Rebus schloss leise die Tür, um ungestört zu bleiben. Dann machte er sich an die Arbeit. Wenige Minuten später ging die Tür auf, und Malcolm Fox stand wie vom Donner gerührt im Eingang.

»Sie können's wohl nicht lassen?«, fragte er schließlich.

»Ich muss nur was nachsehen.«

»Ohne dass es jemand mitbekommt?«

Rebus hörte auf zu lesen und blickte auf. »Siobhan meinte, dass Sie vielleicht ganz okay sind. Ich will wissen, ob sie recht hat.«

»Indem Sie mich ins Vertrauen ziehen?«

»Slippery Phil Kennedy«, sagte Rebus.

Fox verengte den Blick. »Der Name taucht in den Summerhall-Akten auf.«

»Ein gemeines kleines Arschloch, das wir nie so richtig drangekriegt haben. Er wurde angeklagt und kam vor Gericht, aber die Geschworenen ließen sich nicht überzeugen.«

»Freispruch aus Mangel an Beweisen?«, riet Fox.

»Was ein paar von uns mächtig angekotzt hat.«

»Stefan Gilmour?«

Rebus nickte. »Eine Woche vor dem Mord an Douglas Merchant fiel Kennedy zu Hause die Treppe runter.«

»Ein gewöhnlicher Unfall?«

»Unser alter Freund Professor Cuttle hat die Autopsie durchgeführt.« Rebus brach ab, besann sich auf das Gespräch. »Oder besser gesagt, er hat dabei geholfen. Geschnitten hat Professor Donner …« Wieder unterbrach er sich. Etwas, das Cuttle gesagt hatte? Oder nicht gesagt hatte?

Ich habe ihn nur unterstützt …

Von den Dämpfen aus seinem Magen ist uns ganz schwindlig geworden …

»Ich bin noch mal zu Cuttle gefahren«, gestand Rebus. »Um ihn nach der Autopsie zu fragen. Jetzt bin ich nicht mehr sicher, ob ich das Maximum aus ihm rausgeholt habe.«

»Wollen Sie Revanche? Mit mir in der Ecke?«

»Und Sie versorgen meine Wunden?«, fragte Rebus lächelnd, spielte aber mit. »Sind Sie sicher, dass Siobhan Sie entbehren kann?«

»Sie hat mit Dean Grant zu tun.«

»Ist das Deanos richtiger Name? Ich hab ihn nie danach gefragt.«

Fox zog eine Augenbraue hoch. »Dann haben Sie ihn zum Reden gebracht?«

»Ich hab auch meine guten Seiten.«

»Den Anschein hat es.«

»Aber wenn Sie mich fragen, ich glaube nicht, dass er was mit Billy Saunders' Verschwinden zu tun hat.«

»Das heißt, vermutlich ging es doch um das Wiederaufnahmeverfahren.«

»Und Summerhall«, ergänzte Rebus. »Ist es das, was Sie hier machen?« Er klopfte auf die Papierstapel auf dem Schreibtisch. »Immer noch auf der Suche nach einem roten Faden?«

»Welche Farbe er hat, ist mir egal«, erwiderte Fox. »Also, gehen wir jetzt und reden mit Cuttle, oder was?«

»Machen wir«, sagte Rebus.

Sie nahmen Rebus' Saab. Als sie den umzäunten Parkplatz verließen, warnte Rebus Fox, dass die Pflegekräfte im Heim der Überzeugung seien, Cuttle habe ihnen beiden den Anflug einer Lungenentzündung zu verdanken.

»War's unsere Idee gewesen, mit ihm in den Garten zu gehen?«, fragte Fox.

»Ich glaube, es war seine. Kann's ihm aber nicht verdenken – wo er Tag und Nacht da eingepfercht ist ...«

»Mein Vater ist in einer ganz ähnlichen Einrichtung untergebracht«, gestand Fox.

Rebus sah ihn an. »Das wusste ich nicht.«

»Warum auch?«

»Ist er noch fit im Kopf?«

»Jedenfalls reicht es, um mir regelmäßig Vorhaltungen zu machen, weil angeblich nichts aus mir geworden ist. Leben Ihre Eltern noch?«

Rebus schüttelte den Kopf. »Schon lange tot«, erwiderte er. »Und mein Bruder auch.«

»Ich habe eine Schwester, Jude. Aber wir verstehen uns nicht besonders ...«

»So war das mit meinem Bruder auch. Ob Sie's glauben oder nicht, *er* war das schwarze Schaf der Familie – hatte Ärger und musste ins Gefängnis.«

»Ich weiß – steht alles in Ihrer Akte.«

»Hab schon ganz vergessen, dass Sie für die dunkle Seite gearbeitet haben.« Rebus schaltete in den vierten Gang, die Hochhäuser von Dumbryden schrumpften in seinem Rückspiegel.

»Hat Siobhan wirklich gesagt, dass sie mir vertraut?«, fragte Fox.

»Sie hat gesagt, dass Sie vielleicht doch ganz in Ordnung sind.«

»Na ja, ich denke, das ist doch schon mal was. Sie macht ihren Job sehr gut, nicht wahr?«

»Sie meinen, obwohl sie's nicht immer leicht mit mir hat?«

»Kann sein«, erwiderte Fox lächelnd. »Aber das bedeutet, dass sie wahrscheinlich dahinterkommen wird, wer Saunders auf dem Gewissen hat. Und das könnte sich als ausgesprochen unangenehm für ...«

»Heute Morgen habe ich Stefan Gilmour bei der Beerdigung des Justizministers getroffen – er beteuert, dass er's nicht war.«

»Aber irgendjemand muss es gewesen sein. Und Saunders hatte Angst.«

»Wie wahrscheinlich ist es, dass ihn jemand aufgespürt hat? Obwohl er im Freien schlief?«

»Worauf wollen Sie hinaus?«

»Saunders muss das Treffen mit seinem Killer selbst verabredet haben. Es sei denn, der Täter ist ihm auf die Schliche gekommen und hat sich selbst zum Treffpunkt eingeladen.«

»Wen aber hätte Saunders sehen wollen?«

Rebus schüttelte den Kopf. »Wie gründlich hat Siobhan die Familie überprüft?«

»Sämtliche Angehörigen und Freunde wurden vernommen, die Post wurde geöffnet, Computer und Handyverbindungen wurden kontrolliert. Wir sind auch dabei, möglichst viele seiner Fahrten nachzuvollziehen, sprechen sogar mit Häftlingen, mit denen er im Knast zu tun hatte.«

»Da bleiben nicht mehr viele Lücken.«

»Wenn DI Clarke eines ist, dann gründlich. Irgendwann dachte ich mal, sie wäre als Mitarbeiterin der Complaints großartig, aber für den CID wäre das ein herber Verlust.«

»Womit Sie sagen wollen, Sie nicht«, konnte sich Rebus nicht verkneifen zu ergänzen.

»Jetzt klingen Sie wie mein Vater ...« Fox drehte sich um und sah aus dem Fenster auf die vorüberziehenden Geschäfte und Büros.

Die restliche Fahrt überlegte Rebus, ob er sich für seine spitze Bemerkung entschuldigen sollte.

Aber er hielt den Mund.

Professor Cuttle ging es ein wenig besser. Er lag nicht mehr im Bett und sah mit drei anderen Heimbewohnern im Gemeinschaftsraum fern – außer ihm waren alle eingeschlafen.

»Sie schon wieder«, maulte er, als er Rebus erkannte.

»Kennen Sie mich noch?«, fragte Fox. »Inspector Fox?«

Cuttle nickte finster. »Wird das jetzt zur regelmäßigen Übung? Besuche bei den Alten und Gebrechlichen?«

»Wir müssen uns über ein paar Punkte Klarheit verschaffen«, versicherte ihm Rebus, zog sich einen freien Sessel heran und setzte sich auf die Lehne. »Wenn Sie sich an Phil Kennedys Autopsie erinnern wollen …«

»Sie sind ganz schön hartnäckig, Detective Sergeant.«

»Tut mir leid, Sir.« Rebus gelang es allerdings nicht, die Entschuldigung überzeugend klingen zu lassen. »Sie haben gesagt, DI Gilmour und DS Blantyre waren bei der Untersuchung des Verstorbenen mit im Raum.«

»Was nicht ungewöhnlich war.«

»Vom CID war sonst niemand da? DS Paterson, DC Spence?«

Der Pathologe schüttelte den Kopf. »Und DS Rebus auch nicht.«

»Damals war ich noch Detective Constable.«

»Und seither haben Sie einen kometenhaften Aufstieg genommen.«

Rebus sah zu Fox hinüber und merkte, dass sich der Mann über sein Unbehagen freute – vielleicht verständlicherweise.

»Als ich Sie gestern gefragt habe, sagten Sie, Sie seien nicht hundertprozentig sicher, dass DS Blantyre dabei war?«

»Zu fünfundneunzig Prozent«, behauptete Cuttle.

»Aber Sie glauben nicht, dass sich nach so langer Zeit noch Unterlagen über den Vorgang finden lassen?«

»Vielleicht hat die Familie von Professor Donner Kopien seiner Berichte aufbewahrt. Könnte sein.«

»Sie klingen skeptisch.«

»Alte Berufskrankheit.« Cuttle sah Fox an. »Ich habe gegenüber DS Rebus hier schon erwähnt – als er mich das letzte Mal in meinem Tagesablauf gestört hat –, dass ich mich frage, ob das alles nicht vom Mord an Merchant ablenken soll.«

»Glauben Sie mir, denselben Gedanken hatte ich auch, Sir«, meinte Fox.

»Um auf die Autopsie zurückzukommen«, drängte Rebus. »Als Sie sagten, Professor Donner habe an jenem Tag die Leitung innegehabt, zögerten Sie …«

»Tatsächlich?«

»Als wäre Ihnen etwas wieder eingefallen.«

Cuttle blickte von einem Detective zum anderen. »Professor Donner ist nicht hier, um sich zu verteidigen, und ich werde nicht schlecht über Tote sprechen.«

»Ist ihm ein Fehler unterlaufen?«

Cuttle schüttelte langsam den Kopf, legte sich die Hände auf den Bauch. »Der Y-Schnitt war durchgeführt worden, der Brustkorb geöffnet. Die Organe wurden herausgenommen und gewogen …«

»Und?«

»Wir waren unterbesetzt. Aus irgendeinem Grund hatte man die Autopsie vorgezogen, obwohl wir den Leichnam auch noch länger hätten kühlen können.«

»Fehlte es an Technikern?«

Der alte Mann nickte. »Was bedeutete, dass ich untergeordnete Aufgaben übernahm – Sachen holte und wegbrachte.«

Rebus hatte gute Lust, den Pathologen zu packen und zu schütteln, stattdessen ballte er die Fäuste und wartete.

»Ich musste den Raum einen Augenblick lang verlassen. Professor Donner brauchte eine Klammer aus dem Saal auf

der anderen Seite. Während meiner Abwesenheit wurde die Autopsie fortgesetzt.«

»Laut Vorschrift müssen aber zwei Pathologen ständig anwesend sein«, sagte Rebus. »Das schottische Gesetz verlangt Zeugen.«

»Ach wirklich? Danke für die Belehrung.«

»Sie wussten das, und Donner auch.«

»Trotzdem hat er entschieden, nicht zu warten. Als ich zurückkam, hatte er den Magen bereits geöffnet. Der Alkoholgestank war überwältigend.«

»Was zu erwarten ist bei einem Mann, der sich besinnungslos getrunken hat«, bestätigte Fox.

»Bei der Untersuchung von Mundhöhle und Rachenraum hatte man aber keinerlei Hinweise gefunden. Der Gestank war … der Alkohol hatte mit den anderen Chemikalien im Magen noch nicht reagiert.«

»Wollen Sie damit sagen, er war noch ganz frisch?«, fragte Rebus.

»Wie direkt aus der Flasche«, erwiderte Cuttle.

»Direkt aus der Flasche?«, wiederholte Rebus, den Blick auf Fox gerichtet. »Haben Sie Donner damals darauf angesprochen?«

Cuttle schüttelte den Kopf. »Wahrscheinlich hatte ich zu viel damit zu tun, mir Gedanken wegen der Klammer zu machen.«

»Was war damit?«

»Na ja, eigentlich wurde sie gar nicht gebraucht. Sie blieb während der Autopsie einfach liegen. Zur Todesursache gab es keine weiteren Fragen – der Mann hatte tödliche Verletzungen erlitten, die mit einem irgendwie gearteten Sturz übereinstimmten. Ein oder zwei Anomalien haben daran nichts geändert.«

Rebus dachte einen Augenblick nach. »Während der ganzen Zeit, in der Sie mit Professor Donner gearbeitet haben … kam so was nur einmal vor?«

Cuttle blickte auf seine Hände. »Mehr oder weniger«, gestand er schließlich.

»Mehr oder weniger? Und bei den anderen Gelegenheiten waren immer auch Kollegen vom CID Summerhall anwesend?«

Cuttle nickte langsam.

Fox räusperte sich demonstrativ, bevor er selbst eine Frage stellte. »Würden Sie sagen, dass Professor Donner mit einem Beamten aus Summerhall besonders eng befreundet war?«

Cuttle blickte zu ihm auf. »Der Mann kann sich nicht mehr verteidigen.«

»Das erwähnten Sie bereits. Glücklicherweise gibt uns das die Freiheit, ganz offen miteinander zu sprechen, nicht wahr?«

Cuttle dachte darüber nach, dann atmete er tief durch. »DI Gilmour hat ihn hin und wieder eingeladen – zum Essen, zu Empfängen, Boxkämpfen …«

»Und diese Einladungen bezogen auch Sie mit ein, Professor?«

»Ja, aber ich habe selten angenommen.«

»Und Professor Donner?«

»Er kannte Stefan Gilmour schon länger.«

»Und betrachtete ihn möglicherweise als Freund?«

»Möglicherweise«, lenkte Cuttle ein.

»Jemand, dem er ab und zu mal einen Gefallen tat …?«

»Ich will nicht schlecht über Tote sprechen«, wiederholte der alte Mann.

»Aber Sie wissen, dass es so war, oder?«

Wieder schüttelte Cuttle den Kopf.

»Okay«, beharrte Fox. »Sagen wir mal, Sie hatten den ein oder anderen Verdacht.«

»Professor Donner war einer der führenden Pathologen des Landes.«

»Der rein zufällig Spaß daran fand, sich abends mit Beamten des CID zu treffen.«

Fox wandte sich jetzt Rebus zu. »Wussten Sie davon?«

»Nein.«

»Ist das die Wahrheit?«

Rebus biss die Zähne zusammen. »Ja«, sagte er.

Eine Schlafende war aufgewacht. Sie beugte sich vor und sagte Cuttle, wie wunderbar es sei, dass er Besuch bekommen habe.

»Die Herren wollten gerade gehen«, erwiderte der alte Mann.

»Ihr alter Freund Stefan, hm?«, sagte Fox, während Rebus den Wagen zurück zur Wester Hailes Police Station steuerte. »Wirft mit Geld um sich, sieht zu, dass es Professor Donner gut geht …«

»Großzügig war er immer schon«, erwiderte Rebus. Er erinnerte sich an Abende im Pub – Gilmour hatte selbst in den übelsten Spelunken immer Trinkgeld gegeben. Ebenso in Clubs und Restaurants.

Dann werden die sich freundlich an mich erinnern, hatte Gilmour erklärt. *Und das ist gut fürs Geschäft …*

»Was glauben Sie, wie das abgelaufen ist?«, fragte Fox jetzt. »Flachmann in der Gesäßtasche? Cuttle wird rausgeschickt, und Kennedy kriegt Alkohol in den Magen gekippt, damit es aussieht, als habe er gesoffen. Ein Bluttest hätte ein anderes Ergebnis gebracht, aber es wurde keiner durchgeführt.«

»Wollen Sie damit sagen, es war gar kein Unfall?«

»John.« Fox beugte sich zu ihm vor. »Ich will wohl damit sagen, dass es Mord war. Kennedy wurde die Treppe heruntergestoßen. Und zwar weil Gilmour sich über seinen Freispruch geärgert hat. Er musste sichergehen, dass der Unfalltod nicht angezweifelt wurde, aber zum Glück war er ja mit dem zuständigen Pathologen befreundet.« Er hielt inne. »Kommt das in Ihren Augen ungefähr hin?«

»Sie wissen, dass nichts davon vor Gericht Bestand haben wird. So weit würden Sie damit nicht einmal kommen, der

Staatsanwalt verlangt Beweise – keine rufschädigenden Theorien, sondern nackte, harte Tatsachen. Und die sehe ich nicht. Außerdem vermute ich, dass Sie glauben, Saunders habe Gilmour damit in der Hand gehabt – aber Saunders kannte Phil Kennedy gar nicht.«

»Wissen wir das mit Sicherheit?«

»Sie sind doch derjenige, der sich mit dem Mord an Saunders beschäftigt – ist der Name Phil Kennedy je in dem Zusammenhang gefallen?«

»Wir haben uns eher mit neueren Freunden beschäftigt, weniger mit Gespenstern aus der Vergangenheit. Aber ich denke, wir sollten das alles an Siobhan Clarke weitergeben, sie wird mit Sicherheit der Ansicht sein, dass die Indizien über bloße Theorien hinausgehen.«

»Was ist mit Rufmord? Stefan Gilmour ist ungeheuer erfolgreich. Er bringt Anwälte und PR-Leute mit. Sie können sich drauf verlassen, dass er die Sache so hinbiegen wird, dass es nach einem politischen Komplott aussieht. Die ›Yes‹-Kampagne hat ihren Anführer verloren, deshalb soll der Mann an der Spitze der gegnerischen Kampagne gestürzt werden.«

Fox schwieg einen Augenblick. »Guter Einwand«, räumte er schließlich ein. »Aber das ändert nichts.« Er schlug mit der Hand aufs Armaturenbrett. »Wir hätten unser Gespräch mit Cuttle aufzeichnen sollen.«

»Wir waren zu zweit«, erinnerte ihn Rebus. »Es gibt also Zeugen.«

19

Siobhan Clarke war am Verhungern.

Sie hatte im Präsidium in der Fettes Avenue Bericht erstattet – der neue Chef der Police Scotland hatte sein Interesse bekundet. Schießereien waren bislang in diesem Land noch nicht an der Tagesordnung, und er wollte nicht, dass sein Amtsantritt mit einem Anstieg der Schusswaffenkriminalität einherging.

Sie traf Rebus und Fox in einer Burger Bar neben dem Multiplexkino in Wester Hailes, wo sie sich über einen doppelten Cheeseburger hermachte und ihnen von Dean Grants Vernehmung erzählte.

»Ich teile Johns Ansicht«, schloss sie. »Der Kerl hat definitiv jede Menge Dreck am Stecken, aber er weiß nichts, das uns im Fall Saunders weiterhelfen würde.«

»Wir haben inzwischen auch Neuigkeiten«, teilte ihr Fox mit. Er hatte sich gegen etwas zu essen entschieden und nippte an einem wässrigen Tee, während sich Rebus eine Portion Zwiebelringe einverleibte.

»Bin ganz Ohr«, sagte Clarke.

Fox fasste das Gespräch mit Professor Cuttle über die Autopsie zusammen. Nach ungefähr der Hälfte machte Rebus' Handy ihn auf einen eingehenden Anruf aufmerksam. Er sah aufs Display und schob sich vom Stuhl.

»Ich muss drangehen«, sagte er, nahm das Handy ans Ohr und ging zur Tür.

»Stefan?«, sagte er. Der Tag war inzwischen verhangen, Schneeregen drohte. Draußen standen Picknicktische, aber

niemand saß dort und aß. Vor dem Drive-in-Schalter hatte sich eine Schlange gebildet, und dahinter sah Rebus, dass sich der Verkehr auf der Pendlerstrecke stadtauswärts verdichtete. Viele hatten jetzt Feierabend.

»Ich hab gehört, ihr habt den Türsteher irgendeiner Drogenhöhle zur Vernehmung antanzen lassen«, sagte Gilmour.

»Neuigkeiten machen schnell die Runde«, sagte Rebus und kratzte sich mit dem Daumennagel ein Stück Zwiebel aus den Zähnen.

»Das ist doch bestimmt der bessere Kandidat.«

»Der Ansicht sind wir nicht.«

»Dann strengt euch mal ein bisschen an.«

»Du willst, dass ich irgendjemandem, den ich dafür geeignet halte, den Mord an Billy Saunders in die Schuhe schiebe?«

»So wurde das früher gehandhabt, John – Hauptsache, die Mistkerle verschwinden von der Straße, koste es, was es wolle.«

»Die Zeiten haben sich geändert, Stefan. Aber da ich dich schon mal am Telefon habe, will ich dir eine Frage stellen.«

»Mach schnell – ich muss zurück zur Trauerfeier.«

»Was hab ich da über Slippery Phil Kennedy gehört?«

»Ich kann mir nicht vorstellen, dass du irgendwas über den Scheißkerl gehört hast. Der ist doch seit Jahrzehnten tot.«

»Genau genommen seit der Woche, bevor Douglas Merchant starb.«

»Tatsächlich?«

»Ich erinnere mich dunkel daran, wie du dir damals vor Freude die Hände gerieben hast.«

»Wundert mich nicht.«

»Mich wundert allerdings, dass bei der Autopsie nicht alles mit rechten Dingen zuging.«

»Nicht mit rechten Dingen?«

»Du hattest doch früher immer einen Flachmann dabei ...«

»Hab ihn auch jetzt noch in der Tasche. Was willst du damit sagen, John?«

»Ich will sagen, dass du dir große Mühe gegeben hast, Philip Kennedys Tod nach einem Unfall unter Alkoholeinfluss aussehen zu lassen.«

»Das ist ein krasser Vorwurf. Was sagt Professor Donner dazu? Nein, warte mal – der lebt doch gar nicht mehr, oder?«

»Aber Dod Blantyre lebt – er war dabei, als du den Flachmann ausgepackt hast.«

»Ich glaube, du hast selbst schon einen im Tee, John. Gleich erzählst du mir was von rosa Elefanten.«

»Der Freispruch hat dir zugesetzt, oder? Deshalb hast du Kennedy zu Hause besucht …«

»Hör schon auf, mein Freund.«

»Waren wir denn jemals Freunde, du und ich?«

»Wir waren mehr als das – wir waren Saints of the Shadow Bible.«

»Aber unsere ›Schattenbibel‹ war eine Ausgabe des *Scots Criminal Law.* Ein dickes Buch mit Ledereinband und Messingschnallen. Und wir alle haben drauf gespuckt und die Spucke verrieben, bis sie trocken war. Ich hielt das für eine Art Schwur, aber das war es nicht – tatsächlich haben wir uns ständig über Vorschriften und Gesetze hinweggesetzt, weil wir glaubten, es besser zu wissen. Schließlich standen wir doch an vorderster Front …«

»Absolut.«

»Und wir sprachen von einer ›Schattenbibel‹, weil es eben nicht das Wort Gottes war, wonach wir uns richteten – ein Ausschuss hatte sie verfasst, und deshalb nahmen wir uns das Recht heraus, ihre Gebote zu missachten.«

»Wir haben Ergebnisse erzielt, falls du dich erinnerst.«

»O ja, Ergebnisse hatten wir – aber zu welchem Preis? Und ich habe den Eindruck, wir zahlen immer noch dafür.«

»Und warum habe ich dann kein schlechtes Gewissen?«

»Weil in deinen Augen außer dir selbst niemand zählt. So-

lange du mit deinem Geld immer mehr Geld verdienst, kann dir doch der Rest der Welt gestohlen bleiben.«

Rebus hörte ein kaltes Schmunzeln am anderen Ende der Leitung. »Und trotzdem befinde ich mich hier auf der Beerdigung eines Gegners.«

»Schon komisch, wie viele deiner Gegner sterben.«

Das Schweigen zog sich in die Länge, bis Gilmour es brach. »Ich gehe jetzt wieder rein.«

»Genieß deine Freiheit, Stefan. Möglicherweise bleibt dir nicht mehr viel …«

Rebus beendete die Verbindung und ging zurück zu dem Tisch, an dem Clarke inzwischen aufgegessen und sich eine Hand auf den vollen Bauch gelegt hatte.

»So schlimm?«, fragte Rebus.

»Hab zu schnell gegessen«, erklärte sie und unterdrückte ein Rülpsen.

»Was hältst du von Malcolms Theorie?«

Sie sah beide Männer an und zuckte mit den Schultern. »Ein paar Fakten wären ganz schön.«

»Ja, wirklich, oder?«, stimmte ihr Rebus bei.

Clarkes Blick ruhte auf Fox. »Weil ich nicht sicher bin, ob uns das in der Frage weiterbringt, wer Billy Saunders getötet hat. Auf der anderen Seite ist Ihnen das vielleicht auch nicht das Wichtigste – vielleicht steht Summerhall auf Ihrer Liste ja ganz oben.«

»Ich mache da gar keinen Unterschied, und ich glaube, John auch nicht.«

»Was ist mit Pat McCuskey?«, fragte Rebus. »Weiß jemand, ob die Ermittlungen immer noch stocken?«

»Soweit ich weiß, ja«, erwiderte Clarke. »Nick Ralph wird wahnsinnig dabei.« Sie sah Rebus an. »Du glaubst, es gibt einen Zusammenhang mit dem Unfall, oder?«

»Jessicas Mitbewohnerin hat mit ihm geschlafen«, erklärte Rebus.

»Was?«

»Alice Bell. Sie hatte was mit Forbes' Vater.«

»Wusste Forbes davon?«

»Ich weiß nicht – Alice sagt nein.«

»Und Jessica?«

»Auch nicht.«

»Kann es so gewesen sein? Sie fahren raus und überraschen die beiden?«

»Vielleicht hat sie deshalb Vollgas gegeben«, räumte Rebus ein. »Aber Alice hält den Mund.«

»Und wenn man ihr einen kleinen Schubs gibt?«

Rebus verzog verneinend das Gesicht. Er wandte sich an Fox.

»Ich nehme an, Sie würden ohnehin damit zu DCI Ralph gehen? Dadurch hätten Sie Ihre Schäfchen ins Trockene gebracht, falls es sich doch noch als wichtig herausstellt.«

Fox dachte einen Augenblick nach, dann nickte er. Rebus drehte sich wieder zu Clarke.

»Dann solltest du das vielleicht machen.«

»Saunders hat bei mir Vorrang, John.« Sie sah auf die Uhr. »Was bedeutet, dass ich zurück und die Peitsche schwingen muss.«

»Vielleicht erst noch mal kurz zur Apotheke«, sagte Rebus und zeigte auf ihren Bauch. »Mit ein paar Magentabletten kriegst du das wieder hin.«

»Ich denke drüber nach«, sagte Siobhan Clarke.

An jenem Abend fuhr Rebus auf der Suche nach einem Parkplatz die gesamte Arden Street ab und landete in Marchmont Crescent. Fluchend schloss er ab, überquerte die Marchmont Road, schaute kurz bei Margiotta's rein, holte ein paar Lebensmittel und ging nach Hause. Oben an der Arden Street sah er eine zusammengesackte Gestalt in einem Türeingang. Als er näher kam, erkannte er Forbes McCuskey. Der junge Mann

trug seinen Traueranzug, aber die Krawatte fehlte. Die oberen drei Hemdknöpfe waren offen, und er hatte sich irgendwas aufs Hemd gekleckert. Eine brennende Zigarette steckte zwischen zwei Fingern, aber es war nur noch der Filter übrig, über zwei Zentimeter Asche hingen daran. Rebus stieß McCuskey mit dem Fuß an.

»Aufwachen«, sagte er.

Als er die Augen blinzelnd aufschlug, war sein Blick glasig und leer.

»Wohnen Sie hier?«, fragte Rebus.

Der Student nahm all seine Kraft zusammen und betrachtete die Tür hinter sich.

»Sieht so aus«, lallte er.

»Bisschen zu viel Wein?«, vermutete Rebus. »Oder haben Sie sich an der eigenen Ware vergriffen?« Er beugte sich runter und half McCuskey auf die Füße. Der Student war drahtig, hatte kein Gramm Fett auf den Rippen. Sein Anzugjackett war schmutzig, ebenso die Schuhe.

»Wie sind Sie hergekommen?«, fragte Rebus.

»Gefahren bin ich nicht«, protestierte McCuskey.

»Aber in der Nacht sind Sie gefahren, oder?«

»Musste weg.«

»Weg von wem?«

Aber McCuskey knickte ein, schloss wieder die Augen.

»Kommen Sie, wir gehen rein«, sagte Rebus, schob auf der Suche nach einem Schlüssel die Hand in verschiedene Taschen.

»Was haben Sie vor?« Rebus wandte sich zu dem Fragesteller um.

Zwei Männer im selben Alter wie Forbes McCuskey standen mit zwei Einkaufstüten dort. »Wollten Sie Forbes beklauen?«

»Wohnen Sie zusammen?«, fragte Rebus. »Ich habe ihn hier besinnungslos gefunden. Wollte nur den Hausschlüssel suchen.«

»Er kommt von der Beerdigung seines Vaters«, erklärte einer der Mitbewohner. »Überlassen Sie ihn uns.«

»Sicher?«

McCuskey schlug erneut blinzelnd die Augen auf. »Polizist«, sagte er.

»Willst du, dass wir die Polizei rufen, Forbes?«, fragte derselbe Mitbewohner und beäugte Rebus misstrauisch.

»Er will euch sagen, dass ich von der Polizei bin«, erklärte Rebus. Die beiden Studenten hatten ihren Freund übernommen. Rebus trat einen Schritt zurück. »Und ich habe eine Nachricht für ihn, wenn er aus dem Weltall zurückgekehrt ist. Sagen Sie ihm, mit der Dealerei ist Schluss – Deano wird keinen Stoff mehr liefern.«

»Keine Ahnung, wovon Sie reden.«

»Natürlich nicht, aber sagen Sie's ihm trotzdem.« Rebus spähte in eine der Einkaufstüten. »Große Tüte Nachos und ein Glas Salsa? Ihr könnt euch auch gleich ›Fressflash‹ auf die Stirn schreiben …«

Er hatte die Haustür seines eigenen Wohnhauses erreicht, als hinter ihm eine Autohupe ertönte. Ein weißer Range Rover Evoque hatte mitten auf der Straße gehalten, auf der Fahrerseite wurde die getönte Scheibe heruntergelassen. Rebus sah Darryl Christie am Steuer sitzen und ihn anstarren.

»Ihre Wohnverhältnisse haben sich wohl immer noch nicht gebessert, hm?«, sagte Christie.

»Und selbst?«, entgegnete Rebus. »Wohnen Sie immer noch bei Ihrer Mutter?«

»In einem Penthouse auf der anderen Seite der Meadows«, korrigierte Christie ihn. »Haben Sie kurz Zeit?«

»Ganz kurz.«

»Dann steigen Sie ein.«

Rebus ging auf die Beifahrerseite und setzte sich in den Wagen, stellte seine Einkäufe auf den Boden zu seinen Füßen. Christie fuhr bis ans Ende der Arden Street und bog rechts ab.

»Haben wir ein bestimmtes Ziel?«

»Ich bleibe gerne in Bewegung. Damit sinkt die Wahrscheinlichkeit, dass uns jemand belauscht.«

»Sie sind ein bisschen zu jung, um unter paranoiden Wahnvorstellungen zu leiden.«

»Was ist mit dem Mann da hinten – was wollte der?«

»War auf einer Beerdigung.«

»Kam mir irgendwie bekannt vor.«

»Der Sohn des Justizministers. Also, was kann ich für Sie tun, Darryl?«

»Ihre Kollegen haben meinen Türsteher vernommen.«

»Und?«

»Schon zum zweiten Mal, deshalb bin ich neugierig.«

»Nichts, was Sie neugierig machen müsste – Sie selbst haben uns versichert, dass Dean Grant an dem fraglichen Abend Dienst hatte. Wir wollten nur wissen, ob er gesehen hat, wer in das Taxi gestiegen ist.«

»Und?«

»Wieso fragen Sie ihn nicht selbst?«

»Hab ich.«

»Was hat er gesagt?«

»Er wird dafür bezahlt, Ärger zu vermeiden, nicht dafür, welchen zu machen.«

»Das stimmt mehr oder weniger mit dem überein, was wir herausgefunden haben – er hat nichts gesehen. Fällt uns schwer zu glauben, wo er doch an der Tür stand, also mussten wir ein bisschen tiefer bohren.« Rebus wartete Christies Reaktion ab. Wenn er es akzeptierte, würde Dean seinen Job behalten und zum Schluss vielleicht sogar der Meinung sein, Rebus irgendwann in nicht allzu ferner Zukunft einen Gefallen zu schulden. Der Range Rover hatte die Ampel an der Buccleuch Street erreicht. Christie blinkte rechts und bog ab. Sie fuhren im Kreis. Kaum hatten sie die Verkehrsschwellen in der engen Melville Terrace hinter sich gelassen, waren sie mehr oder weniger wie-

der dort, wo sie angefangen hatten. Als sie auf eine Verkehrslücke warteten, konnte Rebus nicht anders, als einen Blick auf die ehemalige Summerhall Police Station zu werfen. Jetzt, dreißig Jahre später, jagte er immer noch Verbrecher. Aber Darryl Christie schien so etwas wie ein neues Zeitalter zu verkörpern. Er war jung und hungrig und, ja, auch bestechlich, gleichzeitig aber schlau – nicht nur gewieft, sondern ebenso berechnend und aufgeweckt. Da er von sich aus keinerlei Druckmittel besaß, hatte er sich über andere Wege Erfolg verschaffen müssen.

»Die Sache ist die«, sagte Christie jetzt, »Interesse seitens des CID ist schlecht fürs Geschäft, und so wie's derzeit läuft …«

»Erzählen Sie mir nicht, die Wirtschaftskrise macht Ihnen zu schaffen?«

»Wir haben es alle nicht leicht, Mr Rebus. Da draußen gibt es jede Menge Konkurrenz, und wenn die Märkte schrumpfen, muss man neue finden, auch wenn das bedeutet, dass man anderen auf die Füße tritt.«

»Revierkämpfe? Stehen Sie unter Druck?«

»Noch nicht unbedingt.«

»Aber Sie merken, dass sich was anbahnt?« Christie nickte langsam. »Vor einer Woche gab es einen Autounfall draußen in der Nähe von Kirkliston. Abends. Wir haben ein paar Theorien.«

»Nämlich?«

»Jugendliche Raser.«

»Und die andere?«

»Der Fahrer hat ein bisschen gedealt, hier in Edinburgh. Den Stoff hat er von einem Lieferanten aus der Stadt bezogen, aber ich glaube, er wurde vielleicht ein bisschen zu habgierig oder wollte in der Hierarchie aufsteigen.«

»War das in der Nähe von Livingston?«

Rebus starrte Christie von der Seite an. »Möglich.«

»Weil's da draußen jemanden gibt … nicht ursprünglich aus Livingston; ursprünglich kommt er aus Glasgow, aber da

konnte er nichts reißen – wenn Sie die Ausdrucksweise verzeihen wollen. Er ist nach Ayrshire gezogen, Lanarkshire …«

»Und jetzt Livingston? Das ist doch Ihr Jagdrevier, Darryl.«

»Manche Leute halten Konkurrenz für belebend.« Christie hielt den Blick auf die Straße gerichtet, sah nur ab und zu in den Rückspiegel. Jedes Mal, wenn er abbog, blinkte er und hielt brav, wenn er keine Vorfahrt hatte. Rebus hatte Fox schon für einen vorsichtigen Fahrer gehalten, aber dieser hier war noch mal ein ganz anderes Kaliber.

»Verkauft er Drogen?«, fragte er.

»Fängt gerade erst damit an, denke ich. Sie würden mir einen Gefallen tun, wenn Sie ihn eine Weile aus dem Verkehr ziehen.« Christie gestattete sich den Anflug eines Lächelns. »Sein Name ist Rory Bell.«

»Hab derzeit zu viel um die Ohren, um Gangstern gefällig zu sein.«

»Dann können Sie mir wahrscheinlich nicht viel nutzen.« Als Christie blinkte, um am Fuß der Arden Street zu halten, wandte er sich Rebus zum ersten Mal direkt zu. »Glaubt DI Clarke im Ernst, dass ich jemals wieder mit Dean Grant arbeiten werde? Ob er euch was erzählt hat oder nicht, seinen Job ist er los. Beschädigte Ware, Mr Rebus, das ist er – beim aktuellen Wirtschaftsklima habe ich für so einen keine Verwendung. So ist das leider.«

Rebus stieß die Tür auf und stieg aus, sammelte seine Einkaufstüte wieder ein. Als Darryl Christie davonfuhr, schien er seinen Beifahrer bereits vergessen zu haben, konzentrierte sich voll und ganz auf die vor ihm liegende Straße.

»Na ja«, nuschelte Rebus leise vor sich hin. »Tut mir leid, Deano.«

»Ich wollte mich nur bei Ihnen bedanken«, sagte Fox. Er saß mit Siobhan Clarke in einem lauten italienischen Restaurant oben am Leith Walk. Es war noch früh am Abend, aber eine

Busladung mit Theaterbesuchern nutzte die Sonderangebote vor der Vorstellung.

»Wofür?«, fragte Clarke.

»Dafür, dass Sie bei Rebus ein gutes Wort für mich eingelegt haben.«

»Hab ich das?« Sie runzelte die Stirn.

»Sie haben gesagt, dass Sie mich ganz in Ordnung finden.«

»Und damit habe ich mir eine Einladung zum Essen verdient?«

»Von Cheeseburgern allein kann man nicht leben.«

»Erinnern Sie mich bloß nicht daran.« Sie rieb sich demonstrativ den Magen, hörte aber auf, als die Getränke eintrafen – ein großer Pinot Grigio für sie, ein Tomatensaft für Fox. »Wie lange sind Sie jetzt trocken?«, fragte sie.

»Lange genug, um zu wissen, dass es so sein muss. Haben Sie je versucht, John zum Aufhören zu bewegen?«

»Ein- oder zweimal. Aber er scheint klarzukommen.«

»Ich glaube, in solchen Fällen spricht man von einem ›funktionierenden Alkoholiker‹.«

»Wohingegen Sie …?«

»… nicht mehr funktioniert haben?« Er hielt inne. »Das bedeutet aber nicht, dass ich neidisch darauf bin, dass er weitersaufen darf. Es kostet ihn mehr, als es ihm bringt, ob ihm das bewusst ist oder nicht.«

»Haben Sie mit ihm gesprochen?«

Fox schüttelte den Kopf. »Wozu? Aber ich sehe ihm an, dass er sich Sorgen macht. Nicht wegen des Alkohols, aber um seinen Job. Er fragt sich, wie lange ihm noch bleibt.«

»Und ohne den Job …«

Fox zuckte mit den Schultern. »Was hat er sonst?«

»Wie sieht es denn bei Ihnen aus, Malcolm – was haben Sie sonst?«

»Meinen Dad und meine Schwester. Außerdem meine Kollegen bei den Complaints. Wir treffen uns immer noch.«

»Wahrscheinlich gibt's jetzt schon einen gewissen Abstand zwischen Ihnen und Ihrem alten Team, jetzt wo Sie beim CID sind …«

Fox nickte. »Und ich weiß, dass ich mir meinen Platz erst noch verdienen muss. Am Anfang wird mir niemand vertrauen. Aber diesen Weg sind viele vor mir gegangen – es ist zu schaffen.«

Clarke nickte zustimmend. Das Essen kam, und sie aßen einige Augenblicke schweigend, während das Lachen der Theaterbesucher vom Nachbartisch zu ihnen herüberdrang.

»Schön zu wissen, dass es da draußen auch noch eine ganz andere Welt gibt«, meinte Fox. »Manchmal erdrückt einen der Job.«

»Andererseits …«

Fox sah sie an und lächelte. »Wollen Sie über den Fall sprechen?«

»Ich frage mich, ob Sie glauben, dass es einen Zusammenhang gibt. Dean Grant verkauft Forbes McCuskey Drogen. Außerdem ist er einer der Letzten, die Billy Saunders lebend gesehen haben. Und dann sind sowohl Saunders als auch Forbes' Vater tot.«

»Und Summerhall?«

»Hat mit Saunders zu tun, aber nicht mit Pat McCuskey – es sei denn, ich habe was übersehen.«

»Stefan Gilmour«, erklärte Fox.

»Sie meinen, weil er im Kampf um die Unabhängigkeit für das gegnerische Team spielt?« Clarke nickte langsam und kaute. »Aber ich habe keinerlei Feindschaft zwischen den beiden Männern gespürt – ganz im Gegenteil. Alle Leute, mit denen wir gesprochen haben, haben ausgesagt, die beiden seien einander mit großem Respekt begegnet.«

»Könnte Fassade sein.«

Jetzt schüttelte sie den Kopf. »Das glaube ich nicht.«

»Wollen Sie sich mit DCI Ralph zusammenschließen? Aus den beiden Fällen einen machen?«

»Ich weiß nicht. Sie tippen immer noch auf Summerhall?«

»Ja. Aber in der Zwischenzeit würde ich Nick Ralph darüber aufklären, dass Forbes McCuskeys Vater mit Forbes' lieber Freundin Alice geschlafen hat.«

»Ob die Ehefrau einen Verdacht hatte?«

»Vielleicht muss man sie das selbst fragen.«

»Soll ich Nick anrufen?«

»An Ihrer Stelle würde ich es tun.«

»Und wenn Alice Bell alles abstreitet?«

»Dann streitet sie's ab.«

»Wie hat John sie dazu gebracht auszupacken?«, fragte Clarke, den Blick nachdenklich verengt.

»Der Mann hat tatsächlich so seine Fähigkeiten«, sagte Fox und griff nach dem Tomatensaft, während am Tisch der Theaterbesucher eine Melodie aus *Oliver!* angestimmt wurde. Er sah, dass Clarke beunruhigt wirkte, sich nicht entspannen konnte. »Das ist ein großer Fall, Siobhan, aber besser als Sie kann man's nicht machen.«

»Danke.«

»Ich schmiere Ihnen nicht einfach nur Honig ums Maul.«

»Nein, ich bin sicher, das tun sie nicht.«

Eine der Frauen von dem sangesfreudigen Tisch zwängte sich auf dem Weg zur Toilette an ihnen vorbei.

»Muss Liebe schön sein«, gluckste sie.

»Wenn die wüsste«, meinte Malcolm Fox.

»John«, sagte Maggie Blantyre und riss die Augen auf, als sie ihn erkannte. Er stand auf den Stufen vor der Haustür, hatte den Kragen aufgestellt, um sich gegen den plötzlichen Schneeregen zu schützen.

»Darf ich reinkommen?«, fragte er.

Sie brauchte einen Moment, um zu überlegen. »Ich hab gerade den Esstisch abgeräumt …« Sie trat zurück und hielt die Tür ein Stück weiter auf. Rebus trat in den Flur.

»Brauchst du Hilfe?«, fragte er.

»Hilfe?«

»Mit Dod.«

»Vor dem Schlafengehen kommt noch mal jemand vorbei und ganz früh morgens auch.«

»Sonst nicht?«

»Mehr lässt er nicht zu. Hier, ich nehme dir den Mantel ab. Ist was passiert?«

»Hab gedacht, ich schau mal vorbei.«

»Wenn ich gewusst hätte, dass du kommst…« Sie fasste sich ins Gesicht.

»Du siehst super aus«, versicherte er ihr, während sie seinen Mantel über das Treppengeländer hing. »Dod ist doch noch nicht im Bett, oder?«

»Im Sessel.« Sie führte ihn zur Wohnzimmertür. »Er guckt fern, während ich abwasche. Willst du eine Tasse Tee?«

»Tee wäre toll. Ich sage nur mal schnell Hallo.«

Sie nickte und verschwand wieder in die Küche, während Rebus ins Wohnzimmer ging. Dod Blantyre saß wie gewohnt in seinem Sessel und trug anscheinend dieselbe Kleidung wie auch schon bei Rebus' vorangegangenem Besuch, nur jetzt zusätzlich mit einem fleckigen Geschirrhandtuch um den Hals.

»Hab gleich gedacht, dass ich die Stimme kenne«, sagte er.

»Guten Abend, Dod.«

»Nimm mir das Ding da bitte ab«, Blantyre zeigte mit zitternder Hand auf das Geschirrhandtuch. Im Raum roch es nach gekochtem Rindfleisch. Rebus band das Handtuch ab und legte es über die Lehne von Blantyres Sessel. Nicht weit von ihm stand ein Wagen mit einer Schnabeltasse.

»Willst du was trinken?«, fragte Rebus.

»Einen doppelten Whisky, wenn du mich einlädst.« Blantyre verzerrte den Mund zu einem Grinsen.

»Dachte, die Runde geht auf dich«, erwiderte Rebus ebenfalls grinsend.

»Was führt dich her, John?«

»Wollte wissen, wie's dir geht.«

»Ich geb mir die größte Mühe, nicht zu sterben – noch nicht. Hab gehört, ihr habt Stefan ordentlich in den Arsch getreten.«

Rebus nickte. »War blöd von ihm, Saunders anzurufen.«

»Aber kein Verbrechen.«

»Das vielleicht nicht.«

»Mit mir hat noch niemand gesprochen, aber ich weiß, dass sie's vorhaben.«

Rebus nickte.

»Und mit dir auch?«

»Und mit Porkbelly.«

»Bist du hier, damit wir unsere Versionen aufeinander abstimmen?«

»Ich bin hier, weil …«

Rebus brach ab, als Maggie mit einem Tablett in der Hand die Tür aufstoßen wollte. Sie hatte eine ganze Kanne Tee gemacht und einen Teller Kekse mit Schokoladenüberzug dazugestellt.

»Milch?«, fragte sie.

»Aber ohne Zucker.« Rebus nahm ihr den Becher ab. Ein Airfix-Logo und eine gemalte Spitfire waren darauf. »Du hast doch immer Modelle gebaut«, sagte er zu Blantyre, als es ihm plötzlich wieder einfiel.

»Stimmt.«

»Auf deinem Schreibtisch in Summerhall hattest du zwei.«

»Stunden hat er damit zugebracht«, ergänzte Maggie Blantyre. »Überall standen kleine Farbtöpfchen herum. Jedes Detail musste absolut perfekt sein.«

»Wie bei der Polizeiarbeit, hab ich recht, John?«, fragte Blantyre.

»Ganz genau«, bestätigte Rebus.

»John und ich brauchen mal eine Minute unter vier Augen«, teilte Blantyre seiner Frau mit.

»Geht's um diesen Saunders?«

»Je weniger du weißt, umso besser.«

Sie zögerte. Dann sah sie das Geschirrhandtuch und nahm es. »Ich bin in der Küche«, erklärte sie knapp und ging leicht eingeschnappt aus dem Raum. Rebus trank aus seinem Becher und setzte sich auf die Ecke des Sofas, möglichst nah an Blantyres Sessel.

»Wie viel weiß sie?«, fragte er.

Blantyre gelang es, den Kopf zu schütteln. »Wie viel weißt *du*?«, fragte er zurück.

»Erzähl mir von Philip Kennedy.«

»Hilf mir auf die Sprünge.«

»Slippery Phil. Wir haben ihn vor Gericht gebracht, aber die Beweislage war ungenügend. Etwas später wurde er mit gebrochenem Genick zu Hause gefunden.«

»Und?«

»Du warst bei der Autopsie dabei.«

»War ich das?«

»Laut Professor Norman Cuttle, ja.«

»Verdammte Scheiße – der lebt noch?«

»Und er hat ein gutes Gedächtnis. Er erinnert sich, dass du mit Stefan da warst. Der ihm vorgesetzte Pathologe – Professor Donner – hat ihn unter einem Vorwand rausgeschickt. Als er wiederkam, war Kennedys Magen geöffnet, und Stefan hatte Whisky aus seinem Flachmann reingekippt. Warum, Dod, warum hat er das gemacht? Du warst dabei, also denke ich, dass du's weißt.«

»Was sagt Stefan dazu?«

»Stefan findet, ich sollte mich um meine eigenen Angelegenheiten kümmern – aber das sind meine eigenen Angelegenheiten.«

»Kennedy war ein Drecksack allerersten Ranges, John.«

»Dem will ich nicht widersprechen. Aber Stefan hat ihn getötet und es nach einem Unfall aussehen lassen. Ich meine, viel-

leicht war es ja auch ein Unfall. Ich sage nicht, dass er ihn absichtlich die Treppe runtergestoßen hat. Aber es ist passiert, und er hat sich beeilt, den Sachverhalt zu vertuschen. Wahrscheinlich hat er irgendwo ein oder zwei leere Flaschen rumliegen lassen. Erst später ist ihm eingefallen, dass bei der Autopsie rauskommen würde, dass Kennedy gar nicht getrunken hatte. Donner war ein Freund und gegenüber Bestechung nicht ganz unempfänglich. Cuttle hätte das anders gesehen, und deshalb musste er abgelenkt werden.« Rebus hielt inne und beugte sich vor. »Aber du warst dabei, Dod. Also weißt du, wie's abgelaufen ist.«

»Du ziehst voreilige Schlüsse, John.«

»Ich war noch nicht lange genug bei den Saints, um eingeweiht zu werden. Aber irgendwie ist ihm Billy Saunders auf die Schliche gekommen, und deshalb konnte er Douglas Merchant umbringen, weil er wusste, dass Stefan und du ihm noch einen Riesengefallen schuldig wart. Dreißig Jahre später wäre er dann doch beinahe wieder dafür ins Gefängnis gegangen, und darauf hatte er keine Lust. Er war bereit, sein Wissen zu verkaufen. Stefan konnte das nicht zulassen …«

Blantyre wollte den Kopf schütteln, tatsächlich zuckten aber nur seine Schultern.

»Erinnerst du dich an die Pistole, Dod?«, fragte Rebus. »Die wir Laurie Martin abgenommen haben? Die Kollegen, die im Fall Saunders ermitteln, wissen Bescheid. Sie denken, dass es sich um dieselbe handelt wie die, die im Kanal gefunden wurde, die, mit der Billy Saunders erschossen wurde. Ist das nicht toll? Sie verschwindet aus Porkbellys Schublade und taucht dreißig Jahre später wieder auf …«

Blantyre starrte Rebus unter schweren Lidern an. Das Schweigen dehnte sich, bis er es brach.

»Erinnerst du dich an dein Versprechen, John? An jenem Abend im Pub? An den Schwur, den du geleistet hast?«

Die Jahre schmolzen dahin. Rebus erinnerte sich sehr gut.

Eine Bar in der Buccleuch Street, nicht weit entfernt von Summerhall. Die Stammkneipe der Saints. Rebus war nicht sicher, ob der Betreiber darüber begeistert war, aber er arrangierte sich damit. Eine Kneipe voller Zigarettenqualm, in der ordentlich geflucht wurde und in der es nach abgestandenem Urin stank, immer wenn die Toilettentür aufging. Wahrscheinlich war es Freitagabend gewesen, deshalb standen die Leute dicht gedrängt, Rebus hatte gerade etwas zu trinken geholt. Dann tauchte Dod Blantyre hinter ihm auf, bot an, ihm zwei Gläser abzunehmen und an den Tisch zu bringen. Aber zuerst legte er eine Hand auf Rebus' Unterarm und beugte sich vor, sodass seine Lippen Rebus' linkes Ohr streiften.

Ich weiß Bescheid über dich und Maggie. Das hört sofort auf. Haben wir uns verstanden?

Rebus nickte stumm. Dann hörte er wieder die knurrende Stimme.

Eins noch – das ist der Preis dafür, dass ich dir nicht aufs Maul haue. Egal, was zwischen den Saints vorfällt, wir sprechen nicht darüber, wir verpfeifen niemanden, niemals – okay?

Wieder Nicken. Rebus hatte den Mund aufgemacht, fand aber keine Worte. Die Whiskygläser wurden ihm abgenommen – wie immer großzügig eingeschenkt – und an den Ecktisch gebracht, wo Gilmour, Paterson und Frazer Spence schon grinsend und leicht verschwitzt warteten.

Auf uns alle …

Einer für alle …

Komm schon, Johnny-Boy, trink aus – was ist los mit dir?

Machst ein Gesicht wie drei Tage Regenwetter …

»Ich erinnere mich«, sagte Rebus in Dod Blantyres überheiztem Wohnzimmer, den Blick starr auf einen Mann mit Dauerschmerzen gerichtet, der nicht mehr lange zu leben hatte.

»Versprochen ist versprochen, John.« Blantyre sah, dass Rebus' Blick zur Tür wanderte. »Keine Sorge«, sagte er. »Sie weiß nichts. Das ist eine Sache zwischen dir und mir.«

»Willst du mir sagen, dass es okay ist, einen Mord zu decken?«

»Wer spricht denn von Mord – du hast doch selbst gesagt: Kennedy kann auch gestolpert sein. Wir brauchen nicht mehr als dein Schweigen.«

Rebus stand auf und stellte den Becher wieder aufs Tablett, er war noch halb voll. Dann drehte er sich zu Dod Blantyre um. Der Mann nahm so viel von seinem alten Mumm zusammen, wie er konnte, die Hände umklammerten die Sessellehnen, als wollte er sich erheben.

»Ich finde alleine raus«, sagte Rebus.

»Wir haben was Besseres von dir erwartet, John – wir alle.«

Aber Rebus schüttelte langsam den Kopf, als er aus dem Zimmer ging. Er hatte bereits den Mantel übergezogen, als Maggie aus der Küche kam.

»Rauchst du eine mit mir im Garten?«, fragte sie.

»Ich muss gehen.«

»Was ist los? Was hat er gesagt?«

»Nichts, Maggie – ich muss nur noch woandershin.«

Sie streckte die Hand nach ihm aus, aber er hatte sich abgewandt und die Haustür geöffnet, war froh um die kalte Luft und den stürmischen Wind.

»John?«, rief sie ihm noch nach, als er den Weg zum Gartentürchen entlangging. »John?«

Er hob eine Hand und winkte, ohne sich umzudrehen.

Wir sprechen nicht darüber, wir verpfeifen niemanden …

Komm schon, Johnny-Boy …

Das muss sofort aufhören …

»Ganz genau«, nuschelte Rebus vor sich hin, schloss seinen Wagen auf und stieg ein. Als sein Handy klingelte, wusste er, dass es Maggie war. Er zog es nicht aus der Tasche, um nachzusehen. Er drehte nur den Schlüssel im Zündschloss um und fuhr los.

Tag elf

20

»Wenn ich es nicht besser wüsste«, sagte Malcolm Fox, »würde ich denken, Sie freuen sich über die Gelegenheit, endlich die Summerhall-Akten in die Finger zu bekommen, jetzt wo sie nicht mehr unter Verschluss sind.« Er zog Mantel und Schal aus und schüttelte von beiden das Regenwasser ab.

Rebus saß an dem Schreibtisch in der Wester Hailes Police Station, die Kisten mit den Aktenordnern daneben. Er war bereits seit über einer Stunde da, dabei war es noch nicht mal halb neun.

»Morgen«, sagte er, als Fox seine Sachen aufhängte. Er hatte sich auf dem Weg zur Arbeit einen Kaffee an der Tankstelle geholt, aber die zwei Fingerbreit, die noch im Becher waren, waren inzwischen eiskalt.

»Vielleicht gibt es noch einen anderen Grund, weshalb Sie so gern hier sind, und zwar immer wenn ich weg bin?«, sprach Fox weiter und fuhr sich dabei durch die Haare, um sie trocken zu reiben.

»Reiner Diensteifer«, mischte sich eine frische Stimme ein. Siobhan Clarke stand im Eingang, Unterlagen an die Brust gepresst.

»Vielleicht weil Sie mich rumgekriegt haben«, sagte Rebus.

»Inwiefern?«, fragte sie und trat in den Raum.

Rebus tippte auf die Seiten direkt vor sich. »Sagen wir mal, Sie haben recht, und Saunders wurde von einem der Saints getötet. Soweit ich hier sehen kann, werden wir bei Summerhall keine Beweise dafür finden. Die Unterlagen können manipuliert oder entfernt worden sein. Wir würden höchstens

Unregelmäßigkeiten oder unerklärliche Vorgänge finden, Verfahrensfehler.«

»Okay.«

»Und wenn wir Stefan Gilmour um detaillierte Angaben darüber bitten, was er in der Nacht, in der Saunders starb, genau getan hat… na ja, wir haben es mit einem Profi zu tun – ich würde wetten, dass er sich längst irgendwas Wasserdichtes zurechtgelegt hat.«

»Und was genau heißt das für uns?«, fragte Fox und stützte sich auf der Schreibtischkante ab.

Rebus sah von ihm zu Clarke und dann wieder zurück. »Vielleicht kommen wir am besten an ihn ran, wenn wir den anderen auf die Pelle rücken. Schließlich hat er schon einmal klein beigegeben, damit die Complaints die Saints nicht auseinandernehmen.«

»Dann bitten wir Paterson und Blantyre zur Vernehmung«, schlug Clarke vor.

»Bring sie ins Schwitzen«, pflichtete Rebus ihr bei. »Und Gilmour teilst du mit, dass du gegen alle drei ermittelst.« Er hob einen Finger. »Blantyre war bei der Autopsie dabei, als manipuliert wurde, und er hat nie ein Wörtchen darüber verloren.« Ein zweiter Finger. »Und Paterson hatte eine Pistole in der Schreibtischschublade. Damit kannst du glaubwürdig behaupten, du willst sie alle drei vor Gericht bringen.«

»Und Sie meinen wirklich, das genügt, damit er gesteht?«, fragte Fox und klang skeptisch.

»Bei allem, was er zu verlieren hat?«, ergänzte Clarke.

»Wir werden es erst erfahren, wenn wir's versuchen.«

Clarke sah ihn an. »Und was machst du in der Zwischenzeit?«

»Ich kenne meinen Platz, Siobhan – ich halte mich fern.«

»Und wenn einer von ihnen durchblicken lässt, du…«

»Dann musst du dir überlegen, ob er lügt.«

Clarke hatte sich jetzt Fox zugewandt. »Was meinen Sie?«

»Ich möchte wirklich bezweifeln, dass es funktioniert – aber im Moment fällt mir nichts Besseres ein.«

Clarke nickte langsam, drehte sich um und wollte gehen.

»Ich würde sagen, das ist doch ein verbindliches Vielleicht«, meinte Fox zu Rebus. »Aber Sie müssen sich darüber im Klaren sein, dass das Ganze auch auf Sie zurückfallen kann.«

»Damit muss ich leben.« Rebus lehnte sich zurück. »Wieso sind wir bloß nie aufgeflogen?«, fragte er und tippte erneut auf den Papierstapel vor sich.

»Die meisten Journalisten, die was zu sagen hatten, ließen sich kaufen oder zum Schweigen bringen«, vermutete Fox. »Und es gab keine sozialen Medien, wo man seinen Kummer hätte loswerden können.« Er zuckte mit den Schultern. »Liege ich richtig?«

»Sie treffen den Nagel auf den Kopf, würde ich sagen. Und weil wir nicht aufgeflogen sind, haben wir immer so weitergemacht …«

»Setzt Ihnen Ihr Gewissen zu?«

»Sie können mich mal, Malcolm.« Aber aus seinen Worten sprach keinerlei Groll.

»Meinen Sie wirklich, es gelingt Ihnen, sich rauszuhalten, während wir Ihre Freunde vernehmen?«

»Ich hab noch mit Jessica Traynors Unfall zu tun.«

»Immer noch?«

»Inzwischen ist ein neuer Name aufgetaucht – Rory Bell. Ein Krimineller, der möglicherweise in West Lothian aktiv ist.«

»Und genauso heißt wie Jessicas Mitbewohnerin«, bemerkte Fox.

»Was?«

»Heißt die Mitbewohnerin nicht auch Bell?«

»Ist kein ungewöhnlicher Name.«

»Wahrscheinlich haben Sie recht«, sagte Fox, ging zum Fenster und steckte die Hände in die Hosentaschen. »Seitdem ich Zeit mit Ihnen verbringe, entdecke ich überall Verschwörun-

gen – Verschwörungen, Zusammenhänge *und* Zufälle. Meinen Sie, dieses Mistwetter hört irgendwann auch mal wieder auf?«

Aber Rebus hörte schon nicht mehr zu.

»DI Clarke lässt schön grüßen«, sagte Rebus zu Laura Smith.

»Sie schuldet mir einen Gefallen«, erwiderte diese.

»Das weiß sie, deshalb spendiert sie den Kaffee hier.«

Sie saßen in einem geräumigen modernen Café am Fuß der Holyrood Road, auf der Straßenseite gegenüber den Redaktionsräumen des *Scotsman*. Helles Holz, Tageszeitungen und Angestellte aus dem nahegelegenen BBC-Gebäude. In dem Café wurde auch Essen serviert, aber Smith hatte lediglich den größten Caffè Latte gewollt, den man ihr zaubern konnte. Rebus hatte sich noch ein Croissant zum Cappuccino gegönnt und alles bezahlt. Er riss ein Stück ab und tunkte es in den Kaffee, dann steckte er es sich in den Mund.

»Sehr französisch«, sagte Laura Smith.

»Bin nie da gewesen.«

»Sie waren noch nie in Frankreich?« Sie klang ungläubig.

»Oder sonst irgendwo.« Er kaute und schluckte. »Hatte mit Schottland immer schon mehr als genug zu tun.«

»Und wir leben in interessanten Zeiten.«

»Glauben Sie, die Unabhängigkeit wird Sie Ihren Job kosten?«

»Ich möchte bezweifeln, dass es dann über Nacht keine Verbrechen mehr gibt.« Sie lächelte und rührte in ihrem Kaffee.

»Das wäre zu viel verlangt«, pflichtete ihr Rebus bei.

»Sie meinten, Sie wollten in meinem Gedächtnis kramen?«, half sie ihm schließlich auf die Sprünge.

Rebus nickte. »Ich nehme an, Albert Stout war vor Ihrer Zeit?«

»In seiner Glanzzeit war ich noch nicht mal geboren.«

»Damals haben die Gerichtsreporter mittags in denselben Pubs getrunken wie wir. Wir bekamen ein, zwei Bier ausgege-

ben und haben dafür Geschichten erzählt – nicht unbedingt *wahre.*«

»Und heutzutage gibt es Kaffee und Croissants.« Sie sah ihn an. »Ich bin nicht sicher, ob das eine Verbesserung ist…«

Rebus rang sich ein Lächeln ab. »Ich interessiere mich für einen gewissen Rory Bell – kennen Sie ihn?«

»Hab von ihm gehört«, gestand sie, verengte den Blick. »Springt was für mich dabei raus?«

»Vielleicht langfristig. Kommt drauf an, was Sie mir sagen können.«

»Er ist Anfang dreißig. War bei einer Glasgower Gang. Dann hat er ein bisschen auf eigene Rechnung gearbeitet und sich überzeugen lassen, dass er länger lebt, wenn er seinen Standort verlagert. Lanarkshire war noch nicht weit genug weg. Neulich hab ich gehört, dass er jetzt in Livingston sein Unwesen treibt.«

»Womit genau?«

»Sicherheitsdienste. Wenn ein Unternehmen die Zusammenarbeit ablehnt, muss es mit nächtlichen Einbrüchen oder Brandanschlägen rechnen.«

»Sehr schön.«

»Er besitzt auch Anteile an einer Speditionsfirma. Einer der Fahrer wurde letztes Jahr wegen Zigarettenschmuggel verurteilt.«

»Und dem Gericht hat er erklärt, er habe auf eigene Faust gehandelt, hab ich recht?«

Sie nickte und nahm einen Schluck Kaffee, ließ ihn sich sichtlich schmecken. »Aus ein paar Hinterhöfen sind Container verschwunden – Gerüchten zufolge sollen Bells Schlepper dafür verantwortlich sein. Da kommt ganz schön was zusammen.«

»Aber bislang keine Anzeigen?«

Sie schüttelte den Kopf und musterte ihn über den Rand ihres übergroßen Bechers hinweg. »Das erzähle ich Ihnen aber nicht, weil's so gesund ist.«

»Schon klar.« Rebus hielt inne. »Gab's Zusammenstöße zwischen Bell und Darryl Christie?«

»Die schienen gut daran zu tun, umeinander herumzuschleichen. Christie konzentriert seine Geschäfte hauptsächlich auf Bars und Clubs, und da hat sich Bell bislang nicht herangewagt. Wobei er schon mal ganz schön reingefallen ist, als er von einem Pub in Falkirk Schutzgeld erpressen wollte... Es stellte sich heraus, dass es Christie gehört, allerdings erst, nachdem er ihm schon die Fensterscheiben eingeschmissen hatte.«

Was Christies Verärgerung erklärte – und vielleicht auch, warum er Rebus den Namen seines Konkurrenten zugespielt hat.

»Sie haben plötzlich so ein Funkeln in den Augen«, meinte Smith.

»Das ist beginnender grauer Star«, erklärte Rebus. Dann: »Bell stammt definitiv aus Glasgow?«

»Dort ist er zum ersten Mal auf dem Radar aufgetaucht.«

»Aber wurde er auch dort geboren? Ist er dort aufgewachsen?«

»Das müsste ich recherchieren.«

»Würden Sie das machen und mir Bescheid geben?« Rebus überreichte ihr seine Visitenkarte.

Sie hielt die Karte zwischen zwei Fingern. »Dieser Einbahnstraßenverkehr gefällt mir nicht.«

»Betrachten Sie's lieber als einspurige Fahrbahn – wenn der Gegenverkehr durch ist, bekommen Sie grünes Licht.«

Die Tür flog auf, und eine junge Frau, einige Jahre jünger als Smith, sah sich suchend im Raum um und kam dann an den Tisch, den Blick starr auf die Journalistin gerichtet.

»Dein Handy ist aus«, sagte sie und schnappte nach Luft.

»Ich hab einen Termin.« Smith zeigte über den Tisch auf Rebus.

»Das wirst du sehen wollen.« Sie hatte ein iPad dabei und drehte es so, dass Smith darauf gucken konnte. »Wurde unge-

fähr vor einer Stunde hochgeladen, hat sich aber schon wie ein Lauffeuer verbreitet.«

»Witzige Kätzchen? Stolpernde Kleinkinder...?«

»Wie wär's mit einer wütenden Witwe?« Die junge Frau tippte auf das Display und startete ein Video. Rebus war aufgestanden und hatte den Tisch umrundet, um besser sehen zu können. Die Aufnahme war verwackelt, vermutlich von einem Passanten mit dem Handy aufgenommen. Rebus glaubte, die Universitätsgebäude am Buccleuch Place zu erkennen und auch die hässlicheren Häuser auf dem George Square im Hintergrund. Der Clip dauerte nur fünfzehn oder zwanzig Sekunden, aber bei der Witwe handelte es sich zweifelsfrei um Bethany McCuskey. Wenn man den Ton lauter drehte, war deutlich zu hören, dass sie mit amerikanischem Akzent fluchte. Sie schlug auf eine junge Frau ein, deren Büchertasche daraufhin zu Boden fiel.

»Dreckige Hure! Du kleine verdammte Schlampe!«

Das Ganze gefolgt von spitzen Schreien des Opfers, das versuchte, sich gegen die Schläge zu wehren. Ein finsterer Blick von McCuskey in Richtung Kamera, dann machte sie kehrt und marschierte auf einen kleinen, silberfarbenen Sportwagen zu.

Der Clip war zu Ende, und Laura Smith sah Rebus mit großen Augen an. »Die Witwe des Justizministers«, stellte sie fest.

Rebus konnte nur nicken.

»Aber auf wen hat sie da eingeschlagen?«, fragte die Assistentin.

»Keine Ahnung«, sagte Smith.

Rebus räusperte sich. »Vielleicht ist die Ampel, vor der Sie gewartet haben, gerade von Rot auf Grün umgesprungen«, sagte er. »Das ist Jessica Traynors Mitbewohnerin.«

»Jessica Traynor? Sie meinen, die Freundin von Forbes McCuskey?« Die Gerichtsreporterin riss die Augen noch weiter auf. »Oh, mein Gott, meinen Sie...?«

Sie hatte sich wieder dem Display zugewandt. Ohne Rebus anzusehen, fragte sie ihn, ob er den Namen des Mädchens kenne.

»Nein«, log er. Rory Bell und Alice Bell keine zwei Minuten voneinander entfernt – Laura Smith hätte den Braten sofort gerochen, obwohl Rebus nicht einmal wusste, ob wirklich einer im Ofen schmorte.

»Wenn Pat McCuskey mit einer Freundin seines Sohns geschlafen hat«, spekulierte die Assistentin, »könnte das die Geschichte noch mal sehr interessant machen.«

»Allerdings«, gab ihr Laura Smith recht. Sie stand auf und machte sich bereit zu gehen.

»Mein Anliegen vergessen Sie aber nicht«, sagte Rebus. »Sie wollten über Rory Bells Vergangenheit recherchieren.« Er nickte in Richtung der Karte, die sie immer noch in der Hand hielt. »Da steht meine E-Mail-Adresse drauf.«

Sie nickte abwesend und bedankte sich bei ihm für den Kaffee.

»Den hat DI Clarke spendiert«, rief ihr Rebus ins Gedächtnis, aber sie war bereits auf dem Weg zurück in die Redaktion, dicht gefolgt von ihrer gelehrigen Schülerin. Rebus setzte sich wieder und gab Clarkes Nummer in sein Handy ein.

»Ich hab's gehört«, sagte sie, als sie ranging. »Hab gestern Nacht mit Nick Ralph gesprochen und ihm von Alice Bell erzählt.«

»Und er ist direkt zur Witwe damit?« Rebus starrte an die Decke und seufzte.

»Ich weiß, was du denkst, John – du hättest es für dich behalten sollen. Aber wir können nicht wissen, was den Ermittlungen dienlich ist …«

»Manchmal können wir aber Vermutungen anstellen. Das war Malcolm, oder? Er hat dich überredet.«

»Das musste er gar nicht – es war das einzig Richtige. Hör zu, ich muss Schluss machen.«

Sie legte auf, und Rebus warf das Handy auf den Tisch. Alice Bell wusste Bescheid – er war ihr als Einziger auf die Schliche gekommen, und nur ihm gegenüber hatte sie die Affäre gestanden. Die Kettenreaktion, die mit dem Angriff der Witwe endete, hatte bei ihm begonnen. Jetzt würde er aus Alice nichts weiter herausbekommen. Andererseits, wenn dadurch ein Keil zwischen sie und Forbes getrieben würde – und natürlich Jessica –, bestand doch noch die Chance, dass sie sich öffnete. Vielleicht …

Aber würde sie es gegenüber Rebus tun? Dem Mann, der für all das verantwortlich war? Völlig ausgeschlossen.

»Hast du dir selbst zuzuschreiben, John«, brummte er vor sich hin.

Und zwar weil er Clarke und Fox ins Vertrauen gezogen hatte. Leise fluchend schnappte er sein Handy und ging.

Rebus fand DC Christine Esson an ihrem Schreibtisch am Gayfield Square. James Page hockte in seinem Besenkammer-Büro und telefonierte. Mit seiner freien Hand machte er eine grüßende Bewegung in Rebus' Richtung und schrieb anschließend etwas auf.

»Wie läuft's?«, fragte Rebus. Esson blickte von ihrem Computer auf.

»Geht wahnsinnig langsam voran«, erwiderte sie. »Und bei Ihnen?«

»Übe mich in Müßiggang.«

»Haben Sie das Video schon gesehen?«

»Das mit McCuskeys Witwe?« Rebus nickte.

»Allein in der ersten Stunde wurde es fünfundsiebzigtausendmal angeklickt.« Sie öffnete YouTube und fand die Seite, die sie brauchte. »Jetzt sind es schon fast doppelt so viele, noch dazu hagelt es Kommentare.« Sie zeigte ihm, wo er gucken musste, dann scrollte sie nach unten.

»Die wissen, dass sie Alice Bell heißt«, meinte Rebus.

»Und jede Menge Spekulationen. Der Großteil scheint sich auf die Seite der betrogenen Ehefrau zu stellen.«

»Wobei niemand ganz genau weiß, ob sie tatsächlich betrogen wurde.«

Esson sah ihn an. »Online spielt das keine Rolle. Wenn die brennende Fackeln verteilen würden, hätten sie Alice Bell schon längst gegrillt. Aber das ist nur die Spitze des Eisbergs – wenn sie auf Facebook oder Twitter ist, wird sie dort mit noch mehr Dreck beworfen. Sie tut mir wirklich leid. Andererseits …«

»Was?«

»Finden Sie's nicht interessant, dass Pat McCuskey Geheimnisse hatte? Das könnte doch frischen Wind in die Ermittlungen bringen. Ich will nicht sagen, dass die arme Alice was damit zu tun hatte, aber eine verschmähte Geliebte könnte vielleicht …?«

»*Verschmäht*? Haben Sie wieder Barbara Cartland gelesen? Jedenfalls bin ich froh, dass Sie den Computer schon mal angeworfen haben …«

»Ach ja?«

»Ich möchte, dass Sie einen Namen für mich nachsehen – Rory Bell.«

Esson zog eine Schnute. »Irgendwie verwandt?«

»Wahrscheinlich nicht. Ist in West Lothian aktiv. Eine Reporterin wollte ihn sich ebenfalls für mich ansehen, aber ich glaube, ich bin auf ihrer Prioritätenliste nach unten gerutscht.«

Esson hatte den Namen bereits ins Suchfeld eingegeben. »Geburtsdatum? Irgendwas, um die Suche einzugrenzen?«

»Er ist Anfang dreißig, hat eine Zeit lang bei einer Glasgower Gang mitgemischt.«

»Dann ist er also aktenkundig?«

»Die Reporterin meinte, er habe keine Vorstrafen – würde sich aber lohnen, das zu überprüfen.«

»Ich schau mal, was ich finden kann.«

»Sie sind die Beste.«

Zwei Minuten später hatte Page sein Telefonat beendet und kam aus seinem Büro. Er sah sich um.

»Wo ist John?«, fragte er Esson.

»Musste weg«, entschuldigte sie sich.

»Ich dachte, er sei aus dem Rentnerdasein zurückgekehrt – bei seinem derzeitigen Arbeitseinsatz hat man aber nicht den Eindruck.« Er hielt inne. »Womit beschäftigen Sie sich heute?«

»Diagnostik und Analytik«, erwiderte Esson ungeniert, wissend, dass die Begriffe Wirkung zeigen würden.

Und tatsächlich suchte Page einen Augenblick lang nach Worten, dann bat er sie weiterzumachen und kehrte in sein Zimmer zurück, schloss die Tür hinter sich.

Christine Esson erlaubte sich ein kurzes Grinsen.

Rebus' Mittagessen bestand aus einer Steakpastete von Greggs, die er wegen der Heizung bei laufendem Motor in seinem Saab sitzend verschlang. Hinterher strich er sich die Blätterteigkrümel von der Kleidung und ging an sein klingelndes Handy.

»Das ist deine Schuld, oder?«, fragte Maggie Blantyre.

»Ist es ja meistens«, sagte er.

»Sie waren hier und haben Dod vernommen. Richtiggehend ausgequetscht haben sie ihn. Meinten, das nächste Mal müssten sie ihn vielleicht auf die Wache mitnehmen. Ich durfte nicht dabeibleiben. Du müsstest mal sehen, in welchem Zustand er ist. Gestern Abend bist du so überstürzt weg, und Dod wollte mir nicht sagen, warum. Aber ich hab gemerkt, dass es ihm nicht gut ging. Und jetzt das – das hast *du* zu verantworten.«

»Tut mir leid, wenn du dieser Ansicht bist.«

»Dann sag mir, dass ich mich irre.«

»Wer war denn da? DI Clarke und DI Fox?«

»Ich glaube, ja. Die Frau war anscheinend die Chefin.«

»Das war Clarke. Sie leitet die Ermittlungen in einem Mordfall, Maggie. Die Tatwaffe könnte mit einer Pistole identisch

sein, die in Summerhall in einer Schreibtischschublade lag – alle werden dazu vernommen.«

»Du auch?«

»Ich auch. Und nicht alle bekommen einen Hausbesuch.«

In der Leitung herrschte Schweigen, gefolgt von einem resignierten Seufzen. »Es kommt mir nur so unfair vor.«

»Hat er sich wirklich darüber aufgeregt?«

»Er ist auf hundertachtzig.«

»Hat er dich gebeten, mich anzurufen?«

»Nein.«

»Was ist mit den anderen – Porkbelly und Stefan? Ich nehme an, ohne deine Hilfe kann er nicht telefonieren ...«

»Du lieber Gott, John, willst du mir Informationen aus der Nase ziehen? Ich rufe dich an, weil ich mich fürchterlich aufrege, und dir fällt nichts Besseres ein, als den verfluchten Detective zu spielen?« Ihre Stimme wurde lauter. »Schönen Dank auch – ich bin sicher, Dod wird sehr gerührt sein von deinem vollkommenen Mangel an Mitgefühl.«

»Maggie, du weißt, ich wollte nicht ...«

Aber am anderen Ende war niemand mehr. Sein Display verriet ihm, dass die Verbindung beendet worden war, und fragte, ob er sie wiederherzustellen wünsche.

»Schön wär's«, sagte er, bevor er dem sich nähernden Verkehrspolizisten signalisierte, dass er sowieso gerade weiterfahren wollte.

Vor der Wester Hailes Police Station standen jetzt weniger Reporter. Sie hockten in ihren Autos, wärmten sich die Wangen an Heißgetränken. Keine Transporter mehr, keine Fernsehkameras. Als Rebus das Gebäude betrat, entdeckte er zuallererst Alice Bell. Sie saß an der Anmeldung, wirkte verkracht mit sich selbst und der Welt. Als sie ihn erkannte, sprang sie auf.

»Ich weiß«, sagte er und versuchte sie mit einer Geste zu beschwichtigen. »Und mir tut es auch sehr leid. Aber unsere Auf-

gabe ist herauszufinden, wie Pat McCuskey gestorben ist, und das bedeutet, dass wir das Puzzle seines Privatlebens zusammensetzen müssen. Ob Ihnen das gefällt oder nicht, Sie sind eins der Puzzleteile.«

»Sie hat mich angefallen«, beschwerte sich Bell.

»Ich weiß – sind Sie unverletzt?«

Er sah, dass ihr ein Haarbüschel fehlte und sie verschiedene Schrammen und Kratzer an Gesicht und Hals hatte.

»Ich wurde öffentlich aufs Gröbste beleidigt – und Ihre Kollegen wollen wissen, ob ich Anzeige erstatten möchte.«

»Möchten Sie?«

Sie schüttelte den Kopf. Dann fiel ihm etwas auf.

»Aber was machen Sie dann hier?«

»Ich warte auf DCI Ralph. Er ist in irgendeiner Besprechung.«

»Ihnen wird nichts passieren, Alice. Sagen Sie einfach nur die Wahrheit – wie oft Sie sich mit McCuskey getroffen haben und so weiter. Ob Sie den Eindruck hatten, dass ihn etwas beunruhigte.«

»Bettgeflüster meinen Sie?«

»Soll ich jemanden anrufen? Ihre Mutter oder Ihren Vater?«

»Sind beide tot.«

»Tut mir leid. Gibt's sonst jemanden, der Ihnen beistehen könnte?«

»Jessica und Forbes werden wohl kaum Lust dazu haben, oder«, beschwerte sie sich.

Rebus zuckte zusammen. »Haben Sie mit ihnen gesprochen?«

Sie schüttelte den Kopf. »Was gibt es denn zu sagen?«

»Haben Sie überhaupt Angehörige, die ich für Sie anrufen kann?«

»Ich komme schon klar.« Sie hielt inne, ihre Stimme wurde kälter. »Sie haben bereits mehr als genug Schaden angerichtet, meinen Sie nicht?«

DCI Nick Ralph trat in den Türeingang. Er begrüßte Rebus mit einem Nicken, entschuldigte sich dann bei Alice Bell für die Wartezeit und führte sie in einen Gang.

»Es gibt einen Hinterausgang zum Parkplatz«, erklärte er. »Das heißt, wir müssen Sie nicht den Raubtieren zum Fraß vorwerfen.«

»Ist doch sowieso schon nichts mehr von mir übrig«, sagte die junge Frau und warf Rebus einen letzten verbitterten Blick über die Schulter zu.

Er sah den beiden nach, ging dann selbst ins Ermittlungszimmer. Fox saß an einem der Schreibtische.

»Sie haben gerade Ihren Schützling verpasst«, teilte er Rebus mit.

»Nicht ganz – hab sie unten noch getroffen.«

Aber Fox schüttelte den Kopf. »Ich meine Eamonn Paterson. Wir hatten ihn gerade zur Vernehmung da. Er ist vor nicht ganz zwanzig Minuten weg.«

»Dann bin ich erleichtert und dankbar.« Rebus ließ sich auf einen freien Stuhl sacken.

»Aber Alice Bell haben Sie gesehen?«

Rebus nickte. »Sie war begeistert davon, dass ich sie verpfiffen habe.«

»Sie hätte sich selbst melden müssen«, behauptete Fox. »Damit hätte sie sich den ganzen Ärger möglicherweise erspart.«

»Was hat sich Ralph dabei gedacht, der Witwe davon zu erzählen?«

Fox zuckte mit den Schultern. »Ihr Freund Paterson war uns jedenfalls kaum behilflich.«

»Und ich habe gehört, bei Dod Blantyre waren Sie auch schon?«

»Auch da wenig Neues. Aber damit haben wir ja gerechnet – jetzt ist Stefan Gilmour an der Reihe, vorausgesetzt, Sie haben ihn richtig eingeschätzt.«

»Was wollte Ralph eigentlich hier?«

Fox lehnte sich auf seinem Stuhl zurück. »Denken Sie mal ganz scharf nach.«

»Ich komm nicht drauf«, sagte Rebus nach einer Pause.

»Er hat Siobhan nach dem Abend gefragt, an dem Jessica Traynor ihr Auto zu Schrott gefahren hat. Nicht weit vom Haus der McCuskeys entfernt. Wenig später wird eingebrochen, und McCuskey stirbt. Dann stellt sich heraus, dass er eine Affäre mit Jessicas Mitbewohnerin hatte … das ist doch ein recht enger, kleiner Kreis, finden Sie nicht? Besonders, wenn man Forbes McCuskey aus dem Szenario abzieht und durch Alice Bell ersetzt.«

Rebus schüttelte den Kopf. »Das kann ich mir nicht vorstellen.«

Fox zuckte erneut mit den Schultern. »Jedenfalls dachte DCI Ralph, es könnte sich lohnen, diese Fragen zu stellen.«

»Und wie hat Siobhan sie beantwortet?«

»Ich hab ihm gesagt, dass ich mir das auch nicht vorstellen kann.« Clarke stand jetzt mit verschränkten Armen in der Tür. Sie wirkte müde und entmutigt. »Schön, dass du mal reinschaust, John. Dann können wir's ja hinter uns bringen.«

»Was meinst du?«

»Deine offizielle Vernehmung natürlich. Sonst sieht es aus, als würdest du eine Sonderbehandlung bekommen.«

»Und das geht selbstverständlich auf keinen Fall«, sagte Rebus.

»Auf keinen Fall«, stimmte ihm Clarke bei.

21

»Brauche ich einen Anwalt?«, fragte Rebus.

Sie saßen zu dritt an einem Tisch im Vernehmungszimmer. Fox hatte erneut einen seiner linierten Notizblöcke auf den Tisch gelegt – bislang völlig unbeschrieben –, während Clarke sich damit zu begnügen schien, die Arme zu verschränken und Rebus anzustarren.

»Meinst du, dass du einen brauchst?«, fragte sie.

»Ich bin sicher, Stefan Gilmour borgt Ihnen seinen«, ergänzte Fox.

»Nur zur Klarstellung«, sagte Clarke, »würdest du bitte erklären, in welchem Verhältnis du zu Philip Kennedy standest?«

»Der Mann sah aus wie eine Comicfigur, nur dass er nicht witzig war – am liebsten hat er liebe alte Damen erschreckt und ihnen alles geklaut, was sie hatten.«

»Das ist keine Antwort auf meine Frage.«

»Er war ein böser Mann, und ich hatte die Aufgabe, ihn dingfest zu machen – *das* war unser Verhältnis.«

»Und wie der Spitzname ›Slippery Phil‹ vermuten lässt, ist es dir nicht gelungen.«

»Aber wir haben's versucht.«

»Muss frustrierend gewesen sein«, ergänzte Fox.

»Sehr«, gab Rebus zu.

»Schon mal daran gedacht, ihn reinzulegen?«

»Ich persönlich? Nein.«

»Und die Kollegen …?«

»Das müsst ihr sie selbst fragen.«

»Sie hätten es dir aber erzählt, oder? Immerhin warst du einer der ›Saints‹.«

»Noch ganz neu im Team.«

»Trotzdem …« Clarke hielt inne. »Was ist mit William Saunders und Douglas Merchant – gab es auch da Berührungspunkte?«

»Siobhan, verschon mich, bitte.«

»Wie kommst du auf die Idee, dass ich dich verschonen sollte?«

»Die Frage hast du mir geklaut«, sagte Rebus müde lächelnd.

»Vielleicht sollte ich dich verklagen.«

»Aber erst, wenn wir mit der Vernehmung durch sind«, erwiderte sie. »Also, dann erzähl mir mal, was du über die Waffe weißt …«

Vierzig Minuten später durfte er gehen. Er ging raus und rauchte eine Zigarette. Er stellte sich auf den Parkplatz seitlich am Gebäude, ein Zaun und ein verschlossenes Tor trennten ihn von den letzten übriggebliebenen Pressevertretern. Irgendwann sah er Fox aus einem der oberen Fenster schauen. Rebus winkte ihm spöttisch zu, und Fox verschwand.

Konnte der Unfall wirklich etwas mit dem Tod des Justizministers zu tun haben, und wenn ja, war Alice Bell das Bindeglied? Er ging dieser Frage in Gedanken nach, als ihn sein Handy auf eine SMS aufmerksam machte. Sie stammte von Christine Esson, die ihm mitteilte, sie habe Neuigkeiten.

»Sie sind schlimm«, sagte sie, als er sie anrief.

»Wieso?«

»Ich habe das Gefühl, als hätten Sie längst gewusst, dass es eine Verbindung gibt.«

»Zwischen Alice und Rory Bell? Ehrlich, ich hatte keine Ahnung.«

»Er ist ihr Onkel. Alice' Mutter ist vor sechs Jahren gestorben – anscheinend an Krebs. Ihr Vater hatte einen Autounfall.«

»Einen Autounfall?«

»Ich weiß – ganz schöner Zufall. Das war vor über drei Jahren, er ist seinen Verletzungen erlegen.«

»Wo ist das passiert?«

»Auf der A81 in der Nähe von Port of Menteith.«

»Jetzt bin ich immer noch nicht schlauer.«

»Klingt nach Küste, liegt tatsächlich aber westlich von Stirling, auf der Strecke nach Loch Katrine.«

»Geografie war wohl Ihr Lieblingsfach in der Schule.«

»Zehn Sekunden Google«, korrigierte sie ihn.

»Dann stimmt es also, dass ihre Familie aus Stirling stammt?«

»Rory wurde dort geboren. Mit sechzehn von der Schule ab und wenig später in den Westen. Keine Vorstrafen, obwohl er mehr als einmal knapp dran vorbeigeschrammt ist.«

»Hat Alice Geld?«

»Ihr Vater hat ihr nicht viel hinterlassen – er war Schlachter. Als er den Unfall hatte, war er gerade auf dem Weg zu einem seiner Zulieferer. Ein entgegenkommender Transporter wollte in einer Kurve überholen und ist frontal auf ihn draufgeknallt.«

»Woraufhin Alice mit sechzehn Waise wurde. Sonst noch was über Onkel Rory?«

Er hörte zu, aber viel mehr, als Laura Smith ihm bereits erzählt hatte, wusste Esson auch nicht. Er bedankte sich trotzdem und beendete das Gespräch. Er fragte sich, wie nah Alice ihrem Onkel wohl stand. Vielleicht steckte er ihr hier und da ein bisschen Geld für die Universitätsgebühren zu. Konnte sie an dem Unfallabend bei Jessica im Wagen gesessen haben? Sie hatte keinerlei Verletzungen gehabt, kein Schleudertrauma. War sie eine, die in Panik geraten und einfach abhauen würde? Rebus bezweifelte es – sie wäre bei ihrer Freundin geblieben und hätte einen Krankenwagen gerufen. Es sei denn, da wäre etwas gewesen, das niemand sehen durfte. Er erinnerte sich an den Kofferraum – als der erste Beamte am Unfallort Fotos

gemacht hatte, war er geschlossen gewesen, aber am darauffolgenden Morgen, als der Wagen abgeschleppt wurde, offen …

Rebus rief Esson noch einmal an und bat sie um zwei Telefonnummern: die des Polizisten und die des Schrottplatzes. Der Beamte hieß Bryan Hall, und als Rebus ihn erreichte, beteuerte er, in seiner Gegenwart habe niemand versucht, den Kofferraum des Golf zu öffnen. Der Betreiber des Schrottplatzes war weniger hilfsbereit.

»Reece macht Punkt fünf Feierabend«, bellte er. »Wenn Sie mit ihm reden wollen, müssen Sie vorher da sein.«

Sein vollständiger Name war Reece Bairstow, und Rebus starrte den Namen in seinem Notizbuch lange an, nachdem der Schrottplatzbetreiber bereits aufgelegt hatte.

»Na ja, warum nicht?«, sagte er sich, machte seine Zigarette aus und ging zum Wagen.

Der Schrottplatz befand sich am Rande von Broxburn, also nahm er die Straße zum Flughafen Edinburgh. Er hörte Radio, der Sprecher erklärte, die Wirtschaftskrise hielte an, und weitere europäische Staaten näherten sich dem Status hoffnungsloser Fälle. Zypern, Portugal … Niemand schien zu wissen, wohin das alles führen würde. Er stellte einen Lokalsender ein; ein wütender Anrufer diskutierte darüber, ob ein unabhängiges Schottland weiter Mitglied der NATO bleiben könne, wenn es die Nuklearwaffen abgeschafft hätte. Nach zwei Minuten merkte Rebus schon, wie sein Blutdruck stieg. Er griff nach einer CD und schob sie in den Player. Das zweite Album von Spooky Tooth.

»Schon besser«, sagte er zu sich selbst.

Der Schrottplatz lag, von einem Maschendrahtzaun geschützt, teilweise verborgen hinter einer Absperrung aus Wellblech, über den oberen Rand des Zauns zogen sich drei Stränge Stacheldraht. Schilder warnten vor Überwachungskameras und Wachhunden. Und tatsächlich sprang ein Schäferhund auf und fletschte die Zähne, als Rebus durch das offene Tor

aufs Gelände fuhr. Der Hund war an einer schmutzigen, zwei Zentimeter starken Leine mit nietenbesetztem Lederhalsband festgemacht. Das Büro, das er bewachte, war offensichtlich aus Holz- und Blechresten gebaut. Der Mann, der aus der Tür trat, erkannte Rebus sofort als Polizisten, und Rebus sah ihm seinerseits unverkennbar an, dass er irgendwann mal im Knast gesessen hatte. Die hochgekrempelten Hemdsärmel entblößten Unterarme voller verblichener Tätowierungen, wie sie sich Gefangene in Ermangelung anderer Hobbys gegenseitig stachen. Krakelige Schriftzüge und schiefe Disteln.

»Wie heißt der Hund?«

Der Betreiber sah Rebus aus schmalen Augen an. Er war untersetzt, beinahe schon bucklig, und auf seiner Glatze lag ein öliger Film.

»Boris«, antwortete er schließlich, woraufhin der Hund die Ohren aufstellte.

»Ich gehe davon aus, dass die Leine was aushält.«

»Wollen wir's für Sie hoffen.« Der Mann gestattete sich ein Zahnlückengrinsen. »Sind Sie der Bulle, der angerufen hat?«

»DS Rebus. Ihren Namen hab ich nicht verstanden.«

»Eddie Duke. Ich habe Reece gesagt, dass Sie mit ihm sprechen wollen, und raten Sie mal was? Er hat beschlossen, heute früher Schluss zu machen.«

»Und jetzt ist er schon weg?«

»Genau.«

Rebus tat enttäuscht, dann zeigte er auf eine Presse in circa sechzig Metern Entfernung. »Dann ist das dahinten also sein Zwillingsbruder?«, fragte er. »Sie müssen wissen, wir sind uns schon mal begegnet.«

Dem Besitzer blieb der Mund offen stehen. Er nahm zwei Finger in den Mund und stieß einen gellenden Pfiff aus. Reece Bairstow blickte von seiner Arbeit auf und sah, dass sein Chef ihm Zeichen machte rüberzukommen.

»Sie haben mir sehr geholfen«, erklärte Rebus ihm. »Glau-

ben Sie bloß nicht, dass ich das vergessen werde.«

Er ging Bairstow entgegen und traf ihn auf halbem Weg. Bairstow zog an den Fingern seiner Arbeitshandschuhe und die Hände heraus. Zur Begrüßung zuckte er mit den Mundwinkeln.

»Erinnern Sie sich an mich?«, fragte Rebus.

»Der VW Golf in Kirkliston? Wir haben den Wagen hier.« Bairstow nickte in Richtung eines ein Meter hohen Würfels aus gepresstem Metall. Ein weiteres Fahrzeug stand bereits oben drauf.

»Viel zu tun auf dem Platz hier.«

»So hab ich's gern.« Bairstow stellte sich breitbeinig hin, die Schultern zurückgezogen, zwischen seinen Arbeitsstiefeln lag ein knapper Meter Abstand.

»Machen Sie sich Sorgen, Reece?«, fragte Rebus.

»Nein.«

»Ihre Körpersprache sagt was anderes.«

Bairstow sah an sich herunter und versuchte, sich zu entspannen, trat von einem Fuß auf den anderen und löste die Anspannung in seinen Muskeln. »Was wollen Sie?«, fragte er.

»Ich will wissen, was Sie aus dem Wagen genommen haben.«

Der Mann starrte ihn an. »Nichts«, sagte er schließlich.

»Sollen wir's noch mal versuchen?«

»Ich hab's Ihnen doch schon gesagt.«

»Ein Kinderspiel, den Kofferraum aufspringen zu lassen – der Schlüssel steckte ja noch im Zündschloss. Aber als wir plötzlich aufgetaucht sind, mussten Sie wahnsinnig beschäftigt tun, und da haben Sie vergessen, ihn wieder zu schließen.« Rebus hielt inne und trat einen Schritt auf den Mann zu. »Hier geht's nicht mehr um mangelnde Fahrsicherheit, Reece – es hängt ein Mordfall dran. Jeder, der uns etwas verheimlicht, wird früher oder später dafür zur Verantwortung gezogen.« Er wandte den Kopf in Richtung des Büroverschlags. »Ich möchte wetten, dass es Ihrem Chef überhaupt nicht gefällt, wenn wir

hier täglich vorbeikommen und Fragen stellen. Wahrscheinlich gibt's da ein paar Dinge, von denen wir lieber keinen Wind bekommen sollten ...«

Bairstow plusterte die Nasenflügel auf. Er atmete schwer, das Gesicht in mürrischem Ausdruck erstarrt. »Ich hab's Ihnen gesagt«, wiederholte er.

»Das haben Sie«, pflichtete ihm Rebus bei und nickte langsam. »Aber Sie haben mich oder jemanden wie mich nicht zum letzten Mal gesehen – weit gefehlt. Ich denke, das sollte ich Ihrem Chef gleich sagen.« Er drehte sich um und ging zurück. Hinter sich hörte er Schritte und Bairstows Stimme, die ihn aufforderte zu warten. Rebus blieb stehen und wartete, bis der Mann ihn eingeholt hatte und ihm gegenüberstand.

»Was blüht einem, der was aus einem Autowrack klaut? Nicht viel, meine ich – nur was, das sowieso keiner mehr will?«

Rebus tat, als müsse er überlegen, dann zuckte er gleichgültig mit den Achseln.

»Vielleicht wenn Sie's mir zeigen würden?«, meinte er.

Bairstow fuhr sich mit den Fingern durch den Bart und haderte mit sich. »Na schön«, sagte er und rückte sein Basecap zurecht. »Hier drüben.«

Er führte Rebus hinter den Verschlag, wo mehrere Autos parkten. Eines davon war ein olivgrüner Landrover, und Bairstow machte die hintere Tür auf, griff hinein und hielt Rebus etwas entgegen.

»Eine Brechstange«, sagte Rebus. Er nahm sie und wog sie in der Hand.

»Fast neu«, ergänzte Bairstow. »Preisschild klebt noch dran.«

Rebus betrachtete den Aufkleber. »Bei B&Q gekauft.«

»Nicht gerade Industriequalität.«

»Aber Sie dachten, Sie nehmen sie trotzdem mal mit.«

Bairstow senkte den Blick.

»Und ist das alles, was Sie haben mitgehen lassen?«

»Sonst war da nichts.«

»Auch nicht auf den Sitzen?«

»Ich sag's Ihnen doch.«

»Und als Sie den Golf hergebracht haben ... ich gehe davon aus, dass Sie ihn auseinandergenommen haben? Irgendwelche Überraschungen?«

Der Mann schüttelte den Kopf.

»Nur das hier?«, fragte Rebus und hob das Brecheisen.

»Nur das«, pflichtete ihm Reece Bairstow bei. »Und wenn Sie mich fragen, wurde es höchstens ein- oder zweimal benutzt.«

»Aber bei welcher Gelegenheit?«, fragte Rebus und erhielt keine Antwort.

Alice Bell steckte den Schlüssel ins Schloss und drehte, öffnete die Tür ihrer Wohnung. Vor dem Eintreten lauschte sie in die Stille hinein. Sie machte die Tür hinter sich zu und schlich auf Zehenspitzen und mit angehaltenem Atem durch den Flur. Sie hatte überlegt, woanders hinzugehen, aber ihr war nichts eingefallen. Sie hatte keinen anderen Rückzugsort.

»Sieh an, sieh an«, sagte Forbes gedehnt, als sie das Wohnzimmer betrat. »Wenn das mal nicht die Hure Babylon ist ...« Er saß mit versteinerter Miene auf dem Sofa. Jessica neben ihm, ihr verletzter Knöchel lag auf seinem Schoß, und sie hielt ihr Handy in beiden Händen, als hätte sie gerade eine SMS geschrieben.

»Tut mir leid«, sagte Alice, und Farbe schoss ihr ins Gesicht.

»Weil du für meinen alten Herrn die Beine breit gemacht hast? Da musst du dich bei meiner Mutter entschuldigen.«

»Sie hat beschlossen, mich lieber in der Luft zu zerreißen.«

»Kannst du's ihr verdenken? Herrgott noch mal, Alice ...«

»Soll ich gehen?« Bell starrte nicht Forbes an, sondern Jessica. Aber es war McCuskey, der mit lauter Stimme antwortete.

»Natürlich will sie, dass du gehst!«

»Ich kann schon für mich selbst sprechen«, sagte Jessica

Traynor und zuckte zusammen, als sie das Bein von seinem Schoß zog und sich zu ihrer Mitbewohnerin umdrehte.

»Hast du das gesehen?«, fragte sie und drehte das Display ihres Handys so, dass Alice darauf blicken konnte. Alice trat noch einen Schritt näher. Es handelte sich um eine Facebook-Seite voller Hasskommentare, allesamt gegen sie selbst gerichtet.

»Und bei Twitter sieht's nicht viel besser aus«, ergänzte Jessica in stiller Anteilnahme.

Jetzt kamen ihr die Tränen, Alice presste sich die Hände vor die Augen, als wollte sie sie zurückhalten. Sie taumelte rückwärts in einen Sessel und blieb mit gesenktem Kopf und bebenden Schultern sitzen.

»Es tut mir so leid, so leid. O Gott, o Gott …«

McCuskey war aufgestanden und ging jetzt im Raum auf und ab. Jessica behielt ihn im Auge für den Fall, dass er sich auf Alice stürzen wollte.

»Sie ist jetzt schon wie eine Ausgestoßene«, erklärte Jessica. »Ich glaube kaum, dass du ihr auch nur halb so zusetzen kannst wie die Trolle hier.« Sie schwenkte ihr Handy in seine Richtung.

»Das ist alles eine einzige Sauerei«, sagte er, fast wie zu sich selbst. »Oder sollte ich sagen, noch eine Sauerei.«

»Anscheinend sind wir ja allmählich Experten.«

»Wegen *ihr.*« Er zeigte mit dem Finger auf Alice, die immer noch dieselben Entschuldigungen ausstieß.

»Dann setz dich jetzt«, sagte Jessica ruhig, »und lass uns überlegen, was wir tun können.«

Schließlich setzte er sich und hörte zu, und nach einer Weile tat Alice es ihm gleich.

Am Abend saß Rebus zu Hause in seinem Sessel und döste, als es an der Tür klingelte. Er stand auf, rieb sich das Gesicht und nahm die Nadel von *Hard Nose the Highway*, bevor er in den Flur ging. Er drückte auf den Knopf der Sprechanlage und

fragte, wer da sei.

»Stefan«, lautete die Antwort. »Wir müssen reden.«

»Dann kommst du wohl besser rauf«, sagte Rebus, drückte den Türöffner. Er ließ seine Wohnungstür offen und kehrte ins Wohnzimmer zurück, fragte sich, was ein Millionär wohl davon halten würde.

Beim Eintreten sah sich Gilmour im Zimmer um. »Hätte gedacht, dass du dir wenigstens mal einen frischen Anstrich gönnst«, meinte er.

»Hab ich ja vor zehn Jahren.«

»Als Rhona hier noch zuständig war, kam's mir wohnlicher vor. Wie geht's ihr eigentlich?«

»Gut.«

»Ihr habt eine Tochter, stimmt's?«

»Stimmt«, sagte Rebus. »Willst du was trinken?«

»Nein, danke.«

»Dann setz dich.« Rebus machte es sich wieder in seinem Sessel bequem. Im Aschenbecher lag eine halb gerauchte Zigarette, die er jetzt erneut anzündete.

»Ich will nicht lange bleiben«, sagte Gilmour. »Hatte heute einige Termine und bin schon wieder auf dem Weg in den Westen.«

»Ich nehme an, du hast von Porkbelly und Dod gehört?«

Gilmour nickte. Seine Hände steckten in seiner Manteltasche. Er war geschäftsmäßig gekleidet – Anzug und Krawatte, glänzende schwarze Schuhe, noch nicht richtig eingelaufen. »Soll mich das beeindrucken, John, diese Hetzjagd auf die Saints? Glaubst du, du stehst jetzt draußen vor dem Zelt und kannst reinpissen?«

»Ich steh nirgendwo, Stefan. DI Clarke hat den Plan in der Hand.«

»Soweit ich gehört habe, warst du mal ihr Chef – was ist passiert?«

»Hast du deine Spione auf mich angesetzt? Dann sag ihnen

lieber, dass sie sich irren.«

Gilmour sah sich abermals im Zimmer um. »Ich könnte was Besseres für dich finden, weißt du das? Ein Penthouse in Grange vielleicht…«

»Wenn ich mitspiele, meinst du? Clarke und ihr Team an der Nase herumführe?«

»John, du lebst in der Vergangenheit – ich muss mir nur deine Wohnung ansehen. Rhona kommt nicht wieder zu dir zurück, oder? Es wird Zeit, dass du an deine Zukunft denkst – an das, was davon übrigbleibt.«

»Ich habe eine eiserne Konstitution«, sagte Rebus.

»Trotzdem, in zehn oder zwanzig Jahren wirst du Geschichte sein. Du musst dir allmählich mal überlegen, was du deiner Tochter hinterlassen möchtest.«

»Wenn du hier bist, um mich zu bestechen, dann nenn einfach eine Summe.«

Gilmour schien nachzudenken, dann schüttelte er den Kopf. »Du lässt dich nicht kaufen, John. Und mich abblitzen zu lassen, würde dir Auftrieb geben, den ich dir nicht gönne.« Er hielt inne. »Aber ich hab was anderes.«

»Ach ja?«

Gilmour zuckte mit den Schultern. »Nicht viel. Kannst es annehmen oder bleiben lassen.«

»Ich bin ganz Ohr.«

Gilmour zog die Hände aus den Taschen und verschränkte sie vor sich. »Die alte Pistole, um die so viel Aufhebens gemacht wird…«

»Ja?«

»Dod hat sie aus Porkbellys Schreibtisch genommen.« Gilmour hielt inne. »Denk mal drüber nach, ja? Ich hab die Pistole zum letzten Mal vor dreißig Jahren gesehen, und da steckte sie in Dod Blantyres Hosenbund.«

»Ist das jetzt wieder eine von deinen Geschichten, Stefan?«

Gilmour zuckte erneut mit den Schultern. »Ich wollte sie

selbst haben, und das wusste Dod. An meinem letzten Tag in Summerhall zog ich die Schublade auf und wollte sie einstecken, aber Dod hat gelacht, mit dem Zeigefinger gedroht und sich auf die Jackentasche geklopft. Er war mir zuvorgekommen.«

»Vielleicht hat er sie zurückgelegt, als du weg warst.«

»Das müsstest du ihn fragen. Aber sag das deiner Chefin – damals hab ich den Kopf für mein Team hingehalten, weil ich's verdient hatte. Aber dieses Mal nicht, dieses Mal nicht.«

»Aber du hast Slippery Phil Kennedy die Treppe runtergestoßen.«

»Keine Treppe, John, und auch nicht ich.«

»Dann erzähl mir, was passiert ist. Und hör mit dem Shadow-Bible-Mist auf. Jemand hat Billy Saunders umgebracht, und wer auch immer es war, unternimmt nichts dagegen, dass dir der Mord in die Schuhe geschoben wird. Wenn du das nicht willst, dann sag mir Bescheid.«

Gilmour dachte darüber nach. Schließlich ließ er sich auf die Sofakante nieder, beugte sich vor, die Ellbogen auf die Knie gestützt. Rebus hatte seine Zigarette ausgedrückt und sich ebenfalls vorgebeugt, als wollte er unterstreichen, dass alles Gesagte vertraulich sei.

»Was wirst du mit mir machen?«, fragte Gilmour schließlich.

»Ich weiß nicht«, gestand Rebus.

»Ich werde niemals vor Gericht aussagen – und auch bei keiner offiziellen Vernehmung.«

Rebus nickte langsam.

»Na schön«, fuhr Gilmour fort und tippte die Fingerspitzen aneinander, während er seine Entscheidung traf. »Porkbelly war's. Er hatte ein paar gehoben und wollte, dass was passiert. Wir hatten Kennedy verknackt – hatten ihn in einem Pub in der Nähe von Haymarket gefunden. Einfach so.«

»Und ihr wart sauer, weil er freigesprochen worden war.«

»Ich wollte ihn nicht in meiner Stadt haben. Am liebs-

ten wollten wir ihn so einschüchtern, dass er freiwillig Leine zog. Porkbelly war derselben Ansicht. Wir haben ihn in eine Zelle gesteckt, auf ihn eingebrüllt und ihn schmoren lassen.«

»Stand sein Name im Haftprotokoll?«

»Den mussten wir später verschwinden lassen«, sagte Gilmour und nickte.

»Dann ist er in Summerhall gestorben?«

»Porkbelly hat ihm eine Abreibung verpasst. Mit einem Schlag ist Kennedy über die Stuhllehne gekracht. Hat sich den Kopf angeschlagen und ... erst dachten wir, er sei nur bewusstlos, aber das lässt sich manchmal schwer sagen, oder?«

»Ihr konntet nicht zulassen, dass er so gefunden wird.«

»Voller Schrammen und Blut? Ohne guten Grund in einer Zelle? Nein, wir mussten ihn da rausschaffen.«

»Ihr habt ihn nach Hause gebracht und unten an die Treppe gelegt«, erklärte Rebus.

»So ungefähr.«

»Dann habt ihr dafür gesorgt, dass im Autopsiebericht von Alkoholkonsum die Rede war. Du und Dod habt das mit Professor Donner geregelt.«

»War besser, Porkbelly da rauszuhalten. Der Arme stand unter Schock.«

»Wieso erinnere ich mich nicht?«

»Wir kannten dich nicht gut genug, um dich einzuweihen.«

»Aber Donner hat mitgespielt.«

»Der notgeile alte Bock – war zwar verheiratet, aber hin und wieder hatte er gerne mal ein Callgirl.«

»Und das habt ihr für ihn arrangiert?«

»Gehörte alles zum Service.« Gilmour atmete tief durch und stand auf.

»Warte«, sagte Rebus. »Wie ist Billy Saunders dahintergekommen?«

»Ach, komm schon, John – so kompliziert ist das nicht.«

Trotzdem brauchte Rebus eine Minute. »Er saß in einer der Zellen nebenan«, meinte er schließlich. »Hat gehört oder gesehen, was passiert ist. Auch deshalb musste die Seite aus dem Ordner verschwinden …«

Gilmour klatschte lautlos in die Hände, bevor er sie wieder in die Manteltaschen schob.

»Also, wer hat Saunders erschossen?«

»Keine Ahnung«, sagte Gilmour. »Hängt davon ab, ob es wirklich dieselbe Waffe ist, oder?« Er drehte sich um.

»Du solltest damit zu Clarke gehen«, riet ihm Rebus. »Nur so kannst du deinen Namen reinwaschen.«

»Ich muss meinen Namen nicht reinwaschen, John – mir genügt es zu wissen, dass ich nichts damit zu tun hatte. Und ich bin ein Saint, schon vergessen? Hüter des wahren Glaubens und so weiter.«

»Bis zum Tod?«

»Vielleicht nicht ganz so weit.«

»Du hast jede Menge Geld, Stefan. Du könntest dich jederzeit aus dem Staub machen.«

»In ein Land ohne Auslieferungsabkommen?« Gilmour lächelte nachdenklich. »Wie ein alter Gangster, der sich niemals sicher fühlen darf? Das ist nicht mein Stil, John. Außerdem hab ich einen Kampf auszufechten, falls du's noch nicht mitbekommen hast.«

»Die ›No‹-Kampagne? Waren das deine Termine?«

Gilmour nickte langsam. »Ich gehe davon aus, dass wir deine Stimme haben?«

»An deiner Stelle würde ich mich auf gar nichts verlassen, Stefan.«

Gilmours Blick verhärtete sich. »Schade«, sagte er und ging aus dem Raum. Rebus folgte ihm zur Wohnungstür.

»Gibt's was Neues im Fall McCuskey?«, fragte Gilmour.

»Die Ermittlungen stocken.«

»Dann ist Owen Traynor aus der Sache raus?«

»Soweit ich weiß.«

»Wahrscheinlich ganz gut so. Ich hab gehört, sein jüngstes Projekt sei in die Hose gegangen, seine Gläubiger und die Steuerbehörde befinden sich auf dem Kriegspfad. Der Mann ist ein Pulverfass …«

»Sag mal, Stefan – du scheinst doch ein paar zwielichtige Geschäftsleute zu kennen –, ist dir mal ein gewisser Rory Bell über den Weg gelaufen? Kommt von der Westküste – zumindest ursprünglich.«

»Hat er mit Alarmanlagen und Sicherheitsdiensten zu tun?«

Gilmour blieb an der Haustür stehen. »Der Name sagt mir was. Ich glaube, ein Freund hat ihn mal vor einiger Zeit erwähnt. Ich hab ihn heute Abend gesehen – John McGlynn. Soll ich einen Kontakt für dich herstellen?« Gilmour hatte sein Handy aus der Tasche gezogen.

»Wenn's keine Umstände macht«, sagte Rebus.

»Wird das nicht allmählich ein bisschen unangenehm, John, jetzt musst du mich auch noch um einen Gefallen bitten?« Gilmour lächelte. »Ich schätze mal, das heißt, ich hab was bei dir gut.« Er führte das Telefonat, ohne eine Antwort abzuwarten. »Die Mailbox springt an«, teilte er Rebus mit. Dann ins Telefon: »Hallo, John, hier ist Stefan. Wahrscheinlich hast du zu tun, aber ein alter Kollege von der Polizei hat sich nach Rory Bell erkundigt. Vielleicht kannst du ihm helfen. Er ist erreichbar unter …« Gilmour verstummte und sah Rebus an. Rebus diktierte seine Handynummer, Gilmour wiederholte sie und beendete die Verbindung.

»John sitzt in Glasgow, aber du könntest Glück haben – er ist noch ein paar Tage in dieser Ecke des Landes.«

»Und er ist sauber?«

»Porentief rein«, sagte Gilmour. »Ich gebe mich nicht ausschließlich mit zwielichtigen Erscheinungen ab. Aber ich bin ja auch kein Detective.« Er öffnete die Tür. »Was ich dir über Slippery Phil und Porkbelly erzählt habe – du weißt wirklich

nicht, was du damit machst?«

»Wirklich nicht.«

»Meinst du, du könntest mir Bescheid sagen, wenn du dich entschieden hast?«

»Und danach sind wir quitt?«

Gilmour schenkte ihm einen kalten Blick. »Danach will ich dich nie wiedersehen. Nur damit das klar ist.« Mit diesen Worten ging er durch die Tür, ließ sie sperrangelweit offen stehen. Rebus legte die B-Seite des Van-Morrison-Albums auf und setzte sich. Sie lief ungefähr zwanzig Minuten, aber er hörte gar nicht richtig hin.

Tag zwölf

22

Am nächsten Morgen fuhr Rebus völlig ›duselig‹, wie sein Vater gesagt hätte, zur Arbeit, nahm die Welt um sich herum kaum wahr. Als er aus dem Auto stieg, merkte er, dass ihm der Parkplatz fremd war – oder jedenfalls nicht so vertraut, wie er ihm hätte sein müssen. Ein uniformierter Sergeant paffte eine Pfeife in der Raucherecke.

»Was führt Sie her?«, fragte er.

Erst jetzt dämmerte es ihm: Er war zur St Leonard's Police Station gefahren. Hier hatte er Siobhan Clarke kennengelernt, hier hatten sie ihre Arbeitsbeziehung gefestigt, aber inzwischen war er schon seit Jahren nicht mehr dort gewesen.

»Termine«, erklärte er dem Uniformierten und bewegte sich auf den Eingang zu, weil er nicht den Eindruck erwecken wollte, er sei senil geworden. Drinnen wartete er, tat, als würde er auf seinem Handy Nachrichten checken. Als die Luft rein war, ging er wieder auf den Parkplatz, stieg in den Saab und überlegte, wohin er eigentlich wollte.

Vielleicht war genau das das Problem – Clarke war mit dem Mordfall Saunders in Wester Hailes beschäftigt; am Torphichen Place führte Nick Ralph die Ermittlungen im Fall Pat McCuskey. Was blieb Rebus übrig? Am Gayfield Square warteten nur der leicht reizbare James Page und ein unaufgeräumter Schreibtisch. Als sein Telefon klingelte, hoffte er bei Gott, der Anrufer möge ihm eine Richtung weisen.

Es war Christine Esson, die genau das tat. »Der Chef will wissen, wo Sie sind – er hat eine Aufgabe für Sie.«

»Sagen Sie ihm, ich bin schon unterwegs.«

»Wirklich?«

»Oh, ihr Ungläubigen. In zehn Minuten bin ich da.«

»Sie haben das Verkehrschaos am Conan-Doyle-Kreisverkehr noch nicht gesehen – ich sage ihm lieber: fünfzehn Minuten.«

»Zwanzig Pfund, dass ich's in zehn schaffe.«

»Ach ja? Sie parken wohl schon vor der Haustür?«

»Ich bin in St Leonard's.« Rebus wiederholte sein Wettangebot.

»Ab jetzt«, sagte Esson, nachdem sie einen Augenblick lang überlegt hatte.

»Ich bin dabei.«

Rebus hütete sich vor der Strecke über die North Bridge und die Leith Street. Stattdessen fuhr er durch den Holyrood Park und auf der anderen Seite wieder raus, über Abbey Hill und Royal Terrace, und kam so am schlimmsten Stau vorbei. Als er die Treppe hinaufrannte, nahm er zwei Stufen auf einmal und stand elfeinhalb Minuten später vor Essons Schreibtisch.

»Kein schlechter Versuch«, lenkte sie ein.

»Sagen wir, ein Zehner für beide.« Rebus streckte die Hand aus.

»John!«, bellte Page. »Hierher!«

»Bin gleich wieder da«, warnte Rebus Esson, erntete aber lediglich ein Grinsen.

»Wissen Sie, wie spät es ist?«, fragte Page, als Rebus in sein Büro trat. Er saß am Schreibtisch, der Laptop aufgeklappt vor sich.

»Musste erst noch in St Leonard's vorbeischauen«, erklärte Rebus.

»Und warum?«

»Hatte was für Siobhan zu besorgen. Aber jetzt bin ich ja hier. Was kann ich für Sie tun?«

»Sie können mir einen Gang abnehmen. Sicher haben Sie

gehört, dass gestern Nachmittag eine Leiche aus den Leith Docks gefischt wurde?«

»Nein.«

»Ein erwachsener Mann. In einer Stunde findet die Autopsie statt.«

»Verdacht auf Fremdeinwirkung?«

»Ich hoffe, dass wir das herausfinden werden.«

»Mit ›wir‹ meinen Sie vermutlich mich?«

Page nickte.

»Gibt es Dinge, die ich wissen sollte? Ist der Name des Verstorbenen bekannt?«

»Ich glaube nicht.«

»Und damit betrauen Sie lieber mich als Esson, Ogilvie oder sonst eine arme Sau, weil …?«

»Hören Sie, es ist ganz einfach – gehen Sie zur Autopsie, und berichten Sie mir davon. Ich weiß, dem Fall fehlt der Glamour eines toten Justizministers, aber so ist das Leben.«

Er machte sich an seinem Computer zu schaffen und fuchtelte mit einer Hand in Richtung Rebus, womit er ihm bedeuten wollte, dass die Unterredung beendet war.

Im großen Büroraum saß Esson und versuchte, möglichst nicht allzu selbstzufrieden zu gucken.

»Sie hätten mich verdammt noch mal warnen können«, beschwerte sich Rebus.

»Aber Sie hatten es doch so eilig«, gab sie zurück. »Außerdem hab ich gehört, dass wir eine neue Pathologin haben – könnte ganz lustig werden.«

»Ach, im Leichenschauhaus geht's doch immer hoch her«, entgegnete Rebus. »Wenn ich zurückkomme, will ich meinen Wettgewinn …«

»Sie kommen zu spät«, erklärte der Mitarbeiter. »Wir mussten um eine Stunde vorverlegen.«

Rebus war unzählige Male im Leichenschauhaus gewe-

sen. Im Erdgeschoss gab es einen großen Lagerbereich mit Betonfußboden, der regelmäßig mit dem Druckschlauch gereinigt wurde. An der gesamten Wand entlang zogen sich ausziehbare Edelstahlfächer, in denen die Leichen aufbewahrt wurden, außerdem gab es einen kleineren Raum für die schlimmsten Fälle. Man konnte vom Parkplatz aus rückwärts an die Laderampe heranfahren, der Öffentlichkeit blieb verborgen, welche Funktion das Gebäude hauptsächlich erfüllte. Die Labore und der Obduktionssaal befanden sich ein Stockwerk weiter oben, außerdem die Büros der Mitarbeiter, ein Besucherraum und ein Wartezimmer für Angehörige.

»Wahrscheinlich gibt sie bereits ihren Bericht telefonisch durch.«

»Wie heißt sie?«

»Professor Quant.«

»Ob ich kurz mit ihr sprechen dürfte?«

Der Mitarbeiter nickte die Treppe hinauf. »Sie muss in zwanzig Minuten schon wieder woanders sein«, warnte er.

Aber Rebus war bereits unterwegs.

Die Tür stand offen, aber er klopfte trotzdem an. Quant hatte ihre Schutzkleidung ausgezogen und beendete ein Telefongespräch.

»Sie sind DS Rebus?«

»Der bin ich.«

»Ich habe gerade DCI Page erklärt…«

»Sie mussten die Autopsie vorverlegen?«

»Ich muss zur Vorlesung.« Sie warf einen Blick auf ihre Armbanduhr.

»Kann ich Sie mitnehmen?«

»Geht schneller zu Fuß – ist direkt an der McEwan Hall.«

»Dann laufe ich ein Stück mit Ihnen.«

Sie fixierte ihn mit ihren blauen Augen. Ihre Wimpern waren dick getuscht, und dichtes rotes Haar fiel ihr bis knapp

über die Schultern. Rebus hielt sie für Mitte vierzig, vielleicht einen Tick älter. Keine Ringe an den Fingern, aber das konnte auch berufsbedingt sein. Ihre Handrücken glänzten rosig, vielleicht weil sie sie gerade geschrubbt hatte.

»Nur um mich über den aktuellen Stand zu informieren«, erklärte Rebus.

»Na schön«, sagte sie, steckte einige Unterlagen in eine geräumige Ledertasche, dann nahm sie ihre Jacke von der Stuhllehne und zog sie über. Rebus musste den Impuls unterdrücken, ihr zu helfen.

»Vorausgesetzt natürlich, der Fall lohnt überhaupt das Interesse«, hielt er für nötig einzuschränken.

»Ich versuche, die Zeit zu finden, heute noch eine zweite Untersuchung durchzuführen – sofern ich einen weiteren Pathologen finde, der mit mir arbeitet.«

»Ach?«

Sie sah sich in dem kleinen engen Raum um, vergewisserte sich, dass sie nichts vergessen hatte.

»Seltsamer Fall«, sagte sie.

»Dann ist er also nicht ertrunken?«

»Er war schon tot, als er ins Wasser fiel. Die Frage ist nur: wie lange?«

Sie sah den Blick, den er ihr zuwarf. »Ich denke, seit Monaten«, erklärte sie. »Vielleicht sogar seit Jahren.«

»Seit *Jahren?*«

»Und die hat er sitzend verbracht, so wie die Knochen miteinander verschmolzen sind.«

»Professor, sprechen wir über ein Skelett?«

»Haut ist noch dran, aber beinahe schon mumifiziert. Schwer, derzeit mehr zu sagen. Wahrscheinlich hat die Leiche nicht länger als zwei Tage im Wasser gelegen – die Gezeiten erreichen das Dock so gut wie gar nicht, daher dürfen wir davon ausgehen, dass sie dort ins Wasser geworfen und nicht angeschwemmt wurde.« Jetzt wurde sie nachdenklich. »Mehr

konnte ich DCI Page nicht mitteilen. Sicher, dass Sie mich trotzdem begleiten wollen?«

»Sicher«, sagte Rebus und hielt ihr die Tür auf.

Sie gingen von Cowgate runter zur Chambers Street, und Rebus hatte Mühe, mit ihr Schritt zu halten.

»Dann sind Sie also der berüchtigte John Rebus?«, fragte sie.

»Sie müssen mich mit jemandem verwechseln.«

»Das glaube ich kaum. Kannten Sie die Professoren Gates und Curt?«

»Habe jahrelang mit ihnen zusammengearbeitet.«

»Ich denke, Professor Curt war's, der von Ihnen gesprochen hat. Ich habe damals bei ihm gelernt. Sie kamen in einigen seiner Kriegsgeschichten vor.« Sie gingen am Museum vorbei, und sie fragte ihn, ob er schon mal dort gewesen sei.

»Noch nicht seit der Neueröffnung«, gab er zu.

»Dann sollten Sie hingehen.«

»Sind Sie sicher, was die Leiche angeht, Professor Quant?«

»Ich heiße Deborah. Und ich gebe zu, dass ich im Moment mehr Fragen als Antworten habe.«

»Nichts, anhand dessen die Leiche identifiziert werden könnte?«

»Er war nackt, als wir ihn aus dem Wasser gezogen haben. Keine sichtbaren Tätowierungen oder Narben. Blond, eins achtundsiebzig. Ich würde sagen, er muss etwas mehr als fünfundsiebzig Kilo gewogen haben, hatte einen kleinen Bauch. Bei der nächsten Untersuchung wird jemand aus der Gerichtsmedizin dabei sein. Am Körper klebten Fasern. Ich nehme an, er wurde in etwas eingewickelt.« Sie blieb einen Augenblick stehen. »Ich habe von einem ähnlichen Fall gelesen – ein Ehemann, der den Gedanken nicht ertragen hat, von seiner Frau getrennt zu werden, und sie in dem Sessel sitzen ließ, in dem sie gestorben war. Fast fünf Jahre lang hat er niemanden in das Zimmer gelassen.«

»Glauben Sie, hier war's so ähnlich?«

»Ich weiß nur, dass es keine sichtbaren Anzeichen von Gewalteinwirkung gibt.«

»Wer hat die Leiche entdeckt?«

»Ein Jogger. Das Übliche – hat sie zuerst für einen Müllsack gehalten.«

Sie waren weitergelaufen, links aus der Chambers Street abgebogen und gingen jetzt den Bristo Place hinunter. »Wir sind fast da«, sagte sie und sah auf die Uhr. »Ausnahmsweise kann ich mal pünktlich anfangen.«

»Sie halten Vorlesungen im Fachbereich Medizin?«

Sie nickte. »Müssen Sie jetzt den ganzen Weg zurück zum Leichenschauhaus, um Ihren Wagen zu holen?«

»Ja«, gestand er und erntete ein Lächeln. »Um wie viel Uhr wird die zweite Autopsie stattfinden?«

»Wenn ich einen willigen Helfer finde, um Viertel vor fünf. Sehen wir uns?«

»Ich hoffe.«

Sie standen jetzt am Teviot Place vor dem Eingang des Universitätsgebäudes. Professor Quant streckte ihm die Hand entgegen, und er schlug ein. Ihre Hand war schlank, und er konnte die Knochen unter der Haut spüren. Dann ging sie unter dem Torbogen hindurch und verschwand.

»Verfluchte Mumien«, brummte Rebus vor sich hin, wollte sich auf den Rückweg machen. Sein Handy klingelte, und er ging ran.

»Warum kann bei Ihnen niemals etwas einfach sein, John?«, fragte Page.

»Ich habe nicht um die Aufgabe gebeten.«

»Soweit ich von Professor Quant gehört habe, handelt es sich zumindest um einen ungeklärten Todesfall.«

»Das hat sie mir auch gesagt.«

»Dann haben Sie mit ihr gesprochen? Ich habe gehört, sie soll ganz gut aussehen.«

»Da sind Sie falsch informiert«, erwiderte Rebus, beendete das Gespräch und kramte in seinen Taschen nach Zigaretten.

Um die Mittagszeit traf er sich mit Eamonn Paterson in einem Pub am Raeburn Place.

Rebus saß an einem Ecktisch, als Paterson eintraf. Paterson holte sich ein großes Bier, Rebus lehnte das Angebot, eins mitgebracht zu bekommen, kopfschüttelnd ab.

»Was zum Teufel ist das?«, fragte der ältere Mann und nickte in Richtung des grünen Getränks, das Rebus vor sich hatte.

»Limettensaft mit Mineralwasser – Siobhan Clarke schwört drauf.«

»Würde ich auch tun, wenn ich so was vorgesetzt bekäme – Rache nämlich.« Paterson nahm die Speisekarte und betrachtete sie. »Willst du was essen?«

»Nein, danke«, sagte Rebus.

»Kommen wir gleich zum Punkt, oder wie?« Paterson legte die Speisekarte weg und nahm einen Schluck Lager.

»Die Sache ist die, Porkbelly, ich weiß über Phil Kennedy Bescheid.«

»Ach ja?«

Rebus nickte langsam, den Blick auf seinen alten Freund gerichtet. »Er saß auf einem Stuhl in einer Zelle, und du hast ihn verprügelt. Er ist mit dem Kopf gegen die Wand geknallt, und das war's. Um dir den Arsch zu retten, habt ihr die Leiche nach Hause geschafft und unten an die Treppe gelegt. Die entsprechende Seite wird aus dem Haftprotokoll gerissen, damit niemand was mitbekommt – nur Billy Saunders hat in seiner Zelle nebenan alles mitgehört.«

Paterson starrte auf den Tisch, als wollte er sich die Maserung genau einprägen. Er hielt sein Glas, trank aber nicht. Schließlich schniefte er und rieb sich die Nase. Aber er sah Rebus nicht in die Augen, fand das Fenster, die Wände und die Barleute interessanter.

»Ja«, sagte er schließlich und dehnte diese Silbe möglichst lang. Dann riskierte er es, Rebus in die Augen zu sehen. »Hast du's von Saunders erfahren? Hat er's irgendwo aufgeschrieben?«

»Spielt keine Rolle, wie ich's rausgefunden habe.«

»Lässt sich immer noch abstreiten. Es gibt keine Beweise.«

»Da hast du recht.«

»Und eigentlich war's ein Unfall, wenn's überhaupt irgendwas war.«

»Die Vertuschungsaktion war aber kein Unfall. Sie wurde minutiös fast bis ins letzte Detail geplant.«

»Fast?«

»Die Haftprotokolle und die Nähe des Falls zu Billy Saunders. Er schlägt einen Deal für sich raus: Ihr werdet alles daransetzen, ihn bei seiner nächsten Festnahme ungeschoren davonkommen zu lassen. Und er wusste ganz genau, was er vorhatte – er wollte Douglas Merchant erschlagen. Und wenn ihr ihm nicht geholfen hättet, hätte er ausgepackt. Das hätte nicht nur dich den Kopf gekostet; Gilmour und Blantyre ebenso, außerdem Professor Donner, und ich vermute, sogar Magnus Henderson wusste Bescheid – nicht ganz einfach, sich an den Protokollen zu schaffen zu machen, ohne dass der verantwortliche Sergeant etwas mitbekommt.«

»Magnus Henderson ist tot, John. Professor Donner ist tot. Saunders auch, und unser alter Freund Dod Blantyre hat nicht mehr lange zu leben. Frag dich doch mal, was das alles bringen soll.«

»Wahrscheinlich nicht viel«, gestand Rebus. »Aber es ist noch nicht lange her, dass ein Mann kaltblütig erschossen wurde. Willst du behaupten, das ist dir egal?«

»Ist mir nicht egal«, sagte Paterson. »Natürlich nicht.«

»Weißt du, was aus der Pistole geworden ist, Porkbelly?«

Paterson überlegte sich seine Antwort. Ein weiterer Schluck Lager gab ihm Mut. »Ich hab immer gedacht, Stefan hätte sie

mitgehen lassen. Seit seinem Abschied aus Summerhall hat sie niemand mehr gesehen.« Er rang sich ein äußerst kleinlautes Lächeln ab. »Als er Unternehmer wurde, hab ich mich immer gefragt, ob er sie vielleicht bei seinen Vertragsabschlüssen zieht, damit seine Partner an der richtigen Stelle unterschreiben.«

»Wäre eine Möglichkeit«, sagte Rebus.

»Du klingst nicht gerade überzeugt. Weißt du, wir haben dich da rausgehalten, um dich zu schützen.«

»Um mich zu schützen?«

»Je weniger du wusstest, umso besser.«

»Was ist mit Frazer Spence – wusste er Bescheid?«

»Du warst damals immer noch der Lehrling, John – Frazer war ein bisschen länger dabei.«

»Das heißt, ihr habt mir nicht vertraut?«

»Wir wussten nicht, wie du reagieren würdest.«

»Herzlichen Dank auch.« Rebus schob sein grünes Getränk beiseite. »Du hast gesagt, Stefan hat die Pistole eingesteckt. Dann denkst du auch, dass er Billy Saunders erschossen hat?«

»Stehe ich damit etwa alleine da?«

»Nein – aber deshalb muss es noch lange nicht wahr sein.«

»Brauchen wir hier wirklich die Wahrheit oder nur eine überzeugende Geschichte? Deinem Freund Fox ist doch jeder von uns recht.« Paterson hielt inne. »Deshalb sollten wir ihm Frazer unterjubeln.«

»Je mehr ihr auf Frazer abzuwälzen versucht, desto klarer wird mir, wie verlogen die ganze Geschichte mit den Saints war. Und jetzt kommt's – Frazer hat Albert Stout das ein oder andere zugesteckt, aber niemals irgendetwas über dich, Stefan oder sonst einen der Saints an die Presse verraten. Er hat den Dreck, den er über euch erfahren hat, mit ins Grab genommen, und jetzt wollt ihr ihn zum Sündenbock machen.«

Paterson schien nichts dazu einzufallen. Er hob erneut sein

Glas, stellte es aber ab, ohne zu trinken. »Wir sind alte Männer, John. Meinst du, ich würde heute noch so agieren wie in Summerhall, bei allem, was ich jetzt weiß? Jede Nacht liege ich im Bett und denke an die Menschen, die wir mal waren. Aber die sind wir nicht mehr.«

»Außer dem, der Billy Saunders getötet hat. Frazer Spence war's bestimmt nicht.«

»Stefan wird keinen Mord gestehen.«

»Das Treffen mit Saunders muss verabredet gewesen sein – irgendwo wird es Spuren geben. Vielleicht auf dem Material der Überwachungskameras, vielleicht auf dem Telefon. Siobhan Clarke wird nicht ruhen, bis sie nicht den letzten Winkel überprüft hat.«

»Dann viel Glück.« Paterson stand auf. »Das nächste Mal sehen wir uns vielleicht schon auf Dods Beerdigung – ist dir das klar?« Er warf einen letzten Blick auf Rebus' Glas. »Alkoholfreie Getränke und Dienst nach Vorschrift. Wer hätte das gedacht?«

Rebus sah, wie sein ehemaliger Kollege das Pub verließ. Er hinkte leicht – vielleicht machte ihm seine Hüfte zu schaffen. Auch ging er leicht vornübergebeugt. Einst hatte Rebus Paterson für eine furchterregende Erscheinung gehalten – mit seiner körperlichen Übermacht hatte er Verdächtige eingeschüchtert, seine Gesichtszüge verhärtet, um anzudeuten, dass Gewaltanwendung immer auch eine Option sei. Rebus konnte sich sehr gut vorstellen, wie er Phil Kennedy vom Stuhl geprügelt hatte. Vielleicht war das wirklich schon alles gewesen. Andererseits war die Versuchung vermutlich groß, als Kennedys Kopf auf dem kalten Betonfußboden lag, ihn an den Haaren zu packen, hochzuziehen und noch mal aufschlagen zu lassen. Rebus erinnerte sich, wie sich Stefan Gilmour die Hände gerieben hatte, als hätte er sie reinwaschen wollen. Er wusste noch genau, wie damals plötzlich alle verstummten oder das Thema wechselten, wenn er ins Büro kam.

Je weniger du weißt, umso besser …

Immer noch der Lehrling …

»Aber jetzt nicht mehr«, sagte Rebus zu sich selbst, ging an die Bar und holte sich einen Whisky.

23

»Schön, dass Sie sich Zeit für mich nehmen«, sagte Rebus und schüttelte John McGlynns Hand. McGlynn war jünger, als er erwartet hatte, und trug ein schwarzes T-Shirt mit V-Ausschnitt unter dem Sakko seines maßgeschneiderten Anzugs. Sie saßen im Foyer des Balmoral Hotels in der Princes Street.

»Ich habe nur ein paar Minuten«, entschuldigte sich McGlynn.

»Wahrscheinlich brauche ich auch nicht mehr.«

An der Rezeption standen ein paar Stühle, also setzten sie sich. McGlynn strahlte ruhelose Energie aus, hielt ständig nach Möglichkeiten Ausschau.

»Stefan meinte, Sie interessieren sich für Rory Bell«, fing er an.

»Ich weiß nicht viel über ihn.«

»Darf ich fragen, in welchem Zusammenhang er bei Ihnen auftaucht.«

»Ich fürchte nicht.«

McGlynn musste dies erst mal verdauen. »Na ja, ich kann nicht sagen, dass es mich erstaunt. Ein paar Unternehmen haben Krawall geschlagen, als er ihnen seine Dienste anbieten wollte.«

»Die Gerüchte habe ich gehört. War das bei Ihnen auch so?«

McGlynn schüttelte den Kopf. »Er kam zu mir, weil er was von mir wollte, vor zwei Jahren. Mir gehören ein paar Parkplätze in Glasgow, und Bell hat sich dafür interessiert. Ich wollte ihn aber auf keinen Fall als Partner haben – oder sonst in irgendeiner Form an meiner Firma beteiligen. Anscheinend

hat ihn das erst so richtig scharfgemacht, denn er hat sich daraufhin zwei mehrstöckige Parkhäuser zugelegt – eins am Flughafen Edinburgh, ein anderes in Livingston.«

»Am Flughafen?«

McGlynn nickte. »Da scheinen Sie hellhörig zu werden.«

»Vielleicht hat's gar nichts zu bedeuten.« In der Nähe der Unfallstelle … Wo die Freunde von Bells Nichte von der Straße abkamen …

»Allgemein nichts zu bedeuten oder für die Polizei nichts zu bedeuten?« McGlynn grinste.

»Muss ich darauf antworten?«

»Eigentlich nicht.«

»Fällt Ihnen sonst noch was zu Rory Bell ein?«

»Er hat mich in Ruhe gelassen – würde mich echt ärgern, wenn sich das jetzt ändert, nur weil ich mit Ihnen gesprochen habe.«

»Wird es nicht.«

»Ich bin Stefan zuliebe hier.«

Rebus nickte langsam. »Sie kennen Stefan schon länger?«

»Seit ein paar Jahren.«

»Und Sie verstehen sich gut mit ihm?«

»Ich kann nicht klagen.« McGlynn sah auf die Uhr.

»Hat in letzter Zeit ziemlich viel schlechte Presse bekommen – meinen Sie, er kommt damit klar?«

»Er ist Stefan Gilmour – Kugeln prallen von ihm ab.« McGlynn stand auf und streckte Rebus eine Hand entgegen. »Wollen Sie damit andeuten, dass seine raue Schale Risse bekommt?«

»Würde das außer mir auch noch andere hellhörig machen?«

»Geschäft ist Geschäft, Mr Rebus. Da draußen gibt es viele hungrige Mäuler zu stopfen …«

Mit einem Kopfnicken zum Abschied ging McGlynn Richtung Restaurant davon, einer der Angestellten deutete eine Verbeugung an. Rebus ging vorne raus, wo sein Wagen parkte. Auch

hier wurden Straßenbahnschienen verlegt, und die Bauarbeiten blockierten die Princes Street. Er hörte sich das Gemecker des livrierten Portiers des Balmoral Hotels beim Rauchen an.

»Wir haben was Besseres verdient«, erklärte ihm der Portier. »Hauptstadt? Schwerverbrecher sind das, die der Stadt so was antun.«

»Sagen Sie mir, wer verhaftet werden soll«, meinte Rebus.

»Wozu soll das gut sein? Der Schaden ist längst entstanden.«

»Das ist allerdings wahr«, sagte Rebus, schloss seinen Saab auf und stieg ein.

Glasgow war ihm lieber als Edinburgh, auch wenn er weder in der einen noch in der anderen Stadt lebte. Teilweise lag das an den Menschen – zu viele insgesamt und die meisten davon nur auf der Durchreise. Und dann diese engen Straßen, die sich klaustrophobisch anfühlten. Das Straßengewirr ergab keinerlei Sinn, bis man in die New Town kam, und selbst dort konnte man sich aufgrund der Straßenarbeiten und Umleitungen nicht auf sein Navi verlassen. Egal, wie viel Zeit man einrechnete, es dauerte fast immer länger als gedacht.

Heute fuhr er in einem weißen Transporter, wunderbar anonym. Ein kleiner Transporter, leer, abgesehen von einem Overall, einigen alltäglichen Werkzeugen und einem Ein-Liter-Kübel Farbe. An seinem Ziel angelangt, fand er einen Parkplatz und stieg aus, zog den blauen Arbeitsoverall über. Er entdeckte den Namen am Klingelschild, drückte aber einen anderen Knopf. Jemand war zu Hause, und der Summer ertönte; er wurde nicht mal gefragt, was er wollte. So war das in Edinburgh: Die Leute blieben für sich, interessierten sich nicht für andere. Dann die Treppe rauf, oben blieb er stehen und lauschte am Briefschlitz. Kein Lebenszeichen von drinnen. Er hatte eine Weile gebraucht, bis er die Wohnung gefunden hatte. Der Golf war auf eine Londoner Adresse registriert, Nachname Traynor. Aber McCuskeys Sohn war bei der Beer-

digung mit seiner Freundin fotografiert worden, die laut Presseberichten Jessica Traynor hieß. Danach war es ganz einfach gewesen, und jetzt war er da. Er sah sich um. Ein Schutzgitter sowie Vogelscheiße verdunkelten das Oberlicht. Die Innenwände waren cremefarben und frei von Graffiti. Die Tür war hellgrün. Hellgrün war wunderbar. Er ging in die Hocke und hebelte mit einem Schraubenzieher den Deckel vom Farbtopf. Das Rot war heller, als ihm lieb war – nicht ganz dieselbe Farbe wie Blut. Er trat einen Schritt zurück, um sich nicht zu beklecker, und brachte seine Botschaft an.

Derselbe Leichenschauhausangestellte erklärte Rebus erneut, dass er zu spät dran war.

»Um Viertel vor fünf sollte es losgehen«, beschwerte sich Rebus und erntete ein Schulterzucken.

Anstatt hineinzuplatzen, nahm Rebus im Zuschauerraum Platz. Glasscheiben trennten ihn vom Geschehen, und es gab auch ein paar Reihen mit unbequemen Bänken zum Sitzen. Er hatte schon lange jemanden wegen der Bänke fragen wollen – er hatte den Eindruck, dass zwei Dutzend Zuschauer untergebracht werden konnten, hatte aber niemals mehr als eine Handvoll zur gleichen Zeit dort sitzen sehen.

Als Deborah Quant ihn entdeckte, winkte sie ihm mit einem ihrer Instrumente zu. Sie trug OP-Kleidung und eine Gesichtsmaske, ebenso ihr Kollege. Rebus vermutete, es handelte sich um den Kollegen aus der Gerichtsmedizin, den Quant erwähnt hatte. Im Hintergrund arbeitete ein Assistent, packte etwas in Tüten und beschriftete diese. Die Abläufe wirkten akribisch und wurden über ein Mikrofon aufgezeichnet und über Lautsprecher an der Decke zu Rebus übertragen.

»Wir mussten ein bisschen früher anfangen«, sagte Quant entschuldigend. »Professor Thomas ist forensischer Anthropologe. Er muss nachher noch zu einem Geschäftsessen.«

Ohne den Besucher zu kennen, nickte Professor Thomas

einen Gruß in Rebus' Richtung. Er wirkte jung – jünger noch als Quant. Er bat einen zweiten Assistenten, Nahaufnahmen von einer Hautstelle zu machen. Der Leichnam lag auf dem Bauch – Rebus konnte das blonde Haar auf dem Kopf erkennen, ebenso die Hautfalten, die das Skelett bedeckten.

»Schwer zu sagen, wie lange die Verletzungen dem Tod vorausgingen«, sagte Thomas.

»Professor Thomas«, erklärte Quant erneut Rebus' zuliebe, »hat Hinweise auf Prellungen gefunden. Keine davon kann zum Tod geführt haben, es sei denn, er hatte noch andere gesundheitliche Probleme.« Sie hielt inne. »Ich habe sie beim ersten Mal übersehen.«

»Sind auch nur schwer von Leichenblässe zu unterscheiden«, versicherte ihr Thomas.

»Der Tod muss vor circa zwei oder drei Jahren eingetreten sein.« Quant richtete ihren Blick auf Rebus. »Der genetische Fingerabdruck dürfte eindeutig sein, aber für einen Abgleich müssten Sie die Vermisstenakten durchgehen – aus ganz Großbritannien.«

»Wenn's weiter nichts ist«, nuschelte Rebus, wissend, dass sie ihn nicht hören konnte. Aber sie hatte ihn gesehen und grinste jetzt, weil sie wusste, was er dachte. Er tippte sich mit einem Finger an den Oberarm.

»Besondere Kennzeichen?«, fragte sie ihren Kollegen.

»Keine Tätowierungen. Keine Narben. Keine Anzeichen dafür, dass er je operiert wurde. Zahnärztliche Unterlagen könnten eine weitere Möglichkeit der Identifizierung bieten. Ich würde sagen, Kassenpatient. Schwielen an den Händen lassen auf körperliche Arbeit schließen. Vielleicht war er aber auch nur begeisterter Heimwerker. Ein eingewachsener Zehennagel am linken Fuß, schwer zu sagen, ob er deshalb behandelt wurde. Weder im Magen noch in der Lunge irgendwas Aufregendes. Wahrscheinlich war er gemäßigter Raucher. Irgendwann wäre er vielleicht dran gestorben.«

Rebus tat, als würde er sich mit einem Messer die Kehle durchschneiden.

»Todesursache?«, fragte Quant.

»Fakt ist, dass er erst ein oder zwei Tage im Wasser lag, aber Jahre vorher gestorben ist. Ob gewaltsam oder nicht, in diesem Zusammenhang gilt es zahlreiche Fragen zu beantworten.«

Quant hatte sich wieder Rebus zugewandt. »Die Leiche war in Wolle eingewickelt – möglicherweise eine karierte Reisedecke; wir haben blaue und rote Fasern gefunden. Der Oberkörper und die Beine waren bis knapp über die Knie bedeckt. Das muss kurz nach dem Tod geschehen sein, sonst würden die Fasern nicht so an der Haut haften. Wenn erst einmal der Zellabbau einsetzt, ist die Epidermis weniger durchlässig.«

Rebus nickte langsam, dann tat er, als würde er etwas trinken. Quant legte die Stirn in Falten.

»Hat er getrunken?«

Ihr Kollege sah auf, aber Rebus schüttelte den Kopf und zeigte auf sie.

»Oh«, sagte sie. »Nein, tut mir leid, ich habe nachher noch zu tun.«

»Zu viel um die Ohren, um an dem Dinner in Glasgow teilzunehmen?«, fragte Professor Thomas und klang verstimmt.

Rebus zuckte mit den Schultern und formte lautlos die Worte: »War nur so eine Idee.« Sie nickte und machte sich wieder an die Arbeit.

Bis Siobhan Clarke und Malcolm Fox den Kanal erreichten, war es dunkel. Es war Fox' Idee gewesen – sie wollten versuchen, die Abfolge der Ereignisse nachzuvollziehen. Sie hatten im Industriegebiet geparkt und waren von der Seitenstraße ausgegangen, in der Billy Saunders übernachtet hatte.

»Wobei wir aber nicht ganz sicher wissen, dass er wirklich hier geschlafen hat«, wandte Clarke ein und knöpfte ihren

Mantel zu, um sich vor einem Wind zu schützen, der anscheinend direkt aus der Arktis herüberwehte.

»Das wissen wir nicht«, pflichtete Fox ihr bei. »Aber er hat sich hier in der Nähe verabredet, weil er glaubte, das Gelände zu kennen. Stand er erst mal auf dem Kanalweg, konnte er Herankommende schon von Weitem sehen.«

»Dann hat er der Person, mit der er verabredet war, nicht getraut?«

Fox nickte. »Vielleicht dachte er, derjenige bringt unerwünschte Verstärkung mit.«

»Stefan Gilmour und die Saints?«

Fox zuckte nur mit den Schultern. Sie kletterten den Abhang hinauf. Der Kanal war schlecht beleuchtet. Das einzige Licht kam von Laternenmasten ein ganzes Stück über das gegenüberliegende Ufer hinweg, hinter dem Zaun an der Hauptstraße.

»Von dort kann ihn jemand beobachtet haben«, überlegte Clarke.

»Beobachtet, ja. Aber er hätte erst mal bis zur nächsten Brücke gemusst und dann wieder zurück ... zu Fuß sind das gute fünf bis sechs Minuten.«

Clarke verschränkte die Arme. »Und Saunders wurde aus geringer Entfernung erschossen. Ob er seiner Verabredung vertraut hat oder nicht, er hat der Person erlaubt, sich ihm zu nähern.«

Zumindest so weit, um mit ihr zu reden.

»Um mit ihr zu reden oder ihr zuzuhören.« Clarke dachte einen Augenblick nach. »Sagen Sie, wenn Sie der Ansicht sind, dass irgendetwas davon nicht zu Stefan Gilmour passt ...«

»Zunächst mal ist Gilmour keiner, den man einfach so kontaktieren kann. Im Gegensatz zu George Blantyre und Eamonn Paterson steht er nicht im Telefonbuch.«

»Haben Sie das überprüft?« Fox nickte. »Und Rebus?«

»Hat eine Geheimnummer.«

Sie dachte darüber nach. »Es war auf jeden Fall eine Verabredung, oder?«

»Muss es gewesen sein.«

»Und wen auch immer Saunders getroffen hat, dieser Jemand hatte nicht die Initiative ergriffen?«

»Schwer möglich, wenn Saunders nicht erreichbar war.«

»Es sei denn, das Treffen wurde bereits vor seinem Verschwinden verabredet.«

»Das ist richtig«, lenkte Fox ein. »Aber ich glaube nicht, dass es so war.«

Clarke sah ihn an. »Sie haben längst ausführlich darüber nachgedacht, oder?«

»Ich habe versucht, wie ein Detective zu denken«, erwiderte er mit einem schmalen Lächeln.

»Und?«

»Und wir haben es mit einem Mann zu tun, der vor irgendetwas entsetzliche Angst hat – seine Angst ist so groß, dass er seinen Wagen in einem anderen Stadtteil stehen lässt, weit weg von da, wo er sich verkriechen will. Hotels sind nicht gut genug, und er hat keine Freunde, auf die er sich verlassen kann – um ganz sicher zu sein, muss er draußen im Freien übernachten. Er kann weder seine EC-Karte noch sein Handy benutzen – beides ließe sich zurückverfolgen oder würde zumindest darauf hinweisen, dass er noch am Leben ist. Aus demselben Grund kann er auch seine Frau nicht kontaktieren, um ihr zu sagen, dass er in Sicherheit ist.« Fox hielt inne. »Aber eine Person gibt es, die er sehen muss. Am einfachsten lässt sich ein solches Treffen arrangieren, wenn er anruft.«

»Die nächste funktionierende Telefonzelle ist zwei Meilen entfernt.«

»Aber eine Tankstelle gibt es auch noch. Dank der Aufzeichnungen der Überwachungskameras wissen wir, dass er sich dort was zu essen gekauft hat.«

»Nur dass deren öffentliches Telefon schon seit fast zwei Wochen kaputt ist.«

»Was er vielleicht erst festgestellt hat, als er es benutzen wollte.«

Jetzt begriff sie, worauf Fox hinauswollte. »Die Mitarbeiter kannten ihn. Vielleicht hat ihm einer sein Handy geliehen.«

»Sie wurden natürlich längst befragt. Aber wissen wir, dass ihnen die richtigen Fragen gestellt wurden, sie ein Foto gezeigt bekamen, auf dem Saunders deutlich zu erkennen ist?«

»Könnte sich also lohnen nachzuhaken?«

»Würde ich sagen.«

»Und wir klammern uns nicht an Strohhalme, Malcolm?«

»Vielleicht schon.«

»Stefan Gilmour wäre dazu fähig, oder?« Clarke blickte auf die Wasseroberfläche des Kanals. Sie wirkte dunkel und ölig und würde selbst bei Tageslicht keinerlei Ausblick auf das Darunterliegende erlauben.

»Daran habe ich keinen Zweifel«, erwiderte Fox. »So wie er sein Imperium aufgebaut hat, macht er keine Gefangenen.«

»Ich kann mich erinnern, einmal gelesen zu haben, dass ein erfolgreicher Tycoon die Welt ähnlich betrachtet wie ein Psychopath.«

»Ich will nicht behaupten, dass Stefan Gilmour ein Psychopath ist.«

»Er ist aber ein Mann mit noch unerreichten Zielen und schützenswerten Erfolgen.«

»Meinen Sie, ein Kriminalpsychologe könnte uns weiterhelfen?«

Clarke schüttelte den Kopf. »Bleiben wir bei dem, was wir wissen.«

»Das bedeutet?«

»Wir folgen Hinweisen, Malcolm. Mit Ihrer Tankstelle fangen wir an …«

Als sie dort eintrafen, waren die Fahrer zweier registrierter Privattaxis die einzigen Kunden. Sie hatten neben dem Shop geparkt, tranken Kaffee aus dem Automaten und tratschten. Fox ging direkt auf sie zu und zog seinen Dienstausweis.

»Kannten Sie Billy Saunders?«

»Hab von ihm gehört«, sagte einer der beiden.

»Ist für die Konkurrenz gefahren«, ergänzte sein Freund.

»Fahren Sie immer an dieselbe Tankstelle?«

»Nach Möglichkeit«, meinte der erste Fahrer.

»Auftanken, kurze Pause?«

»Genau.«

»Ist Saunders auch an diese Tankstelle hier gefahren?«

Der zweite Fahrer schüttelte den Kopf. »Soweit ich weiß, ist er immer zu der in Powderhall.«

»Hier haben Sie ihn nie gesehen?«

Fox erntete weiteres Kopfschütteln von beiden Männern. Er bedankte sich bei ihnen und ging an die Kasse.

»Aber kein schlechter Gedanke«, sagte Clarke leise.

»Saunders ist Taxi gefahren, am liebsten Nachtschicht – Tankstellen waren für ihn wie ein zweites Zuhause.« Er zog erneut seinen Dienstausweis und zeigte ihn vor.

»Wurden Sie zu William Saunders vernommen?«, fragte er.

Der Jugendliche hinter dem Tresen war dem Anschein nach nicht älter als ein Schulabgänger. Sein Gesicht war von zornig wirkender Akne gesprenkelt, und sein dichtes schwarzes Haar sah aus, wie mit einer Gartenschere und einem Eimer Kleister gestylt. Er bestätigte, dass er bereits mit der Polizei gesprochen hatte.

»Und Ihre Kollegen auch?«

Der Junge nickte.

»Alle?«

»Alle außer Patrick, glaube ich.«

»Patrick?«

»Der macht Urlaub auf Ibiza.«

»Schön für ihn. Wann ist er weg?«

»Vor sechs Tagen. Hat um sechs Schluss gemacht und war um acht schon in der Luft.«

Fox sah Clarke an. Ebenso wie er hatte auch sie zurückgerechnet.

»Dann hat er also an dem Tag, an dem William Saunders getötet wurde, hier gearbeitet?«, vergewisserte sich Fox.

»Ich denke schon«, sagte der Junge, seine Augen flitzten zwischen den beiden Detectives hin und her, sein Adamsapfel hüpfte auf und ab. »Er steckt doch nicht in Schwierigkeiten?«

»Die Beamten, mit denen Sie gesprochen haben – die haben das gewusst, oder?«

»Ich glaube, ich hab es ihnen gesagt. Irgendjemand hat's ihnen auf jeden Fall gesagt.«

Fox nickte. Aber er dachte: vielleicht, vielleicht aber auch nicht. Siobhan Clarke sah man lediglich einen leichten Anflug von Verärgerung an – möglicherweise hatte jemand aus ihrem Team Mist gebaut.

»Wir müssen mit Patrick sprechen«, sagte Fox »Haben Sie seine Nummer?«

Der Junge schüttelte den Kopf. Die Taxifahrer winkten ihnen zum Abschied zu und gingen zu ihren Fahrzeugen zurück.

»Da müssen Sie meinen Chef fragen«, erklärte er Fox und winkte zurück.

»Dann machen wir das. Haben Sie Mr Saunders mal gesehen?«

Der Junge schüttelte erneut den Kopf.

»Übernehmen Sie immer dieselbe Schicht?«

»Nein, aber in den letzten Wochen hab ich immer nachts gearbeitet.«

»Und in der Zeit war er kein einziges Mal hier?«

»Ich kann mich nicht an ihn erinnern.«

Fox nickte langsam. Das Münztelefon hing an der Wand

neben den Toiletten. Ein rosafarbener Post-it-Zettel diente als Hinweis darauf, dass es kaputt war – leicht zu übersehen, wenn man nicht direkt davor stand.

»Sonst noch was?«, fragte der Junge Clarke.

»Nur das hier«, sagte sie und legte ein Bounty auf den Tresen.

»Und die Telefonnummer Ihres Chefs«, ergänzte Fox, als der Junge den Scanner nahm. »Die für Notfälle – wir müssen ihn heute Abend noch sprechen …«

Draußen, als sie ihren Schokoriegel auspackte, meinte Clarke zu Fox, es könne wahrscheinlich bis zum nächsten Morgen warten. Er nickte, und sie fuhren zurück nach Wester Hailes, wo sie ihren eigenen Wagen holte. Der Parkplatz war so gut wie leer. Das Team hatte Feierabend gemacht. Sie hätten auch Überstunden drangehängt, aber Clarke fiel nicht mehr ein, womit sie ihre Leute über die normalen Bürozeiten hinaus beschäftigen sollte. Sie wirkte müde, während Fox neue Energie getankt zu haben schien.

»Bis morgen«, sagte er, als Clarke ihre Tür öffnete und sich abschnallte.

»Sie haben uns sehr geholfen heute Abend, Malcolm. Danke.«

»Kein Problem«, versicherte er ihr lächelnd.

Er fuhr eine Viertelmeile in Richtung seines Zuhauses, dann hielt er am Straßenrand, holte sein Handy heraus und suchte in der Tasche nach dem Zettel, den der Junge an der Tankstelle ihm gegeben hatte.

Forbes und Jessica waren den ganzen Tag weg gewesen, Jessica konnte jetzt mit Hilfe eines Gehstocks wieder ganz gut laufen. Sie hatten Taxis genommen und Treppen und Stufen möglichst gemieden. Sie hatte das Bedürfnis nach frischer Luft gehabt und sehen wollen, dass es außerhalb ihrer eigenen vier Wände auch noch eine Stadt da draußen gab. Ein Café, ein Restaurant, eine Parkbank und eine Bar – und jetzt standen

sie in der Great King Street, stiegen langsam, aber zielstrebig die Treppe hinauf, Schrubber- und Schluchzgeräuschen entgegen.

Alice kniete auf dem Treppenabsatz, ein Eimer Seifenwasser neben sich. Sie schrubbte die Tür, versuchte, die rote Farbe abzukratzen. Die Tränen auf ihren Wangen waren getrocknet. Auch die Wand hatte ein paar Farbspritzer abbekommen, und es sah aus, als hätte sie den Steinboden auch schon geputzt.

»Ach du Scheiße«, sagte Forbes.

»Als ich gekommen bin, war's da«, erklärte Alice atemlos.

»Deine Mutter und ihre Freunde ... die ganzen Hasskommentare im Netz ...«

Jessica machte Forbes ein Zeichen, damit er Alice auf die Füße half.

»Du meinst, die waren das?«, fragte sie.

Alice starrte ihre Mitbewohnerin an. »Wer denn sonst?«

»Das wissen wir doch.« Jessica hielt inne. »Das wissen wir alle. Komm jetzt erst mal rein. Forbes macht das weg.«

»Ich?«

»Ja, gleich. Erst mal haben wir was zu klären.« Sie gingen zu dritt ins Wohnzimmer, Alice trocknete sich die Hände an der Vorderseite ihres bereits ruinierten T-Shirts.

»Du musst ihn anrufen«, sagte Jessica.

»Dann wird er ...«

»Wissen, dass du's warst«, fiel ihr Jessica ins Wort und beendete den Satz mit einem langsamen Nicken. »Aber vielleicht hört er dann auf – im Moment sind Forbes und ich die Einzigen, oder? Aber nur du kannst was dagegen tun.«

»Dann war die Farbe gar nicht für mich bestimmt?«, fragte Alice.

»Geh und ruf ihn an«, sagte Jessica.

»Mein Handy ist in meinem Zimmer ...«

Alice ging es holen, setzte sich aber stattdessen in ihrem Zimmer aufs Bett, spürte, wie ihr der Schweiß kalt am Rücken

klebte. Wie sollte sie mit ihm reden? Was würde er tun, wenn er es wusste? Was würde er mit ihr machen? Ihr lief ein Schauder über den Rücken bis in die Zehenspitzen. Sie hielt sich das Telefon ans Ohr, fand dabei aber noch die Kraft, ins Wohnzimmer zurückzugehen.

»Geht keiner ran«, sagte sie, als sie dort ankam. Dann sah sie, dass Jessica ebenfalls telefonierte. Forbes sah Alice an. Er wirkte nervös.

»Wer …?«, wollte Alice fragen, aber sie brach ab. Sie kannte die Antwort längst. Sie stand Forbes ins Gesicht geschrieben …

Tag dreizehn

24

Am nächsten Morgen fuhr Rebus zum Flughafen. Christine Esson hatte ihm die Adressen von Rory Bells Parkhäusern besorgt.

Ab der A8 folgte er den Schildern in nördlicher Richtung und befand sich jetzt kurz hinter der kleinen Ortschaft Ratho. Als er seine Scheibe runterließ, drang ihm ein Schwall Jauche- und Schweinefarmgeruch in die Nase. Keine Viertelmeile entfernt erhob sich ein Flugzeug mit donnerndem Gebrüll in die Höhe. Am Parkhaus wurde für die besonderen Langzeittarife und den zweistündlichen Shuttle Service geworben. Eine automatische Schranke hob sich, als Rebus sein Ticket aus dem Automaten zog. Er fuhr langsam im Erdgeschoss herum, wusste nicht genau, wonach er suchte. Jessica war nicht weit von hier mit dem Wagen verunglückt. Sie war mit der Nichte des Parkhausbesitzers befreundet. Dieser wiederum nahm es mit dem Gesetz nicht immer genau. Dazu kam noch das funkelnagelneue Brecheisen ... Trotzdem wusste Rebus nicht, was er suchte. Da war eine Kabine, in der ein einsamer uniformierter Wächter seinen Dienst schob. Das Erdgeschoss war halb voll. Die Autos sahen aus, als gehörten sie Vertretern des mittleren Managements: BMWs, Audis, zwei Jaguars und ein Mercedes. Er fuhr die Rampe hinauf in den ersten Stock, wo noch weniger los war. Auf der Windschutzscheibe eines Range Rovers lag eine Staubschicht. Vielleicht gehörte er jemandem, der irgendwo anders die Wintersonne genoss. Rebus konnte es ihm nicht verdenken. Das nächste Stockwerk war leer, ebenso wie das ungeschützte Dach, auf dem aber Parkplätze markiert wa-

ren. Rebus bezweifelte, dass das Parkhaus je ganz voll wurde. Andererseits war es leicht verdientes Geld – ein Wächter, geringe Betriebskosten.

Er hielt auf dem Dach und stieg zum Rauchen aus dem Saab. Er sah die Landebahn des Flughafens, eine orangefarbene EasyJet-Maschine näherte sich im Landeanflug. Jessica hatte ihren Unfall ein Stück weiter westlich. Wenn sie die Fahrt hier im Parkhaus begonnen hatte, dann wären sie und Forbes stadtauswärts unterwegs gewesen. Zum Haus seiner Eltern? Möglich.

Hätte Rebus ein besseres geografisches Verständnis, hätte er das Haus und das Grundstück vielleicht entdecken können. So sah er nur einen Flickenteppich aus Wiesen und Feldern und schneebedeckten Bergen im Hintergrund.

»Alles klar bei Ihnen?«

Die Stimme klang laut und blechern. Rebus sah sich um und entdeckte einen großen Metallpfosten mit Lautsprecher und Kamera. Er winkte und stieg wieder in den Wagen. Als er sich der Ausfahrtsschranke näherte, kam der Wächter aus seinem Kabuff. Der Mann baute sich vor der Schranke auf, wollte offensichtlich mit ihm sprechen. Rebus ließ erneut die Scheibe runter.

»Alles klar?«, fragte der Mann. Sein Gesicht war pockennarbig, und die Zähne waren schief, seine Augen trüb und argwöhnisch.

»Hab was vergessen«, erklärte Rebus. »Ich muss noch mal zurück ins Büro.«

»Sie sind bis ganz oben aufs Dach gefahren.«

»Ist das verboten?«

»Kann sein.« Der Wächter musterte das schäbige Innere des Saab. In der Zwischenzeit steckte Rebus sein Ticket in den Automaten.

»Da stimmt was nicht«, sagte er und starrte auf die Anzeige. »Sechs Pfund fünfzig?«

»Das ist die Grundgebühr. Dafür können Sie vier Stunden parken.«

»Ich war kaum vier Minuten drin.«

»Das System ist vollautomatisch – ich kann nichts machen.« Es gelang ihm nicht, seine Schadenfreude angesichts Rebus' Verärgerung zu verbergen.

»Wollen Sie mir weismachen, Sie können die Schranke nicht hochfahren?«

»Da würde mir mein Chef aber ordentlich den Marsch blasen.«

»Aber sechs fünfzig?«

Der Mann zuckte mit den Schultern.

»Wird Rory gar nicht gefallen, wenn ich ihm das erzähle.«

»Rory?«

»Ihr Chef.« Rebus lauerte auf Anzeichen des Wiedererkennens. »Ihm gehört der Laden hier.«

»Ich mach nur meine Arbeit.«

»Na schön, dann sagen Sie mir eins – die Kameras hier, zeichnen die auch auf?«

»Wieso fragen Sie?« Dann dämmerte es ihm. »Sie sind von der Polizei!«

»Sozusagen. Also, wird aufgezeichnet oder nicht?«

»Alle achtundvierzig Stunden löscht sich alles automatisch.«

»Und schiebt hier immer jemand Dienst?«

»Immer.«

»Wenn ich Ihnen also ein Datum und eine ungefähre Uhrzeit nenne …?«

»Wozu?«

»Egal.«

Der Wächter richtete sich auf und verschränkte die Arme. »Darüber muss ich erstmal mit der Geschäftsführung sprechen.«

»Das heißt, mit Rory Bell?«

»Hab ich Ihnen doch schon gesagt, dass ich von dem noch nie was gehört habe.«

»Mit wem haben Sie denn zu tun?«

»Das Büro ist in Livingston.«

»Da gibt's auch ein Parkhaus – arbeiten Sie da manchmal?«

»Sie müssen mit der Geschäftsführung sprechen.«

»Keine Sorge, das mache ich. Also lassen Sie mich jetzt hier raus?«

»Sobald Sie bezahlt haben.« Der Mann wandte sich ab und ging in sein Kabuff zurück. Fluchend kramte Rebus nach Münzen in seiner Tasche, dann sah er, dass der Automat nur Kreditkarten annahm. Also steckte er eine rein, gab seine PIN ein und drückte auf den Knopf, um eine Quittung anzufordern.

Livingston.

Rory Bells Wirkungsstätte.

Außerdem besaß er dort ein weiteres Parkhaus.

Und ...

Die Fahrerin, die als Erste am Unfallort gewesen war – war sie nicht auf dem Nachhauseweg aus Livingston gewesen? Anstatt also wieder in die Stadt zurückzukehren, fuhr Rebus weiter Richtung Newbridge und von dort aus auf die M8. Er brauchte nicht lange bis Livingston, aber als er dort ankam, sah er sich mit einem Kreisverkehrwirrwarr ungeheuren Ausmaßes konfrontiert. Livingston ist eine schottische Retortenstadt, die in den sechziger Jahren von Architekten am Reißbrett entworfen wurde, und offensichtlich fuhren sie auf Kreisel ab. Größer noch allerdings war ihre Leidenschaft für das Wort »Almondvale«. Immer wieder begegnete es Rebus auf der Suche nach seinem Ziel: Almondvale Boulevard, Way, Avenue und Drive. Nicht zu vergessen, Parkway und Crescent – außerdem hieß auch das Fußballstadion des einheimischen Vereins so. Zum Schluss gab sich Rebus geschlagen, hielt an, fragte einen Passanten, und der schickte ihn zu einem Park-

haus, allerdings nicht zum richtigen. Anstatt ein Ticket zu kaufen, ließ Rebus den Saab draußen stehen, suchte die Kabine des Wächters und erkundigte sich nach dem Weg. Der Wächter konnte ihm helfen, und Rebus bedankte sich. Zehn Minuten später fuhr er in ein vierstöckiges Parkhaus – auf dem Dach befand sich gleichzeitig auch die oberste Parkebene. In der Wächterkabine rührte sich nichts, obwohl dort Licht brannte. Rebus kurvte durch das voll belegte Erdgeschoss. Mütter mit Kleinkindern luden nach ihrem Besuch des Einkaufszentrums Tüten in ihre Autos. Im nächsten Stockwerk standen weniger Autos, und weiter oben noch weniger. Wie auch in dem anderen Parkhaus wurde die Fläche auf dem Dach gar nicht genutzt. Rebus entdeckte die gleiche Anlage mit Lautsprecher und Überwachungskamera und lenkte den Saab wieder die Rampe runter. Er parkte auf der nächsten Ebene und stieg aus. Neben ihm stand ein ungewaschener Citroën. Ihm gegenüber ein Wagen unter einer Plane. Der Platz daneben war frei, aber Rebus fielen Erdklumpen, Blätter und Bonbonpapiere auf dem Boden auf. Er hätte wetten mögen, dass hier bis vor Kurzem ein Wagen gestanden hatte – und zwar ziemlich lange. Dann warf er einen weiteren Blick auf den Citroën. Die Steuerplakette war schon seit dem Vorjahr abgelaufen, und unter den Reifen hatte sich ebenfalls viel Dreck angesammelt. Als er mit einem Finger über den Lack strich, blieb eine deutlich sichtbare Linie zurück, und sein Finger war ganz schwarz. Er ging zu dem anderen Wagen rüber und hob die Plane an, die Karosserie darunter war rot.

»Was zum Teufel treiben Sie da?« Der Mann, der die Rampe hochspurtete, trug die gleiche Uniform wie Mr Schiefzahn aus dem Parkhaus am Flughafen, war aber von einem ganz anderen Kaliber – möglicherweise ein ehemaliger Soldat, der immer noch jedem Gewaltmarsch gewachsen war. Stämmige Arme, geballte Fäuste, vorgeschobenes Kinn. Er hatte den Schädel rasiert, außerdem fehlte ihm ein Stück Ohr.

»Bin zu früh dran«, log Rebus. »Hab nur ein bisschen die Zeit totgeschlagen.« Er sah demonstrativ auf die Uhr.

»Einen Scheiß haben Sie«, fauchte der Mann.

»Na schön«, blaffte Rebus zurück. »Dann sagen Sie's mir – was hab ich denn gemacht?«

»Egal was, Sie bleiben nicht hier.« Der Mann packte Rebus' Unterarm.

»Werden Sie bloß nicht handgreiflich, mein Freund.«

»Ach ja? Und wie gefällt Ihnen das?« Eine Faust grub sich in Rebus' Magen, seine Knie knickten ein. Dieselbe Hand fuhr ihm in den Mantel und dann in die Jacketttasche darunter, zog den Dienstausweis heraus und klappte ihn auf.

»Detective Sergeant, hm? DS Rebus? Okay, ich habe Ihren Namen, *mein Freund.* Und wenn irgendwas von unserer Begegnung hier in Ihrem Bericht auftaucht, unterhalten wir uns noch mal. Also überlegen Sie sich's gut.«

Als ihm die Brieftasche wieder in die Tasche gesteckt wurde, fand Rebus die Kraft auszuholen. Aber der Mann blockte den Schlag mühelos mit dem Ellbogen ab, während er Rebus noch fester am anderen Arm packte. Dann ließ er los und trat einen Schritt zurück.

»Kannst du haben, Opa, jederzeit«, sagte er.

»Ich kann Verstärkung anfordern, in zwei Minuten ist ein Streifenwagen hier.«

»Das glaub ich dir – aber vergiss nicht, was ich gesagt habe. Das nächste Mal versteh ich keinen Spaß mehr.«

Rebus dachte an die Szenen zurück, die sich im Lauf der Jahre bei Vernehmungen abgespielt hatten, daran, wie Verdächtige gesprächig gemacht wurden, wie sie »versehentlich« stolperten und stürzten. Und jetzt stand er hier und bekam alles zurück. Er überlegte, welche Möglichkeiten er hatte, und fand diese unbefriedigend. Ja, natürlich konnte er den Vorfall melden und das Großmaul vor ihm verhaften, vernehmen und verwarnen lassen – aber wozu? Er hatte etwas gelernt, was den

Schmerz und die Beschämung beinahe wert waren. Es hatte Zeiten gegeben, da hätte er dem Mann Schlag für Schlag alles zurückgegeben.

Früher.

»Ich komme wieder«, sagte er schließlich.

»Bring den Terminator am besten gleich mit«, sagte der Schläger schief grinsend, als Rebus zum Saab trottete. »Dein Nummernschild hab ich auch«, setzte der Mann noch hinzu. »Das heißt, wenn ich will, kriege ich jederzeit deine Adresse raus.«

Rebus hielt sich beim Fahren mit einer Hand den Bauch, nahm sie nur weg, wenn er schalten musste, also ziemlich oft – schon wieder diese verfluchten Kreisel. Er machte an einem Fast-Food-Laden halt und holte sich eine Orangenlimonade. Sein Mund war trocken, sein Herz schlug heftig. Als sein Handy klingelte, überlegte er, ob er es ignorieren sollte, sah dann aber James Pages Namen auf dem Display.

»Bin schon unterwegs«, erwiderte Rebus.

»Woher?«

»Ich hab was erledigt.«

»Für Siobhan Clarke? Vielleicht sollte ich sie fragen, ob das stimmt.«

»Wie Sie wollen.« Rebus schlürfte eiskalte Limo durch einen Strohhalm.

»Ich hab mit Professor Quant über unsere Wasserleiche gesprochen. Anscheinend hat es was gebracht, Professor Thomas hinzuzuziehen. Die Todesursache ist wohl ungeklärt, und vielleicht haben wir es sogar mit einem Mord zu tun.«

»Mord? Der zweiten Autopsie nach doch eher nicht.«

»Trotzdem.«

»Hören Sie, mir ist klar, was Sie vorhaben – alle arbeiten an großen Fällen, also wollen Sie auch einen. Aber der Staatsanwalt wird Sie auslachen, wenn Sie ihm damit kommen. Sie haben keinerlei Beweise für Ihre These.«

»Er hatte Prellungen.«

»Die hab ich auch und werde wohl kaum dran sterben.«

»Wie fühlen Sie sich?«

»Quietschfidel.«

»Sind Sie wirklich unterwegs hierher?«

»Allerdings.«

»Also, was meinen Sie, sollten wir mit der Wasserleiche machen?«

»Erst mal vielleicht dieses Wort nicht mehr verwenden. Dann erstellen Sie eine Liste aller Vermissten, die so lange wie nötig zurückreicht. Der Mann hatte weiße Haut und helle Haare. Wir wissen, wie groß er war und welche Statur er hatte. Eine öffentliche Bekanntmachung wäre eine gute Idee – wir müssen eine Personenbeschreibung unter die Leute bringen.«

»Gut.«

»Christine Esson ist Expertin für so was – sie wird wissen, wo wir anfangen können.«

»Danke, John.«

»Jederzeit, Chef.«

»Wie lange brauchen Sie noch? Zwanzig Minuten? Halbe Stunde?«

»Ich komme, so schnell ich kann – Pfadfinderehrenwort.«

»Aber wir wissen beide, dass Sie nie Pfadfinder waren.«

»Erwischt«, gestand Rebus. Dann: »Seien Sie mir nicht böse, wenn ich das sage, aber Sie klingen schon viel fröhlicher.«

»Neuigkeiten von ganz oben: Gayfield Square wird nicht dichtgemacht.«

»Freut mich.«

»Ja, mich auch. Aber zweifellos werden Sie irgendwas anstellen, um mir doch noch die Laune zu verderben.«

»Das will ich meinen.« Rebus beendete das Gespräch, rieb sich noch einmal über den Bauch. Er hatte noch einen kleinen Umweg zu machen. Und einige große Fragen zu beantworten.

Die Great King Street war mit Autos gesäumt, abgesehen von einem Abschnitt mit durchgezogener gelber Linie ganz hinten. Rebus parkte und legte sein Polizeischild aufs Armaturenbrett. Er war nicht weit vom Drummond Place entfernt, ein Platz mit einer Grünfläche in der Mitte, umgeben von einem hohen Zaun und nur befugten Schlüsselinhabern zugänglich. Er ging die Straße ein Stück zurück, bis er vor der Tür stand, zu der er wollte, dann drückte er auf die Klingel mit der Aufschrift TRAYNOR/BELL.

»Ja?«

Die knisternde Stimme gehörte Forbes McCuskey.

»Hier ist DS Rebus. Ich muss mit Ihnen sprechen.«

»Hier gibt es nichts für Sie zu holen.«

»Lassen Sie mich rein, sonst trete ich die Tür ein, ich schwör's Ihnen.«

Schweigen. Dann entriegelte die Tür, und gleichzeitig ertönte ein Summen. Rebus stieß sie auf und stieg die Treppe hinauf. Bis er oben ankam, rauschte ihm das Blut in den Ohren, er hatte kein einziges Mal haltgemacht, um Luft zu holen. Die Tür war geschlossen, und er hämmerte dagegen. Seine Hand war leicht rot, als er sie wegzog. Er sah genauer hin und bemerkte die Farbreste an der Tür. Wer auch immer sauber gemacht hatte, hatte gründlich sein wollen, aber auch der Steinfußboden hatte etwas abbekommen. Endlich ging die Tür auf, und Forbes McCuskey stand vor Rebus.

»Ich sammle für die UVF«, sagte Rebus und hielt die Hand auf.

»Jessica sagt, das ist Einschüchterung. Sie sagt, ich soll einen Anwalt rufen.«

»Wollen Sie sich mein Handy leihen?« Rebus hielt es dem jungen Mann entgegen. »Ist mir scheißegal, was Sie machen, Forbes. Ich sehe, dass Sie Angst haben.«

Er zeigte auf die Farbflecken auf dem Fußboden. »Sie hatten Besuch. Vielleicht sind ja dieselben, die auch bei Ih-

nen zu Hause waren. Hatten damit gerechnet, Sie dort anzutreffen, nicht Ihren Vater.« Er hielt inne. »Darf ich reinkommen?«

»Wir wollen Sie hier nicht haben.«

»Mag sein, aber ich denke, Sie brauchen mich. Wie sonst wollt ihr Onkel Rory wieder loswerden?«

»Verdammt…«

Die Bemerkung kam aus dem Durchgang hinter McCuskey.

»Hallo, Alice«, sagte Rebus, obwohl er sie nicht sehen konnte.

»Dann haben Sie sich also wieder mit Forbes und Jessica vertragen? Wahrscheinlich mussten Sie das – Sie drei müssen zusammenhalten, Sie haben viel zu viel zu verlieren.« Dann an Forbes McCuskey gewandt: »Ich war gerade im Parkhaus in Livingston. Sie sind mit Jessica dagewesen. Ich denke, vermutlich ist es Alice rausgerutscht, vielleicht eines Abends nach einer Party – ein paar Drinks oder ein Joint zu viel. Alice' unheimlicher Onkel und ein Wagen, von dem er ihr erzählt hat. Und irgendwas im Kofferraum? Man würde ein Brecheisen brauchen, um ihn zu öffnen.« Rebus hielt inne, fixierte die Augen des Studenten. »Komme ich der Sache näher?«

»Sag ihm, dass er gehen soll!« Eine andere Stimme, lauter, beinahe hysterisch: Jessica Traynor.

»Da ist ja die ganze Bande beisammen«, sagte Rebus mit einem Lächeln. »Krisensitzung? Wie kommt's, dass Alice nicht mit Onkel Rory reden kann?«

»Dafür ist es zu spät!«, schrie Alice Bell. Rebus versuchte, sich in den Flur zu schieben, aber McCuskey wollte ihn nicht hereinlassen.

»Kommen Sie wieder, wenn Sie einen Durchsuchungsbeschluss haben«, sagte er mit entschlossenem Gesichtsausdruck.

»Dann kann es bereits zu spät sein, Forbes. Du hast gesehen, wie's deinem Dad ergangen ist.«

»Wir wissen nicht, was passiert ist!«

»Aber wir können es uns denken«, widersprach Rebus. »Und Sie drei sind doch schlauer als ich, also nehme ich an, Sie haben ein paar Rückschlüsse gezogen.« Er hielt erneut inne. »Und die machen Ihnen eine Heidenangst, sogar wenn ich hier stehe. Ach und übrigens, Alice? Schöne Idee, mich auf die Spur von Forbes' Dealer zu setzen. Ich nehme an, Sie wollten mich von dem Unfall ablenken. Eine Weile lang hat das ja auch tatsächlich funktioniert.«

Forbes wandte sich von Rebus ab und Bell zu. »Du hast es ihm erzählt?«

»Das musste ich!«

Rebus hörte die Haustür unten aufgehen und wieder zufallen – ein Nachbar kam nach Hause, die Schritte klangen wie Schleifpapier auf den Steinstufen.

»Sie brauchen mich«, beharrte er. Die Entschlossenheit des jungen Mannes bröckelte, seine ganze Welt drohte einzustürzen. »Sie müssen mir sagen, was passiert ist.«

»Gehen Sie«, sagte McCuskey fast schon resigniert.

»Wer wird Ihnen helfen, wenn nicht ich?« Rebus streckte die Arme aus, wie um seine Aussage zu bekräftigen.

»Ich bin ja auch noch da.«

Dieses Mal kam die Stimme aus dem Treppenhaus hinter Rebus. Er drehte sich um, als Owen Traynor den Absatz erreichte. Jessica kam hinkend aus der Wohnung, schob Rebus beiseite und warf sich in die Arme ihres Vaters. Er streichelte ihr übers Haar, den Blick starr auf Rebus gerichtet.

»Verziehen Sie sich«, sagte er. »Ich muss mich in Ruhe mit meiner Tochter und ihren Freunden unterhalten.«

»Mischen Sie sich nicht ein«, warnte ihn Rebus.

»In was?« Traynor riss demonstrativ die Augen auf.

»Das ist nicht Ihr Kampf.«

Traynor hatte Jessica die Arme auf die Schultern gelegt und wollte sie an Rebus vorbei in die Wohnung schieben.

»Wir kommen jetzt alleine klar, danke, Officer«, sagte Traynor. »Forbes, mach die Tür zu, sei so gut.«

McCuskey besaß wenigstens noch den Anstand, reumütig zu gucken, während er dem Befehl des Engländers Folge leistete. Rebus schüttelte langsam und stetig den Kopf, bis Forbes McCuskey nicht mehr zu sehen war. Das Knacken des einschnappenden Yale-Schlosses hallte durchs Treppenhaus. Er fluchte leise vor sich hin, dann nahm er ein Taschentuch und wischte sich die Farbe von der Hand.

Christine Esson arbeitete an ihrem Schreibtisch, als Rebus am Gayfield Square eintraf.

»Vermisstenanzeigen«, erklärte sie ihm, als er über ihre Schulter hinweg auf ihren Bildschirm sah. »Jede Menge – schönen Dank auch.«

»Ich kann nichts dafür, dass Sie hier die Computerexpertin sind.«

»Den Autopsieaufnahmen nach brauchen wir eher einen Archäologen.«

»Vielleicht sollten wir nach Grabräubern Ausschau halten.«

Rebus klopfte ihr auf die Schulter, dann setzte er sich an seinen eigenen Schreibtisch. Er hatte sich vom Ausmaß des Schadens an seinem Bauch überzeugt, hatte ihn auf dem Klo im Spiegel genau betrachtet. Die Haut verfärbte sich bereits, aber er glaubte, ohne ernstzunehmende Verletzungen davongekommen zu sein, von seinem angeschlagenen Stolz einmal abgesehen. Keines der Autos, die er im Parkhaus gesehen hatte, schien ihm mit einem Brecheisen bearbeitet worden zu sein. Nur das eine also – das danach aus dem Verkehr gezogen worden war. Drogen, dachte er. Das war das Naheliegendste. Ob Forbes McCuskey sie gestohlen hatte? Der Wächter war aufgewacht, hatte ihn dank der Überwachungskameras entdeckt, über Lautsprecher angebrüllt. McCuskey und Jessica Traynor beeilten sich zu verschwinden. Aber an der Schranke hätten sie

halten müssen. Und der Automat nahm nur Kreditkarten. Das heißt, Rory Bell hätte ihre Gesichter und das Nummernschild auf dem Monitor entdeckt, außerdem hätte er die Angaben auf der Kreditkarte. Kein Problem, die beiden aufzuspüren. Besonders wenn Forbes McCuskeys Karte auf die Anschrift seiner Eltern registriert war…

Und jetzt war Owen Traynor wieder auf der Bildfläche erschienen, was die Sache noch komplizierter machte. Wenn er einen Deal mit Bell einging, würde sich der Fall in Luft auflösen – ebenso wie die Beweise. Rebus musste etwas unternehmen. Er sah rüber zu Pages Büro, aber der Mann selbst war nirgends zu entdecken.

»Wo ist Mr Happy?«, fragte er.

»Überredet seine Vorgesetzten, ihm eine Pressekonferenz zu erlauben. Er will der Welt Tutanchamun präsentieren.«

»Irgendeine Ahnung, wie lange das dauern kann?«

»Ich glaube, er ist erst mal nach Hause gefahren, ein frisches Hemd anziehen – er will gut aussehen, wenn er bei seinen Vorgesetzten vorbeischaut.«

Rebus überlegte, welche Möglichkeiten ihm blieben. Er konnte mit dem, was er hatte, zu DCI Ralph an den Torphichen Place gehen. Bei den Ermittlungen im Fall Pat McCuskey war nichts herausgekommen – es gab immer noch die Möglichkeit, dass man Rebus dort mit offenen Armen empfangen würde.

Andererseits, was hatte er an harten Fakten eigentlich vorzuweisen? Für eine Razzia im Parkhaus wahrscheinlich nicht genug. Nick Ralphs erster Schritt wäre die erneute Vernehmung der drei Studenten, und die würden mit höchster Wahrscheinlichkeit bei ihren ursprünglichen Versionen bleiben. Die Farbe an der Tür konnte als Streich wegerklärt werden. Sie vertrauten Jessicas Vater mehr als dem CID.

Rebus konnte es ihnen nicht verdenken.

Er brauchte mehr, bevor er an den Torphichen Place fahren

konnte, also ging er noch einmal die Unterlagen zu Rory Bell durch, sortierte alles, fuhr seinen Computer hoch und startete eine eigene Google-Suche.

Er brauchte eine Stunde, bis er fand, was Esson übersehen hatte. Übersehen oder für unwichtig befunden. Alice Bells Vater war vor zwei Jahren gestorben, als ein Transporter in seinen Wagen gerast war. Der Name des Fahrers war Jack Redpath. Er bekam eine Anzeige wegen fahrlässiger Tötung … Aber der Fall kam nie vor Gericht. Das heißt, der Fall schon, er aber nicht. Er hatte sich aus dem Staub gemacht.

Jedenfalls war das die Vermutung der Lokalzeitung, die darüber berichtet hatte. Nur eine einzige Erwähnung gab es. Rebus nahm sein Handy, und es gelang ihm, jemanden in Central Region zu erreichen, der ihn schließlich mit einem Kollegen verband, der sich an den Vorfall erinnerte.

»Er war geschieden, lebte in einer Bruchbude und war kurz davor, seinen Job zu verlieren – vielleicht hätte er sogar ins Gefängnis gemusst. Er hat die wenigen Sachen, die seine Frau nicht mitgenommen hatte, in seinen Wagen gepackt und sich verkrümelt.«

»Wurde nach ihm gefahndet?«

»Wir haben getan, was wir konnten.«

»Aber er ist nie wiederaufgetaucht?« Rebus kratzte sich am Kinn. »Haben Sie Angaben zu seinem Wagen? Welche Marke, welches Kennzeichen?«

»Verdammte Scheiße«, schnaubte der Officer. »Sie brauchen Indiana Jones, nicht mich.«

»Mag sein, aber ich habe nun mal nur Sie. Das Ganze ist erst zwei Jahre her – so schwer kann das doch nicht sein? Außerdem ein Foto oder eine Personenbeschreibung von Redpath – hat er geraucht?« Er sah zu Esson rüber, die sich immer noch an ihrem Computer zu schaffen machte, den Kopf auf eine Hand gestützt, den Ellbogen auf die Tischplatte ge-

legt. Rebus gab dem Kollegen seine Telefonnummer und seine E-Mail-Adresse, beendete das Gespräch, füllte Wasser in den Kocher und schaltete ihn ein.

»Einfach nur heißes Wasser, richtig?«, fragte er. »Kein Teebeutel und kein Instantkaffee?«

»Ganz genau«, bestätigte sie.

»Haben Sie Glück?«

»Anscheinend lösen sich eine ganze Menge Leute einfach in Luft auf.«

»Kann man das irgendwie abkürzen?«

»Es gibt Organisationen – die wiederum Websites haben, Facebook und Twitter ...« Sie sah ihn an. »Haben Sie was rausgefunden?«

»Vielleicht.«

»Aber Sie wollen es für sich behalten?«

»Nur noch ein kleines Weilchen.«

Er schenkte ihr ein und reichte ihr den Becher, dann machte er sich selbst einen Tee. Doch anstatt ihn zu trinken, ging er erneut auf die Toilette und starrte sich im Spiegel an. Das ergab doch Sinn, oder? Etwas in einem Parkhaus für Langzeitparker zu verstecken, wo nie jemand nachsehen würde. Alice Bell kann der Versuchung nicht widerstehen und lässt eine Bemerkung oder eine Anspielung gegenüber ihren Freunden fallen. Die stemmen den Kofferraum auf – werden dabei erwischt – und fliehen. Der Wagen muss woandershin, vielleicht sogar ganz verschwinden.

Aber nicht mitsamt Inhalt, sondern getrennt davon.

Zwei Jahre ist es her, seit Jack Redpath das Weite gesucht hat.

Oder aus dem Weg geräumt wurde.

Sein Zimmer wurde entrümpelt, damit es aussieht, als hätte er die Flucht ergriffen.

Die Schwielen an seinen Händen stammten von seiner Arbeit als Handwerker. Redpath war Stuckateur.

Rebus spritzte sich Wasser ins Gesicht, rieb es mit zusammengeknüllten Papiertüchern trocken.

Der forensische Anthropologe würde mehr dazu sagen können – wie sah eine Leiche nach zwei Jahren im Kofferraum eines Wagens aus? Eins wusste Rebus genau: Sie musste mehr oder weniger in Embryonalhaltung gelegen haben.

Was ohne Weiteres mit einer sitzenden Körperhaltung verwechselt werden konnte …

Sein Handy klingelte. Die Nummer kannte er nicht.

»Ja?«, meldete er sich.

Der Kollege von Central Region.

»Ein dunkelblauer Ford Escort, acht Jahre alt. War eigentlich ein sportlicheres Modell gewohnt, aber das stand ihm nach der Scheidung nicht mehr zur Verfügung.« Der Mann leierte das Kennzeichen herunter. Rebus bat ihn, kurz zu warten, und holte sich Zettel und Stift aus dem Büro.

»Können Sie das bitte noch mal wiederholen?«, sagte er und notierte sich die Angaben.

»Außerdem hab ich Ihnen das Fahndungsfoto gemailt«, fuhr der Mann fort.

»War doch gar nicht so schwer, oder?«, sagte Rebus. »Hat er geraucht?«

»Zehn pro Tag. Darf ich mich jetzt wieder meiner eigentlichen Arbeit widmen?«

»Meinen Segen haben Sie.«

Rebus legte sein Handy neben den Computer und öffnete seine E-Mails. Er klickte auf den Anhang, dann rief er Christine Esson zu sich. Sie betrachtete das Gesicht, die Vorder- und die Seitenansicht. Darunter eine Liste der besonderen Kennzeichen.

»Größe: ein Meter achtundsiebzig«, las Esson laut vor. »Gewicht: siebenundsiebzig Kilo, graue Augen, blonde Haare …« Sie ging an ihren Schreibtisch und kam mit den Bildern von der Autopsie zurück. »Wer ist das?«, fragte sie.

»Würden Sie sagen, es handelt sich um dieselbe Person?«

»Gut möglich.«

»Mehr nicht?«

Sie zuckte mit den Schultern.

»Ich denke, er ist es. Er lag in einem Kofferraum und wurde dann bei den Docks ins Wasser geworfen.«

»Nachdem er zwei Jahre lang gelagert worden war, meinen Sie?« Rebus nickte. »Und wo ist der Wagen?«

»Hier«, sagte Rebus und hielt das Blatt hoch. »Ein acht Jahre alter, blauer Ford Escort.« Er dachte an die Autos im Parkhaus. Nein, die Beschreibung passte auf keines davon. Wahrscheinlich war der Ford mitsamt seiner Ladung an die Leith Docks gefahren und anschließend verklappt worden. Rebus nahm sein Handy und rief die Kollegen von der Verkehrswacht an.

»Habt ihr in den vergangenen zwei Tagen stehen gelassene Fahrzeuge sichergestellt? Die Steuerplakette muss mindestens ein knappes Jahr überfällig gewesen sein.« Er beschrieb Jack Redpaths Escort und wartete.

»Sic glauben, der steht irgendwo da draußen im Halteverbot?«, fragte Esson.

»Das wäre noch das beste Szenario.«

»Und das schlechteste?«

Rebus zuckte nur mit den Schultern. Er bekam mitgeteilt, dass es eine Weile dauern könne, bis die entsprechenden Informationen zur Verfügung stünden – man müsse die Verkehrspolizisten befragen.

»Aber so schnell wie möglich, ja?« Rebus gab seine Nummer durch und legte sein Handy ab. »Jetzt heißt es warten«, erklärte er Esson.

»Machen Sie das, aber ich gehe einkaufen. Ich hab Mittagspause, falls Ihnen das noch nicht aufgefallen ist – soll ich Ihnen was mitbringen?«

»Vielleicht ein Sandwich oder ein Würstchen im Schlafrock.« Er suchte in seiner Tasche nach Kleingeld.

»Ich lade Sie ein«, sagte Esson. »Ein Sandwich wäre aber wahrscheinlich gesünder.«

»Dann möchte ich ein Würstchen im Schlafrock, bitte.«

Sie verdrehte die Augen und schlüpfte in ihre Jacke. Rebus erinnerte sich, dass er den Impuls verspürt hatte zu helfen, als Deborah Quant dasselbe getan hatte. Auf seinen Vorschlag hin, gemeinsam was trinken zu gehen, hatte sie ihn eiskalt abblitzen lassen. Andererseits hatte er auch keine Telefonnummer von ihr, außer der im Leichenschauhaus.

Er ging raus auf den Parkplatz, wollte rauchen, aber dann fiel ihm ein, dass das Telefon oben jederzeit klingeln konnte. Nach drei oder vier Zügen machte er die Zigarette aus und steckte sie wieder ins Päckchen zurück. Er hörte das Telefon gleich an der Treppe, aber kaum hatte er das Büro betreten, verstummte es. Leise fluchend setzte er sich und wartete. Esson kehrte zurück und reichte ihm eine Papiertüte. Da keine Fettflecken dran waren, hatte sie seinen Wunsch wohl ignoriert. Ein Baguette mit Schinken und Salat.

»Das ist ja wie auf Kur«, nuschelte er, verputzte es aber trotzdem.

Als das Telefon erneut klingelte, griff er danach.

»Ich dachte, Sie haben es eilig«, meckerte der Officer von der Verkehrswacht.

»Hab ich auch.«

»Warum sind Sie dann eben nicht rangegangen?«

»Ich musste mal. Also was haben Sie rausgefunden?« Rebus lauschte einen Augenblick. »Auf den Schrottplatz geschleppt?«, wiederholte er, damit Esson es mitbekam. »Gestern?« Er griff abermals nach seinem Stift. »Wissen wir, auf welchen Schrottplatz?« Er wollte sich die Adresse notieren, brach aber ab. »Ja, den kenne ich«, sagte er. »Danke.«

Er beendete das Telefonat und wählte, aber niemand meldete sich. Fluchend steckte er sein Handy in die Tasche und stand auf.

»Was soll ich dem Chef sagen, wenn er wiederkommt?«, fragte Esson.

»Die Eleganz seiner Garderobe hat mich bewogen, ebenfalls shoppen zu gehen.«

Sie grinste und winkte ihm kurz nach. Dann stand sie auf und ging zu Rebus' Schreibtisch, nahm ihr Krabbensandwich mit. Sie betrachtete das Foto von Jack Redpath auf dem Computerbildschirm.

»Möglich«, sagte sie zu sich selbst. »Schon möglich ...« Sie behielt die Tür im Blick. Sie kannte John Rebus noch nicht lange, aber sie wusste, dass er so was ausgezeichnet draufhatte, wie ein Bluthund, den man an einem Tuch schnuppern und anschließend von der Leine lässt. Formulare ausfüllen, Protokolle schreiben und Haushaltsabrechnungen waren nicht Rebus' Fall – nie gewesen, und das würde sich auch nicht mehr ändern. Was das Internet betraf, so hatte er lediglich rudimentäre Kenntnisse, und seine sozialen Kompetenzen waren beklagenswert. Aber sie würde jederzeit James Page gegenüber für Rebus lügen und einen Anschiss kassieren, wenn die Schwindelei aufflog. Denn er gehörte zu einer Sorte Polizist, die es angeblich gar nicht mehr gab, einer seltenen und gefährdeten Spezies.

Und sie würde ihn und seinesgleichen vermissen, wenn sie – was unvermeidlich war – schließlich ausstarben.

Der Schrottplatz war derselbe wie der, auf dem schon Jessica Traynors Golf gelandet war. Derselbe Deutsche Schäferhund stand auf und fletschte die Zähne, als Rebus aus dem Wagen stieg. Eddie Duke trat aus dem Verschlag und fauchte ihn an.

»Boris! Halt die Klappe!«

Dann an Rebus gewandt und auf den Saab zeigend: »Lassen Sie ihn da stehen. Wir sind ein bisschen hinterher, aber wir kümmern uns drum, so schnell es geht.«

»Wahnsinnig witzig«, sagte Rebus und guckte, als hätte er

in seinem Leben nie etwas weniger witzig gefunden. »Ich habe versucht, Sie anzurufen.«

»Hab Ihnen doch gesagt, wir haben viel zu tun.« Er gestikulierte Richtung Schrottpresse, die gerade den letzten Rest Leben aus ihrem jüngsten Opfer herausquetschte. Rebus konnte Metall, Plastik und Glas ächzen hören. Reece Bairstow bediente die Maschine. Rebus fiel ein Nummernschild auf, das neben dem Wachhund an der Wand lehnte. Er ging hin und nahm es, ignorierte das Knurren des Hundes.

»Was ist mit dem Wagen?«, fragte er.

»Hat eine Straße in Granton blockiert. Ganz offensichtlich stehen gelassen.«

»Und jetzt…«

Der Mann deutete erneut Richtung Presse. »Gibt's ein Problem?«, fragte er.

Granton: von Leith aus ein Stück weiter die Küste entlang. Rebus ließ das Nummernschild fallen und marschierte auf die Maschine zu, schrie, man möge sie ausstellen. Bairstow tat, wie ihm geheißen. Sein Chef rannte mit zwei Metern Abstand hinter Rebus her, wiederholte seine Frage. Rebus schaute in die Presse. Er roch Motoröl. Der blaue Ford Escort war auf ein Drittel seiner Größe zusammengeschrumpft und würde nie wieder Passagiere befördern. Rebus sah die beiden Männer an.

»Haben Sie ihn ausgeräumt?«

Bairstow sah erst Duke an, bevor er antwortete. »Da war schon jemand dran gewesen. Alles blitzblank.«

Nicht dass er so ausgesehen hätte – eingedellt, wie der Wagen jetzt war, konnte Rebus trotzdem noch eine dicke Staubschicht erkennen.

»Würden Sie sagen, er hat eine Weile gestanden?«

Bairstow nickte.

»Haben Sie in den Kofferraum gesehen?«

»Ich hab nichts rausgenommen.«

»Wir haben die Reifen und die Felgen abgemacht«, ergänzte

sein Chef. »Ein bisschen was von der Elektrik. Der Motor war hinüber …«

»Holen Sie ihn da raus«, befahl Rebus. »Die Spurensicherung wird den Wagen untersuchen.«

»Wozu?«

»Nehmen Sie ihn an den Haken oder was auch immer, und holen Sie das Ding da raus. Werfen Sie eine Plane drüber, und passen Sie drauf auf.«

»Gestunken hat's da drin«, meinte Bairstow. »Auf dem Rücksitz und im Kofferraum.«

»Und der Kofferraum ging ohne Weiteres auf?«

»Das Schloss war kaputt. Hat ausgesehen, als wäre da jemand …«

»Ja?« Rebus fixierte den Mann.

»Mit einem Brecheisen dran gewesen.« Und jetzt begriff er endlich, weshalb Rebus den Wagen sicherstellen wollte.

Nick Ralph hörte sich die Geschichte mit verschränkten Armen und zur Schnute verzogenem Mund an. Er saß an seinem Schreibtisch am Torphichen Place. »Das ist ganz schön dünn, John«, sagte er, nachdem er eine Minute nachgedacht hatte.

Rebus war zur Station gefahren und ohne jede Einleitung direkt zu Ralph marschiert. »Kann ich mit Ihnen reden?«, waren die ersten Worte, mit denen er herausplatzte.

»Ich kenne Sie von irgendwoher«, hatte Ralph geantwortet, woraufhin sich Rebus vorgestellt hatte.

Jetzt starrten sich die beiden Männer gegenseitig an, Ralph schaukelte sachte auf seinem Stuhl.

»Sehr dünn«, meinte er schließlich und brach damit das Schweigen.

Rebus zuckte nur mit den Schultern und wartete.

»Sie meinen, dieser Bell hat Redpath aus irgendwelchen Rachegründen ermordet?«

»Ja.«

»Und die Leiche ein paar Jahre in einem Parkhaus versteckt? Pat McCuskeys Sohn kriegt das mit, und deshalb hat Bell es auf ihn abgesehen?«

»Ich glaube, so war's.«

»Und damit kommen Sie zu mir und nicht zu DCI Page …«

»Er leitet nicht die Ermittlungen im Fall McCuskey, Sir. Und wenn ich ganz offen sein darf, ohne die Hinweise, die ich Ihnen gerade geliefert habe, scheinen Sie nicht voranzukommen.«

»Was Sie nicht sagen.« Ralph richtete sich auf. Er holte tief Luft, nahm sein Telefon und beorderte ein Team der Spurensicherung zum Schrottplatz.

»Und was ist mit dem Parkhaus?«, schlug Rebus vor. Aber Ralph hatte den Hörer bereits aufgelegt.

»Eins nach dem anderen, John. Wir müssen die Studenten vorladen und hören, was sie zu sagen haben.«

»Die werden gar nichts zu sagen haben.«

»Trotzdem müssen wir sie herholen. Und danach können wir mit Rory Bell sprechen. Falls es sich so abgespielt hat, wie Sie meinen … hat sich Pat McCuskey den Kopf bei einem Fluchtversuch aufgeschlagen?«

»Entweder das, oder er hat sich auf einen Kampf eingelassen – wurde niedergerungen und ist gegen den Kaminsims geknallt.«

»Dann war sein Tod ein Unfall?«

»Ich würde sagen, eher Totschlag. Dazu der Einbruch. Es wird genug Anklagepunkte gegen Bell geben, machen Sie sich keine Sorgen.«

»Falls wir im Kofferraum des Escort überhaupt irgendwas Verwendbares finden.«

Rebus nahm die Bemerkung schulterzuckend hin.

»Schön.« Ralph erhob sich, signalisierte damit, dass die Unterredung beendet sei. Er streckte Rebus seine Hand hin. »Wir geben Ihnen Bescheid.«

»Vielleicht könnte ich die Arbeit der Spurensicherung überwachen?«

Aber Ralph schüttelte den Kopf. »Ich gehöre nicht zu den Menschen, die vergessen, wem sie einen Gefallen schulden, John. Falls Sie das beunruhigen sollte.«

»Das ist es nicht.«

»Na schön, dann melde ich mich, sobald es etwas Neues gibt.« Er wiederholte die Geste mit der ausgestreckten Hand, und diesmal schlug Rebus ein.

Bis halb sechs hörte er nichts.

Alle halbe Stunde zog er sein Handy aus der Tasche und vergewisserte sich, dass es noch geladen und empfangsbereit war. Als es endlich klingelte, hätte er es in seiner Hast beinahe fallen lassen.

»Rebus«, sagte er.

»John, hier ist Nick Ralph.«

»Ja, Sir?«

»Eigentlich gibt es weder gute noch schlechte Nachrichten. Wir haben Fasern gefunden, und im Labor wird überprüft, ob sie mit denen an der Leiche aus den Docks übereinstimmen. Aber das ist nicht immer eine präzise Wissenschaft.«

»Sonst nichts?«

»Es roch definitiv noch nach Verwesung in dem Auto, aber vor Gericht können wir damit wohl kaum punkten.«

»Aber der Wagen ist doch der von Jack Redpath.«

»Ja, das ist er. Gut möglich, dass Sie recht haben und es sich bei dem Mann aus den Leith Docks um Redpath handelt. Deshalb habe ich Ihrem Chef vorgeschlagen, einen seiner Angehörigen zu kontaktieren und um eine DNA-Probe zu bitten – beweiskräftig wäre diese nur, wenn der Mann einen eineiigen Zwilling hätte, aber wenigstens wissen wir dann, ob wir auf der richtigen Spur sind.«

»Sie haben mit James Page gesprochen?«

»Aus Höflichkeit.« Ralph hielt inne. »Allerdings habe ich bei der Gelegenheit auch erfahren, dass Sie nach unserem letzten Treffen nicht mit ihm gesprochen haben. Ich hoffe, ich habe Sie jetzt nicht reingeritten.«

»Überhaupt nicht.« Rebus sah sich in dem leeren Büro um. Christine Esson hatte Feierabend gemacht, ebenso wie praktisch alle anderen im gesamten Gebäude. Er fragte sich, ob Page just in diesem Moment schon unterwegs zu ihm war, voll des gerechten Zorns.

Die Antwort lautete: ja.

Denn dort stand er jetzt, füllte den Türrahmen rotgesichtig und mit wütend funkelndem Blick aus.

»Wenn man vom Teufel spricht«, sagte Rebus ins Telefon, bevor er die Verbindung unterbrach. Page näherte sich seinem Schreibtisch.

»Was fällt Ihnen eigentlich ein?«, explodierte er. »Die Wasserleiche ist *mein* Fall!«

»Der Mann ist keine ›Wasserleiche‹ – wenn ich recht habe, ist sein Name Jack Redpath, und es besteht ein Zusammenhang zum Mord an McCuskey und noch einigem anderen mehr.«

»Was Sie mir samt und sonders hätten mitteilen müssen, sodass ich beschließen kann, wie weiter zu verfahren ist!«

»Na gut«, sagte Rebus. »Aber Sie waren damit beschäftigt, sich für die Kameras und die Führungsetage in Schale zu werfen. Damit war ich der dienstälteste Beamte und habe mich entsprechend verhalten.«

»Das haben Sie nur gemacht, um mir eins auszuwischen – aus keinem anderen Grund! Räumen Sie Ihren Schreibtisch, und machen Sie, dass Sie rauskommen. Fragen Sie doch Ihren Freund am Torphichen Place, ob er einen Job für Sie hat. Oder vielleicht kennen Sie ja auch jemanden in Wester Hailes. Hoffen Sie lieber, dass man Sie irgendwo haben will, denn hier will Sie bestimmt niemand mehr!«

»War mir ein Vergnügen«, sagte Rebus.

»Mir nicht. Alle haben mich gewarnt: Rebus ist eine tickende Zeitbombe; der ist jenseits von Gut und Böse; man kann ihm nicht vertrauen, der hat seine besten Tage längst hinter sich. Alle haben das gesagt und noch viel Schlimmeres. Fragen Sie sich doch mal selbst: Wie viele Abteilungen in der Stadt hätten Ihnen diese Chance gegeben? Bestimmt nicht jede zweite, sondern eher jede sechste, siebte oder achte? Ich hab es getan, weil ich dachte, im Grunde Ihres Herzens sind Sie ein guter Polizist – ein Polizist durch und durch, einer vom alten Schlag, von der Sorte, von der man immer hört, der man aber kaum noch begegnet.« Page hielt inne. Sein Feuer war erloschen. Jetzt wirkte er eher erschöpft und – ja – ehrlich enttäuscht.

»Tut mir leid, dass ich Sie übergangen habe«, lenkte Rebus ein.

»Anscheinend ist das Ihre Spezialität.«

»Ich kann Ihnen nicht widersprechen – Sie haben selbst behauptet, ich würde Ihnen früher oder später die Laune verderben. Aber falls Sie das tröstet, DCI Ralph weiß, dass das Ihr Fall ist. Er hat's mir gesagt.«

»So weit hätte es aber eigentlich gar nicht kommen dürfen, oder?«

»Nein, hätte es nicht.«

Page nickte langsam angesichts des Eingeständnisses. Dann wandte er sich seiner Abstellkammer von einem Büro zu, ging hinein und schloss die Tür. Einen Augenblick später ging sie wieder auf. Page knallte einen leeren Pappkarton auf den Boden und schubste ihn Richtung Rebus.

»Für Ihre Sachen«, sagte er. »In zehn Minuten sind Sie hier raus.«

Die Tür schloss sich erneut. Rebus blieb ungefähr eine halbe Minute sitzen, dann stand er auf und holte sich die Kiste. Er stellte sie auf den Schreibtisch, merkte dann aber, dass er sie gar nicht brauchte. Fast nichts von den Dingen hier gehörte

ihm. Er war nicht lange genug beim CID gewesen, als dass sich viel hätte ansammeln können.

»Was zum Teufel hast du da wieder angestellt, John?«, nuschelte er vor sich hin. Er starrte James Pages Tür an, versuchte sich zu überwinden anzuklopfen, um um Verzeihung und eine weitere Chance zu bitten.

Nur noch eine.

»Keine Chance ...«

Forbes McCuskey beendete das Gespräch.

»Das war die Polizei«, sagte er.

Er saß in Jessicas Wohnung. Alice Bell saß an ihrem Schreibtisch. Auf ihrem Laptop war der Bildschirmschoner angesprungen. Sie hatte eine halb fertige Hausarbeit vor sich, mit der sie sich seit Tagen nicht mehr beschäftigt hatte, und brachte es auch jetzt nicht über sich, sie zu beenden. Jessica lag auf dem Sofa und spielte mit der letzten Flasche der ihr verschriebenen Tabletten. Owen Traynor stand in der Tür, die Ärmel hochgekrempelt, die Hände in den Hosentaschen.

»Welche Polizei?«, fragte er.

»DCI Ralph – er leitet den Fall meines Vaters.«

»Was will er?«

»Er sagt, er muss mit uns sprechen – mit mir, Jess und Alice.«

»Hat er gesagt, warum?«

»Nein.«

»Wir sind am Ende«, sagte Jessica mit bebender Stimme.

»Du musst keine Angst vor der Polizei haben«, versicherte ihr Vater. »Die haben nichts gegen euch in der Hand, weil ihr nichts verbrochen habt.« Er sah sich im Raum um, vergewisserte sich, dass alle ihm zuhörten. »Wir bleiben bei unserem Plan, und alles Weitere überlasst ihr mir.« Dann an Forbes gewandt: »Wann will dieser Ralph mit euch sprechen?«

»Gleich morgen früh auf der Wache am Torphichen Place.«

»Ist doch kein Problem. Bis dahin haben wir längst alles ge-

regelt.« Alice Bell merkte, dass er direkt vor ihr stand. Sie sah zu ihm auf. Er hielt ihr sein Handy hin.

»Gib noch mal Onkel Rorys Nummer ein, bitte.«

Sie tat es, und er nahm ihr das Handy ab, presste es sich ans Ohr, lauschte erst dem Tuten und vernahm dann Rory Bells fragende Stimme.

»Ich bin's«, sagte Owen Traynor. »Tun Sie sich diesmal einen Gefallen und hören Sie zu …«

25

»Das ist die zweite Kneipe, in der ich's laut Siobhan versuchen sollte.«

Rebus sah vom Tisch auf. Er saß am Fenster in der Ecke im Hinterzimmer der Oxford Bar. Draußen rauchten zwei Männer, man konnte sie durch die Scheibe sehen, und er hatte sich gerade zu ihnen gesellen wollen. Aber jetzt stand Malcolm Fox vor ihm, die Hände in den Taschen vergraben, ein bemühtes Lächeln auf den Lippen.

»Und die erste …?«

»Arden Street.«

»Da waren Sie auch?«

Fox schüttelte den Kopf. »Ich habe Siobhans Analyse misstraut.«

»Kriege ich jetzt einen Anschiss?«, fragte Rebus. »Glauben Sie mir, ich bin wirklich nicht in Stimmung.«

»Wie wär's dann mit einem Bier?« Fox nickte Rebus' fast leeres Glas an. Rebus musterte den Mann und fragte sich, was er im Schilde führte, dann nickte er.

»Ein IPA, bitte«, sagte er.

Fox ging an die Bar, und Rebus ließ seine Zigaretten und Streichhölzer wieder in der Manteltasche verschwinden. An der Bar war nicht viel los – es war mitten unter der Woche und noch relativ früh am Abend. Später würde es eine Folk Night geben, aber Rebus wollte sich bis dahin längst verkrümelt haben. Sein Wagen stand draußen, und er wollte nicht ins Röhrchen blasen müssen. Er fuhr sich mit der Hand durchs Haar und atmete geräuschvoll aus, saß mit krummem Rücken am Tisch.

»Hier, bitte«, sagte Fox und setzte ihm ein frisches Bier vor. Für sich selbst hatte er eine Dose Cola mitgebracht, außerdem ein Glas mit Eis.

»Prost.«

Rebus sah zu, wie sich Fox Cola einschenkte, die Eiswürfel knisterten.

»Sind Sie bei den Anonymen Alkoholikern?«, fragte er.

»Nicht mehr.«

»Und Sie können in ein Pub gehen, ohne in Versuchung zu geraten?«

»Natürlich gerate ich in Versuchung.« Fox ließ sich auf einem Stuhl nieder. »Ich bin auch nur ein Mensch – auch wenn Sie vielleicht gegenteiliger Ansicht sind.« Er hob sein Glas. »Sie sehen ziemlich bedient aus.«

»Hat Siobhan Sie geschickt, damit Sie den barmherzigen Samariter spielen?«

»Brauchen Sie denn einen?«

»Haben Sie's wirklich noch nicht gehört? Page hat die Nase voll von mir. Ich habe dem McCuskey-Team Informationen zukommen lassen, die rechtmäßig eigentlich ihm zugestanden hätten.«

»Oh.«

Rebus starrte ihn an. »Ich hätte gedacht, Page hätte sich sofort ans Telefon gehängt.«

Fox schüttelte erneut den Kopf. »Ich glaube auch nicht, dass Siobhan Bescheid weiß.«

»Warum sind Sie hier?«

»Wegen Saunders.«

»Wollen Sie mich zu weiteren Vernehmungen vorladen?« Rebus nahm einen Schluck Bier, hielt sich weiter an seinem Glas fest und starrte Fox an.

Dieser legte seine Arme auf die Tischkante und beugte sich zu Rebus vor. »Saunders hat sich mit seinem Mörder verabredet. Er wollte das Telefon an der Tankstelle benutzen, aber das

war kaputt. An der Kasse stand ein Junge – er kannte Saunders' Gesicht, weil er schon ein paarmal da gewesen war und sich was zu essen gekauft hatte. Als Saunders ihm zehn Pfund bot, dafür, dass er mal kurz sein Handy benutzen durfte, hat sich der Junge drauf eingelassen. Saunders hat geschworen, nur ein Ortsgespräch zu führen, und ist mit dem Handy raus. Der Anruf dauerte sechseinhalb Minuten.«

»So genau?«

»Ich hab mir die Anrufliste schicken lassen. Das hat den Großteil des Tages in Anspruch genommen. Damit konnte ich die genaue Zeit bestimmen, wann der Anruf getätigt wurde: keine drei Stunden vor Saunders' Tod.«

»Klingt mir verdächtig nach echter Detektivarbeit.« Rebus hob in stiller Anerkennung sein Glas. »Darf ich raten – er hat mit Stefan Gilmour telefoniert?«

Aber Fox schüttelte den Kopf. »Es war eine Nummer in Edinburgh, Festnetz. Steht im Telefonbuch, Saunders konnte sie also ohne Weiteres herausfinden.«

»Eamonn Paterson?«

Wieder Kopfschütteln. »George Blantyre.«

»Dod?« Rebus' Augen verengten sich.

»Saunders hat sechseinhalb Minuten mit ihm telefoniert.«

Rebus erinnerte sich an Stefan Gilmours Worte: *Die alte Pistole … Dod hat sie aus Porkbellys Schreibtisch genommen …*

»Sie wollen mir weismachen, dass ein Mann, der nicht einmal alleine aus seinem Sessel kommt, sich ans andere Ende der Stadt zum Kanal geschleppt hat?«

»Scheint mir unwahrscheinlich«, pflichtete ihm Fox bei. »Aber es gibt noch eine andere Erklärung …«

Er ließ die Worte im Raum stehen, wusste, Rebus würde verstehen, was er meinte.

Rebus kaute auf seiner Unterlippe, legte den Kopf in den Nacken und starrte an die Decke. Egal, wie oft sie gestrichen wurde, es lag immer ein dicker Nikotinfilm darauf.

»Verfluchte Scheiße«, sagte er schließlich. Dann: »Und warum sind Sie nicht gleich hingefahren?«

»Ich dachte, vielleicht wollen Sie mitkommen.«

»War das Siobhans Idee?«

Fox schüttelte den Kopf. »Meine. Ich musste sie sogar erst ein bisschen überreden.«

»Warum kommt sie nicht selbst mit?«

»Sie hat eine Besprechung mit den Chefs, muss Bericht erstatten.«

Fox trank aus und zeigte auf Rebus' Glas. »Wollen Sie das runterkippen oder lieber einen klaren Kopf behalten?«

Rebus sah sein Bier an, schob es weg und stand auf.

Sie klingelten an dem Haus in Murrayfield und warteten. Maggie Blantyre öffnete die Tür. Sie trug ein weißes T-Shirt und eine weite, graue Jogginghose, war fast ungeschminkt.

»Dürfen wir reinkommen?«, fragte Rebus ohne jede Wärme in der Stimme.

»John ...« Sie fuhr sich mit der Hand an die Wange. »Wenn ich das gewusst hätte ...«

»Wir müssen mit dir sprechen, Maggie. Das ist Inspector Fox.« Rebus brach ab. »*Detective* Inspector Fox«, korrigierte er sich und erntete von seinem Kollegen die Andeutung eines dankbaren Lächelns.

»Worum geht's?«

»Ich denke, das weißt du.« Rebus schob sich bereits an ihr vorbei in den Flur.

»Braucht ihr keinen Durchsuchungsbeschluss?« Sie klang nervös.

»Soll ich erst einen besorgen?«

»Ich hab immer noch nicht verstanden, weshalb du hier bist.«

Aber sie gab nach, bat Fox hinein und schloss die Tür. »Dod macht ein kleines Nickerchen im Sessel.«

»Maggie, wir müssen mit dir reden.« Rebus fixierte sie mit einem Blick, und sie schien zu ahnen, dass er es wusste. »Vielleicht können wir in den Garten gehen.« Dann an Fox gerichtet: »Würden Sie bei Dod bleiben?« Er zeigte Richtung Wohnzimmer. Fox sah aus, als wollte er protestieren, gab aber nach. Rebus führte Maggie Blantyre durch die makellos aufgeräumte Küche zur Terrasse. Er zündete sich eine Zigarette an und bot auch ihr eine an, die sie aber ablehnte.

»Du hast mit Billy Saunders gesprochen«, sagte er. »Er hat hier auf dem Festnetz angerufen. Ich nehme an, dass du normalerweise ans Telefon gehst. Du musst es nicht leugnen – wir haben die Liste der eingegangenen Anrufe. Er hatte Angst vor Stefan, nicht wahr? Aber das hätte ihn nicht davon abgehalten, gegen die Saints auszusagen – Hauptsache, ihm blieb der Knast erspart.« Rebus zog an seiner Zigarette. Seine Hand zitterte, dabei wusste er eigentlich gar nicht, warum.

»Dann hab ich eben mit ihm gesprochen – na und?«

»Aber du hast noch mehr getan, Maggie.« Rebus ließ die Worte zwischen ihnen stehen. Einen Augenblick später brach es aus Maggie heraus.

»Ihr und eure verfluchten Saints! Dod spricht von nichts anderem. Er lebt heute mehr in der Vergangenheit als je zuvor – vielleicht weil er keine Zukunft mehr hat. Und dann kommt einer daher und will allen erzählen, Dod sei ein Mörder, der seine Tat vertuscht hat und ungeschoren davongekommen ist.«

»Dod hat Phil Kennedy nicht umgebracht.«

»Aber er war dabei! Er hat geholfen, die Leiche aus der Zelle zu schaffen.« Sie starrte in den Garten, als würde sie dort etwas sehen. »Warte hier«, erklärte sie Rebus. Aber er folgte ihr zum Schuppen, sah sie die Tür öffnen und im Dunkeln herumkramen, hinter Farbeimern und unbenutztem Werkzeug.

»Habt ihr die Waffe hier versteckt?«, fragte er.

»Dod dachte, ich hätte sie vernichtet. Das habe ich jedenfalls behauptet. Und das hier hätte ich auch verschwinden las-

sen sollen.« Sie reichte ihm etwas. Eine zerfledderte Ausgabe des *Scots Criminal Law* mit dem typischen Ledereinband, der verblichenen, goldenen Schrift und den Messingschnallen. Die Seiten waren feucht und wellten sich an den Kanten.

»Unsere Schattenbibel«, sagte Rebus, drehte sie in der Hand und rieb über die Stelle, auf die sie alle gespuckt hatten, um sich gegenseitig ihrer Loyalität zu versichern.

»Ist bloß ein verfluchtes Buch«, sagte Maggie. »Aber für Dod war es immer mehr. Ihr alle habt ihm so viel bedeutet, und er sollte in seinen letzten Tagen zusehen müssen, wie vor seinen Augen alles in den Dreck gezogen wird.«

»Hast du ihn vorsätzlich erschossen?«, fragte Rebus leise.

Sie nickte, Tränen stiegen ihr in die Augen. »Ich hab's für euch alle getan – Dod konnte ja nicht mehr.«

»Musst es ja nicht zugeben. Behaupte einfach, die Pistole ging aus Versehen los. Vielleicht bist du mit dem Finger abgerutscht, oder er wollte sie dir aus der Hand reißen …«

»Noch mehr Lügen, John?« Sie wandte den Kopf ab und blickte zum Haus. »Was soll er bloß ohne mich machen?«

»Kannst du jemanden anrufen?«

»Du meinst, jetzt gleich?«

»Du wirst uns begleiten müssen, Maggie.«

Sie dachte einen Augenblick nach. »Sein Neffe war sehr nett zu ihm.«

»Dann ruf ihn an.«

Sie nickte. »Mein Handy liegt in der Küche.«

»Lass uns reingehen.« Er wollte ihr einen Arm um die Schultern legen, aber sie schüttelte ihn ab. Sie nahm ihm das Buch ab, spuckte auf den Einband und wischte sich hinterher mit dem Handrücken über den Mund. Sachte nahm Rebus es wieder zurück und führte sie hinein.

Während sie telefonierte, ging er ins Wohnzimmer. Fox stand mitten im Raum. Dod Blantyre war wach und wollte wissen, was los war.

»Wo ist Maggie?«, fragte er Rebus.

»Sie telefoniert. Wir müssen sie mit auf die Wache nehmen.«

»Nein.« Er wollte aufstehen, sein Kopf wackelte, und die Beine zuckten.

»Du kannst nichts tun, Dod. Dein Neffe wird sich um dich kümmern.«

Aber Blantyre war auf die Knie gesackt. Mit Fox' Hilfe verfrachtete Rebus ihn wieder zurück in den Sessel, gerade als seine Frau mit ihrem Mantel über dem Arm im Eingang erschien.

»O Gott«, sagte sie, und ihre Hand fuhr zum Mund.

»Lass mich nicht allein, Maggie«, flehte Blantyre sie an. Dann an Rebus gerichtet: »Sie hat nichts verbrochen.«

»Wir müssen trotzdem mit ihr reden«, sagte Rebus sanft.

»Müsst ihr nicht! Nein!«

»Gebt mir fünf Minuten alleine mit ihm«, sagte Maggie und packte Rebus' Unterarm. »Wartet im Wagen, ich komme raus.« Ihre Augen flehten ihn an. »Nur ein paar Minuten.«

Rebus sah Fox an und nickte, die beiden Männer gingen nacheinander aus dem Zimmer zur Haustür. Draußen fragte Fox, als sie über den Gartenweg gingen, ob sie gestanden habe.

»Mehr oder weniger«, sagte Rebus. Er hielt die Schattenbibel in der Hand. Fox fragte, ob es das sei, wofür er es hielt. Rebus nickte. Fox schloss den Wagen auf, und sie stiegen ein.

»Ich schicke Siobhan eine SMS«, sagte er und zog sein Handy aus der Tasche. Dann nach einer Pause: »Muss schwer für Sie sein, John. Die Sache hat mich nachdenklich gemacht. Keine Ahnung, was ich machen würde, wenn ein enger Mitarbeiter von mir so weit gegangen wäre.«

»Sie würden ihn natürlich festnehmen, oder nicht?«

»Möglich.« Fox konzentrierte sich auf die Nachricht, die er schrieb. »Wahrscheinlich«, räumte er schließlich ein. »Aber vor zwanzig oder dreißig Jahren …« Er zuckte mit den Schultern.

»Damals war das was ganz anderes, wie Sie und die anderen Alten immer wieder versichern.«

»Verdammt noch mal, Malcolm, Sie sind selbst auch kein junger Hüpfer mehr.«

Fox zuckte mit dem Mundwinkel und schrieb die SMS fertig. »Also, was ist mit Ihnen und Mrs Blantyre?«

»Was soll mit uns sein?«

»Sie wollten ungestört reden – da liegt die Vermutung nahe, dass Sie eine gemeinsame Vergangenheit haben.«

»Meinen Sie?«

»Ich bin ganz gut darin, Leute zu durchschauen, John. Gehört zu meinem Beruf.«

»Diesmal irren Sie sich aber.«

»Wirklich?« Fox' Handy teilte ihm mit, dass er eine Antwort erhalten hatte. Er schaute aufs Display. »Siobhan erwartet uns in Wester Hailes.« Er hielt inne. »Aber sie sagt …«

»Ich darf an der Vernehmung nicht teilnehmen?«, riet Rebus.

»Sie sind zu nah an dem Fall dran, John.«

Rebus nickte. Er spähte zum Haus.

»Wie lange sollen wir warten?«, fragte Fox.

Was soll er bloß ohne mich machen?

Lass mich nicht allein, Maggie …

»Scheiße«, sagte Rebus, stieß die Beifahrertür auf und rannte los. Die Haustür war verschlossen, mit einem Yale-Schloss verriegelt. Rebus hämmerte dagegen, dann merkte er, dass Fox neben ihm stand. Er trat gegen die Tür, versuchte, sie mit der Schulter aufzubrechen.

»Beide zusammen«, sagte Fox.

Schließlich splitterte das Holz, die Tür sprang auf. Rebus flog ins Wohnzimmer und sah Maggie über ihren Ehemann gebeugt, sie schob ihm Tabletten in den Mund. Leere Blisterverpackungen lagen auf Dod Blantyres Schoß, anscheinend handelte es sich um ein Schmerzmittel, allen beiden liefen Tränen über das Gesicht. Rebus zog Maggie von ihm weg und

schob ihr einen Finger in den Mund. Ohne Flüssigkeit waren die Tabletten nur schwer zu schlucken. Fox machte sich an Dod zu schaffen, warf die Packungen auf den Boden.

»Das kann ich dir nicht erlauben«, sagte Rebus zu Maggie, als diese in sich zusammensackte und heulte. »Tut mir leid, aber das kann ich nicht.«

Fox hatte sein Handy bereits gezogen und rief einen Krankenwagen. Rebus kniete vor Maggie, strich ihr über die Haare, während sie weinte und das Gesicht im Teppich vergrub. Er drehte sich um und sah, dass Dod Blantyre ihn durch seine eigenen Tränen betrachtete. Fox fragte nach der Adresse, um sie der Rettungsstelle durchzugeben. Rebus diktierte sie und stand auf.

Später saß Rebus zusammengesunken im Wartebereich der Notaufnahme des Royal Infirmary. Die Reihe mit harten Plastikstühlen war fest im Boden verankert und nicht für langes, bequemes Sitzen geschaffen. Fox steckte Münzen in den Getränkeautomaten. Irgendwo hinter der Anmeldung wurden Ehemann und Ehefrau in aneinandergrenzenden und mit Vorhängen vor Blicken geschützten Kabinen untersucht. Als Fox mit zwei kleinen Plastikbechern Kaffee zurückkehrte, traf Siobhan Clarke ein. Sie setzte sich neben Rebus.

»Was für ein Riesenbockmist«, sagte sie.

»Das kannst du laut sagen.«

»Nur Glück, dass ihr da wart.«

Er starrte sie an. »Wären wir nicht da gewesen, wär's gar nicht erst passiert.«

»Ich weiß, das kann nicht leicht für dich sein, John …«

Fox reichte Rebus einen Kaffee und fragte Clarke, ob sie auch einen wolle.

»Einen Tee vielleicht«, sagte sie und sah zu, wie Fox wieder zum Automaten ging und erneut in seiner Tasche nach weiteren Münzen suchte.

»Du hast Malcolm zu mir geschickt«, sagte Rebus. »Wolltest du ihm oder mir was Gutes damit tun? Ich sollte dich warnen, ich bin ein schlechter Patient, aber ein noch schlechterer Therapeut.«

»Malcolm braucht keine Therapie. Er hat ganze Arbeit geleistet, indem er die Nummer zurückverfolgt hat. Ich dachte, er hat's verdient, zum Schluss mit dabei zu sein.«

»Also bist du mir gar nicht aus dem Weg gegangen?«

»Wieso?«

»Vielleicht hast du ein paarmal zu oft mitbekommen, dass ich Mist gebaut habe, und jetzt bist du meine Vorgesetzte und leitest die Ermittlungen in einem Mordfall.« Er hielt inne. »Du wolltest mir nicht hintenrum mitteilen, dass ich Geschichte bin …?«

»So was hab ich nie gedacht.«

»Nein?«

»Nein«, behauptete sie.

»Ich wünschte, ich könnte es dir glauben.« Rebus verstummte, als Fox mit ihrem Getränk zurückkehrte. Sie nahm es ihm mit einem dahingenuschelten »Danke« ab, dann fragte sie, ob es was Neues gebe.

»Keiner von beiden schwebt in Lebensgefahr«, erwiderte Fox. »Und gegenüber John hat Mrs Blantyre bereits zugegeben, Saunders erschossen zu haben.«

»Versehentlich erschossen«, ergänzte Rebus. »Ich hab dir ja gesagt, wie das ist mit diesen Brownings.«

Er sah Clarke in die Augen, forderte sie heraus, seine Aussage anzuzweifeln.

»Aber sie hat sie zum Kanal mitgenommen – und auf das Opfer gerichtet.«

»Um ihn einzuschüchtern, damit ihr Ehemann die letzten Monate seines Lebens nicht in einem Vernehmungszimmer oder in Polizeigewahrsam verbringen muss.«

»Du klingst, als wärst du ihr Anwalt.« Clarke wandte sich

Fox zu. »Meinen Sie, die Generalstaatsanwältin wird sich damit zufriedengeben?«

Fox zuckte nur mit den Schultern, und Clarke starrte in ihren Tee. »Seht uns drei mal an«, sagte sie. »Einen Fall gelöst und trotzdem alle ein Häufchen Elend.«

Fox setzte sich und nahm das große, schwarze Buch, das Rebus auf seinen Sitz gelegt hatte. Er nahm es auf seine Knie, sodass Clarke gerade noch die Schrift auf dem Einband erkennen konnte.

Scots Criminal Law.

Tag vierzehn

26

»Alles klar?«, fragte Fox.

»Natürlich. Und danke, dass Sie gekommen sind.«

»Meinen Sie wirklich, ich werde gebraucht?«

Rebus warf ihm einen Blick zu. »Sie haben Kraft, genau das brauchen wir.«

»Was ist mit meiner Intelligenz und meiner Schönheit?«

Rebus konzentrierte sich auf die Straße. Sie saßen im Saab, unterwegs nach Livingston. »Was Neues?«

»Die Nacht haben sie im Krankenhaus verbracht. Keiner von beiden hat genug Tabletten runterbekommen. Heute Nachmittag wird Maggie Blantyre offiziell vernommen.«

»Und ihr Ehemann?«

»Später, wir müssen erst mal den ärztlichen Befund abwarten.« Fox sah Rebus an. »Auf jeden Fall bleibt sie bei ihrer Geschichte. Saunders wollte ihr die Waffe abnehmen, da ist sie losgegangen.«

»Glauben Sie ihr das?«

»Ich weiß es nicht. Sie?«

»Gibt es Beweise für das Gegenteil?«

Fox musterte ihn. »Sie wissen, dass es die nicht gibt. Aber sie muss trotzdem ins Gefängnis. Nicht mal der beste Anwalt des Landes wird das verhindern können.«

»Und sie wird den besten bekommen.«

»Ist das so?«

»Gestern Abend, als ich nach Hause kam, hab ich noch mit Stefan Gilmour gesprochen – er wird dafür sorgen.«

»Was wussten Sie davon?«

»Ich wusste, dass Phil Kennedy in seiner Zelle starb und dass das vertuscht wurde.«

»Dem wenigen nach, das George Blantyre gesagt hat, ist er bereit, die Schuld auf sich zu nehmen.«

»Tatsächlich?«

»Er sagt, er habe Kennedy vom Stuhl gestoßen und zunächst für bewusstlos gehalten, hätte dann aber gemerkt, dass er nicht mehr atmete. Er hat den Leichnam zu Kennedy nach Hause gebracht und es so aussehen lassen, als sei er betrunken gestürzt.«

»Hat er das alleine gemacht?«

»Das behauptet er. Der Mann wird nicht mehr lange unter uns weilen, also was hat er zu verlieren?« Fox hielt inne. »Sieht aus, als könnten Stefan Gilmour und Eamonn Paterson aufatmen, auch wenn wir wissen, dass es anders abgelaufen ist.«

»Wird sich jemand die Mühe machen, Anklage gegen Dod zu erheben?«

»Ich habe das Gefühl, die weiteren Ermittlungen werden schleppend vorangehen, wahrscheinlich lässt man der Natur ihren Lauf.«

»Was für ein Schlamassel. Waren Sie mit den Neuigkeiten schon bei der Generalstaatsanwältin?«

»Ich überlege noch, was ich ihr sage.«

»Das ist doch ganz einfach, oder? Sagen Sie ihr, was Sie wissen.«

»Und das ist nicht mal die Hälfte dessen, was ich vermute.«

»Für etwas, das Sie nicht beweisen können, wird sie Ihnen nicht danken.«

Fox nickte, als wolle er ihm beipflichten, dann sah er sich draußen um.

»Jede Menge Kreisel. Ich bin beeindruckt, dass Sie kein Navi brauchen.«

»Wir sind fast da.«

Sie waren an der Schranke des Parkhauses angelangt. Rebus

zog das Ticket aus dem Automaten. Sie fuhren am Wärterhäuschen vorbei, und Rebus sah, dass der Mann, der ihn geschlagen hatte, nicht im Dienst war. Ein anderer, ebenfalls uniformiert, hatte seinen Platz eingenommen – er war dünner und älter.

»Vielleicht brauche ich Sie doch nicht«, meinte Rebus und fuhr die Rampe hinauf ins nächste Stockwerk. Als sie im dritten angekommen waren, lenkte er den Wagen in eine Parkbucht und fluchte.

»Was ist?«, fragte Fox.

»Die Autos wurden umgeparkt.«

Fox sah sich auf der riesigen, leeren Betonfläche um. »Welche Autos?«

»Genau. Als ich gestern hier war, standen hier zwei verstaubte Wagen. Außerdem hatte noch ein dritter hier gestanden, aber der war schon weg. Die Leiche von Jack Redpath lag im Kofferraum. Sie haben ihn in die Docks geworfen und den Wagen abschleppen und verschrotten lassen.«

»Okay.« Fox runzelte die Stirn, versuchte, Rebus konzentriert zu folgen.

»Aber hier waren noch zwei andere Autos, eins unter einer Plane.« Rebus stieg aus und ging zu den leeren Parkflächen, Fox folgte ihm. »Sehen Sie? Gestern lagen hier noch Laub und Staub. Die Fahrzeuge müssen monatelang hier gestanden haben, vielleicht sogar Jahre. Die haben hier alles sauber gefegt, alle Spuren verwischt.«

»Gründlich.«

»Die Autos wurden als Lagerräume benutzt – für Sachen, die vor neugierigen Blicken geschützt werden sollten.«

»Und dafür ist ein öffentliches Parkhaus der geeignete Ort?«

»Auf einer Ebene, die praktisch nie benutzt wird und mit Überwachungskameras und Wachpersonal gesichert ist, ja.«

»Okay, dann glauben Sie also, dass in den anderen Autos noch mehr Leichen lagen?«

»Ich habe keine Ahnung.« Rebus dachte einen Augenblick nach. »Owen Traynor muss dahinterstecken. Er trifft sich mit Rory Bell, sie sprechen über das Geschehene. Traynor weiß, dass wir zurückkommen werden, und überzeugt Bell, dass die Autos umgeparkt werden müssen.«

»Traynor?«

»Jessicas Vater. Er ist schlauer als Bell. Nachdem Forbes und Jessica gesehen hatten, was sich in dem Kofferraum befand, brauchte Bell trotzdem noch eine ganze Weile, bis er Wagen und Leiche loswerden konnte. In der Zeit reist Traynor an, um Friedensverhandlungen zu führen, und fragt Bell, ob die Polizei fündig werden würde, sollte sie kommen und nachsehen ...«

»Gestern waren Sie hier.«

»Also mussten die Autos schleunigst verschwinden.«

»Aber wohin?«

»Woher soll ich das wissen? Außerdem wurde gefegt – das ist ein Detail, an das nur Traynor denken würde.« Rebus kratzte sich am Kopf. »Vielleicht irgendwo in eine Garage. Er wäre nicht zum Parkhaus am Flughafen gefahren – das wäre viel zu leicht durchschaubar.«

»Mit welchen Marken haben wir's denn zu tun?«

»Einer war ein Citroën; bei dem unter der Plane bin ich mir nicht sicher – ich hab nur eine rote Karosserie gesehen.«

»Haben Sie die Kennzeichen?«

»Ein Fausthieb in die Magengrube hat die Ermittlungsarbeit beeinträchtigt.«

»Was?«

»War ein anderer Gorilla da als heute.«

»Und deshalb dachten Sie, Sie bräuchten einen starken Mann?«

»Genau.«

»Ich fühle mich beinahe geschmeichelt. Warum haben Sie den Vorfall nicht gemeldet?«

»Es gibt Dinge, die behält man lieber für sich.«

»Zum Beispiel, dass man in einem Kampf der Unterlegene war?«

»Wer hat behauptet, ich sei unterlegen? Sie hätten den anderen mal sehen sollen. Vielleicht ist er deshalb heute Morgen nicht zur Arbeit erschienen.«

»Ich will's Ihnen mal glauben.«

Als sie zum Ausgang fuhren, fragte Fox, ob es sich lohnen könnte, den neuen Wärter zu befragen. Rebus schüttelte den Kopf. Als er seine Kreditkarte in den Automaten steckte, dachte er laut über den Abend des Autounfalls nach.

»Als Jessica und Forbes sich mit dem Brecheisen an dem Ford Escort zu schaffen machten, hat die Überwachungskamera alles übertragen. Der Wächter kam angerannt, aber da hatten sie schon genug gesehen, um auszuflippen ...«

»Und dann?«

»Es gibt nur eine Ausfahrt, und der Automat akzeptiert ausschließlich Kartenzahlung. Forbes ist gefahren, das heißt, er muss auch bezahlt haben.«

»Damit hatten sie seine Adresse ... die sie direkt zu Patrick McCuskey geführt hat.«

»Keine Spur vom jungen Forbes, also haben sie sein Zimmer durchwühlt, schon damit er weiß, was Sache ist.«

»Und der Überfall auf den Vater?«

Rebus wurde nachdenklich, dann zuckte er mit den Schultern.

Sie hielten an einer Tankstelle, mussten auftanken. Im Laden kaufte Rebus ein Päckchen Zigaretten und Fox eine Flasche Wasser.

»Reine Geldverschwendung«, erklärte Rebus Fox, als er die Flasche ansetzte.

»Dasselbe wollte ich auch gerade sagen.« Fox zeigte auf das Päckchen Silk Cut.

Sie befanden sich auf dem Rückweg zum Saab, als Fox

fragte: »Diese Autos, ob sie wohl dämlich genug waren und sie wie Redpaths Ford einfach irgendwo abgestellt haben?«

»Weiß nicht.«

»Der Ford ist auf dem Schrottplatz gelandet…«

Rebus hielt mit einer Hand am Türgriff inne. »Sie meinen, vielleicht…?« Anstatt die Frage zu Ende zu formulieren, stieg er in den Wagen und rief auf dem Schrottplatz in Broxburn an. Er erwartete, Eddie Dukes Stimme zu hören, aber Reece Bairstow meldete sich.

»Hier ist DS Rebus«, erklärte Rebus. »Ich hätte gerne, dass Sie mir einen Gefallen tun.«

»Wie immer.«

»Falls Sie meinen Kollegen erklären möchten, wie das Brecheisen in Ihren Besitz gelangt ist, Reece, kann ich jederzeit…«

Am anderen Ende der Leitung wurde geseufzt. »Also was kann ich für Sie tun?«

»Schrottplätze in der näheren Umgebung von Livingston.«

»Abgesehen von uns, meinen Sie?«

»Ja.«

»Gibt keine.«

»Keinen einzigen?«

»Wir sind der einzige weit und breit. Darf ich jetzt weiterarbeiten?«

»Sobald Sie mir eine letzte Frage beantwortet haben.«

»Nämlich?«

Rebus holte tief Luft. »Zwei Autos, ein Citroën mit abgelaufener Steuerplakette, das andere eine Mittelklasselimousine mit roter Karosserie…«

»Ja?«

»Haben Sie die zufällig gesehen?«

»Sind gestern Abend reingekommen.«

Rebus blinzelte ein paarmal. »Sagen Sie bloß nicht, die sind schon in der Presse.«

»Wollte gerade loslegen. Aber irgendwie hab ich das Gefühl, als wäre Ihnen das nicht recht.«

»Korrekt«, sagte Rebus. »Wir sind in zwanzig Minuten da. Niemand rührt die Autos an – verstanden?«

»Die Leier kommt mir allmählich bekannt vor«, nuschelte Bairstow, als Rebus das Gespräch beendete. Er starrte Fox an.

»Ich schulde Ihnen einen Drink«, sagte er.

»Hab schon einen, danke«, erwiderte Fox und schüttelte die Flasche Wasser.

Eddie Duke war mit Boris, dem Wachhund, beim Tierarzt.

»Hoffentlich ist es was Schlimmes«, sagte Rebus.

Bairstow erklärte, die Autos seien kurz vor Feierabend angekommen. Einer – ein roter Renault – war sauberer als der andere. Die Fahrer seien aber nicht diejenigen gewesen, die das Sagen hatten.

»Da war noch ein anderer Wagen – in dem sind sie hinterher alle zusammen abgerauscht. Der Mann am Steuer hat die Anweisungen gegeben und die Kohle rübergeschoben.«

»Wie hat er ausgesehen?«, fragte Rebus.

»Ungefähr eins achtzig, kräftig gebaut, kurzes, schwarzes Haar, spitzer Haaransatz.«

Rebus hatte bislang nur Fotos von Rory Bell gesehen, aber genau so hätte er ihn beschrieben.

»Kein Name?«, fragte er.

»Hab keinen gehört.«

»Was ist er gefahren?«

»Einen neuen BMW X5. Schwarze Karosserie und getönte Scheiben.«

»Sie haben nicht zufällig das Kennzeichen aufgeschrieben?«

Bairstow schüttelte den Kopf. »War aber kein personalisiertes oder so.«

Sie standen vor den Autos. Rebus erkannte den Citroën – dort, wo er mit dem Finger über die Karosserie gefahren war,

war immer noch ein Strich zu sehen. Die Plane, die auf dem Renault gelegen hatte, lag hinten auf der Hutablage.

»Wie sahen die anderen Fahrer aus?«

Rebus hörte sich Bairstows Beschreibung an. Einer war mit ziemlicher Sicherheit der Wächter aus dem Parkhaus, dem Rebus einen blauen Fleck von der Größe einer Untertasse zu verdanken hatte.

»Haben sie die Schlüssel dagelassen?«

Bairstow kramte in seinem Overall und hielt sie hoch.

»Haben Sie schon reingeschaut?«

Er schüttelte den Kopf.

»Sicher?«

»Absolut.«

»Dann machen wir erst mal bei beiden den Kofferraum auf und sehen nach, was drin ist.«

Zuerst öffneten sie den Citroën. Rebus konnte irgendeine Art Öl riechen. Stoffstreifen lagen herum, und er hielt sich einen an die Nase.

»Was meinen Sie?«, fragte Fox.

»Irgendwas war hier drin eingewickelt. Waffen vielleicht.«

»Waffen?« Das Blut wich aus dem Gesicht des Mechanikers.

Rebus hob die Verkleidung an, fand aber nichts außer einem Ersatzreifen.

In der Zwischenzeit hatte Fox eine der hinteren Türen aufgemacht und tastete unter den Sitzen.

»Haben Sie Plastiktüten?«, fragte er.

»Im Büro«, erwiderte Bairstow.

»Holen Sie bitte welche?«

Als der Mechaniker verschwunden war, erklärte Fox Rebus, dass sie ein Team von der Spurensicherung brauchten.

»Einverstanden. Haben Sie was gefunden?«

»Zeig's Ihnen gleich.«

Rebus öffnete die Fahrertür und griff rüber zum Handschuhfach. Außer ein paar Ersatzglühbirnen war nichts drin.

Der Boden war sauber, die Fächer in den Türen waren leer. Bairstow war mit ein paar kleinen, durchsichtigen Tütchen zurückgekommen, wie sie die Mitarbeiter in Banken beim Geldzählen verwenden. Fox hatte eine Hand hineingesteckt und versuchte jetzt, etwas vom Boden aufzuheben, er schob die Tüte über den Gegenstand und schloss ihn darin ein. Dann hielt er ihn hoch, damit Rebus ihn betrachten konnte. Eine Gewehrpatrone.

»Peng«, sagte Rebus und klopfte seinem Kollegen auf die Schulter. Er nahm Bairstow den zweiten Schlüssel ab und schloss den Renault auf. Auch dieser Kofferraum war leer, abgesehen von Resten eines feinen, weißen Pulvers.

»Sieht aus, als wäre eine Tüte geplatzt«, meinte Rebus.

»Oder jemand wollte mal kosten«, ergänzte Fox.

Rebus stippte den Finger hinein und rieb sich das Pulver auf die Zähne. »Brennt ein bisschen«, meinte er.

Bairstow riss die Augen auf. »Ich hab nicht... Wenn ich das gewusst hätte... Die bringen mich doch um, oder?« Er fing an, nervös zu zucken.

»Ihr Name wird nirgendwo auftauchen, Reece – machen Sie sich keine Sorgen.« Rebus zog sein Handy aus der Tasche. Die Verbindung war schlecht, aber er erreichte die Zentrale am Torphichen Place und bat darum, zu Nick Ralph durchgestellt zu werden. »Ich weiß, wahrscheinlich sagen das alle, aber es ist *wirklich* dringend.«

Als Ralph endlich ans Telefon kam, erklärte ihm Rebus alles der Reihe nach. »Bell fährt einen schwarzen BMW X5 mit getönten Scheiben. Wir müssen den Wagen erwischen. Gut möglich, dass noch ein bisschen Schnee im Kofferraum liegt. Und die Schneemänner sitzen vorne.«

Rebus sah zu, wie Fox wegen des missglückten Witzes die Augen verdrehte. Mit den Lippen formte er ein lautloses »Gewöhnen Sie sich dran« und zwinkerte ihm zu. An Ralph gerichtet sagte er: »Wir brauchen einen Durchsuchungsbe-

schluss für das Parkhaus in Livingston. Und zwar sofort, weil die Überwachungskameras dort Material aufgezeichnet haben, das automatisch gelöscht wird, wenn wir es nicht sicherstellen. Wahrscheinlich ist darauf zu sehen, wie der Stoff aus beiden Autos in den BMW verladen wird.«

»Ich kümmere mich drum, John«, sagte Ralph. »Und die Spurensicherung schicke ich zum Schrottplatz, ja?«

»Ganz genau. Die müssen nach Fingerabdrücken und anderen beweiskräftigen Spuren suchen.«

»Und Sie sind sicher, dass DCI Page damit einverstanden ist?«

»Er ist einer Meinung mit mir, Sir – wir arbeiten alle an *einem* Fall.«

»Dann mache ich mich an die Arbeit. Danke, John.«

»Ja, Sir. Ach übrigens – haben Sie die drei Studenten zum Verhör vorgeladen?«

»Sie sollten um neun Uhr hier sein. Wir haben versucht, sie telefonisch zu erreichen, und auch einen Beamten zur Wohnung von Ms Traynor geschickt – aber ohne Ergebnis.«

»Die sind auf Tauchstation gegangen.«

»Wie Sie's vorausgesagt haben. Sonst noch Aufgaben für mich, bevor ich loslege?«

»Nein, Sir.« Rebus beendete das Gespräch und tippte sich mit dem Handy ans Kinn.

»Fall erledigt?«, fragte Fox.

»Noch nicht ganz«, fand Rebus. »Aber es liegt bei Ihnen, ob Sie bis zum Schluss dabeibleiben wollen. Könnte ein bisschen schmutzig werden.«

»Ich kann ja hinterher sauber machen«, erwiderte Fox schulterzuckend.

»Allmählich gefällt es Ihnen wohl beim CID, Detective Inspector?«

»Es hat seine Vorzüge«, gab Malcolm Fox zu.

Auf der Great King Street gab es keine Parkplätze, weshalb Rebus wieder auf der einfachen durchgezogenen Linie hielt. Er hatte Fox erklärt, er wolle sich mit Owen Traynor unterhalten. Sollte er nicht da sein, konnte ihnen hoffentlich Jessica oder Alice verraten, wo er sich aufhielt.

»Wusste Alice von der Leiche im Kofferraum?«, fragte Fox.

Rebus nickte. »Das war die Art ihres Onkels, ihr mitzuteilen, dass er sich um sie kümmert.«

»Eine Geburtstagskarte mit einem Geldschein drin ist was anderes.«

»Allerdings«, stimmte Rebus ihm zu.

Rebus drückte auf die Klingel, aber nichts rührte sich. Er versuchte es ein zweites Mal, als Fox ihn am Ärmel zupfte. »Ist da nicht …?«

Er zeigte die Straße runter auf einen schwarzen 4x4. Rebus ging voran und um den Wagen herum. Getönte Scheiben. BMW X5. Die Parkgebühr war nicht bezahlt, und hinter der Windschutzscheibe klemmte bereits ein Strafzettel.

»Soll ich die Kollegen informieren?«, fragte Fox.

Rebus nickte, versuchte dann, den Kofferraum zu öffnen, obwohl er wusste, dass er verschlossen sein würde. Dann drückte er sich die Nase an der Scheibe platt, konnte aber auf dem Rücksitz nichts erkennen. Keine Kisten oder Tüten.

»Jemand sollte hier bis zum Eintreffen der Kavallerie Wache stehen«, sagte er, als Fox das Gespräch beendet hatte.

»Und Sie alleine nach oben gehen lassen?« Fox schüttelte den Kopf.

»Wenn Rory Bell da ist, sind es seine Handlanger vielleicht auch. Was glauben Sie, was die da oben machen?«

»Im besten Fall verhandeln sie mit Traynor.«

»Und im schlimmsten?«

»Daran will ich lieber nicht denken.«

»Es macht sowieso niemand auf«, meinte Fox.

Doch als sie sich dem Gebäude näherten, kam ihnen eine

Nachbarin, die ein Fahrrad vor sich herschob, durch den Eingang entgegen. Fox preschte vor und hielt ihr die Tür auf. Die Frau bedankte sich mit einem Lächeln und setzte ihren Helm auf.

»Wir haben zu danken«, erwiderte er und schob Rebus nach drinnen.

Schweigend stiegen sie die Treppe hinauf in den dritten Stock. Als sie die Tür zu Jessica Traynors Wohnung erreicht hatten, signalisierte Fox, dass sie nicht ganz geschlossen war. Rebus schob sie ein paar Zentimeter weiter auf und lauschte.

Stille.

Noch zwei Zentimeter, und er konnte in den Flur sehen.

Keinerlei Lebenszeichen.

Er stieß sie komplett auf, ging hinein und rief: »Hallo?«

Die lackierten Holzdielen knarrten unter seinen Füßen, als er an Jessicas und Alice' Fahrrädern vorbeiging. Die Tür zum Wohnzimmer war nicht ganz geschlossen, und er stieß auch diese auf. Owen Traynor saß auf einem der Sessel, den Kopf im Nacken, die Hände über den Lehnen. Er trug kein Jackett und wirkte blass, beinahe wie unter Drogen.

»Mr Traynor?«, fragte Rebus und suchte den Raum mit Blicken ab. Keine Studenten, kein Rory Bell.

»Woher hab ich wohl gewusst, dass wir uns wiedersehen würden?« Traynors Mund schien wie ausgetrocknet, seine Stimme war brüchig.

»Gab es Ärger?«

Traynor sah Rebus an und schüttelte den Kopf. Der Schlafmangel hatte seine Augen ausgehöhlt.

»Waren Sie die ganze Nacht hier?«, fragte Rebus.

»Kann sein.«

»Jessica und Alice?«

»Hab ich weggeschickt. Forbes auch.«

»Um ungestört mit Rory Bell zu reden?«

Traynors Blick schien sich zu schärfen, aber er beschloss,

nicht zu antworten. Seine Finger klopften leise einen Rhythmus an den Sessel. Rebus wandte sich zu Fox um und gab ihm ein Zeichen, dass er sich umsehen möge. Dann ging er auf den Sessel zu und hockte sich davor.

»Hat nichts gebracht, wissen Sie – die Autos aus dem Parkhaus zu holen. Wir haben sie trotzdem gefunden.«

»Ich mache Alice keinen Vorwurf, auch wenn sie glaubt, es sei mein gutes Recht – schließlich hat sie Jessica und Forbes erst mit hineingezogen.«

Rebus hörte ein Fahrzeug draußen auf der Straße mit quietschenden Reifen halten. Er richtete sich auf und ging zum Fenster, von wo aus er auf die Dächer zweier Streifenwagen mit blinkenden Lichtern blickte.

»Wir haben uns ausführlich unterhalten, alle vier«, sagte Traynor mehr zu sich selbst als zu Rebus. »Dampf abgelassen. Alice stand auf Forbes, aber er gehörte Jessica. Deshalb hat sie was mit seinem Vater angefangen – dadurch kam sie ihm am nächsten. Sind doch noch Kinder, oder? Die wissen nicht immer, was sie tun. Forbes meinte, es täte ihm total leid, dass er Jessica am Abend des Unfalls im Stich gelassen hat. Er wollte nach Hause laufen und Hilfe holen. Aber es war niemand da, und als er wieder zum Golf kam, war Jessica längst im Krankenwagen unterwegs in die Notaufnahme …«

»John?« Das war die Stimme von Fox. Er stand in der Tür. »Badezimmer«, sagte er.

Rebus ging durch den Flur, bis er es gefunden hatte. Rory Bell lag in der weißen Wanne. Er war vollständig bekleidet, sein Hals seltsam verdreht, die Augen starr aufgerissen und glasig. Rebus fuhr mit der Hand in die Taschen des Toten und zog den Autoschlüssel heraus. Ein Hosenbein war hochgerutscht, entblößte eine bleiche, unbehaarte Wade. Er zog den Stoff wieder herunter, als könnte er der Szene damit ein Mindestmaß an Würde verleihen.

Schon bald würde der Tatort fotografiert und auf Fingerab-

drücke untersucht werden. Die Spurensicherung würde kommen, Rebus musste sie jetzt verständigen. Mit wummerndem Herzen ging er langsam ins Wohnzimmer zurück. Owen Traynor hatte sich nicht gerührt.

»Niemand jagt meiner Tochter einen solchen Schrecken ein, Rebus. Nicht, wenn ihm sein Leben lieb ist.«

»Hatte er niemanden dabei?«

Traynor schüttelte den Kopf. »Nur wir beide – ich habe darauf bestanden.«

»Das war vergangene Nacht? Spät in der Nacht? Und seitdem sitzen Sie hier?«

»Was hätte ich denn sonst tun sollen?«

Rebus wandte sich an Fox. »Holen Sie ein paar Kollegen von unten rauf, ja?«

Fox nickte und wandte sich zum Gehen. Rebus trat erneut ans Fenster.

»Jetzt kann er ihr nichts mehr anhaben«, erklärte Owen Traynor. »Ich habe dafür gesorgt, dass alle in Sicherheit sind.«

»Wenn mein Kollege zurückkommt«, erklärte Rebus rasch, »wird man Sie über Ihre Rechte aufklären. Wollen Sie Jessica schnell anrufen und ihr erzählen, was passiert ist?«

»Es war ganz einfach. Fast schon zu einfach – der Mann hatte keine Kraft. Und eigentlich war ich es auch gar nicht; ich stand daneben und habe zugesehen, wie's passiert ist …«

»Sie sollten Ihre Tochter anrufen.«

»Das hab ich schon – vor ungefähr einer Stunde. Sie meinte, sie wolle kommen und mir helfen. Sie meinte, wir könnten die Leiche verstecken oder irgendwie loswerden. Aber das würde doch nichts bringen, oder?«

»Nein«, erwiderte Rebus. »Auf lange Sicht nicht.«

»Ich hab auch überlegt, ob ich mich umbringen soll.«

»Jessica wird sehr froh sein, dass Sie es sich anders überlegt haben.«

»Sie ist das Einzige, das mich davon abgehalten hat.« Tray-

nor stand jetzt neben Rebus am Fenster. »Ist das sein Wagen?«, fragte er.

»Ja.«

»Was ist daran so interessant?«

»Ich hoffe, wir werden es herausfinden. Der Mann, den Sie getötet haben, war kein Heiliger, Mr Traynor.«

»Kann nicht behaupten, dass mir in meinem Leben viele Heilige begegnet sind.«

»Ich auch nicht«, pflichtete Rebus ihm bei.

Wieder auf der Straße, öffnete er den Kofferraum des X5 mit Rory Bells Schlüssel.

»Verdammte Scheiße«, keuchte Fox.

Zwei Flinten mitsamt Munition. Eine Reisetasche voller Tüten mit weißem Pulver. Dicke Bündel, die nach Falschgeld aussahen. Außerdem ein Laptop, Rolex-Uhren, Halsketten und Broschen – die Beute aus dem Einbruch bei McCuskey.

»Wenn ich es nicht besser wüsste«, sinnierte Fox, »würde ich sagen, Owen Traynor hat der Welt einen Gefallen getan.«

»Zum Glück wissen Sie's besser«, erwiderte Rebus, klappte den Kofferraumdeckel zu und wartete auf das Eintreffen der Spurensicherung.

»Ihr beide seid aber gut gelaunt«, sagte Siobhan Clarke, als Fox und Rebus in die Wache am Torphichen Place spazierten. Sie hatte auf sie gewartet, um gemeinsam mit ihnen DCI Ralph Bericht zu erstatten.

»Wie geht's Maggie Blantyre?«, fragte Rebus.

»Steht noch unter Schock.«

»Und Dod?«

»Sein Neffe kommt mit ihm klar. Aber ...« Sie fixierte Malcolm Fox. »Die Generalstaatsanwältin möchte einen ausführlichen Bericht von Ihnen über Philip Kennedy, Billy Saunders, Summerhall ...«

Fox bemühte sich, möglichst nicht in Rebus' Richtung zu blicken. »Beweise in dem Sinne gibt es ja eigentlich keine. Das meiste ist unwesentlich.«

»Das müssen Sie ihr selbst sagen«, meinte sie und ging voran in Ralphs Büro. Er saß am Schreibtisch, stand aber auf, um ihnen die Hände zu schütteln, dann bedeutete er ihnen, sich zu setzen.

»Wir haben Rory Bells Gorillas gefasst«, sagte er. »Sie sitzen in den Vernehmungsräumen eins und zwei. Angesichts dessen, was ihnen blüht, denke ich, dass mindestens einer von beiden auspacken wird, speziell in Hinsicht auf den Besuch im Haus des Justizministers. Sieht aus, als könnten wir allesamt stolz auf die Ergebnisse sein – möglicherweise mit Ausnahme von DCI Page.« Ralph sah Rebus an. »Ich weiß, Sie sind ein paarmal mit ihm aneinandergeraten, aber irgendwo wird es doch bestimmt noch einen Job für Sie geben. Erst mal hoffe ich jedenfalls, dass Sie drei Ihren Erfolg gebührend feiern.«

»Auf Rechnung von Police Scotland?«, fragte Clarke.

»Das glaube ich weniger – wir wurden angewiesen, Geld einzusparen, schon vergessen?«

»Dann wird es wahrscheinlich nicht mehr als eine Pastete von Greggs und eine Limo geben.«

»Hauptsache, nicht während der Dienstzeit.« Ralph grinste und zeigte zur Tür, um ihnen mitzuteilen, dass die Besprechung beendet war.

Anstatt die Wache direkt zu verlassen, suchte Rebus ein bestimmtes Vernehmungszimmer. Er ging hinein und identifizierte sich gegenüber den Beamten, die den Wächter aus dem Parkhaus in Livingston vernahmen. Der Mann war nicht mehr uniformiert. Er trug eine Tarnjacke und eine dazu passende Hose. Die Arme hatte er verschränkt, düster blickte er vor sich hin. Neben ihm saß ein Anwalt, eine abgerissen wirkende Person mit einem billigen Kugelschreiber und einem linierten Notizblock. Rebus bat die Detectives um zwei Mi-

nuten. Sie schienen nicht glücklich darüber, aber er blieb beharrlich, und schließlich verließen sie den Raum. Der Anwalt blieb, aber das konnte Rebus nur recht sein. Er stützte sich mit geballten Fäusten auf der Tischkante ab und beugte sich bedrohlich über den Mann, der ihn in die Magengrube geschlagen hatte.

»Kennen Sie mich noch?«, fragte er.

»Wenn Sie mir eine reinhauen wollen, nur zu.«

»Vor den Augen Ihres Anwalts? Nein, vor Gericht komme ich auch so noch auf meine Kosten. Das Einzige, was Ihnen jetzt noch helfen kann, ist, Ihren Chef zu verpfeifen. Wird sich anfühlen wie ein Schlag in die Magengrube, aber Sie werden es trotzdem machen, weil Sie damit Ihr Strafmaß mindern. Aber wenn Sie dann erstmal sitzen, werden alle wissen, was Sie getan haben. Die werden wissen, dass Sie das Maul nicht halten konnten. Und das Gefühl in Ihrer Magengrube lässt niemals nach …« Rebus richtete sich auf, wandte sich jetzt an den Anwalt.

»Strengen Sie sich bloß nicht an«, sagte er, drehte sich um und ging.

Am Abend, als er nach Hause fuhr, war nur noch ein Parkplatz neben einem weißen Range Rover Evoque frei. Als Rebus ausstieg, kletterte auch Darryl Christie aus dem Wagen.

»Ich hab von Rory Bell gehört«, sagte Christie.

»Der wird Ihnen Ihr Territorium nicht mehr streitig machen«, bestätigte Rebus.

»Ich hab auch gehört, dass Sie an seinem Ableben nicht ganz unbeteiligt waren.« Christie streckte ihm eine Hand hin. Rebus starrte sie an, bis der junge Mann den Arm sinken ließ. »Ob es Ihnen gefällt oder nicht, ich bin Ihnen was schuldig. Wann auch immer Sie mich brauchen, ein Anruf genügt.«

»Schön«, sagte Rebus, schloss seinen Wagen ab und ging auf sein Haus zu. An der Tür blieb er stehen, der Schlüssel steckte

noch nicht ganz im Schloss, als er sich noch einmal zu Christie umwandte.

»Ist das ein ernst gemeintes Angebot?«, rief er.

Epilog

Punkt vier kam Peter Meikle am nächsten Nachmittag mit enttäuschter Miene aus dem Wettbüro in der Clerk Street, und sein Blick verfinsterte sich weiter, als er Rebus entdeckte.

»Schon wieder?«

»Schon wieder«, pflichtete ihm Rebus bei.

»Und wenn ich nein sage?«

»Das ist heute das letzte Mal, Peter. Fahr einfach ein Stück mit, danach war's das gewesen.«

»Versprochen?«

»Versprochen.«

Meikle stieg auf der Beifahrerseite ein und schnallte sich an. »Holyrood Park?«, vermutete er.

»Holyrood Park«, bestätigte Rebus. Dann blinkte er und fädelte sich in den fließenden Verkehr ein: »Ist lange her, oder? Gab es in der ganzen Zeit auch nur einen einzigen Tag, an dem du nicht dran denken musstest?«

»Ich habe Dorothy nicht umgebracht.«

»Blödsinn, Peter, natürlich hast du's getan. Und früher wäre das auch kein Problem für uns gewesen – für die Polizei, meine ich. Aber die Zeiten haben sich geändert.«

»Anscheinend schüchtern Sie aber immer noch gerne Leute ein.«

»Würdest du das so nennen?« Rebus blickte Meikle an. »Ich schlage deinen Kopf doch gegen keine Wand, oder? Und ich lege dich auch nicht rein – schiebe dir kein belastendes Material unter, fälsche nicht deine Akte. Wir zwei machen lediglich eine kleine Spazierfahrt, unterhalten uns unter vier Augen.«

Sie fuhren Richtung Commonwealth Pool. An der Ampel links, danach gelangten sie in den Holyrood Park.

»In letzter Zeit sind ein paar Dinge passiert«, fuhr Rebus fort, »die mich nachdenklich gemacht haben. Die Guten sind fast nie immer nur gut und die Bösen fast nie immer nur böse.« Er zuckte mit den Schultern. »Ich weiß, das ist keine neue Erkenntnis. Aber es gibt einen Ort, an dem sich beide begegnen, und da kann es dann interessant werden. Als würden wir alle auf demselben Teppich stehen, aber keiner betrachtet das Muster.« Er sah erneut seinen Beifahrer an. »Ergibt das Sinn?«

»Für Sie vielleicht – aber Sie haben ja auch schon wieder was getrunken.«

»Nur einen Whisky, Peter. Sagen wir mal, ich musste mir Mut antrinken.«

Meikle starrte ihn an. »Was haben Sie vor?«

Rebus lächelte kalt. »Wir fahren einfach ein bisschen spazieren«, wiederholte er.

Und das taten sie – sie schlängelten sich am Fuß der Salisbury Crags entlang, ließen das Dumbiedykes Estate links liegen, an Holyrood vorbei und am St Margaret's Loch rechts ab, hinauf zu Arthur's Seat. Meikle wusste, wo sie halten würden – gegenüber dem Gatter, wo es nach Willowbrae ging, genauso wie auch schon zuvor. Dort parkte jetzt ein weiterer Wagen, und Rebus hielt direkt dahinter.

»Wir haben nicht lange Zeit, Peter«, sagte er, machte den Motor aus und sah dabei auf die Uhr. »Du hast die Leiche hier hochgebracht, hab ich recht? Sie irgendwo hier in der Nähe vergraben.« Er hielt inne. »Hast du eigentlich dein Handy wiedergefunden?«

»Hab fast eine halbe Stunde lang im Gestrüpp gesucht.«

Rebus nickte zufrieden. »Ihr hattet einen kleinen Ehekrach. Die Nachbarin wusste es, Dorothys Schwester wusste es. Dorothy war bei ihr gewesen und hatte ihr gestanden, dass sie schreckliche Angst davor hatte, was du ihr antun würdest, sollte sie versuchen, dich zu verlassen. Sie war gerade am Pa-

cken, als du nach Hause gekommen bist. Vielleicht hast du ihr eine gescheuert, und sie fand, dass es reicht. Da gibt's viele Möglichkeiten, wie sich das abgespielt haben kann, Peter. Nur eins ist nicht passiert, sie ist nicht in einen Bus oder einen Zug gestiegen und zu neuen Ufern aufgebrochen.«

»Sie befinden sich auf dem Holzweg.«

»Tatsächlich? Na schön, alles klar.« Er tappte mit den Händen aufs Lenkrad.

»Was?«

»Ich hab getan, was ich konnte.« Rebus hupte, und die Türen des Wagens vor ihnen öffneten sich. Zwei Männer tauchten auf. Einer war Darryl Christie, der andere ein großer Kerl mit kahl rasiertem Schädel, vermutlich Dean Grants Nachfolger.

»Was soll das werden?«, fragte Peter Meikle, die linke Hand am Türgriff, als wollte er verhindern, dass von außen geöffnet wurde.

»An dieser Stelle verabschieden wir uns.«

»Das ist Darryl Christie«, stotterte Meikle.

»Darryl schuldet mir noch einen Gefallen, Peter, und ich habe beschlossen, dass ich ihn für dich verwenden will. Jetzt raus mit dir.«

»Was?«

»Du fährst jetzt mit den beiden mit.« Rebus nickte Richtung Evoque. »Ich bin zu alt und zu müde. Ich kann nicht mehr, aber *die* können noch. Und hinterher finden wir ein hübsches, ruhiges Plätzchen für deine Gebeine.«

»Das können Sie doch nicht machen!«

»Wieso nicht?«

»Sie sind von der Polizei!«

Rebus beugte sich über ihn, die Gesichtszüge verhärtet. »Ich komm aus den Achtzigern, Peter – ich bin keiner von diesen neumodischen Supersensiblen. Und jetzt raus aus meinem verfluchten Wagen!«

Als Meikle mit vor Schreck geweiteten Augen aus dem

Beifahrerfenster blickte, sah er Christie und das Menschenmonster dort stehen. Dann wurde trotz seiner verzweifelten Bemühungen, sie festzuhalten, die Tür aufgerissen, und Rebus war ihm behilflich, indem er den Sicherheitsgurt für ihn löste.

»Nein!«, flehte er, als er aus dem Wagen gezogen wurde. Er verlor einen seiner billigen Slipper, der auf dem Boden liegen blieb. Dann wurde er zu dem Evoque gezerrt und auf den Rücksitz gestoßen, der Bodyguard stieg neben ihm ein. Rebus ließ seine Scheibe runter und zündete sich eine Zigarette an. Dann sah er zu, wie Christie die Tür auf der Fahrerseite zuschlug und der Wagen davonfuhr. Als er hinter einer Kurve verschwand, klingelte sein Handy.

»Hallo Siobhan«, sagte er. »Sind wir heute Abend noch verabredet?«

»Müssen wir uns ausgerechnet in dem stickigen Hinterzimmer der Oxford Bar treffen?«

»Woanders kommt nicht in Frage.«

»Na gut.« Sie seufzte. »Halb neun?«

»Vielleicht bin ich schon vorher da.«

»Bist du schon unterwegs?«

»Noch nicht ganz. Kann Malcolm ganz bestimmt kommen?«

»Er hat gesagt, er freut sich drauf.«

»Die Geschäftsführung könnte das anders sehen, wenn er weiterhin bei seiner Cola bleibt.«

»Ich wage zu behaupten, dass du und ich für ihn mittrinken können.«

»Das will ich wohl meinen.« Rebus gestattete sich ein Grinsen, schnippte die Asche zum Fenster raus.

»Hör ich da den Wind pfeifen?«

»Hab nur frische Luft geschnappt.«

»Die nächsten Wochen könnten ungemütlich werden. Viele Fragen werden gestellt werden.«

»Ich bin bereit.«

»Vielleicht können wir unsere Aufzeichnungen abgleichen, wenn wir uns nachher sehen?«

»Bist du sicher, dass das nicht gegen die Vorschriften verstößt?«

»Vielleicht schon. Zum Glück haben wir ja Malcolm, der aufpasst, dass wir den Pfad der Tugend nicht verlassen.«

»Zum Glück, Siobhan.«

»Ich hab Laura Smith angerufen und ihr Bescheid gegeben. Dachte, sie hat's verdient.«

»Man weiß nie, ob man nicht doch mal eine freundlich gesonnene Journalistin brauchen kann. Bis heute Abend.«

»Danach noch ein paar Tapas im Café Andaluz?«

»Mehr als zwei Bier schaffe ich heute nicht.«

»Noch was vor?« Sie hielt inne. »Sag bloß, du hast ein Date?«

»Erzähl mir jetzt bloß nicht, dass ich zu alt dafür bin.«

»Wer ist es denn?«

»Hab ich kein Recht auf ein Privatleben?«

»Du weißt, dass ich weiterbohren werde.«

»Bis heute Abend.«

»Zieh deinen besten Anzug an, nicht vergessen. Und geh bloß in keinen billigen Laden mit ihr …«

Rebus grinste, als er das Gespräch beendete.

Er behielt den Seitenspiegel im Blick und rauchte. Dann stieg er aus, holte etwas vom Rücksitz. Der Wind pfiff ihm um die Ohren, als er anfing, systematisch die Seiten aus der Schattenbibel zu reißen. Sie wurden sofort vom Wind erfasst und fortgetragen. Als nichts mehr außer dem Ledereinband übrig war, fuhr der Evoque langsam vorbei, blieb an derselben Stelle stehen wie vorher auch. Die drei Männer stiegen aus, das Menschenmonster stützte Peter Meikle, während Darryl Christie auf Rebus zuging.

»Er zeigt es Ihnen«, sagte er. »Jetzt gleich, wenn Sie wollen.«

Rebus machte die Beifahrertür seines Saab auf, warf die Überreste der Schattenbibel auf den Sitz und hob Peter Meikles Schuh auf.

Prolog

Der Beifahrer zog die Kassette aus dem Player und warf sie auf den Rücksitz.

»Hey, das waren die Associates«, beschwerte sich der Mann am Steuer.

»Sollen sich woanders assoziieren. Der Typ singt, als würden ihm die Eier zerquetscht.«

Der Fahrer dachte einen Augenblick darüber nach, dann grinste er.

»Weißt du noch, wie wir das gemacht haben, mit diesem ... wie hieß der nochmal?«

Der andere zuckte mit den Schultern. »Der hat dem Boss Geld geschuldet – das war das Entscheidende.«

»Aber viel war's nicht, oder?«

»Ist es noch weit?« Der Beifahrer spähte durch die Windschutzscheibe.

»Ein Kilometer. In dem Wald hier wird's langsam voll.«

Der Beifahrer enthielt sich einer Bemerkung. Draußen war es dunkel, und auf den letzten knapp zehn Kilometern waren sie keinem anderen Wagen mehr begegnet. Sie waren in Fife, abseits der Küste, karge Felder warteten hier auf den Winter. Eine nicht allzu weit entfernte Schweinefarm, die sie früher schon mal zweckentfremdet hatten.

»Was ist der Plan?«, fragte der Fahrer.

»Wir haben nur eine Schaufel. Die Münze entscheidet, wer schwitzen muss. Seine Klamotten verbrennen wir später.«

»Hat ja eh kaum was an.«

»Tätowierungen oder Ringe hab ich keine gesehen. Nichts, was wir abschneiden müssten.«

»Da sind wir.« Der Fahrer hielt, stieg aus und zog das Tor auf. Ein zerwühlter, matschiger Pfad führte in den Wald. »Hoffentlich bleiben wir nicht stecken«, sagte er und schob sich wieder auf den Sitz. Dann, als er den Gesichtsausdruck des anderen Mannes sah: »War bloß ein Witz.«

»Will's hoffen.«

Langsam fuhren sie ein paar hundert Meter weiter. »Hier ist Platz zum Wenden«, meinte der Fahrer.

»Dann bleiben wir doch hier.«

»Erkennst du die Stelle?«

Der Beifahrer schüttelte den Kopf. »Ist schon eine Weile her.«

»Ich glaube, da vorn liegt schon einer unter der Erde und da drüben links noch einer.«

»Dann versuchen wir's lieber auf der anderen Seite vom Weg. Ist die Taschenlampe im Handschuhfach?«

»Mit neuen Batterien, wie du gesagt hast.«

Der Beifahrer vergewisserte sich. »Also dann.«

Die beiden Männer stiegen aus und blieben eine knappe Minute stehen, warteten, bis sich ihre Augen an die Dunkelheit gewöhnt hatten, und lauschten nach ungewöhnlichen Geräuschen.

»Ich such die Stelle aus«, sagte der Beifahrer, nahm die Taschenlampe und zog los. Der Fahrer zündete sich eine Zigarette an und öffnete die hintere Tür des schon etwas älteren Mercedes, die Scharniere quietschten. Er nahm die Kassette der Associates vom Rücksitz und steckte sie sich in die Jackentasche, wo sie auf ein paar Münzen fiel. Die würde er noch brauchen, wenn es um Kopf oder Zahl ging. Er schlug die Tür wieder zu, umrundete den Kotflügel hinten und öffnete den Kofferraum. Die Leiche war in ein schlichtes blaues Bettlaken eingewickelt. Oder besser, eingewickelt gewesen. Auf der Fahrt hatte sich das improvisierte Leichentuch gelöst. Nackte Füße, bleiche, dünne Beine und ein Brustkasten waren zum Vor-

schein gekommen. Der Fahrer lehnte die Schaufel an eines der Rücklichter, aber sie fiel um. Fluchend bückte er sich danach.

In diesem Augenblick erwachte der Tote mit aller Macht zum Leben, sprang aus dem Kofferraum und hätte den Fahrer beinahe umgeworfen. Letzterer stöhnte auf, die Zigarette fiel ihm aus dem Mund. Mit einer Hand an der Schaufel versuchte er, sich wieder hochzuziehen. Das Laken hing halb aus dem Kofferraum, während der eben noch darin Eingewickelte zwischen den Bäumen verschwand.

»Paul!«, brüllte der Fahrer. »Paul!«

Der Lichtkegel kündigte die Rückkehr des Mannes namens Paul an.

»Was zum Teufel ist denn los, Dave?«, schrie er. Der Fahrer konnte nur mit zitternder Hand in die Richtung zeigen, in die der Totgeglaubte geflohen war.

»Der ist abgehaun!«

Paul warf einen Blick in den leeren Kofferraum und zischte durch die zusammengebissenen Zähne.

»Dann nichts wie hinterher«, knurrte er. »Sonst gräbt bald einer ein Loch für uns.«

»Der ist von den Toten wiederauferstanden«, sagte Dave mit bebender Stimme.

»Müssen wir ihn eben nochmal töten«, befand Paul und zog sein Messer aus der Innentasche seiner Jacke. »Aber diesmal ein bisschen langsamer …«

LESEPROBE

Tag eins

1

Wieder erwachte Malcolm Fox aus einem Albtraum.

Er glaubte zu wissen, warum er neuerdings so schlecht schlief – es musste an der Ungewissheit liegen, was seinen Job anging. Eigentlich war er gar nicht sicher, ob er ihn überhaupt noch wollte, und gleichzeitig fürchtete er, längst überflüssig geworden zu sein. Gestern hatte man ihn nach Dundee geschickt, wo er jemanden vertreten sollte. Als er sich nach den Gründen erkundigte, hatte man ihm erklärt, der Kollege dort sei nach Glasgow beordert worden, um für einen anderen einzuspringen.

»Wär's dann nicht einfacher, ich würde nach Glasgow fahren?«, hatte Fox vorgeschlagen.

»Sie können ja mal nachhaken.«

Also hatte er den Hörer genommen, genau das getan und dabei erfahren, dass der Kollege aus Glasgow nach Edinburgh kommen sollte, um einen personellen Engpass hier zu überbrücken – an diesem Punkt hatte Fox sich geschlagen gegeben und war nach Dundee gefahren. Und heute? Wer wusste das schon. Anscheinend konnte sein Chef in St Leonard's nichts mit ihm anfangen. Er war ein Detective Inspector zu viel.

»Die sitzen alle nur ihre Zeit ab«, hatte sich DCI Doug Maxtone herausgeredet. »Und verstopfen das ganze System, dabei sollten sich einige von denen endlich ihre goldene Uhr abholen und in den Ruhestand verabschieden ...«

»Verstehe«, hatte Fox gesagt. Auch er selbst befand sich nicht mehr im idealistischen Rausch der Jugend – noch drei

Jahre, und er konnte sich bei vernünftigen Bezügen und verbliebener Vitalität pensionieren lassen.

Unter der Dusche dachte er über die Alternativen nach. Für den Bungalow in Oxgangs, den er sein Heim nannte, würde er einen guten Preis bekommen und sich mit dem Geld auch woanders niederlassen können. Aber er musste auch an seinen Vater denken – Fox konnte nicht zu weit wegziehen, nicht solange Mitch lebte. Und dann war da noch Siobhan. Sie waren kein Paar, verbrachten aber immer mehr Zeit miteinander. War einem von beiden langweilig, wussten sie, dass man jederzeit anrufen konnte. Sie gingen zusammen ins Kino oder essen oder setzten sich mit Knabberkram vor eine DVD. Zu Weihnachten hatte sie ihm ein halbes Dutzend Filme geschenkt; drei davon hatten sie noch vor Ende des Jahres gesehen. Beim Anziehen dachte er an sie. Sie liebte ihren Job mehr, als er seinen liebte. Wenn sie sich trafen, war sie stets erpicht darauf, Neuigkeiten und Tratsch auszutauschen, er zuckte allerdings meist nur mit den Schultern, steuerte höchstens hier und da mal ein paar Brocken bei. Diese verschlang sie dann wie Delikatessen, selbst wenn er oft nur trockenes Brot servierte. Nach wie vor arbeitete sie am Gayfield Square, James Page war ihr direkter Vorgesetzter. Anscheinend waren die Strukturen dort besser als in St Leonard's. Fox hatte an Versetzung gedacht, wusste aber gleichzeitig, dass dies ausgeschlossen war – dort würde genau dasselbe Problem entstehen. Ein DI zu viel.

Vierzig Minuten nach dem Frühstück parkte er hinter St Leonard's. Er blieb ein paar Augenblicke länger im Wagen sitzen, sammelte sich, fuhr mit den Händen über das Lenkrad. In Zeiten wie diesen würde er am liebsten rauchen – nur um etwas zu tun zu haben und um sich von sich selbst abzulenken. Stattdessen legte er sich ein Kaugummi auf die Zunge und schloss den Mund. Ein uniformierter Kollege war durch den Hinterausgang der Wache auf den Parkplatz getreten und machte ein Päckchen Zigaretten auf. Als Fox auf ihn zukam,

trafen sich ihre Blicke, der andere nickte fast unmerklich. Er wusste, dass Fox früher für Professional Standards gearbeitet hatte – alle auf der Wache wussten es. Einigen schien es nichts auszumachen; andere machten keinen Hehl aus ihrer Abneigung. Sie sahen ihn böse an, antworteten mürrisch, schlugen ihm Türen vor der Nase zu, anstatt sie aufzuhalten.

»Du bist ein guter Polizist«, hatte Siobhan ihm mehr als einmal versichert. »Ich wünschte, du würdest das auch so sehen …«

Als er die Büros des CID erreichte, merkte Fox, dass etwas vor sich ging. Stühle und andere Möbelstücke wurden verschoben. Sein Blick traf den eines stinkwütenden Doug Maxtone.

»Wir müssen Platz schaffen für ein neues Team«, erklärte dieser.

»Ein neues Team?«

»Aus Gartcosh, das heißt eigentlich fast Glasgow – und Sie wissen ja, was ich von *denen* halte.«

»Aus welchem Grund?«

»Sagt einem ja keiner.«

Fox kaute auf seinem Kaugummi herum. Gartcosh, ein altes Stahlwerk, das inzwischen den Scottish Crime Campus beherbergte. Im vergangenen Sommer war der Betrieb dort aufgenommen worden, aber Fox hatte bislang noch keine Gelegenheit gehabt vorbeizuschauen. Untergebracht waren in dem Gebäude neben der Polizei auch Staatsanwälte, Gerichtsmediziner und bestimmte Abteilungen der Zollbehörde. Unter anderem beschäftigte man sich dort mit organisiertem Verbrechen und Terrorismusbekämpfung. »Wie viele haben wir denn die Ehre willkommen heißen zu dürfen?«

Maxtone sah ihn stinksauer an. »Ehrlich gesagt, Malcolm, ich habe nicht vor, auch nur einen einzigen *willkommen* zu heißen. Aber wir brauchen Tische und Stühle für ein halbes Dutzend.«

»Außerdem Computer und Telefone?«

»Die bringen sie selbst mit. Allerdings wird …« Maxtone zog ein Blatt Papier aus der Tasche und las demonstrativ nach, »›zusätzliche Hilfestellung, je nach Bedarf‹ verlangt.«

»Kam das von oben?«

»Vom Chief Constable persönlich.« Maxtone zerknüllte den Zettel und warf ihn vage Richtung Papierkorb. »In einer Stunde sind sie da.«

»Soll ich ein bisschen staubwischen?«

»Warum nicht? Einen Sitzplatz haben Sie sowieso nicht mehr.«

»Ich verliere meinen Stuhl?«

»Und den Schreibtisch auch.« Maxtone atmete geräuschvoll ein und wieder aus. »Wenn Sie also noch was in den Schubladen haben, das Sie anderen lieber vorenthalten würden …« Er rang sich ein grimmiges Grinsen ab. »Wahrscheinlich wären Sie jetzt lieber einfach im Bett geblieben, hm?«

»Viel schlimmer, Sir – ich wünschte, ich wäre noch in Dundee.«

Siobhan Clarke hatte auf dem St Bernard's Crescent im Halteverbot geparkt, einer äußerst eleganten Straße in der New Town Edinburghs; Säulen zierten die Hauseingänge, bodentiefe Fenster waren hier Standard. Zwei halbkreisförmige Reihen georgianischer Bauten standen einander gegenüber, dazwischen ein kleiner privater Garten mit Bäumen und Bänken. Raeburn Place lag mit seinen Geschäften und Restaurants nur zwei Gehminuten entfernt, ebenso der Water of Leith. Sie war ein paarmal mit Malcolm samstags zum Markt gegangen und hatte gescherzt, dass er doch seinen Bungalow gegen eine Wohnung in einem der Colony Houses hier eintauschen könnte.

Ihr Handy brummte: Wenn man vom Teufel spricht. Sie ging dran.

»Wieder unterwegs im hohen Norden?«

»Gerade nicht«, sagte er. »Aber hier ist großes Stühlerücken angesagt.«

»Ich hab auch Neuigkeiten – ich wurde den Ermittlungen im Fall Minton zugeteilt.«

»Wann?«

»Heute Morgen, ich hätte es dir beim Mittagessen erzählt. James wurde mit der Leitung beauftragt, und er wollte mich dabeihaben.«

»Verständlich.«

Sie schloss ihren Wagen ab und ging auf die glänzend schwarze Haustür mit dem ebenso glänzenden Messingklopfer und Briefschlitz zu. Eine uniformierte Beamtin stand davor Wache; sie erkannte Clarke und verneigte sich andeutungsweise, was diese mit einem Lächeln quittierte.

»Zeit für einen Kaffee?«, fragte Fox und versuchte, möglichst lässig zu klingen, wobei sie aber merkte, dass es ihm wichtig war.

»Ich muss Schluss machen, Malcolm. Wir sprechen uns später.« Clarke beendete die Verbindung und wartete, dass ihr die Beamtin die Tür aufschloss. Journalisten waren keine dort – die waren schon wieder abgezogen. Ein paar Blumensträuße lagen auf den Stufen vor dem Haus, vermutlich hatten Nachbarn sie dorthin gelegt. Rechts von der Tür befand sich ein altmodischer Klingelzug, darüber ein Namensschild in Großbuchstaben: MINTON.

Als die Tür aufging, bedankte Clarke sich bei der Kollegin und trat ein. Post lag auf dem Parkettboden. Sie hob sie auf und sah, dass sich auf einem Beistelltischchen noch mehr Briefe stapelten. Diese waren bereits geöffnet und geprüft worden, vermutlich von den Kollegen des Einsatzteams. Die üblichen Werbezettel und Flyer befanden sich darunter, sogar für ein indisches Restaurant mit Bestellservice im Süden der Stadt, das auch Clarke kannte. Dass Lord Minton sich Mahlzeiten zum Mitnehmen holte, konnte sie sich nicht so recht

vorstellen, aber genau wusste man das nie. Die Spurensicherung hatte auch im Eingangsbereich alles auf Fingerabdrücke abgesucht. Lord Minton – David Menzies Minton, wie er korrekt und vollständig hieß – war vor zwei Tagen ermordet worden. In der Nachbarschaft hatte niemand etwas von dem Einbruch oder Überfall mitbekommen. Wer auch immer es getan hatte, war im Dunkeln über einige Mauern geklettert und neben der verschlossenen und verriegelten Hintertür durch ein kleines Fenster im ebenerdig gelegenen Hauswirtschaftsraum eingestiegen. Er hatte das Fenster eingeschlagen und war reingeklettert. Minton hatte im Erdgeschoss in seinem Arbeitszimmer gesessen. Laut Autopsie hatte er Schläge auf den Kopf bekommen und war anschließend erwürgt worden, anscheinend war auch nach Todeseintritt noch auf seinen leblosen Körper eingeprügelt worden.

Clarke stand in dem stillen Eingangsbereich und orientierte sich. Dann nahm sie eine Mappe aus ihrer Schultertasche und las noch einmal nach. Das Opfer war achtundsiebzig Jahre alt gewesen, unverheiratet, seit fünfunddreißig Jahren wohnhaft unter dieser Adresse. Er hatte die George Heriot's School und die Universitäten in St Andrews und Edinburgh besucht. Danach hatte er als einer von vielen Anwälten in der Stadt eine beispiellose Karriere hingelegt und war schließlich zum Lord Advocate, zum Chefjustiziar der schottischen Exekutive, aufgestiegen. Als solcher war er Ankläger bei einigen der bekanntesten Strafprozesse gewesen. Feinde? Zu seinen besten Zeiten musste er unzählige gehabt haben, aber in den vergangenen zehn Jahren war er aus dem Scheinwerferlicht verschwunden. Gelegentlich hatte er das Londoner Oberhaus besucht, meist aber in seinem Club in der Princes Street Zeitung gelesen und so viele Kreuzworträtsel gelöst, wie er finden konnte.

»Ein missglückter Einbruch«, hatte DCI James Page, Clarkes Chef, vermutet. »Der Täter rechnet nicht damit, jemanden anzutreffen. Gerät in Panik. Und schon ist es zu spät.«

»Aber warum sollte er ihn dann erwürgen und auch noch auf ihn einschlagen, wenn er schon tot ist?«

»Wie gesagt, eine Panikreaktion. Würde auch erklären, weshalb der Täter geflohen ist, ohne etwas mitzunehmen. Vermutlich ein Junkie auf Droge, der dringend Geld für Nachschub brauchte. Er hat das Übliche gesucht – Handys und iPads, die sich leicht weiterverkaufen lassen. Aber so etwas befindet sich nicht im Besitz des edlen Lords. Mag sein, dass dies unseren Mann verärgert und er seinem Frust Luft gemacht hat.«

»Klingt einleuchtend.«

»Aber du möchtest dir selbst ein Bild machen?« Page hatte langsam genickt. »Nur zu.«

Wohnzimmer, Speisesaal und Küche im Erdgeschoss, die leerstehenden Dienstbotenunterkünfte und der Hauswirtschaftsraum unten. Das kaputte Fenster war inzwischen vernagelt, die verbliebene Scheibe herausgenommen und entfernt worden, mitsamt den Scherben wartete sie in der Forensik darauf, untersucht zu werden. Clarke schloss die Hintertür auf und betrachtete den kleinen, gepflegten Garten. Lord Minton hatte einen Gärtner beschäftigt, aber im Winter kam er nur einmal im Monat jeweils für einen Tag. Bei seiner Befragung hatte er seiner Trauer Ausdruck verliehen, ebenso aber auch seiner Besorgnis, weil er seinen Lohn für den vergangenen Monat noch nicht erhalten hatte.

Als Clarke über die Steintreppe wieder hinauf ins Erdgeschoss stieg, wurde ihr bewusst, dass sich dort, abgesehen von einer Toilette, nur noch ein weiterer Raum befand. Im Arbeitszimmer war es dunkel, der dicke rote Samtvorhang war zugezogen. Anhand der Fotos in ihren Unterlagen konnte sie erkennen, dass Lord Minton vor seinem Schreibtisch gelegen hatte, auf einem Teppichläufer, der nun ebenfalls kriminaltechnisch untersucht wurde. Haare, Speichel, Fasern – jeder hinterlässt Spuren. Angenommen wurde Folgendes: Das Opfer sitzt am Schreibtisch, stellt Schecks aus, um die Gas- und

Stromrechnungen zu begleichen. Dann hört Minton ein Geräusch und steht auf, um nachzusehen. Aber er kommt nicht weit, denn der Angreifer platzt herein und schlägt ihm irgendein Werkzeug über den Kopf – bislang konnte keine Tatwaffe sichergestellt werden; der Pathologe vermutet einen Hammer.

Das Scheckheft lag aufgeschlagen auf dem antiken Schreibtisch, daneben ein augenscheinlich teurer Füller. Außerdem Familienfotos – Schwarzweiß-Aufnahmen, möglicherweise auch der Eltern des Opfers –, alle in silbernen Rahmen und klein genug, um in der Tasche eines Diebes zu verschwinden, trotzdem waren sie unberührt geblieben. Sie wusste, dass Lord Mintons Brieftasche in einem Jackett auf der Stuhllehne gefunden worden war, inklusive Bargeld und aller Kreditkarten. Sogar die goldene Uhr am Handgelenk war noch da.

»So verzweifelt kannst du nicht gewesen sein«, nuschelte Clarke.

Zweimal die Woche kam eine Frau namens Jean Marischal zum Saubermachen vorbei. Sie besaß einen eigenen Schlüssel und hatte den Toten am Morgen danach gefunden. Ihrer Aussage nach brauchte das Haus gar nicht so viel Pflege; aber »seine Lordschaft« habe wohl gerne ein bisschen Gesellschaft gehabt.

Oben befanden sich zu viele Zimmer. Ein Wohnzimmer oder Salon, der aussah, als hätte sich nie ein Gast darin aufgehalten; vier Schlafzimmer, obwohl nur eins gebraucht wurde. Mrs Marischal konnte sich nicht an einen einzigen Gast erinnern, der über Nacht geblieben wäre, oder eine Abendgesellschaft oder eine sonstige Zusammenkunft dieser Art. Clarke hielt sich nicht mit dem Badezimmer auf, sondern ging erneut hinunter in den Eingangsbereich und blieb dort mit verschränkten Armen stehen. Fingerabdrücke waren keine gefunden worden, außer denen des Opfers und der Putzfrau. Niemand hatte jemanden vor dem Haus herumlungern oder ungewöhnliche Besucher hereinkommen sehen.

Nichts.

Mrs Marischal hatte überredet werden können, den Tatort später am heutigen Tag noch einmal aufzusuchen. Sollte doch etwas entwendet worden sein, so war sie diejenige, die es am ehesten wissen konnte. In der Zwischenzeit würde das Team so tun, als wäre es unheimlich beschäftigt – denn das wurde von ihm erwartet. Der derzeitige Lord Advocate wollte täglich zweimal über den aktuellen Stand der Ermittlungen unterrichtet werden, ebenso der First Minister. Jeweils um zwölf und um vier Uhr sollten kurze Pressekonferenzen stattfinden, bei denen DCI James Page die Öffentlichkeit informieren sollte.

Das Problem war nur: worüber?

Als sie ging, bat sie die Kollegin draußen, gut aufzupassen.

»Dass der Täter immer an den Tatort zurückkehrt, ist Blödsinn, aber vielleicht haben wir ja doch ausnahmsweise mal Glück…«

Auf dem Weg in die Fettes Avenue machte sie in einem Laden halt und kaufte zwei Zeitungen, vergewisserte sich gleich an der Kasse, dass beide Nachrufe auf den Verstorbenen in angemessener Ausführlichkeit enthielten. Sie glaubte eigentlich nicht, darin etwas zu erfahren, das sie bei ihrem halbstündigen Durchstöbern des Internets nicht schon gelesen hatte, aber wenigstens hatte sie dadurch etwas zum Abheften.

Weil es sich nicht um irgendwen, sondern um Lord Minton handelte, wurde das Einsatzteam in der Fettes Avenue und nicht am Gayfield Square einquartiert. Fettes – auch »das Haupthaus« genannt – war bis zum ersten April 2013 die Zentrale der Lothian and Borders Police gewesen, dann hatte man die acht schottischen Polizeibezirke aufgelöst und durch eine einzige Organisation mit dem Titel Police Scotland ersetzt. Statt eines Chief Constable hatte Edinburgh nun einen Chief Superintendent, Jack Scoular, der nur wenige Jahre älter war als Clarke. Die Fettes Avenue war Scoulars Herrschaftsbereich, denn es ging dort vor allem um Verwaltungsangelegenheiten.

Beamte des CID waren normalerweise nicht hier stationiert, dafür gab es einen halben Gang mit leerstehenden Büroräumen, die man James Page angeboten hatte. Zwei Detective Constables, Christine Esson und Ronnie Ogilvie, waren gerade dabei, Fotos und Karten an eine der kahlen Wände zu hängen.

»Wir dachten, du hättest bestimmt gerne den Schreibtisch am Fenster«, sagte Esson. »Immerhin gibt's da so was wie eine Aussicht.«

Die Aussicht auf zwei sehr unterschiedliche Schulen: das Fettes College und die Broughton High. Clarke betrachtete sie ganze drei Sekunden, dann warf sie ihre Jacke über die Stuhllehne und setzte sich. Nachdem sie ihre Zeitungen auf den Tisch gelegt und aufgeschlagen hatte, konzentrierte sie sich auf die Berichte zum Ableben von Lord Minton. Hintergrundinformationen, ein paar Archivfotos. Fälle, die er strafrechtlich verfolgt hatte; aristokratische Gartenpartys, sein erster Auftritt im Hermelin.

»Ein eingefleischter Junggeselle«, rief Esson und bohrte eine weitere Nadel in die Wand.

»Woraus wir keine voreiligen Rückschlüsse ziehen wollen«, warnte Clarke. »Das Bild hängt schief.«

»Wenn man so guckt, nicht.« Esson neigte den Kopf um zwanzig Grad, rückte das Foto aber trotzdem gerade. Es zeigte den Toten am Fundort, zusammengekrümmt auf dem Teppich, wie ein schlafender Betrunkener.

»Wo ist der Chef?«, fragte Clarke.

»Howden Hall«, erwiderte Ogilvie.

»Ach?« In Howden Hall befanden sich die gerichtsmedizinischen Labore.

»Falls er nicht rechtzeitig zurück ist, darfst du die Pressekonferenz übernehmen.«

Clarke sah auf die Uhr: eine Stunde noch. »Das ist ja mal wieder sehr großzügig von ihm«, nuschelte sie und widmete sich dem ersten Nachruf.

Sie hatte beide gerade durchgelesen und Esson übergeben, damit diese sie ebenfalls an die Wand pinnte, als Page eintraf. Er hatte Charlie Sykes dabei, einen Detective Sergeant, normalerweise beim Leith CID. Von seiner Pensionierung trennte ihn nur noch ein Jahr, und seinem Aussehen nach konnte es bis zu seinem ersten Herzinfarkt kaum länger dauern. Bei so ziemlich jeder Unterhaltung, die Clarke mit ihm geführt hatte, war ausschließlich Ersteres Thema gewesen.

»Kurzes Update«, begann Page etwas atemlos und trommelte sein Team zusammen.

»Die Befragungen in der Nachbarschaft sind noch im Gang, und zwei Kollegen beschäftigen sich mit den Aufnahmen der Sicherheitskameras der gesamten Umgebung. Ein weiterer sitzt am Computer und prüft, ob es in der Stadt oder außerhalb Fälle gibt, die diesem ähneln. Wir werden darüber hinaus Freunde und Bekannte des Ermordeten vernehmen, außerdem wird sich jemand in die Katakomben begeben müssen, um sich genauer mit dem beruflichen Wirken von Lord Minton zu befassen…«

Clarke warf einen Blick Richtung Sykes. Dieser zwinkerte ihr zu, was bedeutete, dass sich in Howden Hall etwas ergeben hatte. Natürlich.

»Außerdem müssen wir das Haus und alles, was sich darin befindet, unter die Lupe nehmen«, fuhr Page fort. Clarke räusperte sich hörbar und ließ ihn damit verstummen.

»Vielleicht wollen Sie uns mitteilen, was es Neues gibt, Sir«, drängte sie sanft. »Mein Eindruck ist, dass Sie nicht mehr von einem panischen Einbrecher ausgehen.«

Er drohte ihr mit dem Finger. »Wir können es uns nicht erlauben, diese Möglichkeit vollkommen auszuschließen. Andererseits haben wir nun auch Folgendes.« Er zog ein Blatt aus der Innentasche seines Anzugjacketts. Eine Kopie. Clarke, Esson und Ogilvie traten näher zusammen, um besser sehen zu können.

»Aus der Brieftasche des Opfers, versteckt hinter einer Kreditkarte. Schade, dass die Botschaft nicht früher gefunden wurde, nichtsdestotrotz …«

Die Kopie zeigte einen in Druckbuchstaben beschrifteten, unlinierten Zettel von circa fünfzehn mal acht Zentimetern.

ICH WERDE DICH TÖTEN FÜR DAS, WAS DU GETAN HAST.

Die Anwesenden sogen hörbar Luft ein, anschließend herrschte mehrere Sekunden lang vollkommene Stille, nur unterbrochen von Charlie Sykes' Rülpsen.

»Das behalten wir vorerst für uns«, verfügte Page. »Wenn auch nur ein Journalist was davon erfährt, werdet ihr mich kennenlernen. Haben wir uns verstanden?«

»Damit sieht der Fall plötzlich ganz anders aus«, meinte Ronnie Ogilvie.

»Komplett anders«, bestätigte Page langsam und stetig nickend.

2

»Wieso in die Fettes Avenue?«, fragte Fox am Abend, als er Clarke in einem Restaurant in der Broughton Street gegenübersaß. »Nein, lass mich raten – um Mintons Status zu entsprechen?«

Clarke kaute und nickte. »Wenn hohe Tiere vorbeischauen wollen, ist die Fettes Avenue dem Gayfield Square überlegen. Da gibt's keine schmutzigen, kleinen Halunken, die den Anzugträgern auf die Füße treten.«

»Aber die bessere Kulisse für Pressekonferenzen. Ich hab Page in den Nachrichten gesehen, dich konnte ich allerdings nicht entdecken.«

»Ich fand, er hat's ganz gut gemacht.«

»Nur dass in einem Fall wie diesem keine Neuigkeiten nicht unbedingt gute Neuigkeiten sind. Die ersten achtundvierzig Stunden sind entscheidend.« Fox hob sein Wasserglas an die Lippen. »Wer auch immer das getan hat, ist vermutlich schon mal aktenkundig geworden, hab ich recht? Oder handelt es sich um einen Ersttäter – könnte zumindest erklären, weshalb er's vermasselt hat.«

Clarke nickte langsam, mied den direkten Blickkontakt und schwieg.

Fox stellte sein Glas ab.

»Da ist doch was, was du mir nicht sagst, Siobhan.«

»Ist noch geheim.«

»Was ist geheim?«

»Das, was ich dir nicht sage.« Fox wartete, fixierte sie mit starrem Blick. Clarke legte die Gabel weg und schaute sich

nach rechts und links um. Das Restaurant war zu zwei Dritteln leer, niemand saß nahe genug, um mitzuhören. Trotzdem senkte sie die Stimme und beugte sich über ihren Teller, bis nur noch wenige Zentimeter ihre Gesichter voneinander trennten.

»Es gibt eine Botschaft.«

»Vom Täter?«

»Versteckt in Lord Mintons Brieftasche. Er kann sie Tage oder Wochen mit sich herumgeschleppt haben.«

»Das heißt, ihr könnt nicht mit Sicherheit sagen, dass die Botschaft vom Täter stammt?« Fox dachte darüber nach. »Trotzdem ...«

Clarke nickte erneut. »Wenn Page rausbekommt, dass ich dir das gesagt habe ...«

»Schon kapiert.« Fox lehnte sich wieder zurück und stocherte mit der Gabel nach einem Stück Karotte. »Das macht es aber kompliziert.«

»Was du nicht sagst. Erzähl mir lieber, wie dein Tag war.«

»Aus dem Nichts heraus kam plötzlich ein Team aus Gartcosh angerauscht und hat am Nachmittag Stellung bezogen. Doug Maxtone schäumt vor Wut.«

»Kennen wir jemanden davon?«

»Ich wurde noch nicht vorgestellt. Keiner hat dem Chef gesagt, was die hier wollen, aber anscheinend soll er morgen früh über die näheren Umstände in Kenntnis gesetzt werden.«

»Kann es um Terrorismus gehen?« Fox zuckte mit den Achseln. »Wie groß ist das Team?«

»Sechs, als ich das letzte Mal nachgezählt habe. Sie haben sich in den Räumen des CID eingenistet, weshalb wir uns in eine Schuhschachtel am Ende des Gangs verziehen mussten. Wie ist dein Seehecht?«

»Sehr gut.« Aber sie hatte ihn kaum angerührt, sich stattdessen auf die Karaffe Weißwein konzentriert. Fox schenkte sich Wasser nach. Ihm fiel auf, dass Clarkes Glas noch voll war.

»Was genau stand auf dem Zettel?«, fragte er.

»Der Verfasser kündigt an, Lord Minton für etwas zu töten, das dieser getan haben soll.«

»Und es ist nicht Mintons Handschrift?«

»Druckbuchstaben, aber sie sehen nicht nach ihm aus. Billiger Kugelschreiber, kein Füller.«

»Sehr mysteriös. Meinst du, es gibt nur diese eine Botschaft?«

»Die Spurensicherung wird das Haus gleich morgen früh nochmal auf den Kopf stellen. Hätte Page es organisatorisch hinbekommen, wären sie längst da gewesen – wir haben ein Budget für sieben Tage die Woche und so viele Überstunden, wie wir brauchen.«

»Ihr Glücklichen.« Fox prostete ihr mit seinem Wasser zu. Clarkes Handy vibrierte. Sie hatte es neben ihr Weinglas gelegt. Nach einem Blick aufs Display entschied sie sich dranzugehen.

»Christine Esson«, erklärte sie Fox und nahm das Telefon ans Ohr. »Solltest du nicht zu Hause sein und die Füße hochlegen, Christine?« Doch beim Zuhören verengten sich ihre Augen ein bisschen. Mit der freien Hand griff sie fast instinktiv nach ihrem Weinglas, aber es war leer, ebenso wie die Karaffe. »Okay«, verkündete sie schließlich. »Danke fürs Bescheidsagen.« Sie beendete das Gespräch und tippte sich nachdenklich das Telefon an die Lippen.

»Und?«, drängte Fox.

»In Merchiston wurde ein Schuss abgegeben. Christine hat es gerade von einem Freund aus der Leitstelle erfahren. Jemand aus der Straße hat den Vorfall gemeldet. Ein Streifenwagen ist unterwegs.«

»Vielleicht ist ein alter Knallkörper hochgegangen?«

»Der Anrufer hat Glas klirren hören – anscheinend ein Wohnzimmerfenster.« Sie hielt inne. »Das Fenster eines Hauses, in dem ein gewisser Mr Cafferty wohnt.«

»Big Ger Cafferty?«

»Genau der.«

»Also das ist doch interessant, oder?«

»Gott sei Dank sind wir nicht im Dienst.«

»Absolut. Wir wollen uns das auf keinen Fall ansehen.«

»Auf gar keinen.« Clarke nahm ein Stück Seehecht auf ihre Gabel, Fox betrachtete sie über den Rand seines Glases hinweg.

»Wer ist mit Bezahlen dran?«, fragte er.

»Ich«, erwiderte Clarke, ließ die Gabel auf den Teller fallen und gab dem Kellner ein Zeichen.

Der Streifenwagen stand mit blinkendem Blaulicht schräg auf dem Bordstein. Die Straße war breit, auf beiden Seiten alleinstehende, spätviktorianische Häuser. Das Tor zu Caffertys Auffahrt stand offen, ein weißer Transporter parkte davor. Zwei Nachbarn waren zum Gucken nach draußen gekommen. Sie schienen zu frieren und würden sich vermutlich schnell wieder ins Warme verziehen. Zwei uniformierte Beamte, ein Mann und eine Frau, waren bereits da – Clarke kannte sie und stellte ihnen Fox vor, dann erkundigte sie sich, was passiert war.

»Die Dame gegenüber hat einen Knall gehört. Anscheinend auch etwas aufblitzen sehen, dann Scheibenklirren. Sie ist an ihr Fenster gegangen, hat aber nicht erkennen können, ob sich irgendwo was tut. Das Licht im Wohnzimmer war aus, aber sie hat gesehen, dass die Scheibe eingeschlagen war. Die Vorhänge waren zurückgezogen, sagte sie.«

»Da hat er aber schnell einen Glaser bekommen.« Fox nickte in Richtung Caffertys Haus, wo ein Mann bereits dabei war, das offene Fenster mit Sperrholz abzudichten.

»Was sagt der Bewohner?«, fragte Clarke die Uniformierten.

»Er macht nicht auf, behauptet, es sei ein Unfall gewesen, und streitet ab, dass es einen Schuss gegeben hat.«

»Und wie hat er euch das mitgeteilt…?«

»Er hat durch den Briefschlitz gebrüllt.«

»Ihr wisst, wer das ist, oder?«

»Big Ger Cafferty. Irgend so eine Gangstergestalt, zumindest mal gewesen.«

Clarke nickte langsam und merkte, dass ein Hund – eine Art Terrier – neben ihr stand und eines ihrer Beine neugierig beschnüffelte. Sie wollte ihn verscheuchen, aber er setzte sich auf die Hinterpfoten und starrte sie fragend an.

»Muss einem Nachbarn gehören«, vermutete der Streifenbeamte. »Als wir angekommen sind, ist er auf dem Gehweg hin und her gesprungen.« Er beugte sich hinunter und kraulte den Hund hinter den Ohren.

»Überprüft die restliche Straße«, sagte Clarke. »Ob es noch weitere Zeugen gibt.«

Sie ging über den Weg zur Haustür, machte einen Umweg am Glaser vorbei, der gerade die Holzplatte an den Fensterrahmen nagelte.

»Alles klar hier?«, fragte sie ihn. Soweit sie erkennen konnte, waren die Wohnzimmervorhänge jetzt zugezogen, der Raum dahinter lag im Dunkeln.

»Fast fertig.«

»Wir sind von der Polizei. Können Sie uns sagen, was passiert ist?«

»Die Scheibe ist zu Bruch gegangen. Hab das Fenster ausgemessen, morgen ist alles wieder so gut wie neu.«

»Wissen Sie, dass die Nachbarn behaupten, es sei geschossen worden?«

»In Edinburgh?« Der Mann schüttelte den Kopf.

»Lassen Sie meinen Kollegen Ihre Kontaktdaten da, bevor Sie gehen.«

»Von mir aus.«

»Haben Sie früher schon für Mr Cafferty gearbeitet?«

Der Mann schüttelte erneut den Kopf.

»Aber Sie wissen, wer er ist? Dass es einen Schuss gegeben haben könnte, ist nicht so weit hergeholt, wie man meinen würde.«

»Mir hat er erzählt, er sei gestolpert und gegen die Scheibe gefallen. Hab ich schon oft erlebt.«

»Lassen Sie mich raten«, unterbrach Fox, »er hat dafür gesorgt, dass es sich für Sie lohnt, unverzüglich herzukommen.«

»Auf meinem Transporter steht ›Notdienst‹, und genau das biete ich auch an – eilige Reparaturen. Wenn irgend möglich, reagieren wir sofort.« Der Mann schlug den letzten Nagel ein und prüfte sein Werk. Auf dem Boden neben ihm stand ein Werkzeugkasten, außerdem eine tragbare Arbeitsbank, auf der er das Sperrholz zurechtgesägt hatte. Die Scherben hatte er auf eine Schippe gefegt. Die größeren Stücke lagen aufgestapelt aufeinander. Fox hatte sich hingekauert, um sie in Augenschein zu nehmen, aber als er sich wieder erhob, erkannte Clarke an seinem Blick, dass er keine neuen Erkenntnisse dadurch gewonnen hatte. Sie wandte sich der Tür zu und drückte ein halbes Dutzend Mal auf den Klingelknopf. Als niemand reagierte, beugte sie sich herunter und hielt den Briefschlitz auf.

»Hier ist DI Clarke«, rief sie. »Siobhan Clarke. Ob ich wohl mal kurz mit Ihnen sprechen könnte, Mr Cafferty?«

»Kommen Sie mit einem Durchsuchungsbefehl wieder!«, schrie eine Stimme von drinnen. Sie spähte durch den Schlitz und erkannte seine mächtige Gestalt im dunklen Flur.

»Gut, dass Sie das Licht ausgemacht haben«, sagte sie. »Dadurch werden Sie weniger zur Zielscheibe. Meinen Sie denn, die kommen wieder?«

»Was soll das heißen? Haben Sie schon wieder getrunken? Wie ich höre, genehmigen Sie sich in letzter Zeit öfter mal einen über den Durst.«

Clarke spürte, wie ihr das Blut in die Wangen schoss. Sie konnte sich gerade so verkneifen, sich zu Fox umzudrehen, um zu kontrollieren, wie er reagierte. »Möglicherweise gefährden Sie das Leben Ihrer Nachbarn ebenso wie Ihr eigenes – bitte denken Sie darüber nach.«

»Sie träumen wohl, gute Frau. Ich bin gegen die Scheibe gestolpert, und sie ist zu Bruch gegangen. Das war's.«

»Wenn Sie unbedingt einen Durchsuchungsbefehl sehen wollen, kann ich einen besorgen.«

»Ziehen Sie Leine, tun Sie, was Sie tun müssen, aber lassen Sie mich in Ruhe!«

Sie ließ die Klappe des Briefschlitzes geräuschvoll fallen und richtete sich wieder auf, fixierte Fox.

»Du glaubst, du hast was Besseres als einen Durchsuchungsbefehl, oder?«, fragte er. »Na dann los.« Er zeigte auf das Handy in ihrer rechten Hand. »Ruf ihn an ...«

Ian Rankin,

geboren 1960, ist Großbritanniens führender Krimiautor. Seine Romane sind aus den internationalen Bestsellerlisten nicht mehr wegzudenken. Für seine Verdienste um die Literatur wurde Ian Rankin sogar mit dem »Order of the British Empire« geehrt, außerdem erhielt er den British Book Award und zahlreiche andere renommierte Preise. Ian Rankin lebt mit seiner Frau und seinen beiden Söhnen in Edinburgh.
Mehr Informationen zum Autor und zu seinen Büchern unter www.ian.rankin.de.

GOLDMANN
Lesen erleben